백제사지 연구 | 百濟寺址 研究

● 지은이

조원창

공주사범대학 역사교육과 졸업
공주대학교 대학원 사학과 졸업(문학석사)
상명대학교 대학원 사학과 졸업(문학박사)
현 한얼문화유산연구원 조사단장

주요 논저

『백제 건축기술의 대일전파』『한국 고대 와당과 제와술의 교류』『백제의 토목 건축』『기와건물지의 조사와 해석』
「황룡사지 출토 대형 치미의 편년과 사용처 검토」「법천리 4호분 출토 청동개 연화돌대문의 의미」「보령 천방사지 건물지의 성격과 가람배치의 검토」「백제 판단첨형 연화문의 형식과 편년」「몽촌토성 출토 전 백제와당의 제작주체 검토」「기와로 본 백제 웅진기의 사비경영」등

百濟寺址 研究

백제사지 연구
초판인쇄일   2013년 2월 20일
초판발행일   2013년 2월 25일
지 은 이   조원창
발 행 인   김선경
책 임 편 집   김윤희, 김소라
발 행 처   도서출판 서경문화사
            주소 : 서울 종로구 동숭동 199 - 15(105호)
            전화 : 743 - 8203, 8205 / 팩스 : 743 - 8210
            메일 : sk8203@chollian.net
인   쇄   바른글인쇄
제   책   반도제책사
등 록 번 호   제 1 - 1664호

ISBN 978-89-6062-105-3   93900

정가   25,000원

백제사지 연구

조원창 지음

서경문화사

　그 동안 백제사지와 와당을 연구해 오면서 여러 논고를 발표하였고 이를
모아 단행본을 출간해 왔다. 이제 다섯 번째로 백제사지와 관련된 책자를 발
간하고자 한다. 10여년 전의 논고도 포함되어 있어 현재의 관점에서 보면 약
간 뒤떨어진 시각도 발견할 수 있으나 과거와 현재의 나 자신을 비교해 본다
는 차원에서 게재케 되었다.

　백제사지는 일제강점기 이후 최근에 이르기까지 부여와 익산지역을 중심
으로 발굴조사가 진행되고 있다. 특히 일제강점기에 부분 조사된 것들을 최
근 들어 재조사 하면서 새로운 가람배치 및 유구들이 검출되고 있어 백제사
지 연구자들에게 새로운 활력을 불어넣어 주기도 한다. 나아가 폐사지에 대
한 학술조사는 향후 백제사지의 성격과 건축기법 등을 파악하는데 큰 기여
를 할 것이라 생각된다.

　이 책은 백제사지 조사의 현황과 앞으로의 과제를 필두로 웅진기 및 사비
에 창건된 사지를 시기순으로 기술하였다. 논고 내용을 사지와 관련된 유구
로만 채우고자 하였으나 사역이 확인되지 않은 것들에 대해선 출토 와당으
로 대신하였다.

　대부분 이슈화된 백제사지를 중심으로 논고를 작성하였기에 유명한 사지
임에도 불구하고 본고에서 누락된 경우도 어렵지 않게 살필 수 있다. 이에
대해선 향후 다른 주제의 논고로 대신하고자 한다.

　웅진기의 사지로는 대통사지와 용정리사지를 다루었다. 대통사지는 발굴
조사가 진행되지 않아 유구 내용을 기술하지 못한 대신 사지에서 출토된 와
당만을 대상으로 형식분류와 편년을 시도하였다. 그리고 용정리사지에 대해
서는 이의 창건시기와 창사목적을 기술하였다.

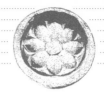

　사비기의 백제사지로는 능산리사지를 비롯해 정림사지, 금강사지, 부소산
사지 등을 다루었다. 이들 중 능산리사지와 정림사지 등의 경우는 최근까지
여러 연구자들로 하여금 다양한 견해가 제시되었다. 특히, 능사 2시기 조영
설이나 정림사지 내의 목탑 존재설 등이 그러하였다. 이에 필자는 대지조성
토 및 축기부 판축토 등을 통해 이들 사지에 대한 재검토를 실시해 보았다.

　백제사지는 앞으로도 계속적으로 발굴조사 될 것이기에 다양한 건축기법
및 창사목적 등이 밝혀질 것이다. 이와 더불어 백제 二寺制를 구성하였던 승
사와 니사의 존재, 중국 남북조 건축문화의 교류 등도 점진적으로 탐색해 나
가야 할 부분이라 생각된다.

　백제사지에 대한 연구자들의 관심이 그리 크지 않음에도 불구하고 흔쾌히
책자를 발간해 주신 서경문화사 김선경 사장님께 지면으로나마 감사한 마음
을 전한다. 아울러 많은 시간 좋은 책자로 만들어질 수 있도록 고생해 주신
관계자분들께도 고마움을 전한다.

　끝으로 이제 봄이 되면 중학생이 되는 아들 나한과 부인 이은희에게도 이
책을 통해 그 동안의 섭섭함을 대신하고자 한다.

2013. 1월

공산성 임류각에서　조 원 창

차 례

I 부

백제사지 조사 현황과 앞으로의 과제

일제강점기이후 최근에 이르기까지 부여·익산지역을 중심으로 백제사지 조사가 진행되고 있다. 시기적으로 보면 대부분 사비기에 해당되는 것들로 한성기 및 웅진기의 사지는 아직까지 그 전모가 밝혀지지 않았다.

현재까지 발굴조사가 이루어진 가장 이른 시기의 백제사지는 부여 용정리사지 하층 금당지로 생각된다. 지역적으로는 부여에 위치하고 있지만 그 축조시기가 웅진기라는 점에서 사비천도와 관련된 사원으로 이해되고 있다.

웅진기의 백제사원은 대통사를 비롯한 흥륜사 등이 고기에 전해지고 있다. 그러나 고고학적으로 이의 존재가 밝혀지지 않았다는 점에서 웅진기 백제사원의 입지, 가람배치, 축조기법 등에 대해선 파악하기 어렵다.

최근 들어 군수리사지 및 정림사지 등에 대한 재조사가 실시되었다. 그 결과 일제강점기 및 해방이후의 것과는 다른 유구내용이 확인되어 학계로부터 많은 관심을 받게 되었다. 특히, 정림사지의 축조시기는 그 동안의 연구성과와 큰 차이를 보이고 있다는 점에서 좀 더 확실한 편년적 접근이 필요하다고 생각된다.

이러한 내용을 전제로 한다면 일제강점기에 발굴조사된 외리유적이나 가탑리사지, 그리고 해방 이후 실시된 금강사지 등의 재조사도 반드시 추진되어야 한다고 생각된다. 나아가 폐사지 탐사에 대한 작업도 지속적으로 이루어져야 할 것이다.

『周書』에 '僧尼寺塔甚多'라고 기록된 것처럼 사비기의 백제사회는 아마도 불국토 그 자체였던 것으로 생각된다. 이렇게 볼 때 지금까지 백제의 고토에서 확인된 백제사지의 존재 보다 향후 더욱더 많은 수가 검출될 가능성이 높다.

아울러 승과 니가 계율적으로 한 공간에 거주하지 못하였음을 전제할 때 승사와 니사에 대한 연구도 함께 진행되어야 할 것이다. 백제사지의 연구에서 이 부분이 불모지였다는 점에서 향후 많은 연구가 이루어지길 바란다.

百濟寺址 研究

百濟寺址 調査現況과 앞으로의 課題

1. 머리말

　일제강점기이후 최근에 이르기까지 서울 · 경기 · 충남 · 전북 · 전남지역 등의 발굴조사를 통해 다양한 성격의 백제시기 기와건물지가 확인되고 있다. 즉, 추정왕궁지를 비롯해 사지, 누각지, 창고지, 추정 빈전지, 성격 미상의 건물지 등이 조사되었다. 그러나 한성기 및 웅진기에 해당하는 사지, 왕궁지 등의 기와건물지는 극소한 실정이다.

　백제사지에 대한 조사는 일제강점기 때 처음으로 실시되었고 이의 중심 무대는 백제의 도읍지였던 충청남도의 공주와 부여지역이었다. 이 때 지표조사와 발굴을 주도적으로 추진하였던 일인학자가 輕部慈恩, 石田茂作, 齋藤忠 등이었으며[1] 有光敎一, 藤澤一夫, 米田美代治 등도 백제사지 및 건물

---

1) 이들 외에 輕部慈恩도 예시할 수 있으나 그는 기와 건물지를 직접적으로 발굴했다기 보다는 지표조사를 통해 문헌상의 대통사지와 백제 혈사 등의 위치를 실재 답사해 확인하였다. 그러나 그가 지목한 대통사지는 최근 시굴조사를 통해 백제시기의 사지와 전혀 관련 없음이 살펴졌고 혈사 등의 경우도 백제시기의 것이 아닌 통일신라시기 이후에 조성되었음이 확인되었다(조원창, 2001, 「公州地域 穴寺 硏究」, 『國立公州博物館紀要』 創刊號).

지의 조사에 참여하게 되었다.

이들에 의해 공주지역에서의 경우 대통사지의 형적과 가람배치 등이 부분적으로나마 알려지게 되었고, 한편으로는 혈사라는 존재도 부각되었다. 아울러 부여지역에서는 군수리사지(1935~1936년), 규암 외리유적(1936년), 동남리유적(1938년)[2], 가탑리사지(1938년), 정림사지(1942년), 부소산사지(1942년) 등의 존재가 학계에 보고되었다.

위의 내용으로 보아 백제사지에 대한 최초의 발굴조사는 1935년 石田茂作과 齋藤忠에 이루어졌음을 알 수 있다. 그러나 당시의 발굴은 전면적인 정밀발굴이라기 보다는 부분적인 구덩이조사에 의존한 것이었다. 이러한 미완성의 조사는 한편으로 오늘날 백제사지의 가람배치나 유구의 형적 등을 파악하는데 적지 않은 난제를 안겨주기도 하였다. 이러한 혼란을 해결하기 위한 최근의 재조사는 조금씩이나마 백제사지에 얽힌 실타래를 풀어주는 원동력이 되고 있다.

해방 후 우리 손으로 이루어진 최초의 백제사지 조사는 금강사지로서 1964년 윤무병에 의해 실시되었다. 이후 임강사지, 미륵사지, 미륵사지 동탑지, 보령 성주사지, 정림사지, 부소산사지, 용정리사지, 능산리사지, 왕흥사지, 제석사지, 관음사지 등이 조사되었다. 이러한 사지조사를 진행함으로서 백제 사비기의 가람배치나 축조기법, 대시주, 창건목적 등이 부분적이나마 밝혀지게 되었다.

따라서 여기에서는 그 동안 발굴조사된 백제사지를 시기별로 살펴보도록 하겠다. 특히 최근에 재조사가 이루어진 군수리사지, 정림사지 등에 대해선 당초 발굴조사가 이루어진 시기에 포함시키고 새로이 확인된 내용은 말미에 첨가시켰다. 아울러 이러한 백제사지 조사를 통해 확인된 연구 성과 및 앞으로의 과제 등에 대해서도 검토해 보도록 하겠다.

---

2) 발굴 당시 동남리사지로 파악되었으나 추후 확인된 유구의 존재를 통해 이를 취신하기 어렵다.

2. 시기별 백제사지 발굴현황

1) 해방전

(1) 군수리사지[3]

부여읍 군수리에 위치하고 있는 사비기의 사지로 사적 제 44호로 지정되었다. 1935년과 1936년 2차에 걸쳐 石田茂作과 齋藤忠에 의해 부분조사가 이루어졌다. 그 결과 남북을 장축으로 한 중문 - 목탑 - 금당 - 강당 등의 가람배치(도면 1)[4]가 확인되었고 강당 좌우로도 종루 및 경루가 있었을 것으로 추정되었다. 종루 및 경루지의 남쪽으로는 동방·서방기단이라 일컫는 건물지가 조사되었다. 그러나 2005~2006년 발굴조사를 통해 동방기단 건물지는 농경지 조성으로 말미암아 완전 멸실되었음이 확인되었다.

목탑지는 금당지 남면기단에서 남쪽으로 8.9m 떨어져 있다. 한 변이 14.14m로 정방형이며 기단 상면에서는 기둥이 타다 남은 목탄구가 하층기단 한 면에서 4개씩 열을 지어 조사되었다. 내·외진주를 받쳤던 주공이나 적심시설, 초석 등의 형적은 멸실되어 확인되지 않았다.

탑지 중앙 지하에서는 방형의 심초석이 발견되었고, 그 위에서는 석조여래좌상, 금동보살입상, 금환, 소옥, 토기, 철기 등이 수습되었다. 목탑지 상면에서 심초석까지는 서고동저형의 斜道(도면 2)[5]가 완만한 경사도로 474

---

3) 군수리사지와 관련된 조사내용은 아래의 자료를 참조하였다.
  ① 朝鮮古蹟研究會, 1937, 「扶餘軍守里廢寺址發掘調査(槪要)」, 『朝鮮古蹟調査報告』昭和十一年.
  ② 문화재청·국립부여문화재연구소, 2009, 『한·중·일 고대사지 비교연구(1) -목탑지편-』.
  ③ 국립부여문화재연구소, 2010, 『扶餘軍守里寺址 I - 木塔址·金堂址 發掘調査報告書』.
4) 朝鮮古蹟研究會, 1937, 「扶餘軍守里廢寺址發掘調査(槪要)」, 『朝鮮古蹟調査報告』昭和十一年. 도면에 보이는 중금당지, 추정 동금당지의 명칭은 필자가 붙인 것이다.
5) 국립부여문화재연구소, 2010, 『扶餘軍守里寺址 I - 木塔址·金堂址 發掘調査報告書』, 76쪽 도면 33.

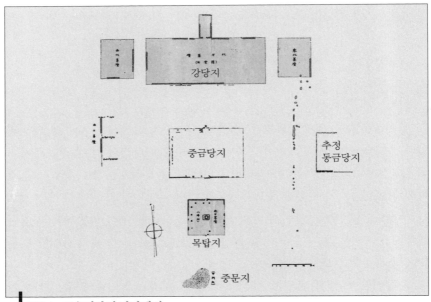

도면 1 군수리사지 가람배치

×180cm의 규모로 굴토되었다. 하층기단에 사용된 전은 회색·회청색의
무문으로 장방형이며 수직횡렬식으로 축조되었다(사진 1)[6].

금당지(도면 3)[7]는 강당지 남쪽으로 18.18m 떨어져 위치하고 있다. 이
중기단으로 남북길이 20.2m, 동서너비는 27.27m 이다. 상층기단은 기단 외
곽에서 건물지 안쪽으로 1.5~2m의 간격을 두고 1~2매 정도의 와편을 수직
횡렬식으로 세워놓았다.

하층기단은 금당지의 4면에 양호한 상태로 남아 있다. 정면(남면)이 소
형의 와편을 이용한 합장식(사진 2)[8]인 것에 반해 동·서·북면은 완형의

6) 국립부여문화재연구소, 2010, 『扶餘軍守里寺址Ⅰ-木塔址·金堂址 發掘調査報告書』, 189
쪽 사진 71.
7) 국립부여문화재연구소, 2010, 『扶餘軍守里寺址Ⅰ-木塔址·金堂址 發掘調査報告書』, 59쪽
도면 21.

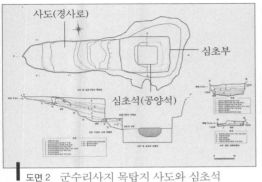

도면 2   군수리사지 목탑지 사도와 심초석

사진 1   군수리사지 목탑지 전적기단

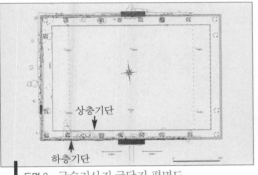

도면 3   군수리사지 금당지 평면도

사진 2   금당지 남면 합장식 와적기단

암키와를 사용해 수직횡렬식으로 조성하였다. 일제강점기에 발굴된 합장식 기단 전면에 놓인 암키와는 이미 멸실되어 최근 조사에서는 확인되지 않았다.

하층기단 상면에 남아 있는 방형 초석(56×56cm)과 기둥자리 흔적으로 보아 금당지는 정면 9칸, 측면 5칸으로 추정되었다. 하층기단의 남북 중앙 에서는 계단지가 확인되었다.

군수리사원은 출토 와당과 연목와, 그리고 여느 사지의 당탑지에 시설된

8) 국립부여문화재연구소, 2010, 『扶餘軍守里寺址Ⅰ-木塔址·金堂址 發掘調査報告書』, 176 쪽 사진 31.

기단석의 비교를 통해 위덕왕대인 555~567년 사이에 창건된 것으로 추정되었다[9].

(2) 규암 외리유적[10]

8종의 문양전이 수습되면서 1936년 발굴조사가 실시되었다. 건물지 및 온돌시설(도면 4)[11] 등이 확인되었으나 전면적인 발굴조사가 진행되지 않

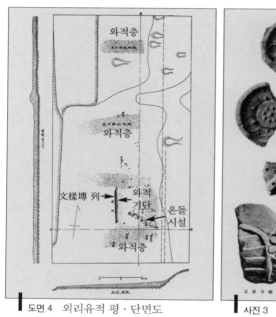

도면 4 외리유적 평·단면도

사진 3 외리유적 출토 와당, 치미

9) 조원창, 2008,「백제 군수리사원의 축조기법과 조영주체의 검토」,『한국고대사연구』51호 ; 2011,『백제의 토목 건축』, 서경문화사.
10) ① 朝鮮古蹟硏究會, 1937,「扶餘窺岩面に於ける文樣塼出土の遺蹟と其の遺物」,『朝鮮古蹟調査報告』昭和十一年.
  ② 조원창, 2000,「百濟 瓦積基壇에 대한 一硏究」,『韓國上古史學報』33호.
11) 朝鮮古蹟硏究會, 1937,「扶餘窺岩面に於ける文樣塼出土の遺蹟と其の遺物」,『朝鮮古蹟調査報告』昭和十一年, 圖版 第72.

아 정확한 건물의 성격이나 범위는 알 수 없다. 건물지 기단은 평적식 와적 기단으로 축조되었고 와적 정면으로는 금성산 건물지에서와 같은 암키와 등이 시설되었다. 보도 바닥에서 산수문전, 귀면문전, 연화문전, 반룡문전 등과 같은 7세기대의 다양한 문양전이 확인되었다. 와적층에서는 와당을 비롯한 치미(사진 3)[12] 등이 검출되었고 인근 송림에서는 금동관음보살입 상이 수습되었다.

(3) 가탑리사지[13]

부여읍 가탑리 금성산 남쪽 기슭에 위치하고 있다. 현재 부여군 향토유 적 제52호로 지정되어 있다.

1938년 일인학자인 石田茂作과 齋藤忠에 의해 유적 일부가 조사되었다. 그 결과 동서 42자, 남북 28자 규모의 와건물지 1동이 확인되었다(도면 5)[14]. 건물지의 외곽으로도 10자 정도 너비의 할석이 부석되어 있음이 검출 되었다.

건물지 조사과정에서 백제시기의 단판8엽 연화문와당을 비롯해 치미편, 금동여래입상(사진 4)[15], 상자형 전돌, 석등 기단 일부 등이 검출되었다. 부 분 조사로 인해 건물의 성격이나 또 다른 건축물의 존재 등은 확인되지 않 았다. 사지는 불상[16]과 와당으로 보아 6세기 4/4분기로 추정되었다.

12) 朝鮮古蹟研究會, 1937, 「扶餘窺岩面に於ける文樣塼出土の遺蹟と其の遺物」, 『朝鮮古蹟 調査報告』昭和十一年, 圖版 第81.
13) 朝鮮古蹟研究會, 1940, 「扶餘に於ける百濟寺址の調査(槪報)」, 『朝鮮古蹟調査報告』昭和 十三年.
14) 朝鮮古蹟研究會, 1940, 「扶餘に於ける百濟寺址の調査(槪報)」, 『朝鮮古蹟調査報告』昭和 十三年, 圖版 第49.
15) 국립부여박물관, 2009, 『백제 가람에 담긴 불교문화』, 69쪽.
16) 이 불상은 6세기 후반으로 편년되었다(金理那, 1992, 「百濟彫刻과 日本彫刻」, 『百濟의 彫 刻과 美術』, 133쪽 도 3).

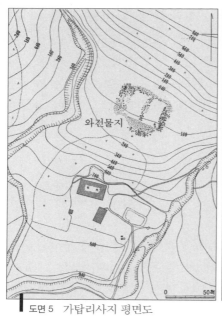
도면 5 가탑리사지 평면도

사진 4 가탑리사지 출토 불상

2) 해방후 ~ 1979년

(1) 금강사지[17]

1964년 및 1966년에 발굴조사가 진행되었다. 사적 제 435호로 지정되었다. 동향가람으로 중문 - 목탑 - 금당 - 강당이 차례로 확인되었다(도면 6)[18]. 백제 사비기에 초창된 이후 고려시기에 이르기까지 그 법맥이 이어졌다. 목탑은 이중의 가구기단 위에 조성되었으며 중심부에는 심주를 설치하기 위한 심초부(도면 7)[19]가 마련되었다.

---

17) 國立博物館, 1969, 『金剛寺』.
18) 國立博物館, 1969, 『金剛寺』, 도면 2.
19) 國立博物館, 1969, 『金剛寺』, 14쪽 Fig. 4.

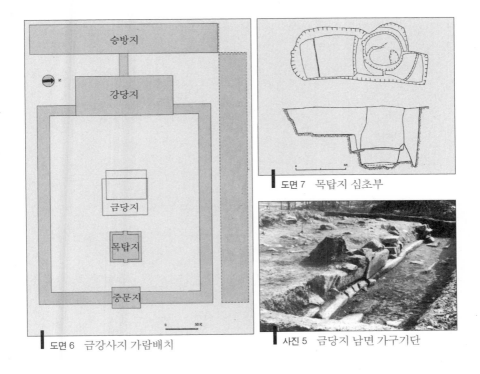

도면 6 금강사지 가람배치

도면 7 목탑지 심초부

사진 5 금당지 남면 가구기단

　금당지는 단층의 가구기단(사진 5)[20] 위에 조성되었다. 지대석의 우석에는 우주를 올리기 위한 홈이 조각되어 있다. 강당의 좌우로는 별도의 건축물 없이 북회랑으로 연결되어 있다. 회랑 밖으로는 승방지가 확인되었으나, 이와 관련된 축조·폐기시기는 확인할 수 없다. 출토 와당으로 보아 6세기 4/4분기 경에 창건되었음을 알 수 있다.

(2) **임강사지**[21]

　부여읍 현북리에 위치하고 있으며 시도기념물 제34호로 지정되었다.

---

20) 國立博物館, 1969, 『金剛寺』, 도판 7-a.

1964년 동국대학교 박물관에 의해 제 1차 조사가 실시되었고 2009년 국립
부여박물관에 의해 재조사가 진행되었다.

조사결과 백제시기 건물지를 비롯해 벽화편, 소조상편, 와당, 금동제 장
식품 등이 수습되었다. 건물지는 정면 3칸, 측면 2칸으로 20.9m×14.7m의
규모를 보이고 있다. 전면적인 발굴조사가 아니어서 향후 정밀조사의 필요
성이 제기된다.

(3) 미륵사지 동탑지[22]

미륵사지 동탑지에 대한 조사는 1970년대 및 1990년대에 주로 진행되었
다. 여기에서는 축기부 토층까지 정밀 조사한 1991년도의 내용을 중심으로
살펴보고자 한다.

동탑지는 석탑이 입지할 부분에 점토와 마사토로 성토다짐한 후 축기부

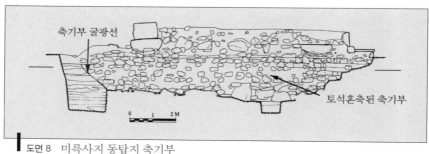

도면 8 미륵사지 동탑지 축기부

---

21) 국립부여박물관, 2009, 『백제가람에 담긴 불교문화』 및 불교신문 2539호(2009년 7월8일
　　자 참조).
22) 미륵사지 동탑지에 대한 조사내용은 아래의 것을 참조하였다.
　　① 金三龍, 1974, 『益山彌勒寺址 東塔址 및 西塔調査報告書』, 圓光大學校 遺蹟調査報告
　　　第一册.
　　② 扶餘文化財研究所・全羅北道, 1992, 『益山彌勒寺址 東塔址 基壇 및 下部調査報告書』.
　　한편, 서탑 주변에 대한 조사도 실시된 바 있으나(國立扶餘文化財研究所, 2001, 『彌勒寺
　　址 西塔 周邊發掘調査 報告書』) 축기부에까지 미치지 못해 본고에서는 제외하였다.

(도면 8)[23])를 조성하였다. 내부 토층은 5단의 할석층과 황갈색 점토 및 마사토로 다져가며 1m 이상의 높이로 축조하였다. 축기부 상면의 너비는 약 12.6m이다.

기단은 금당지와 같이 이중기단으로 복원되었다. 하층기단은 면석＋갑석, 상층기단은 가구기단으로 조성되었다. 상층기단 지대석의 우석 상면에는 우주를 올리기 위한 홈이 파여 있다.

(4) 보령 오합(함, 회)사지[24]

사진 6 서회랑지 전적기단

보령 성주산 남쪽 기슭에 위치하고 있으며 9산 선문의 하나인 성주사지로 유명한 곳이다. 현재 사적 제307호로 지정되어 있고 사역 내에는 성주사 낭혜화상 백월보광탑비, 석불입상 등이 남아 있다.

1970년대 이후 최근까지 발굴조사가 진행되고 있으며, 사비기에는 오합사(오함사), 오회사 등으로 불렸으나 신라 문성왕 때 당나라에서 돌아온 무염이 절을 크게 중창하면서 성주사로 개명되었다.

백제와 관련된 사지는 현 통일신라 · 고려 · 조선시기의 건물지

23) 扶餘文化財研究所 · 全羅北道, 1992,『益山彌勒寺址 東塔址 基壇 및 下部調査報告書』, 98쪽 도면 9.
24) 오합사(성주사)지와 관련된 자료는 아래와 같다.
　　① 동국대학교박물관, 1974,『佛敎美術』2 聖住寺址 發掘調査特輯.
　　② 保寧市 · 忠南大學校博物館, 1998,『聖住寺』.

하층에 위치하고 있다. 전면적인 발굴조사가 실시되지 않아 백제시기의 정확한 가람배치는 확인할 수 없다. 다만, 강당지 및 서회랑지(사진 6)[25)]기단의 경우 장방형의 무문전을 평적식으로 축조하고 그 아래에 미석을 둔 혼축식으로 추정되었다. 백제시기와 관련된 유물로는 연화문와당과 기와, 토기 등이 수습되었다.

(5) 정림사지[26)]

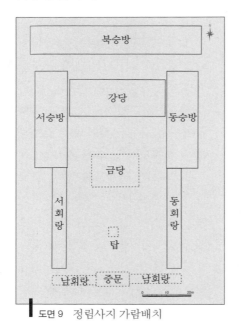

도면 9 정림사지 가람배치

1942년 이후 2009년에 이르기까지 모두 9차례의 발굴조사가 이루어졌다. 조사결과 중문 - 석탑 - 금당 - 강당의 1탑1금당식(도면 9)[27)]으로 확인되었고 동·서회랑 북단에서는 각각 1동의 장방형 건물지[28)]가 검출되었다. 특히 사지 내에서는 중국 남조양식으로 보이는 도용이 수습되어 당시 중국과의 교섭을 판단케 한다.

석탑 하부에서는 마사토로 축토된 판축토 축기부(도면 10)[29)]가 조사되었다. 금당지 기단은 이중기단으로 하층기단 상면에는 퇴

25) 保寧市·忠南大學校博物館, 1998,『聖住寺』, 원색사진 38.
26) 정림사지에 대한 발굴조사는 다음의 자료를 참조하였다.
  ① 忠南大學校博物館·忠淸南道廳, 1981,『定林寺』.
  ② 국립문화재연구소·부여군, 2008,『정림사 - 역사문화적 가치와 연구현황』.
  ③ 국립부여문화재연구소, 2008.11.21,「부여 정림사지 발굴조사(제8차) 자문회의」.
  ④ 국립부여문화재연구소, 2009.11.19,「부여 정림사지 -제9차 조사-」.
  ⑤ 국립부여문화재연구소, 2011,『扶餘 定林寺址』.

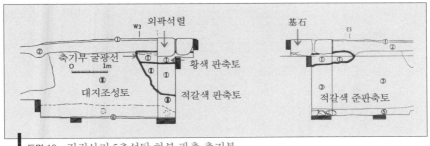

도면 10 정림사지 5층석탑 하부 판축 축기부

칸(혹은 차양칸)시설을 위한 적심시설이 조성되었다.

금당지의 정·측면은 7칸(18.75m), 5칸(13.8m)이고 퇴칸(혹은 차양칸)을 제외하면 상층기단의 정·측면은 5칸(15.15m), 3칸(10.20m)이다. 강당지는 동·서·남면이 평적식 와적기단, 북면은 합장식 와적기단으로 조성되었다[30].

정림사의 축조시기는 이의 창건 전 노지의 고고지자기 측정 결과 7세기 이후로 추정되었다.

3) 1980~현재[31]

(1) 미륵사지[32]

미륵사지 조사는 일제강점기 일인 학자들에 의해 처음 실시되었다. 이후 1980년대 문화재관리국 문화재연구소에 의한 연차 발굴조사 결과 3원식가

27) 국립부여문화재연구소, 2011, 『扶餘 定林寺址』, 83쪽 도면 22.
28) 이들 건물지는 강당 북쪽의 대형 전각과 더불어 승방지로 추정되었다(국립부여문화재연구소, 2011, 『扶餘 定林寺址』).
29) 忠南大學校博物館·忠淸南道廳, 1981, 『定林寺』, 圖面 19 및 20 재편집.
30) 국립부여문화재연구소, 2008.11.21, 「부여 정림사지 발굴조사(제8차) 자문회의」.
31) 이 외에도 부여지역의 관음사지 및 밤골사지, 익산의 오금사지 등이 알려져 있으나 부분적인 발굴조사로 말미암아 이번 자료 대상에서는 제외하였다.

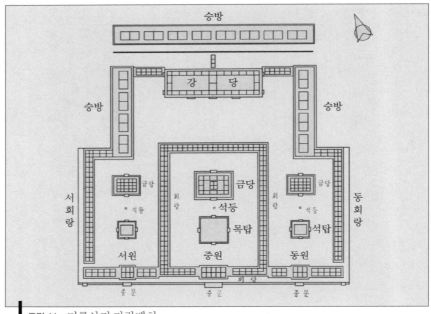

도면 11   미륵사지 가람배치

람(도면 11)[33]임이 확인되었다. 각각의 당탑은 회랑으로 분리 독립되었으
며, 중앙 당탑 후면에서는 강당지가 확인되었다. 중앙 당탑지와 전면의 석
등지, 그리고 후면의 강당지로 이루어진 가람배치는 일본 산전사지에서도
살펴지고 있어 백제에서 일본으로의 가람배치 전파를 판단케 한다[34].

　　최근 서탑에 대한 발굴조사 결과 사리장치를 비롯한 금제사리봉안기가
수습되어 무왕의 비가 백제의 좌평 사택적덕의 딸로 알려지게 되었다[35]. 서

32) 미륵사지에 관한 유적 보고서는 아래와 같다.
　　① 文化財管理局 文化財硏究所, 1989,『彌勒寺 Ⅰ』.
　　② 國立扶餘文化財硏究所, 1996,『彌勒寺 Ⅱ』.
33) 전라북도익산지구문화유적지관리사업소, 1997,『미륵사지유물전시관』, 123쪽.
34) 조원창, 2006,「일본 산전사지에 나타난 백제의 건축문화」,『문화사학』26, 한국문화사학회.
35) 문화재청 외, 2009.03.12,「미륵사지석탑 사리장엄」.

탑은 639년에 조성된 것으로 확인되었다.

(2) 부소산사지[36)

부여 부소산 서남기슭에 위치하고 있으며 충청남도 문화재자료 제 98호
로 지정되어 있다.

1942년 일인학자인 藤澤一夫에 의해 첫 조사가 이루어졌고 이후 1978년
및 1980년에도 발굴조사가 실시되었다. 중문, 목탑, 금당이 남쪽을 향해 배
치되었고(도면 12)[37], 동·서회랑
은 완벽한 조사가 진행되지 않아
확실한 규모와 형태가 파악되지

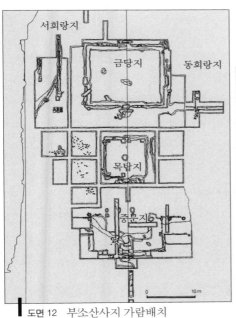

도면 12 부소산사지 가람배치

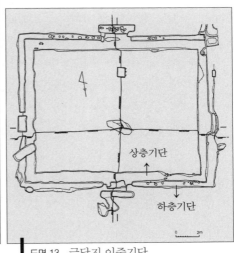

도면 13 금당지 이중기단

---

36) 1차 조사는 국립부여박물관에 의해 실시되었고 2차 조사는 문화재관리국 문화재연구소,
충남대학교박물관, 국립부여박물관 등이 참여한 연합발굴이었다(國立文化財研究所,
1996, 「扶蘇山城-廢寺址 發掘調査報告 - (1980年)」, 『扶蘇山城』, 16쪽).

37) 國立文化財研究所, 1996, 「扶蘇山城-廢寺址 發掘調査報告 - (1980年)」, 『扶蘇山城』, 22쪽
도면 2.

않았다.

금당지는 변주가 없는 이중기단(도면 13)[38]으로 조성되었고 목탑지는 대부분 유실된 채 당식 대금구만 수습되었다.

강당이 확인되지 않는 특이성, 백제왕궁지와의 지근거리, 부소산성의 성격과 역할 등으로 말미암아 백제왕실과 관련이 있는 기원사찰로 추정되었다[39]. 그러나 동 · 서회랑의 잔존상태, 금당지 후면의 평탄화, 그리고 백제 가람배치와의 이질성 등으로 인해 부소산사지에도 강당이 존재할 가능성이 있는 것으로 추정되었다[40]. 사지내에서는 와당을 비롯한 치미, 토제의 꼬끼리 두상과 벽화편, 목탑지의 진단구로 추정되는 과판 등이 출토되었다.

(3) 용정리사지[41]

부여읍 용정리에 위치하고 있으며 시도기념물 제48호로 지정되어 있다.

1991년과 1992년 목탑지를 중심으로 조사가 이루어졌다. 전체 사역 중 부분발굴이 이루어져 목탑지와 금당지 일부 만이 확인되었다(도면 14)[42].

금당지는 상 · 하층으로 중복되었고, 이중 하층 금당지가 웅진기의 것으로 추정되었다. 기단(사진 7)은[43] 할석을 이용하여 협축으로 조성되었다. 금당지 기단의 동서길이는 30.75m, 남북길이는 20.19m이다.

목탑지는 금당지의 남쪽에서 확인되었고 축기부는 대지를 역사다리꼴 모양으로 되파기하여 조성하였다. 축기부토는 점토 및 풍화암반토로서 약 40단 정도의 계단식 판축토로 이루어졌다. 재굴광된 축기부의 최상부 폭은

---

38) 國立文化財研究所, 1996,「扶蘇山城-廢寺址 發掘調査報告 - (1980年)」,『扶蘇山城』, 24쪽 도면 3.
39) 國立文化財研究所, 1996,「扶蘇山城-廢寺址 發掘調査報告 - (1980年)」,『扶蘇山城』, 63쪽.
40) 조원창, 2011,「백제 사비기 부여 부소산사지의 축조기법과 가람배치의 검토」,『역사와 담론』59.
41) 扶餘文化財研究所 · 扶餘郡, 1993,『龍井里寺址』.
42) 扶餘文化財研究所 · 扶餘郡, 1993,『龍井里寺址』, 65쪽 삽도 31.
43) 扶餘文化財研究所 · 扶餘郡, 1993,『龍井里寺址』, 82쪽 도판 19.

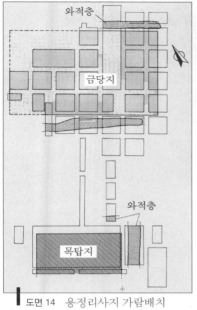

도면 14 용정리사지 가람배치

와적층
금당지
와적층
목탑지

사진 7 하층 금당지 협축기단

18.5m, 최하부 폭은 14.6m이고 최대 깊이는 3.5m이다.

용정리사지 하층 금당지의 축조시기 는 사지 출토 판단첨형 연화문 와당으로 보아 5세기 말~6세기 초로 추정되었다.

(4) 능산리사지[44]

부여읍 능산리에 위치하고 있으며, 사적 제434호로 지정되어 있다. 1992 년 이후 2000년대 초반까지 발굴조사가 진행되었다.

사지는 1탑 1금당식(도면 15)[45]으로 동나성과 능산리왕릉 사이에 중문 - 목탑 - 금당 - 강당이 남북을 축으로 하여 조성되었다. 탑지 심초부에서 출 토된 사리감의 명문(百濟昌王十三季太歲在 丁亥妹兄公主供養舍利)으로 보 아 능사는 567년경에 조성되었음을 알 수 있다.

44) 능산리사지와 관련된 발굴내용을 아래의 자료를 참조하였다.
 ① 國立扶餘博物館·扶餘郡, 2000, 『陵寺』.
 ② 國立扶餘博物館, 2007, 『陵寺-부여 능산리사지 6~8차 발굴조사 보고서』.
45) 國立扶餘博物館·扶餘郡, 2000, 『陵寺』, 5쪽 도면 5.

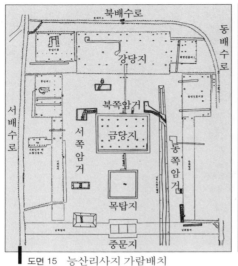

도면 15 능산리사지 가람배치

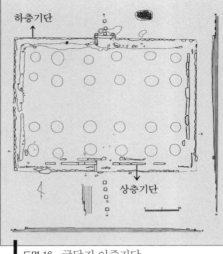

도면 16 금당지 이중기단

　　목탑지는 이중기단으로 하층기단이 치석기단, 상층기단은 가구기단으로 조성되었다. 하층기단은 동서 길이 11.73m, 남북 길이 11.79m이며 상층기단은 동서 및 남북 길이 모두 10.3m이다. 목탑지 중앙에서는 심주(느티나무)와 심초석 겸 공양석이 확인되었다. 심초석 겸 공양석 위에서는 화강암제 사리감을 비롯한 금실, 은제과대장식, 유리옥제품, 소조불 등이 출토되었다.

　　금당지는 목탑지와 같은 형식의 이중기단(도면 16)[46)]이며 하층기단은 동서길이 21.62m, 남북길이 16.16m이다. 상층기단은 동서길이 19.94m, 남북길이 14.48m로 추정되었다. 강당지는 1동2실 건물로 할석과 평적식의 와적기단[47)]으로 조성되었다. 기단 규모는 동서길이 37.4m, 남북너비 18m이다.

46) 國立扶餘博物館·扶餘郡, 2000, 『陵寺』, 13쪽 도면 9.
47) 강당지 이외의 공방지 Ⅰ·Ⅱ, 불명 건물지 Ⅰ·Ⅱ, 서회랑지 밖 소형건물지, 회랑지 등도 잡석과 기와편을 이용하여 기단을 조성하였다.

(5) 왕흥사지[48]

사지는 부여군 규암면 신리 일원에 위치하고 있으며 사적 제427호로 지정되어 있다. 일제강점기 무렵 고려시기 명문와('王興寺' 명)의 수습을 통해 이곳이 왕흥사지로 알려지게 되었다.

2000년도부터 발굴조사가 진행되고 있고 최근 강당지에 대한 조사가 실시되었다. 조사결과 어도시설 - 중문지 - 목탑지 - 금당지 - 강당지 등과 동·서 회랑의 북단에서 장방형의 부속건물지가 확인되었다(도면 17)[49]. 여기에서는 당탑지 및 강당지를 중심으로 설명하고자 한다.

목탑지(도면 18)[50]에서는 석축기단 외에 방형의 적심토와 판축토, 공양석 및 공양구 등이 확인되었고 기단토 아래에서는 방형 축기부가 조사되었

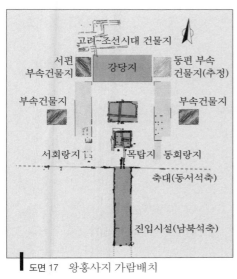

도면 17　왕흥사지 가람배치

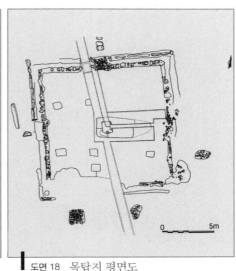

도면 18　목탑지 평면도

48) 국립부여문화재연구소, 2009, 『王興寺址 III 木塔址 金堂址 發掘調査 報告書』.
49) 국립부여문화재연구소, 2010, 『2009 백제문화를 찾아서』, 31쪽.
50) 국립부여문화재연구소, 2009, 『한·중·일 고대사지 비교연구(1) -목탑지편-』, 42쪽 도면 2.

다. 공양석 상면의 사리공에서는 청동사리함과 내외호가 수습되었다. 사리
함 동체부의 내용으로 보아 목탑의 축조연대는 577년(위덕왕24년)경임을
알 수 있다.

금당지는 할석의 석축기단으로 내부 기단토는 70cm 두께의 판축토(점
질토＋마사토)로 이루어졌다. 기단의 규모는 동서너비 22.7m, 남북길이
16.6m이다. 강당지는 동서너비 46.8m, 남북길이 19.2m의 대형 건물지로
전면은 가구기단으로 조성되었다. 동·서·북면의 기단은 30cm 내외의 할
석으로 축조되었다[51].

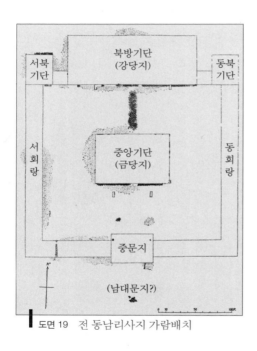

도면 19   전 동남리사지 가람배치

강당지는 전면이 단층의 가
구기단이고 이의 전면에서는
60cm 너비의 산수시설이 확인
되었다. 기단과 산수와의 간격
은 30cm이며 기와와 할석을
이용하여 조성하였다.

(6) 전 동남리사지 (동남리 건물지)[52]

일제강점기 조사 당시 남북
장축의 탑이 없는 가람(도면
19)[53]으로 이해되었다. 1990년
대 이후 발굴조사 결과 적심토
시설 대형건물지, 굴립주건물
지, 저수시설, 수조시설 등의

51) 축석기법으로 보아 할석난층기단임을 알 수 있다.
52) ① 朝鮮古蹟研究會, 1940, 「第四 扶餘に於ける百濟寺址の調査(槪報) 甲 扶餘東南里廢寺
　　　址發掘調査」,『朝鮮古蹟調査報告』昭和十三年.
　　② 忠南大學校博物館, 1993·1994, 「扶餘 東南理遺蹟 發掘調査 略報告書」.

유구가 확인된 반면, 회랑지나 중문지 등의 유구는 검출되지 않았다. 출토유물은 납석제 불상편을 비롯한 와제 광배편, 천왕명 기와편, 중국제 청자, 와당, 장경병 등이 있다.

백제사지에서 일반적으로 확인되는 회랑이나 목탑(석탑), 강당 등의 부존재로 보아 사원과 관련된 건물로는 파악하기 어렵다. 와당과 불상, 중국제 청자 등의 출토와 다른 기와 건물지와 별도로 떨어져 위치하고 있다는 점에서 제의건물이 아닌가 생각된다.

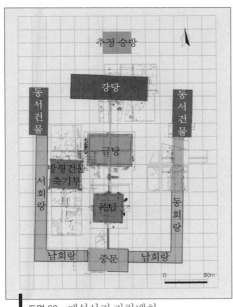

도면 20　제석사지 가람배치

(7) 제석사지[54]

익산시 왕궁면 왕궁리에 위치하고 있으며, 사적 제405호로 지정되어 있다.

제석사지에 대한 첫 번째 발굴조사는 원광대학교 마한·백제문화연구소에 의해 1993년 및 2003~2004년에 실시되었다. 이후 국립부여문화재연구소에 의해 2007~2009년 동안 2차례의 발굴조사가 진행되었다.

조사결과 사지는 중문 - 목

53) 朝鮮古蹟研究會, 1940, 「第四 扶餘に於ける百濟寺址の調査(槪報) 甲 扶餘東南里廢寺址發掘調査」, 『朝鮮古蹟調査報告』昭和十三年, 圖版 第37.
54) 조사내용은 아래의 자료를 참조하였다.
　① 圓光大學校 馬韓·百濟文化硏究所, 1994, 『益山帝釋寺址試掘調査報告書』.
　② 국립부여문화재연구소, 2008, 「益山 帝釋寺址-제1차 조사」.
　③ 국립부여문화재연구소, 2009, 「益山 帝釋寺址-제2차 조사」.
　④ 국립부여문화재연구소, 2009, 『한·중·일 고대사지 비교연구(1) -목탑지편-』.

탑 - 금당 - 강당 - 추정 승방 등의 1탑1금당식(도면 20)[55]으로 확인되었다. 아울러 동·서회랑 북단에서는 장방형의 동서 건물이 각기 1동씩 조사되었다. 목탑은 대형 축기부 위에 조성되었으며, 그 내부와 기단토는 판축토로 축토되었다. 기단은 이중기단이며 심초석은 기단토 상면에 2분된 채 쓰러져 있다. 금당은 이중기단으로 조성되었고, 목탑과 금당 사이의 서편에서는 판축된 방형의 축기부가 확인되었다. 목탑지 및 방형 축기부의 네 모서리부에서는 작업통로로 보이는 계단상의 유구가 확인되었다. 강당지는 멸실정도가 심하여 기단석의 존재를 확인할 수 없다. 사지에서는 백제시기 수막새를 비롯해 당초문 암막새, 인각와, 소조상 등이 수습되었다.

3. 백제사지의 건축고고학적 특성

백제사지의 조사는 일제강점기 이후 최근에 이르기까지 부여·익산지역을 중심으로 진행되고 있다[56]. 이에 따라 백제 사비기 사지의 가람배치나 건물구조, 축조기법 등이 부분적이나마 밝혀지게 되었다. 아울러 사지에서 수습된 사리감이나 사리 외호, 금제사리봉안기 등은 영성한 백제사의 보완뿐만 아니라 당시의 뛰어난 백제 공예기술을 보여주고 있다. 여기에서는 그동안의 백제사지 발굴을 통해 얻어진 성과를 살펴보고자 한다.

첫째, 백제사지의 가람배치는 기본적으로 남북을 장축으로 한 1탑1금당식이고 목탑이 주류를 이루었다. 물론 금강사지와 같이 지형에 맞춰 동향가람을 취한 것도 살필 수 있지만 이는 극히 일부에 불과하다. 이러한 1탑1금당식의 가람배치는 일본 비조시대의 오사카 사천왕사에도 영향을 미쳐 일본 불교사원의 시원을 보여주고 있다.

---

55) 국립부여문화재연구소, 2009, 「益山 帝釋寺址 - 제2차 조사」, 9쪽 도면 1.
56) 공주지역에서도 대통사지 확인을 위한 시굴조사가 실시된 바 있으나 유구의 형적은 확인되지 않았다.

백제사지는 대부분 평지에 위치하고 있다. 부소산사지와 같이 산지의 구릉상에 조성된 것도 있지만 기본적으로는 모두 회랑을 갖추고 있다는 공통성이 있다. 회랑이 시설되어 있다는 점에서 통일신라시기의 산지가람과 차이를 보여주고 있다.

탑파의 경우 정림사지 및 미륵사지 석탑을 제외하곤 대부분 목탑으로 조성되었다. 특히 군수리사지, 왕홍사지, 금강사지 등에서와 같이 사리장치 및 심초석을 운반하기 위한 사도가 시설된 것도 살필 수 있다. 아울러 군수리사지 심초부에서는 심주(찰주)의 부식을 방지하기 위한 보호시설도 확인할 수 있다.

둘째, 목탑지 내부 사리기의 발굴로 인해 사원의 창건연대와 출토유물의 절대연대를 파악할 수 있는 기준이 마련되었다. 즉, 능산리사지 목탑지의 심초석 겸 공양석 상면의 사리감과 왕홍사지 목탑지 공양석 사리공 내부의 사리 외호를 통해 위덕왕대인 567년경에 능사가 창건되었고, 577년경에는 왕홍사가 조영되었음을 파악할 수 있다. 아울러 이들 유물은 사원의 대시주 및 창건 목적, 시대 상황 등을 밝혀주고 있다는 점에서, 그리고 이곳에서 검출된 유물이나 유구의 시기성을 반영한다는 측면에서 큰 의의가 있다. 특히 미륵사지 서탑 기단부 사리공에서 출토된 금제사리봉안기는 무왕의 비가 그 동안 알려진 신라 진평왕의 선화공주가 아닌 백제 좌평 사택적덕의 딸임을 알게 하였다.

한편, 이들 사리감 및 사리장치 등과 함께 출토된 내호, 외호 및 공양구, 진단구의 경우는 금동대향로와 마찬가지로 백제의 뛰어난 금속공예기술을 보여주고 있다는 점에서 백제 장인의 우수성을 깨닫게 한다.

셋째, 백제 기단건축의 다양성을 엿볼 수 있다. 즉, 군수리사지를 비롯한 정림사지, 왕홍사지, 능산리사지, 부소산사지 등을 통해 다양한 와적기단의 형식을 엿볼 수 있다. 와적기단은 기와의 축조방식에 따라 평적식, 합장식, 수직횡렬식, 복합식, 혼축식 등으로 구분할 수 있다.

신라의 경우는 경주 천관사지 및 (전)인용사지[57) 등에서 합장식의 아류작으로 추정되는 사적식[58)이 확인된 바 있으나 백제사지에서는 아직까지 이러한 형식이 조사된 바 없다. 와적기단은 대체로 파손된 암키와나 수키와를 사용하지만 군수리사지 금당지 북면기단이나 부소산사지 서회랑지, 관북리 건물지 등에서와 같이 완형이나 이에 가까운 암키와를 사용하는 곳도 살필 수 있다.

와적기단은 사지 외에 금성산 건물지 및 외리유적, 군수리 건물지, 관북리 건물지 등에서도 확인되고 있어 당시 와건물의 주요한 기단 형식으로 사용되었음을 확인할 수 있다. 아울러 일본에서도 횡견폐사(도면 21)[59]를 비롯한 숭복사 미륵당(도면 22)[60], 대봉사 금당지(도면 23)[61], 혈태폐사 금당

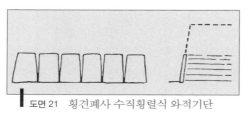

▋도면 21 횡견폐사 수직횡렬식 와적기단

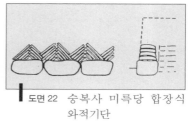

▋도면 22 숭복사 미륵당 합장식
와적기단

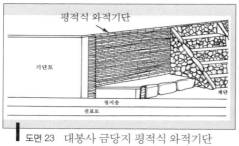

▋도면 23 대봉사 금당지 평적식 와적기단

▋사진 8 혈태폐사 금당지 평적식
와적기단

57) 문화재청, 2010.5.26, 「신라의 와축기단 건물지와 기록목간을 확인하다 -경주 (전)인용사지 발굴조사 결과 공개-」보도자료 참조.
58) 趙源昌, 2006, 「新羅 瓦積基壇의 型式과 編年」, 『新羅文化』28, 新羅文化研究所.
59) 田辺征夫, 1995, 「瓦積基壇と渡來系氏族」, 『季刊考古學』第60號, 74쪽 C.

지(사진 8)[62] 등 많은 사지 및 건물지 등에서 와적기단이 확인된 바 있어 백제 기단건축술의 전파를 확인케 한다[63].

사지에서 관찰되는 또 하나의 기단 특성은 당탑지에서의 이중기단과 가구기단이다. 이들 기단은 사지 내의 다른 전각에서 쉽게 확인할 수 없다는 점에서 해당 건물의 장엄성과 위엄성을 대변하고 있다.

백제사지의 발굴조사를 통해 확인된 또 하나의 사실은 시기성을 갖고 심초석 겸 공양석의 위치가 변화한다는 사실이다. 즉, 군수리사지 및 능산리사지의 경우는 심초석 겸 공양석이 목탑지 지하에 위치하고 있으나 7세기대의 제석사지를 보면 심초석 겸 공양석이 목탑지 지상에 올려 있음을 확인할 수 있다. 이는 심주(찰주)의 부패를 막기 위한 기능적 조처뿐만 아니라 목탑의 구조와도 밀접한 관련이 있어 향후 중국 사례와의 비교를 통해 밝혀내야 할 부분이라 생각된다.

다섯째, 최근까지 전면 발굴조사된 정림사지, 능산리사지, 왕흥사지, 제석사지 등을 보면 동·서회랑 북단에 한 동의 건물지가 위치하고 있음을 살필 수 있다. 시기적으로 이들 사지는 6세기 후반~7세기대에 해당되는 것으로서 백제사지에서의 건물 배치 패턴을 보여주고 있다.

이들 건물은 승방으로 보고된 바가 있으나 기본적으로 온돌과 같은 난방 시설이 축조되지 않았다는 점에서 이를 취신하기가 어렵다. 백제 와건물지에서의 온돌시설은 능산리사지 강당지 서실로 보아 고래가 생활면 아래에 위치하고 있음을 볼 수 있다. 이는 층위상으로 구들장이 유실될지라도 고래는 기단토에 남아 있게 됨을 의미한다. 따라서 동·서회랑 북단에서 검출된 건물지에 대한 성격 규정은 좀 더 신중하게 접근할 필요성이 있다.

한편, 전면 조사가 실시되지 않은 부여지역의 용정리사지나 가탑리사지,

60) 田辺征夫, 1995, 「瓦積基壇と渡來系氏族」, 『季刊考古學』第60號, 74쪽 D.
61) 田辺征夫, 1995, 「瓦積基壇と渡來系氏族」, 『季刊考古學』第60號, 74쪽 下.
62) 林博通, 昭和62年, 「穴太廢寺(滋賀縣)」, 『佛敎藝術』174號, 每日新聞社, 口繪 7.
63) 趙源昌, 2004, 『百濟 建築技術의 對日傳播』, 서경문화사.

금강사지, 부소산사지, 임강사지 등의 경우 향후 조사 진행에 따라 회랑 북단에서의 건물지 확인도 배제할 수 없다.

이외에도 백제사지에서는 건물 하부의 대형 축기부와 적심토, 초반석[64] 등의 존재를 살필 수 있다. 축기부는 구지표면 아래에 위치하는 것으로 대개 사지의 금당이나 탑지에서 살펴지고 있다. 즉 용정리사지를 비롯한 정림사지, 능산리사지, 금강사지, 왕흥사지, 미륵사지, 제석사지 등에서 확인된다. 아울러 적심토는 적심석 대신에 사용되는 것으로서 적심공 내부가 판축 혹은 성토다짐으로 축토되어 있다. 축기부의 경우 백제뿐만 아니라 신라에서도 찾아지고 있는 반면, 적심토의 경우는 백제의 고토에서 대부분 찾아지고 있어 백제 고유의 건축기술로 이해되고 있다. 이는 와적기단과 마찬가지로 사지 외에 일반 와건물지에서도 어렵지 않게 살필 수 있다.

4. 백제사지 조사에 따른 향후과제

백제사지를 발굴조사 함에 있어 사원의 창건 목적과 대시주, 개별 전각의 기능 및 토목공사 등에 대한 내용은 앞으로도 계속적으로 탐구해 볼만한 연구대상이라 생각된다. 여기에서는 이러한 내용을 중심으로 기술해 보고자 한다.

첫째, 발굴조사 결과 드러난 백제사지에 대해 우선적으로 성격(姓格) 파악 등의 노력이 뒤따라야 할 것으로 사료된다[65]. 즉, 일본 사료인 『元興寺伽藍緣起』에 따르면 善信尼 등 세 비구니가 계를 받기 위해 백제국에 갈 것을 官에게 요구하자 관은 정미년(用明 2년, 587년) 백제에서 온 객에게 수계법을 묻고 백제의 객은 다음과 같이 답변한다.

---

64) 초석 아래에 받치는 편평한 석재로 익산 미륵사지 동·서 금당지에서 살필 수 있다.
65) 사지에서의 성격이란 남승이 머물렀던 법사사였는지, 아니면 여승이 있었던 니사였는지를 구분하는 것을 말한다. 이에 대해서는 필자가 이미 논고에서 피력한 바 있다(趙源昌, 1999, 「公州地域 寺址 硏究」, 『百濟文化』28, 公州大學校 百濟文化硏究所).

우리 나라에 법사사와 니사와의 사이는 종 소리가 서로 들리는 거리이며, 반월과 반월(보름 만에 한 번, 한 달에 두 번씩)에 한낮 이전에 往還할 수 있는 곳에 짓습니다[66].

　이의 내용으로 볼 때 적어도 백제 위덕왕대에 승사인 법사사와 비구니사인 니사가 별개로 존재하였음을 알 수 있다. 이는 향후 선신니 등 일본의 세 비구니가 실제 백제에 와서 수계를 받고 3년 만에 돌아가는 것으로도 백제의 니사 존재를 파악할 수 있다. 법사사와 니사의 거리는 구체적으로 적시되어 있진 않지만 한낮 이전에 왕환할 수 있다는 점에서 그리 멀지 않았던 것으로 생각된다.

　백제 장인에 의해 창건된 비조사(도면 24)는 소아마자의 씨사이면서 일본 최초의 법사사에 해당된다. 아울러 소아마자의 씨사이면서 일본 최초의 니사였던 풍포사(사진 9)[67]는 비조사와 약 5~10분 내외 거리에 위치하고 있

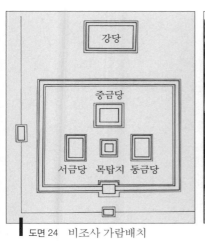

도면 24　비조사 가람배치

사진 9　현재 풍포사

---

66) 金煐泰, 1985, 「威德王 當時의 佛敎」, 『百濟佛敎思想硏究』, 東國大學校出版部, 75쪽 재인용.
67) 필자사진

다. 이러한 거리는 위덕왕대 백제 법사사와 니사 사이의 거리보다 현격히 짧아진 것으로 생각되며 이는 향후 나라시대 이후가 되면 바로 인접한 곳에 배치되고 있다[68].

이처럼 일본의 사료를 살피면 백제의 법사사와 니사는 처음에 종소리가 들릴 정도의 먼 거리에 떨어져 있었다. 하지만 588년 이후 백제 장인이 일본에 파견된 후 창건된 비조사와 풍포사를 보면 두 사원의 거리가 현격히 가까워졌음을 볼 수 있다.

이러한 점을 고려한다면 백제의 법사사와 니사의 위치 또한 처음에는 원거리에 배치되어 있다가 점차 가까운 거리로 옮겨졌음을 추정해 볼 수 있다. 향후 백제사지로 알려진 사원의 姓格 검토뿐만 아니라 해당 사원과 어울리는 법사사나 니사의 존재도 점진적으로 밝혀내야할 과제라 생각된다.

둘째, 사지에서 승니의 실생활과 관련된 승방이나 식당 등의 존재를 확인하기 위해 현재보다 넓은 범위에서의 확장조사 및 정밀조사가 필요하다. 사원은 그 시주자가 국왕이든 귀족이었든 간에 불법승을 기반으로 조성되기 마련이다. 이중 불과 법은 사원내에 배치되는 것이 일반적이지만 승과 관련된 승방은 당탑을 중심으로 한 가람 내부에서 찾아보기 어렵다.

그 동안 발굴조사 된 백제사지 중 승방지가 확인된 곳은 금강사지와 미륵사지를 들 수 있다. 두 곳의 사지 모두 승방지는 당탑과 관련된 회랑 외부에서 발견되었다는 특징이 있다. 이렇게 볼 때 백제사지의 회랑 외부에 대한 조사의 필요성이 대두된다. 특히 부소산사지와 같이 산지에 가람이 조성된 경우 승방의 위치는 평지 가람에서보다 더 멀리 떨어져 있을 가능성이 있다. 따라서 백제사지의 조사는 회랑 내부뿐만 아니라 이의 외부까지도 포함하여 실시하는 것이 타당하다.

한편, 식당에 대해서는 지금까지 백제사지에서 알려진 바 없다. 그러나 일본에서의 경우 백제보다 시기적으로는 늦지만 식당과 강당이 겸용되었거나

---

68) 奈良國立博物館, 1980, 『國分寺』.

법륭사 서원가람에서와 같이 식당이 강당으로 변모된 예도 살필 수 있다[69]. 따라서 출토 유물에 대한 좀 더 면밀한 검토가 요구된다.

셋째, 일제강점기 및 해방이후에 조사된 일부 백제사지의 경우 전면 발굴조사가 아닌 유구 확인조사의 차원에서 실시되어 1980년대 이후 최근에 이르기까지 재조사가 진행되고 있다. 즉, 군수리사지 및 정림사지, 부소산사지, 임강사지, 전 동남리사지 등을 들 수 있다.

군수리사지 및 정림사지의 경우 전면 발굴조사 결과 사도 및 동서회랑 북단 건물지 등 이전에 확인되지 않았던 새로운 유구가 조사되었다. 아울러 동남리사지는 재조사를 통해 이것이 사지가 아닌 성격 미상의 기와 건물지로 파악되었으며,[70] 임강사지에서는 불상편을 비롯한 벽화편 일부가 수습되었다.

한편, 금강사지 및 가탑리사지의 경우 전술한 사지와 달리 아직까지 정밀 재조사가 실시되지 않고 있다. 따라서 향후 이들 사지에 대한 전면적인 재조사를 실시하여 백제사지의 원 모습을 밝혀내야 할 것이다.

넷째, 산지가 아닌 저습지를 성토하고 사원을 조성하였을 경우 백제시기의 새로운 토목공법을 파악해 볼 수 있으므로 좀 더 세밀한 정밀조사가 요구된다. 즉, 성왕의 원찰로 판명된 부여 능사를 비롯한 정림사 및 익산 미륵사 등은 모두 저습지를 매립하고 그 위에 사원을 조성하였다. 이를 위해 백제 조사공들은 사전작업으로서 암거나 집수구 등을 마련하고 한편으로는 부엽공법, 말뚝공법 등을 실시한 후 판축 및 성토다짐공법을 이용하여 대지를 조성하였다.

따라서 이러한 저습지에서의 토목공법을 파악하기 위해선 사지 조사의 마지막 단계로서 구덩이조사를 통한 토층조사가 요구된다. 구덩이의 깊이를 생토면 혹은 자연퇴적토까지 진행하여 인위적인 성토방법이나 부속시설

69) 清水昭博, 2009,「飛鳥・奈良시대의 講堂에 관한 諸問題」,『동아시아의 불교문화와 백제』, (재)한얼문화유산연구원, 127쪽.
70) 忠南大學校博物館, 1993・1994,「扶餘 東南理遺蹟 發掘調査 略報告書」.

등의 존재 유무를 파악해 보아야 할 것이다.

다섯째, 그 동안의 백제사지는 사비기의 것으로 부여지역 및 익산지역에서 주로 조사되었다. 이는 한성기 및 웅진기의 백제사지가 서울·경기권 및 공주지역에서 아직까지 확인되지 않았음을 의미한다. 그러나 한성기의 경우 동진으로부터 불교가 유입되어 사원이 건축되었고 웅진기에는 대통사 및 흥륜사가 백제 성왕대에 창건되었다. 따라서 이들 사지에 대한 탐색이 한층 더 심화되어야 할 것이다.

여섯째, 사지 발굴에 전문성을 가진 연구자의 참여와 아울러 건축학자와의 공조가 요구된다. 이러한 공동참여는 중복된 유구 및 건물 상부 구조의 복원에 큰 도움을 줄 수 있으리라 생각된다.

5. 맺음말

백제사지 조사는 일제강점기 일인학자들에 의해 처음 실시된 이후 최근에 이르기까지 부여 및 익산지역을 중심으로 진행되고 있다. 이러한 작업은 새로운 사지에 대한 탐색뿐만 아니라 기존 조사에 대한 정밀 발굴도 포함하고 있어 백제사지의 가람배치나 축조기법 부문에서 많은 정보를 제공하고 있다.

특히 능산리사지를 비롯한 왕흥사지, 제석사지, 미륵사지 서탑 등의 조사는 일반 시민들로 하여금 그 동안 생소하게 느껴졌던 백제 불교고고학 및 불교미술에 대한 관심을 한껏 고조시켜 놓았다.

이와 같은 백제사지의 조사와 더불어 사지 조성에 따른 축조기법이나 계통, 그리고 이의 시기적 변천에 대한 연구도 점차 확충되어야 할 것이다. 이를 위해선 사지 조사에 고고학뿐만 아니라 고건축 분야의 연구자도 함께 참여하는 것이 바람직하다. 그리하여 건물지의 구조나 건축사 등에 대한 자문을 받아 백제사지의 숨겨진 부문을 하나하나 밝혀내는 것이 필요하다.

아울러 백제사지와 신라 및 고구려사지, 그리고 중국 남북조 및 일본 비조시대의 사지와도 비교 검토해 보아야 할 것이다. 이를 통해 백제 사원의 정확한 이해, 나아가 백제의 토목·건축기술도 함께 살펴 볼 수 있지 않을까 생각해 본다[71].

---

71) 이 글은 아래의 논고를 참조·수정하였다.
  ① 趙源昌, 1999,「公州地域 寺址 研究」,『百濟文化』28, 公州大學校 百濟文化研究所.
  ② 조원창, 2011,「백제사지의 연구 반세기와 앞으로의 과제」,『심당 조유전 박사 고희기 넘논총 고고학 발굴과 연구 50년의 성찰』.

II부
웅진기의 백제사지

大通寺址 出土 百濟 瓦當의 型式과 編年

百濟 熊津期 扶餘 龍井里 下層 寺院의 性格

공주시내에는 대통다리로 불리는 석교가 하나 있다. 대통다리는 공주시내를 동과 서로 구분하는 제민천에 축조되어 있다. 대통다리 근처에서는 대통식당 등 '大通' 명의 상호도 살필 수 있다. 이처럼 '대통'이라는 명칭은 백제 웅진기 이후 지금까지도 충청남도 공주라는 지역사회에서 시민과 함께 숨쉬고 있다.

아울러 대통사지 석조라 불리는 중동·반죽동 석조의 경우 현재 국립공주박물관에 이건·전시되고 있다. 이들 석조는 평원 원형으로서 지금까지 알려진 백제 석조 중 가장 고식에 해당되고 있다. 조선시기에는 이곳에 연꽃을 심어 관조하였다는 기록이 남아 있어 불교적 색채가 강한 문화재임을 알 수 있다.

현재 대통사가 공주 시내 어느 곳에 위치하였는지 확실한 장소는 알 수 없다. 다만, 당간지주 및 '대통' 명 기와·와당 등의 출토현황으로 보아 중동 혹은 반죽동 등으로 추정하고 있다. 그러나 이들 지역의 경우 관공서를 비롯한 민가가 빽빽하게 들어 차 있어 지금 당장 유적 확인을 위한 시·발굴조사는 불가한 실정이다.

10여년 전 공주대학교 박물관에 의해 당간지주가 위치한 주변 지역이 시굴조사된 바 있으나 사지의 흔적은 전혀 확인되지 않았다. 아울러 당간지주도 본래 위치가 아닌 다른 곳에서 이동한 것으로 밝혀졌다. 이렇게 볼 때 일제강점기 대통사지의 위치와 가람배치를 추정하였던 경부자은의 견해는 사실과 무관함을 엿볼 수 있다.

대통사는 백제의 부흥과 불국토를 일으키고자 한 성왕의 원찰이었으며 사비천도 후에는 구도인 공주지역의 민심을 안정시켰던 왕실사찰이었다. 따라서 인내심을 가지고 철거되는 가옥 하나하나를 발굴조사 하다보면 머지않아 대통사지의 존재도 확인될 수 있으리라 생각된다.

大通寺址 出土
百濟 瓦當의 型式과 編年

1. 머리말

　大通寺는 백제 웅진기 성왕에 의해 창건되었다. 지금도 공주시 반죽동에
대통다리(大通橋)라는 교명이 전해지고 있어 이 근교에 사찰이 입지하였음
을 짐작할 수 있다.

　대통은 불심천자 혹은 황제보살로 일컬어졌던 중국 남조 양나라 武帝의
연호였으며, 대통사의 창건 배경은 『삼국유사』[1]에 간략하게나마 전해지고
있다. 기사의 내용으로 보아 성왕은 양 무제를 위해 웅천주(공주)지역에 대
통사를 창건하였음을 알 수 있다. 그리고 이러한 불사건축을 통해 성왕은
전륜성왕의 입장에서 백제의 불국토 건설을 꿈꿔왔던 것으로 이해된다[2].

　대통사지는 興輪寺 및 부여의 용정리사지와 함께 문헌 및 고고학적으로
알려진 웅진 백제기 사원 중의 하나이다[3]. 특히 성왕대에는 대통사와 흥륜
사가 동시에 창건되어 성왕의 왕즉불 사상을 전파하는데 촉진제 역할을 담

---

1) 『三國遺事』卷 第3 興法 3, 原宗興法 厭髑滅身條.
　　"大通元年丁未 爲梁帝創寺於熊川州 名大通寺"

당하였던 것으로 생각된다. 이러한 사상의 통일과 무령왕대 이후의 국내 안정은 결과적으로 사비천도라는 대역사를 단행할 수 있는 원동력이 되었다.

대통사의 창건 배경에 대해 대부분의 연구자들은 『삼국유사』내용을 근거로 하여 양 武帝와의 관련 속에서 이해하고 있는데 반해, 조경철의 경우는 법화경의 전륜성왕사상을 바탕으로 이견을 제시하고 있다. 즉, 성왕은 평소 자기 자신을 전륜성왕으로 자처하였고 전륜성왕의 아들인 大通智勝如來를 모시기 위하여 대통사를 창건하였다는 사실이다[4]. 그리고 주존불 역시도 대통지승여래임을 설하고 있다. 조경철의 표현대로 대통지승여래가 대통사의 주존불이었다면 이 여래상은 분명 백제 불상의 조각에도 큰 영향을 미쳤으리라 생각된다. 그러나 성왕대에 백제에서 왜[5]로 전하여 준 불상들을 보면 대통지승여래에 대한 이름은 찾아보기 어렵다. 이는 이후의 백제불상에서도 마찬가지이다[6]. 따라서 대통지승여래가 대통신앙에 입각하여 웅진기에 제작되었고 이를 주존으로 하여 대통사가 창건되었다는 사실은 언뜻 취신하기 어렵다.

대통사지로 추정되는 반죽동, 봉황동지역에서는 당간지주를 비롯한 다

2) 김영태, 1990, 「미륵신앙」, 『삼국시대 불교신앙 연구』, 불광출판부.
　　한편, 이는 일본의 『彌勒佛光寺事蹟』에서도 그 편린을 살필 수 있다. 즉, 율종과 관련된 겸익의 우대, 범본 阿毘曇藏과 五部律文의 번역을 통한 律部 72권의 저술, 曇旭과 惠仁에 의한 律疏 36권 저술, 聖王의 新譯된 毘曇과 新律에 序를 짓고 台耀殿에 봉안한 사실 등에서 유추할 수 있다(李能和, 大正七年, 『朝鮮佛敎通史』, 상편, 33~34쪽). 그 외 그가 생전에 보인 여러 불사 건축과 일본으로의 불교 · 불상 전래, 그리고 군주(국왕)로서의 통치권 등을 통해 짐작해 볼 수 있다.
3) 홍륜사지에 대한 위치는 현재의 입장에서 전혀 알 수 없다. 다만, 대통사가 濟民川의 서쪽에 입지하고 있음을 볼 때, 홍륜사는 제민천의 동쪽 남부(현재의 中洞 부근)에 위치하였을 것으로 추정된다(趙源昌, 2003, 「百濟 熊津期 扶餘 龍井里 下層寺院의 性格」, 『韓國上古史學報』42號, 韓國上古史學會). 이는 제민천의 북쪽으로 갈수록 금강에 가깝고 저지대에 해당됨으로써 홍수나 범람에 취약하기 때문이다.
4) 趙景徹, 1999, 「百濟의 支配勢力과 法華思想」, 『韓國思想史學』12, 韓國思想史學會.
5) 이는 지금까지 확인된 비조 · 나라시대의 불상명에서도 찾아볼 수 없다.
6) 대체로 석가불 및 미륵불이 전파되었음을 알 수 있다.

양한 기와(와당, 연목와 포함), 초석(대통교 교각 초석 포함), 장대석 등이 출토되었다[7]. 그 중 와당은 중국 남조의 제와술을 전수받아 제작된 것으로 고구려와는 전혀 다른 문양 구성을 보이고 있다[8]. 특히 무령왕릉 연화문전에 시문된 판단 원형돌기식 연화문과 대통사지 창건 와당의 연화문이 서로 흡사하여 웅진기 판단 원형돌기식 와당의 계통을 파악하는데 결정적인 자료를 제공하고 있다.

대통사지에서는 그 동안 다양한 형식의 와당이 수습되었다. 그러나 대부분 백제 와당이라는 큰 범주 내에서 창건 와당을 중심으로 설명되어 왔고[9] 형식 분류에 있어서도 판단 원형돌기식 및 판구곡절식 등 일부분에 한해 진행되어 왔다.

하지만 대통사지는 웅진기 뿐만 아니라 사비기까지 그 법등이 면면히 이

---

7) 당간지주나 와당은 어느 정도 연구가 진행된 바 있으나 초석, 장대석 등의 석물에 대해서는 연구가 전혀 이루어지지 않았다.

8) 웅진천도 후 고구려는 평양성기로 이 시기의 와당은 2~3조의 돌대선문, 杏仁形 연판, 복합문 등이 유행하여 판단융기식, 판단원형돌기식이 주류인 백제와는 그 형상이 확연히 차이난다.

9) 朴容塡, 1968,「百濟瓦當에 關 한 研究」,『公州教育大學論文集』5집, 公州教育大學.

＿＿＿, 1973,「公州出土의 百濟瓦·塼에 關한 研究」,『百濟文化』6집, 公州師範大學 百濟文化研究所.

＿＿＿, 1978,「百濟瓦當의 體系的分類」,『百濟文化と飛鳥文化』, 吉川弘文館.

＿＿＿, 1984,「百濟瓦當의 類型研究」,『百濟研究』15집, 忠南大學校 百濟研究所.

金誠龜, 1992,「百濟의 瓦塼」,『百濟의 彫刻과 美術』, 公州大學校博物館.

金誠龜·朴榮福, 1993,「百濟瓦當の變遷とその特性」,『佛教藝術』209호, 佛教藝術學會.

趙源昌, 2000,「熊津遷都後 百濟瓦當의 變遷과 飛鳥寺 創建瓦에 대한 檢討」,『嶺南考古學』27호, 영남고고학회.

＿＿＿, 2005,「百濟 瓦博士의 對新羅·倭 派遣과 製瓦術의 傳播」,『韓國上古史學報』48호, 韓國上古史學會.

戶田有二, 2001,「百濟 熊津時代の鐙瓦技法について」,『百濟文化』제30집, 公州大學校 百濟文化研究所.

龜田修一, 1981,「百濟古瓦考」,『百濟研究』12호, 忠南大學校 百濟研究所.

清水昭博, 2003,「百濟 大通寺式 수막새의 성립과 전개 -中國 南朝系 造瓦技術의 전파-」,『百濟研究』38집, 忠南大學校 百濟研究所.

어져 내려왔음이 주지의 사실이다. 아울러 이러한 시간적 연속성은 사지에서 출토되는 다양한 형식의 와당으로 대변될 수 있다. 그러나 현재까지 대통사지 출토 와당에 대한 관심 부족과 미흡한 연구는 이를 이해하는데 있어 하나의 난제를 안겨 주었다.

따라서 본고에서는 이러한 문제점을 가지고 대통사지 출토 와당을 여러 형식으로 분류하고 그 편년을 살펴봄으로서 대통사지 와당의 改瓦 시기를 부분적으로 나마 추론해 보고자 한다.

2. 대통사지의 추정 사역과 출토유물

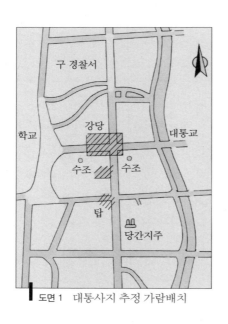

도면 1 대통사지 추정 가람배치

대통사지 사역과 가람배치에 대한 언급은 일인 학자였던 輕部慈恩에 의해 처음으로 제기되었다[10]. 그에 따르면 사지는 남 - 북 장축에 중문 - 목탑 - 금당 - 강당이 배치된 것으로 이해하였다(도면 1)[11]. 그리고 강당 앞 좌우에는 석조가 각기 한 개씩 위치하였고[12] 중문과 강당은 회랑으로 연결되었다고 보았다. 그러나 이 같은 輕部慈恩의 주장은 다분히 현재 사역 일부에 세워진 통일신라기의 당간지주 및 일제강점기에 발굴조사된 부여지역의 가람배치에

10) 輕部慈恩, 1946, 『百濟美術』, 寶雲舍.
11) 輕部慈恩, 1946, 『百濟美術』, 寶雲舍, 95쪽 10圖.

사진 1 대통사지 출토 '대통' 명 암키와

사진 2 부소산성 동문지 주변 와적층
출토 '대통' 명 암키와

의해 기인된 바 크다고 생각된다.

대통사지에 대한 발(시)굴조사는 지난 1999년 한 차례에 걸쳐 진행된 바 있으나 사지와 관련된 결정적인 유구나 유물은 검출되지 않았다[13]. 아울러 표토에서부터 생토면에 이르기까지 정밀 토층조사를 실시하였으나 대통사지와 관련된 백제 층위는 확인하지 못하였다. 다만, 백자의 출토로 말미암아 통일신라기의 당간지주가 조선시기 이후 현재 위치로 이전되었음을 밝힐 수 있었다.

이렇게 볼 때 대통사지가 현재 어느 곳에 위치하였는지는 확언할 수 없다. 다만, 대통사지로 알려진 지역에서 검출되는 여러 종의 백제 연화문 와당과 전술한 대통다리, 그리고 사찰에서 일반적으로 볼 수 있는 석조의 존재 등을 통해 추정할 뿐이다. 대통사지 와당으로 불리는 단판 8엽의 판단원형돌기식 와당은 그 출토지가 반죽동 및 봉황동 등에 제한되고 있고 석조 역시도 중동 및 반죽동에서 반출되어 당시 대통사지의 사역은 요즈음의 반

---

12) 현재 출토 위치와 관련하여 中洞 석조(보물 148호) 및 班竹洞 석조(보물 149호)로 불리고 있다. 그러나 이들 지역에서 지표 수습된 와당의 경우 거의 동범와로 판단되어 대통사지 사역의 일부로 이해되고 있다.
13) 公州大學校博物館, 2000, 『大通寺址』.

죽동 · 봉황동 일원임을 유추케 한다.

　문헌에만 등장하였던 '大通'이란 단어가 현실 세계에 알려지게 된 결정적인 계기는 공주 · 부여지역에서 발견된 인각와로부터 비롯되었다. 지금까지 출토된 '대통'명 인각와는 공주 대통사지(사진 1)[14] 및 부여 부소산성 동문지 주변 와적층(사진 2)[15] 등 단지 두 곳 뿐이다[16]. 그러나 출토지만 다를 뿐 글자체가 동일하여 같은 타날판에 의해 동일 시기에 제작되었음을 알게 한다. 뿐만 아니라 판단원형돌기식 와당과 더불어 백제 성왕기에 사비천도를 위한 준비가 한창이었음을 판단케 하는 주요 자료로 활용되고 있다.

　아울러 석조의 경우도 비록 출토 위치는 서로 다르나 이것이 요즈음의 사찰 내에서도 주로 애용되고 있음을 볼 때 사지 출토품임에는 틀림없다.

사진 3　중동 출토 대통사지 석조

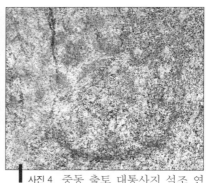

사진 4　중동 출토 대통사지 석조 연화문

---

14) 국립공주박물관, 2004, 『국립공주박물관』, 142쪽 상단 사진.

15) 국립중앙박물관, 1999, 『특별전 百濟』, 163쪽 사진 302.

16) 이는 백제의 印刻瓦를 대상으로 한 것이고 고려시기 암키와에서도 "大通"명을 확인할 수 있다(輕部慈恩, 1946, 『百濟美術』, 寶雲舍, 96쪽 제 12圖 下). 평와의 경우 등면에 어골문이 타날되어 있음을 볼 수 있다. 이러한 '대통'명 기와의 존재는 백제의 대통사가 고려시기까지 그 사명이 계속적으로 사용되었음을 밝혀주는 물적 자료가 되는 한편, 새로운 왕조와 무관하게 한 번 정해진 寺名이 쉽게 바꾸어지지 않음도 확인케 한다. 백제 및 고려시기의 '대통'명 기와는 대통사지 일대에서 다수 출토된 것으로 보고되어 있다(輕部慈恩, 1946, 『百濟美術』, 寶雲舍, 97쪽).

특히 중동에서 반출된 석조(보물 148호, 사진 3)[17]의 경우 외부 4면에 8엽의 연화문(사진 4)[18]이 돌대와 함께 양각되어 있는데 자방이 크고, 상대적으로 연판이 작은 형태를 취하고 있다.

그런데 이는 당시 웅진기에 유행하였던 판단융기식이나 판단첨형식 와당에서 흔히 살필 수 있는 속성으로 이해할 수 있다. 그리고 석조가 출토된 중동이라는 지역이 그 동안 웅진기 와당이 많이 검출된 봉황동 및 반죽동과 서로 인접해 있음을 볼 때 중동 석조는 대통사지에서 반출된 석조였음을 어렵지 않게 짐작할 수 있다.

이 외에 대통사지 추정 사역내에서는 통일신라시기의 당간지주(사진

사진 5 대통사지 당간지주(보물 150호)

사진 6 대통사지 출토 초석

사진 7 대통사지 출토 장대석

17) 필자사진
18) 필자사진

5)[19]와 시기를 알 수 없는 다양한 초석(사진 6)[20], 장대석(사진 7)[21] 등이 출토되었다[22]. 특히 장대석의 경우 건물지의 기단에 주로 사용되었음을 볼 때 현재처럼 하나의 群集을 이루며 모아져 있다는 사실은 후대에 많은 교란과 멸실이 이루어졌음을 판단케 한다. 아울러 당간지주의 경우도 비록 조선시기 이후에 이전되어 본래의 위치는 파악할 수 없지만 대통사가 백제뿐만 아니라 통일신라기에도 법등이 꺼지지 않고 변함없이 이어졌음을 밝혀주는 좋은 물적 자료가 되고 있다.

3. 대통사지 출토 백제 와당의 형식분류

이 장에서는 대통사지 출토 와당을 연화문에 따라 4가지 형식으로 분류하고 이의 문양을 연판, 자방, 연자 배치 등으로 세분하여 살펴보고자 한다. 특히 형식 분류는 연판의 판단부 및 연판 내부(瓣區)의 속성을 중심으로 실시하였다. 아울러 이들 와당과 친연성이 있는 웅진기 및 사비기의 여타 와당에 대해서도 소개해 보고자 한다.

1) 판단원형돌기식(Ⅰ형식)

(1) Ⅰa형식(사진 8)[23]

판단 중앙에 소형의 珠文이 장식된 와당 형식이다. 웅진기 뿐만 아니라 사비기에도 유행하였던 백제의 대표적인 瓦例이다. 그 동안 공주지역의 정

---

19) 필자사진
20) 필자사진
21) 필자사진
22) 이러한 초석, 장대석 등은 일제강점기 공주 시가지의 하수공사를 실시할 때 출토된 것들이다(輕部慈恩, 1946, 『百濟美術』, 寶雲舍, 94쪽).
23) 國立公州博物館, 1988, 『百濟瓦當特別展』, 도판 14.

사진 8 Ⅰa형식 와당

지산유적, 공산성, 중동·금학동유적 등에서 찾아졌다[24]. 지금까지의 연구에 따르면 판단 융기식 다음으로 등장한 백제의 고식 와당으로 이해되고 있다[25].

자방에 비해 연판이 크게 표현되었으며 연판의 최대경은 판단의 상부에 위치하고 있다. 간판은 "T"자형에 가까우며, 단면은 "▲"형이다.

이러한 형식의 와당은 부여지역의 구아리전 천왕사지, 용정리사지, 동남리유적, 관북리 백제유적 등에서도 검출되고 있어 웅진기의 사비천도를 입증하는 자료로 활용되기도 한다[26].

(2) Ⅰb형식(사진 9)[27]

봉황동 혹은 봉황동사지에서 출토된 와당으로 전해지고 있다[28]. Ⅰa형식과 비교해 연판의 판단 및 연자 배치, 간판 등에서 차이를 보이고 있다. 연판은 판근에서 편평하게 이어지다 판단부에서 융기하며 소주문을 형성하고 있다. Ⅰa형식과 비교해 소주문의 형태가 돌기되어 있지 않다. 자방 내의 연자는 1+8과로 대통사지 와례에서 흔히 살필 수 있는 1+6과와 차이를 보이고 있다. 특히 연자의 끝단을 잘라 편평하게 하였다는 점에서 Ⅰa형식과 큰 차이를 보이고 있다. 1+8과를 보이는 판단원형돌기식 와당은 공산성 추정 왕궁지 및 정지산유적 등에서 검출되고 있다. 그런데 이들 와당의 경우 판

24) 이 외에 무령왕릉 출토 연화문전에서도 판단원형돌기식 연판을 살필 수 있다.
25) 趙源昌, 2000,「熊津遷都後 百濟瓦當의 變遷과 飛鳥寺 創建瓦에 대한 檢討」,『嶺南考古學』26, 嶺南考古學會.
26) 趙源昌, 2005,「기와로 본 百濟 熊津期의 泗沘經營」,『선사와 고대』23, 韓國古代學會.
27) 金誠龜, 1992,「百濟의 瓦塼」,『百濟의 彫刻과 美術』, 314쪽 도 16.
28) 봉황동은 반죽동 및 중동과 인접한 지역으로 남에서 북으로 흐르는 공주 시내 제민천의 서쪽에 위치하고 있다. 봉황동에서는 그 동안 대통사지와 동범의 瓦例가 출토된 바 있어 대통사지 사역의 주요 범위로 추정되고 있다.

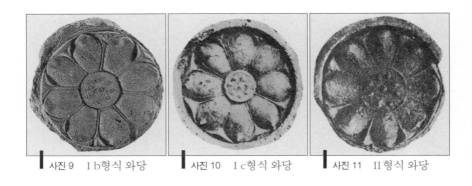

사진 9   I b형식 와당 　　사진 10   I c형식 와당 　　사진 11   II형식 와당

단 중앙의 소주문이 I a형식처럼 돌기되어 있어 I b형식의 소주문과 차이
를 보이고 있다. 아울러 간판의 형태에 있어서도 판두가 횡으로 길게 이어
져 소주문을 중심으로 서로 연결되어 있다. 이는 근본적으로 I a형식과 비
교해 간판이 연판보다 강조되었음을 보여주는 것이다.

(3) I c형식(사진 10)[29]

1+7과의 연자 배치를 보이는 단판 8엽의 판단 원형돌기식 와당이다. 연
자 배치가 1+7과라는 점에서 짝수의 배치를 보이는 I a형식 및 I b형식과
차이를 보인다. 연판 및 판단 중앙의 소주문, 간판 등에서 I a형식과 친연성
을 보인다.

1+7과의 연자 배치는 백제 와당에서 그 예를 살피기가 쉽지 않다. 다만
웅진기 부여지역에 조성된 용정리사지의 창건 사원(판단첨형식 와당) 및 사
비기의 정림사지, 구교리사지, 금성산 와적기단 건물지 등에서 일부 살필
수 있다.

---

29) 公州大學校博物館・忠淸南道 公州市, 2000, 『大通寺址』, 30쪽 사진 7-⑥.

2) 판단융기식(Ⅱ형식, 사진 11)[30]

1+8과의 연자 배치를 보이는 판단융기식 와당이다. 연판은 Ⅰ형식과 비교해 협판에 가깝다. 판근에서 판단에 이르는 판구 중앙에는 능과 같은 각이 형성되어 있고 이 각을 중심으로 연판은 단면 "▲"형을 보이고 있다. "⌒"형으로 된 Ⅰ형식의 연판 단면과 확연한 차이를 나타낸다. 자방 외곽으로는 1조의 얇은 원권대가 양각되어 있고 그 내부에는 1+8과의 연자가 배치되어 있다. 자방은 Ⅰ형식과 비교해 돌출되어 있지 않고 평면적이다. 연판의 형태, 융기 정도, 그리고 자방의 평면화 등에서 백제 사비기 와당의 특징을 살필 수 있다.

3) 판구곡절식(Ⅲ형식, 사진 12)[31]

사진 12   Ⅲ형식 와당

이는 종래의 곡절소판형[32]으로 불린 것이다. 연판에 비해 자방이 크게 표현되었으며, 자방내에는 1+6과의 연자가 배치되어 있다. 연판은 판구 상단에 "⌒"형으로 깊게 음각되어 있고 판단부는 첨형에 가깝게 합각되어 있다. 전체적으로 연판 중앙이 후육하고 판근부와 판단부는 축약되어 있다. 간판은 연판에 비해 작고 평면은 삼각형을 연상시킨다. 와당 직경 12.2cm, 두께 1.4cm이다. 동형의 와례가 공주 공산성, 부여 용정리사지 및 금강사지, 청양 관현리요지 등에서 검출되었다[33].

30) 公州大學校博物館 · 忠清南道 公州市, 2000, 『大通寺址』, 30쪽 사진 7-②.
31) 國立扶餘博物館, 2010, 『百濟瓦塼』, 79쪽 사진 133.
32) 金誠龜에 의해 사용된 용어이나 판구내의 曲折 그 자체가 문양을 이루기 때문에 素瓣이라는 표현은 적절치 않은 것으로 생각된다.
33) 형식은 같으나 같은 와범으로 제작된 것은 아니다.

4) 판단첨형식(IV형식, 사진 13)[34]

사진 13   IV형식 와당

연판의 판단부가 뾰족한 판단첨형식 와당이다. 전체적으로 연판의 볼륨감이 뛰어나다. 연판의 첨형 판단이 주연에까지 닿고 있어 I~III형식 와당과 차이를 보인다. 간판은 삼각형 모양이나 판근이 자방에까지 이어지지 않고 있으며, 간판 판단부의 단면은 "▲"형을 이루고 있다. 자방은 크게 제작되었으나 외곽에서의 원권문은 관찰되지 않는다. 내부에서의 연자 배치는 사비기에 흔치 않은 1+4과[35]를 취하고 있다. 공주 서혈사지 출토 와례와 친연성을 보이고 있다.

4. 대통사지 출토 백제 와당의 편년

판단 원형돌기식 중 I a형식은 대통사지의 창건와로 이해되고 있다[36].

---

34) 公州大學校博物館・忠淸南道 公州市, 2000, 『大通寺址』, 30쪽 사진 7-③.

35) 1+4과의 연자 배치는 판단첨형식 외에 판단 원형돌기식(용정리사지 출토), 판단 원형식(용정리사지 출토), 판단 삼각돌기식(군수리사지 외), 판구곡절식(익산 궁평 뒷산 및 제석사지 출토), 고구려계 협판식(쌍북리유적 출토), 연화돌대식(부여 부근 출토) 등에 표현되었다. 대체로 6세기 3/4분기 이후~7세기대의 와례들임을 알 수 있다.

36) 대통사지 출토 I a형식과 동일한 연판을 보이는 와당은 공주 공산성 추정 왕궁지에서도 검출된 바 있다. 이 와례의 경우 자방내의 연자 배치(1+8과)에서만 차이가 날 뿐, 나머지 연판, 판단 중앙의 소주문, 간판, 자방의 돌출 정도, 연판과 자방의 크기 비 등에서 I a형식과 거의 흡사하다. 특히 이 와례는 공산성 최초의 와당이라 할 수 있는 판단융기식과 공반 출토 되고 있어 웅진기 와당의 한 형식임을 알게 한다. 따라서 공산성 추정 왕궁지 출토 판단 원형돌기식과 친연성이 있는 대통사지 출토 I a형식이야말로 창건 와당이 분명하다. 아울러 대통사지 출토 여타 와당의 경우 공산성 추정 왕궁지에서 검출된 바 없다는 점에서도 위의 판단이 옳다고 생각된다.

사진 14   정지산유적 출토 와당   사진 15   무령왕릉 출토 연화문전

이는 국내뿐만 아니라 일본 학계[37]에서도 큰 이견이 없다. 따라서 Ⅰa형식
은 대통사 창사 시점인 527년경에 제작되었음을 알 수 있다. 이러한 편년 설
정은 6세기 1/4분기경에 제작된 정지산유적 기와건물지 출토 와당(사진
14)[38]이나 무령왕릉 출토 연화문전(사진 15)[39] 등과의 비교를 통해서도 유

37) 龜田修一, 1981, 「百濟古瓦考」, 『百濟硏究』 12호, 忠南大學校 百濟硏究所.
　　戶田有二, 2001, 「百濟 熊津時代の鐙瓦技法について」, 『百濟文化』 제30집, 公州大學校
　　百濟文化硏究所.
　　淸水昭博, 2003, 「百濟 大通寺式 수막새의 성립과 전개 - 中國 南朝系 造瓦技術의 전파」,
　　『百濟硏究』 제38집, 忠南大學校 百濟硏究所.
38) 國立扶餘博物館, 2010, 『百濟瓦塼』, 75쪽 사진 126. 이 와당은 빈전으로 추정되는 기와건
　　물지에서 출토되었으며, 건물지의 편년은 熊津 Ⅱ기(6세기 전반인 520년 전후)로 설정되
　　었다(國立公州博物館, 1999, 『艇止山』, 218쪽).
　　　그러나 일부 연구자의 경우 이 와당을 청양 冠峴里瓦窯 회구부 출토 판단 원형돌기식 와
　　당(大田保健大學博物館, 2002, 『靑陽 冠峴里 瓦窯址』, 51쪽 도면 27-①)과 동일 瓦例(同范
　　品)로 보고 정지산유적 와당의 생산지를 관현리와요로 추정하기도 하였다(淸水昭博,
　　2003, 「百濟 「大通寺式」 수막새의 성립과 전개 -中國 南朝系 造瓦技術의 전파-」, 『百濟硏
　　究』 제38집, 忠南大學校 百濟硏究所, 64쪽). 이럴 경우 정지산유적 와건물지는 6세기 3/4분
　　기로 편년이 설정되므로 발굴조사 내용과는 큰 시기차가 있다. 그런데 필자가 판단하기
　　에 同范品이라는 표현은 적절치 않은 것으로 사료된다. 이는 양자의 와당에서 관찰되는
　　판단부 소주문의 표현, 연자 배치 등에서 살필 수 있다. 즉, 정지산유적 출토 와당의 경우
　　대통사지 와당에서와 같은 뚜렷한 소주문의 형태는 살필 수 없다. 다만, 판단부에 융기되
　　어 생긴 돌출상을 살필 수 있다. 이는 무령왕릉 출토 연화문전의 연화문과도 비교할 만하
　　다. 반면, 관현리와요 출토 와당의 경우는 판단부에서 커다란 소주문을 살필 수 있다. 웅

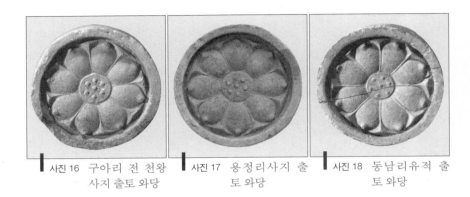

| 사진 16 구아리 전 천왕 | 사진 17 용정리사지 출 | 사진 18 동남리유적 출 |
| 사지 출토 와당 | 토 와당 | 토 와당 |

추할 수 있다[40].

이 두 와례를 보면 연판에 비해 자방이 크게 제작되었음을 알 수 있고, 자방 내의 연자는 1+6과의 배치를 보이고 있다. 판단 중앙에는 뚜렷하지 않지만 약하게나마 소주문이 형성되어 있다. 반면, Ⅰa형식의 경우 판단 중앙의 소주문이 확연하게 돌기되어 있어 위의 와례와 차이를 보이고 있다. 이러한 문양상의 차이는 결과적으로 시기차를 반영하는 것으로 생각되며, 문양에서 보이는 제와술의 차이는 자방과 연판의 크기 비 등에서도 찾아볼 수 있다.

한편, Ⅰa형식과 同笵品으로 추정되는 와당이 부여지역의 구아리 전 천왕사지(사진 16)[41]를 비롯해 용정리사지(사진 17)[42], 동남리유적(사진

진기에 검출되었던 공산성 및 대통사지, 그리고 중동·봉황동·반죽동 출토 원형돌기식 와례들과 비교해 확연한 차이를 살피게 한다. 연자 배치에 있어서도 정지산유적 출토 와당의 경우가 1+6과인 반면, 관현리와요 출토 와당의 경우는 1+7과 혹은 1+8과로 복원되고 있다. 이처럼 판단 소주문의 표현, 연자 배치의 차이 등은 확실한 제작기법의 차이뿐만 아니라 어느 정도의 시기차가 있음을 판단케 한다.

39) 百濟文化開發硏究院, 1983, 『百濟瓦塼圖錄』, 295쪽.
40) 무령왕릉 연화문전이나 정지산유적 출토 와당의 경우는 판단 중앙의 小珠文이 완전하게 문양화 되지 않은 반면, 대통사지 출토 와당은 소주문이 도드라지게 표현되었다.
41) 國立扶餘博物館, 2010, 『百濟瓦塼』, 125쪽 사진 267.
42) 百濟文化開發硏究院, 1983, 『百濟瓦塼圖錄』, 사진 130.

사진 19 동남리유적 출
토 와당

사진 20 가탑리사지 출
토 와당

18)[43], 관북리 백제유적 등에서도 수습되고 있다. 이러한 와당 검출은 결과적으로 웅진기에 사비천도를 위한 준비작업이 활발하게 진행되고 있었음을[44] 의미하는 것이다. 아울러 기와건물이 당시 백제사회에서 지배층의 전유물이었음을 고려해 볼 때 이것들이 부여 각지에 산재하고 있다는 사실은 그 만큼 사비경영이 동시다발적으로 여러 지역에 걸쳐 진행되고 있었음을 판단케 한다.

Ⅰb형식은 Ⅰa형식과 비교해 연판의 판단부, 간판, 연자 제작 등에서 차이를 보인다. 먼저 판단부의 경우 Ⅰa형식은 소주문처럼 돌기되어 있는데 반해, Ⅰb형식은 폭넓게 융기되어 있다. 판근에서 판단에 이르기까지 연판 자체가 융기되지 않았다는 점에서 Ⅱ형식 와당과 차이를 보인다. 아울러 간판의 경우도 판두가 연판의 판단을 감싸 안을 정도로 길게 제작되어 마치 판단융기식의 판두를 연상시킨다. 그리고 자방내 연자의 끝단을 편평하게 처리하여 웅진기의 다른 와당과 구별되고 있다. 이 형식과 가장 유사한 와례로는 동남리유적(사진 19)[45] 출토 단판 8엽 와당을 들 수 있다.

Ⅰa형식과 마찬가지로 단판 8엽에 1+8과의 연자 배치, 간판의 형태, 폭넓게 융기된 판단부 등 형태상 친연성이 적지 않다. 다만, 연자의 제작과정에 있어 끝단을 둥글게 처리하여 세부적 차이를 보이고 있다.

이 형식은 6세기 1/4분기에 해당되는 공산성 추정왕궁지 및 정지산유적

43) 國立扶餘博物館, 2010, 『百濟瓦塼』, 163쪽 사진 418.
44) 趙源昌, 2005, 「기와로 본 百濟 熊津期의 泗沘經營」, 『선사와 고대』23, 韓國古代學會.
45) 國立公州博物館, 1988, 『百濟瓦當特別展』, 사진 66.

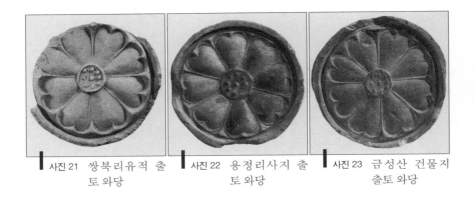

| 사진 21 쌍북리유적 출토 와당 | 사진 22 용정리사지 출토 와당 | 사진 23 금성산 건물지 출토 와당 |

등에서 이와 유사한 와례가 검출되지 않았다는 점에서 웅진기의 와당이라기보다는 사비기의 와당으로 편년함이 타당하다. 특히 6세기 4/4분기에 이르면 가탑리사지의 와례(사진 20)[46]에서 처럼 연판이 자방에 비해 현격하게 커지는 경향이 있어[47] Ⅰb형식은 이들보다 선행하는 와당이라 판단된다.

　Ⅰc형식은 실견이 어려운 와당 형식으로 자방 및 연자에서 Ⅰa 및 Ⅰb형식과 다른 속성을 보여주고 있다. 즉, Ⅰc형식은 돌출된 자방 외곽으로 1조의 원권대가 돌려져 있고 자방 내부에는 1+7과의 연자가 배치되어 있다. 여기서 원권대는 6세기 중엽 부여 정암리 9호요 연목와[48]에 처음 표현된 이래 사비기 백제 와당에서 어렵지 않게 살필 수 있는 요소이다. 정암리요는 사비천도 직후인 540년대 이후에 조업이 시작되어[49] 백제말까지 꾸준하게 운영되었던 국가 관요였다[50]. 이렇게 볼 때 대통사지 출토 Ⅰc형식은 원권대라

46) 百濟文化開發研究院, 1983, 『百濟瓦塼圖錄』, 101쪽 사진 165.
47) 이러한 와당의 속성은 쌍북리유적(사진 21, 國立公州博物館, 1988, 『百濟瓦當特別展』, 사진 136), 용정리사지(사진 22, 百濟文化開發研究院, 1983, 『百濟瓦塼圖錄』, 141쪽 사진 259), 금성산 건물지(사진 23, 百濟文化開發研究院, 1983, 『百濟瓦塼圖錄』, 159쪽 사진 314), 관북리 백제유적, 부소산 출토의 판단삼각돌기식에서도 살필 수 있다.
48) 國立扶餘博物館, 1992, 『부여 정암리 가마터(Ⅱ)』, 179쪽 도판 49-①.
49) 趙源昌, 2005, 「百濟 瓦博士의 對新羅·倭 派遣과 製瓦術의 傳播」, 『韓國上古史學報』제48호, 韓國上古史學會.

는 제와 속성으로 보아 거시적 차원에서 사비기의 와당임을 알 수 있다.

한편, 자방 내에서 관찰되는 1+7과의 연자 배치는 웅진기 와당인 용정리사지 창건 사원에서도 살필 수 있지만 이 와당의 경우 형식이 판단첨형이어서 Ⅰc형식과의 직접적인 비교는 쉽지 않다. 아울러 1+7과의 연자 배치 또한 1+6과나 1+8과에 비해 그 수효가 매우 한정되어 있다. 지금까지 사비기 와당 중 1+7과의 연자 배치를 보이는 것은 부여 정림사지(사진 24)[51], 구교리사지, 용정리사지(사진 25)[52], 금성산 건물지(사진 26)[53], 하죽리유적, 궁남지 등에서 검출되었다. 하지만 궁남지 및 하죽리유적의 경우 유물을 상대 비교할 수 있는 공반 자료가 없기 때문에 편년 검토를 위한 유물로는 적합하지 않다. 따라서 여기에서는 정림사지를 비롯한 구교리사지, 용정리사지 출토 와당을 중심으로 살펴보고자 한다.

정림사지 출토 와당은 위에 열거한 와례 중 Ⅰc형식과 가장 친연성이 있다. 이는 연판과 간판, 자방 모두에서 관찰되고 있다. 다만, 연판의 경우 6세

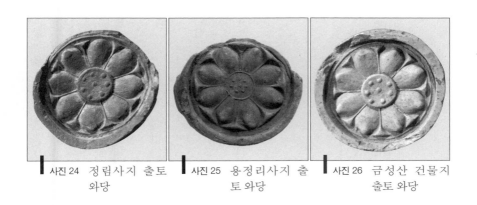

┃ 사진 24 정림사지 출토   ┃ 사진 25 용정리사지 출   ┃ 사진 26 금성산 건물지
　　　　　와당   　　　　　토 와당   　　　　　출토 와당

50) 國立扶餘博物館, 1992,『부여 정암리 가마터(Ⅱ)』.
51) 國立扶餘博物館, 2010,『百濟瓦塼』, 211쪽 사진 540.
52) 百濟文化開發硏究院, 1983,『百濟瓦塼圖錄』, 39쪽 사진 41.
53) 國立扶餘博物館, 2010,『百濟瓦塼』, 168쪽 사진 434.

기 3/4분기 와례로 판단되는 서혈사지 와당에서와 같이 전체적으로 볼륨감
이 높다는 특징이 있다. 반면, 자방이 돌출되지 않고 평면화 된 용정리사지
와당이나 판구와 주연 사이에 1조의 원권대[54)가 양각된 금성산 와적기단
건물지 와당, 그리고 행인형의 연판과 간판에 의해 구획되어[55) 보이는 하죽
리 출토 와례들은 모두 6세기 4/4분기 이후~7세기대의 것들로 판단된다. 적
어도 Ⅰc형식의 와당이 연판이나 간판, 자방 외곽의 원권대 등으로 대변되
는 6세기 4/4분기~7세기대의 와례보다는 형태상 527년경의 Ⅰa형식에 오히
려 더 가깝기 때문에 전술한 와당들보다는 후행할 수 없다. 그러나 정림사
지가 사비천도 후에 창건되었고 1+7과의 연자 배치 또한 사비천도 이후의
유적에서 쉽게 살필 수 없음을 고려해 볼 때 그 제작 시기는 6세기 3/4분기
무렵으로 추정된다.

    Ⅱ형식은 웅진기에 유행하였던 판단융기식(사진 29)[56)의 후행으로 사비

| 사진 27 오합사지 출토 와당 1 | 사진 28 오합사지 출토 와당 2 | 사진 29 공산성 출토 와당 |

54) 이러한 원권대는 6세기 말경에 등장하는 것으로 보고 있다(龜田修一, 1981, 「百濟古瓦
    考」, 『百濟研究』12호, 忠南大學校 百濟研究所).
55) 이처럼 연판이 간판에 의해 구획된 와당은 보령 오합사지 백제 와당(사진 27·28, 忠南大
    學校博物館·保寧市, 1998, 『聖住寺』, 742쪽 사진 142-3 및 746쪽 사진 146-5)에서 어렵지
    않게 살필 수 있다. 이들 와당은 모두 7세기 이후에 제작된 와당들이다.
56) 國立扶餘博物館, 2010, 『百濟瓦塼』, 64쪽 사진 92.

사진 30 관북리 백제유	사진 31 구아리 전 천왕	사진 32 국립부여박물관
적 출토 와당	사지 출토 와당	소장 와당

천도 후에 등장하였다. 판근에서 판단에 이르기까지 서서히 융기되는 형상을 보이며, 연판 자체가 협판에 가깝다는 특징이 있다. 이처럼 연판이 협판에 가까운 와례가 등장한 시기는 백제 와당에서의 경우 대체로 6세기 3/4분기경에 해당하고 있다.

예컨대 협판이면서 융기된 연판을 보이는 와례는 부여 관북리 백제유적

사진 33 남경대학 소장 와당

(사진 30)[57]을 비롯해 구아리 전 천왕사지(사진 31)[58], 공주 정안 상룡리산성, 국립부여박물관 소장품(사진 32)[59] 등에서 살필 수 있다. 이들 와당은 판단이 중앙에서 모아져 소주문처럼 보이며 자방의 크기는 연판과 비교해 정형성이 없어 시기차가 있음을 알 수 있다.

이 외에 II형식 와당에서 살필 수 있는 또다른 특징은 자방이 평면화 되었다는 점이다. 자방이 평면화된 사례는 I c형식에서 살핀 바

57) 國立公州博物館, 1988, 『百濟瓦當特別展』, 사진 51.
58) 國立公州博物館, 1988, 『百濟瓦當特別展』, 사진 82.
59) 百濟文化開發研究院, 1983, 『百濟瓦塼圖錄』, 28쪽 사진 24.

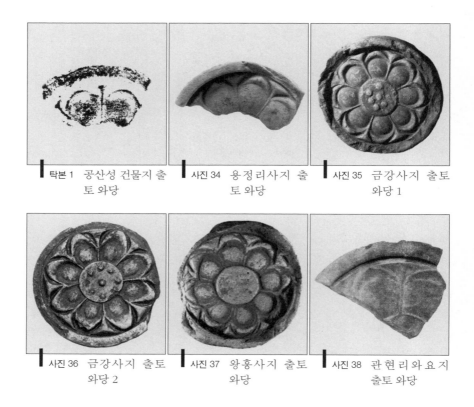

탁본 1 공산성 건물지 출 사진 34 용정리사지 출 사진 35 금강사지 출토
토 와당   토 와당   와당 1

사진 36 금강사지 출토 사진 37 왕흥사지 출토 사진 38 관 현 리 와 요 지
와당 2   와당   출토 와당

와 같이 6세기 4/4분기 이후에 등장하였던 것으로 사료된다. 이는 6세기
3/4분기에 해당되는 관북리 백제유적 및 구아리 전 천왕사지 출토 와당에서
보이는 돌출된 자방과는 분명 차이가 있는 것으로서 이들 와례보다 후행하
는 형식으로 봄이 타당하다. 따라서 Ⅱ형식의 와당은 6세기 3/4분기에 등장
한 협판의 판단융기식과 6세기 4/4분기 이후의 평면화된 자방이 서로 융합
되어 나타난 와당 형식으로 생각된다. 이러한 Ⅱ형식의 와당은 웅진천도 후
공주 공산성 추정왕궁지에 처음 사용되었고 사비천도 후 연판이 협판으로
바뀌면서 6세기 4/4분기까지 제작되었다. 그 후 7세기대에 이르면 Ⅱ형식은
백제 사회에서 그 자취를 살피기 어렵게 된다.
　　Ⅲ형식의 와당은 판구곡절식으로 판구 내에 선각의 곡면이 형성된 와당

을 의미한다. 이러한 와당은 중국 남조(사진 33)[60]대에 처음 등장한 것으로 판단되며, 백제 사회에서의 제작은 사비천도 이후로 생각된다[61]. 지금까지 백제 유적에서 판구곡절식 와당이 검출된 사례는 공주 대통사지를 비롯한 공산성(탁본 1)[62], 부여 용정리사지(사진 34)[63]ㆍ금강사지(사진 35ㆍ36)[64]ㆍ왕흥사지(사진 37)[65], 청양 관현리요지(사진 38)[66], 익산 미륵사지ㆍ제석사지ㆍ왕궁리유적[67] 등 몇 예에 불과하다. 백제시기에 유행하였던 판단 원형돌기식 및 판단 삼각돌기식과 비교하면 아주 미미한 수준에 불과하다.

그럼에도 불구하고 이 와당의 형식이 주목받는 이유는 부여의 왕흥사지 및 익산지역의 미륵사지, 제석사지, 왕궁리유적 등 6세기 중엽 이후의 유적에서 어렵지 않게 살필 수 있는 표지적인 유물이라는 점이다. 이들 유적은 대부분 그 사력기가 분명하고 유물 또한 출토 위치가 분명한 관계로 다른 유적의 편년 설정에 절대적 영향을 미치게 되었다.

그러나 금강사지 및 익산지역 유적에서 출토된 대부분의 와례는 대통사

---

60) 國立慶州博物館, 2000,『新羅瓦塼』, 231쪽 사진 760. 남경대학에 소장되어 있는 7세기대의 와당이다. 시기적으로 6세기 3/4분기에 해당되는 공주 대통사지 출토 와당보다는 후행하지만 지금까지 백제 와당 대부분의 형식들이 그 시원을 중국 남조에 두었음을 볼 때 판구곡절식 와당의 시원을 추정케 하는 와례이다. 와당은 지름 11.2cm, 두께 1.4cm로 단판 8엽이다. 자방은 연관의 판근보다 돌출되어 있으며, 연자는 1+6과의 배치를 보이고 있다. 연관의 판근은 자방과 접해 있으며, 판단으로 갈수록 후육하다. 판단 중앙부에는 "∧"모양으로 양각대가 돌출되어 있다. 연관과 연관 사이의 간판은 '▲' 모양이며 일자형의 판근이 자방과 연결되어 있다.
61) 趙源昌, 2006,「百濟 曲折素瓣形 瓦當의 始原과 變遷」,『祥明史學』10ㆍ11ㆍ12집, 祥明史學會.
62) 公州師範大學博物館, 1987,『公山城 百濟推定王宮址發掘調査報告書』, 37쪽 삽도 5-②.
63) 扶餘文化財研究所ㆍ扶餘郡, 1993,『龍井里寺址』, 95쪽 도판 46.
64) 국립부여박물관, 1988,『特別展 百濟寺址出土遺物』, 24쪽 및 百濟文化開發研究院, 1983,『百濟瓦塼圖錄』, 사진 355.
65) 國立公州博物館, 1988,『百濟瓦當特別展』, 사진 104.
66) 大田保健大學博物館ㆍ靑陽郡, 2002,『靑陽 冠峴里瓦窯址』, 121쪽 도판 57-⑤.
67) 제석사지 출토 와당과 문양이 동일하여 동범와로 판단된다.

사진 39 관현리와요지
출토 와당

지 와당처럼 단순 형태가 아닌 장식적인 형태를 취하고 있어 직접적인 비교는 쉽지 않다. 따라서 본고에서는 판구곡절식 와당의 편년 검토를 위해 관현리요지 회구부에서 출토된 판단 원형돌기식 와당을 중심으로 살펴보고자 한다.

와당은 灰丘部에서 출토되었고 약 1/4 정도 잔존하고 있으며, 남아 있는 연판은 2엽이다. 판단부에 曲折이 이루어져 있고 연판의 최대경은 중상부에 위치하고 있다. 자방내의 연자는 1과만 남아 있다. 전체적인 문양과 제작기법으로 보아 용정리사지보다는 대통사지와 공산성 건물지 출토 瓦例와 친연성이 있다. 아울러 이 와요에서는 판구곡절식 와당 이외에 고구려 계통의 토기 및 平瓦, 그리고 판단 원형돌기식 와당 1점도 함께 검출되었다. 여기에서는 와요지 회구부 출토 판단 원형돌기식 와당(사진 39)[68]을 중심으로 편년을 살펴보고, 궁극적으로는 판구곡절식 와당의 제작 시기 또한 검토해 보도록 하겠다.

회구부 교란층에서 검출된 판단 원형돌기식 와당은 반파되어 연판은 4엽, 자방은 1/2정도 남아 있으나 전체적인 와당 형태의 복원은 가능하다. 연판은 대통사지에서 출토된 창건 와당(Ⅰa형식)과 비교해 볼 때 연판과 자방의 크기 비, 판단부의 소주문 처리 등에서 큰 차이를 보인다. 이는 결과적으로 이 와당이 웅진기의 제와술로는 제작되지 않은 사비기의 와당임을 판단케 한다.

판단 원형돌기식의 와당은 7세기대에 이르면 연판의 볼륨감 상실, 자방의 평면화, 3열의 연자 배치 등이 관찰된다. 이런 점에서 관현리와요 회구부 출토 판단 원형돌기식 와당은 7세기대가 아닌 사비천도 후 6세기 후반에 제

---

68) 국립부여박물관, 2006, 『백제의 공방』, 116쪽 하단 사진.

작된 와례임을 알게 한다. 그렇다면 6세기 3/4분기와 6세기 4/4분기 중 과연 어느 시기에 제작되었을까? 필자는 이에 대해 6게 3/4분기에 좀 더 많은 비중을 두고자 한다. 왜냐하면 자방(종선길이 4.2cm)을 복원해 보면 연판의 종선 길이(3.4cm)보다 좀 더 세장함을 살필 수 있다. 이는 6세기 2/4분기 말~6세기 3/4분기 초로 추정되는 정암리 7호요 및 9호요에서 출토된 판단 삼각돌기식 와당과 같은 속성임을 보여주고 있다. 반면, 6세기 4/4분기에 해당되는 가탑리사지 출토 와례의 大연판, 小자방과는 반대되는 속성을 나타내고 있다. 이처럼 6세기 3/4분기 및 6세기 4/4분기에 제작된 사비지역의 제와 분위기를 검토해 볼 때 청양 관현리와요 회구부에서 검출된 판단 원형돌기식 와당의 제작 시기는 6세기 3/4분기임을 알게 한다. 아울러 이 요의 회구부에서 공반 출토된 III형식 와당 역시도 그 제작 시기가 판단 원형돌기식 와당과 마찬가지로 6세기 3/4분기임을 판단케 한다.

이처럼 백제 사회에서 보이는 제와술의 속성은 6세기 3/4분기와 6세기 4/4분기를 놓고 볼 때 분명 차이가 있다. 이러한 제와술의 변화가 백제 요업 사회의 내재적 발전에 의한 것인지, 아니면 중국 남북조나 고구려의 영향을 받아 형성된 것인지 아직까지는 비교 자료가 없어 단언할 수는 없다. 그러나 사비천도 후 6세기 중엽~7세기 전반 무렵 부여지역에서 관찰되는 여러 와례(삼각돌기식, 연화돌대식, 판구곡절식 등)는 웅진기에 볼 수 없었던 전혀 새로운 형식이라는 점에서 제와술의 전파를 확신케 한다. 여기서 전파 주체는 중국 남조가 절대적이었다. 따라서 필자의 판단으로는 6세기 후반 백제 제와술에서 관찰되는 기술상의 변화는 前例에서처럼 중국 남조와 밀접한 관련이 있었으리라 생각된다.

IV형식 와당은 판단첨형식으로 사비천도 후에 제작되었다. 돌출된 큰 자방과 1+4과의 연자 배치는 정암리와요에서 생산된 판단 삼각돌기식 와당과 친연성을 보인다. 아울러 고구려 고분벽화를 연상시키는 판단첨형의 연판은 웅진기 판단 원형돌기식 및 판단융기식 와당에서의 연판과 확연한 차이를 보여주고 있다. 이러한 판단첨형의 연판은 백제의 경우 일찍이 무령왕릉 출토 은제탁잔, 왕비두침, 그리고 용정리사지의 상층 기단토 출토 와당

사진 40 서혈사지 출토
와당

에서 검출된 바 있다. 다분히 그 계통만을 두
고 볼 때는 중국 북조와 무관치 않으리라 생각
된다.

　Ⅳ형식과 형태상 친연성이 있는 와례[69]는
공주 서혈사지에서 출토되었다(사진 40)[70].
이 사지는 통일신라기의 사지로 알려져 있으
나 그 초창은 알 수 없다. 아울러 공반 유물 또
한 분명치 않고 이곳에서 반출된 불상들의 경
우도 모두 통일신라기의 것이어서 비교 자체
가 곤란하다.

　따라서 Ⅳ형식 와당의 편년 검토는 Ⅲ형식 와당과 마찬가지로 세부 속성
(연자 배치, 연판 등)에 초점을 맞추어 살펴보도록 하겠다.

　Ⅳ형식 와당에서 살필 수 있는 가장 큰 특징은 바로 자방 내의 1+4과 연
자 배치이다. 그 동안 웅진기에 제작된 와전 중 가장 사례가 많은 연자 배치

사진 41 정암리와요 출
토 와당

는 1+6과와 1+8과였다. 간혹 용정리사지에
서처럼 1+7과의 홀수 배치도 관찰되긴 하였
으나 이는 극소수에 불과하다.

　1+4과의 연자 배치는 지금까지의 발굴조
사 결과로 볼 때 정암리와요 출토 판단 삼각돌
기식 와당(사진 41)[71]에서 최초로 제작되었
다. 이 와요의 조업시기에 대해 발굴조사자는
6세기 중엽으로[72] 편년한 바 있으나 필자의 경
우 좀 더 세부적으로 백제 성왕과 양 무제와의

69) 이 외에 연자 배치(1+6과)에서의 차이는 있지만 부여 부근에서 출토된 공주대학교 박물관
　　소장 와례도 좋은 비교 자료가 된다(國立公州博物館, 1988, 『百濟瓦當特別展』, 사진 156).
70) 國立公州博物館, 1988, 『百濟瓦當特別展』, 사진 17.
71) 國立扶餘博物館, 2010, 『百濟瓦塼』, 249쪽 사진 668.

대외교섭을 근거로 541년 이후로 시기 설정한 바 있다[73]. 이는 결과적으로 1+4과의 연자 배치가 6세기 2/4분기 말경 부여지역에서 처음으로 제작되었음을 판단케 한다. 아울러 정암리와요 중 초기 요에 해당되는 9호요 및 7호요 등에서 출토된 와례에서처럼 웅진도읍기의 원형돌기식 와당과 달리 자방의 크기가 연판에 비해 뚜렷하게 커져 있음도 볼 수 있다.

Ⅳ형식 와당의 자방과 연자를 정암리와요에서 검출된 와당과 상호 비교해 보면 자방이 연판에 비해 크게 강조되어 있음을 볼 수 있다. 이는 자방의

크기와 돌출, 즉 연판의 판근보다 높게 제작된 데에서 살필 수 있다. 그러나 6세기 4/4분기 이후 7세기대에 이르면 1+4과가 시문된 자방은 연판보다 크기가 작아지거나[74] 판단첨형의 세장화, 자방 외곽의 장식 등 해당 시기의 제와 분위기를 적극 반영하고 있다.

즉, 6세기 4/4분기로 추정되는 정림사지 출토 B형 와당(사진 42)[75]의 경우 자방은 작아지고 연판은 크고 세장해짐을 볼 수 있다. 이러

사진 42   정림사지 출토 B형 와당

72) 이는 7호·9호요 등을 통해 알 수 있다(국립부여박물관, 1992, 『부여 정암리 가마터(Ⅱ)』).

73) 趙源昌, 2005, 「百濟 瓦博士의 對新羅·倭 派遣과 製瓦術의 傳播」, 『韓國上古史學報』 제48호, 韓國上古史學會.

74) 정림사지(國立公州博物館, 1988, 『百濟瓦當特別展』, 도판 46), 구아리 전 천왕사지(國立公州博物館, 1988, 『百濟瓦當特別展』, 도판 78) 등에서 살필 수 있다. 정림사지 출토 B형 와당의 경우 金誠龜는 간판에서 판두 만 새기고 판근(구획선)은 생략된 것으로 보아 사비천도 후인 6세기 중반경으로 편년하였다. 그리고 이러한 판단의 첨형은 6세기 후반이 되면 선각화됨을 추정하였다(金誠龜, 1992, 「百濟의 瓦塼」, 『百濟의 彫刻과 美術』, 317쪽). 반면, 龜田修一은 정림사지 출토 B형 와당을 6세기 후반으로 추정하였다(龜田修一, 2006, 「熊津·泗沘時代の瓦」, 『日韓古代瓦 研究』, 吉川弘文館).

75) 國立公州博物館, 1988, 『百濟瓦當特別展』, 사진 38. 이러한 와당에 대해 이병호는 정림사지 창건 와당으로 판단하고 541년 남조 工匠들이 새롭게 도입한 유형으로 추정하였다(李炳鎬, 2006, 「扶餘 定林寺址 出土 塑造像의 製作時期와 系統」, 『美術資料』 제74호, 國立中央博物館).

한 大연판, 小자방의 제와 분위기는 6세기 4/4분기에 이르면 백제 및 일본의 와례에서 어렵지 않게 살필 수 있다. 즉, 백제의 경우는 가탑리사지를 비롯해 구아리 전 천왕사지, 용정리사지, 부소산, 금성산 건물지, 가증리사지, 동남리유적, 쌍북리유적, 익산 미륵사지 등에서 살필 수 있고 일본의 경우는 최초의 가람에 해당되는 6세기 말의 飛鳥寺 와당(판단 원형돌기식 및 삼각돌기식)에서 찾아볼 수 있다.

따라서 6세기 2/4분기 말~3/4분기에 유행하였던 小연판, 大자방의 제와 분위기와는 사뭇 달라졌음을 살필 수 있다. 그러나 6세기 3/4분기 대통사지 IV형식 와당에서 표현되었던 간판의 제작술은 그대로 전수되었음을 볼 수 있다. 즉, 간판의 판두 표현 및 판근의 미표현 등은 동일 기법이라 할 수 있다.

아울러 6세기 4/4분기의 판단첨형식 와당은 정림사지 B형에서 살핀 바와 같이 연판의 판단부에서도 변화상을 볼 수 있다. 즉, 대통사지 출토 IV형식 와당의 판단은 그 중앙에서 합쳐져 약간 돌출되어 있는데 반해 6세기 4/4분기 이후가 되면 판단첨형은 판구 내부까지 시문되어 많이 세장되어 있음을 살필 수 있다[76]. IV형식 와당과 비교해 판단부 첨형의 제작 기법이 완전 변화하였음을 볼 수 있다.

끝으로 7세기 이후의 판단첨형식 와당은 정암리와요 C지구 출토 와당[77]에서 살필 수 있다. 이 와당의 경우 판단이 선각화되어 주연부에까지 이어져 있으며, 자방은 돌출되지 않고 평면화 되었다. 자방 외곽으로는 와당 혹은 연목와 등에서 흔히 살필 수 있는 1조의 연주문대가 시문되어 있다.

이처럼 대통사지 출토 IV형식 와당은 자방 및 연자 배치 등에서 6세기 3/4분기에 제작된 와례와 친연성이 살펴지며, 역으로 6세기 4/4분기 이후 7

---

76) 국립공주박물관 소장 와당을 통해 알 수 있다(國立公州博物館, 1988, 『百濟瓦當特別展』, 사진 150). 이 와례의 경우 자방은 연판에 비해 평면화되어 있다.
77) 國立扶餘博物館, 1992, 『扶餘 亭岩里 가마터(Ⅰ)』, 도판 12-③. 이와 동일 와례가 동남리 유적에서 출토된 바 있다(國立扶餘博物館, 1992, 『扶餘 亭岩里 가마터(Ⅰ)』, 도판 20-③ ; 국립부여박물관, 2006, 『백제의 공방』, 115쪽 사진 下).

세기대에 제작된 와례들과는 그 형태 및 제작기법 등에서 구별되고 있음을 볼 수 있다. 따라서 IV형식의 와당은 그 세부 속성 등을 검토해 볼 때 6세기 3/4분기에 제작되었음을 판단케 한다.

5. 맺음말

이상에서와 같이 공주 대통사지에서 출토된 백제 와당을 4형식으로 구분하고 각각의 와당에 대해 검토해 보았다. 그 결과 대통사지는 527년 창건되어 6세기 3/4분기 무렵에 대대적인 지붕 보수가 이루어졌음을 추정할 수 있다. 이것이 건물의 대대적인 보수와 관련된 것인지는 확인할 수 없으나 다양한 형식의 와당이 공급되었다는 점에서 많은 와공(혹은 와박사)의 참여가 있었음을 판단할 수 있다. 특히 웅진기에 볼 수 없었던 III형식과 IV형식의 등장은 당시 중국 남조나 북조 혹은 고구려와의 대외관계 속에서 제작되었음을 추정케 한다[78]. 끝으로 6세기 4/4분기에 제작되었던 것으로 추정되는 II형식의 와당은 이미 6세기 3/4분기에 이러한 와례가 부여지역의 관북리 백제유적, 구아리 전 천왕사지 등에서 검출되었음을 볼 때 백제 와공(혹은 와박사)들의 기술력으로 제작되었음을 추정케 한다.

한편, 대통사지에서는 7세기대에 표지적으로 나타나는 연판과 자방의 장식화, 3열의 연자 배치, 혹은 무문 및 파문 와당 등이 검출되지 않았다. 그러나 이러한 와례의 일부가 인접해 있는 공산성에서 이미 검출되고 있음을 볼 때 본래 대통사지 사역에 대한 발굴은 실시되지 않았던 것으로 생각된다. 이는 앞으로 사역 확인이라는 또 다른 과제를 우리에게 부여하는 것임이 틀림없겠다[79].

---

78) 趙源昌, 2001, 「熊津遷都後 百濟 瓦當의 中國 南北朝要素 檢討」, 『百濟文化』 제30집, 公州 大學校 百濟文化研究所.

표 1 공주 대통사지 출토 백제 와당의 형식과 편년

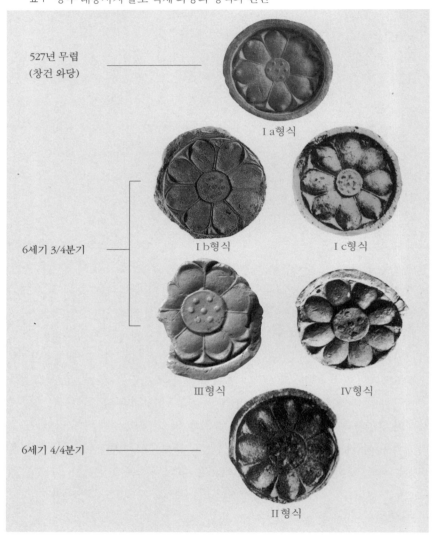

527년 무렵
(창건 와당) ———————

Ⅰa형식

6세기 3/4분기

Ⅰb형식   Ⅰc형식

Ⅲ형식   Ⅳ형식

6세기 4/4분기 ———————

Ⅱ형식

79) 이 글은 조원창·박연서, 2007, 「대통사지 출토 백제와당의 형식과 편년」, 『백제문화』 36
호에 게재된 논문을 정리하여 옮겨놓은 것이다.

최근까지 발굴조사된 백제사지 중 가장 이른 시기에 해당하는 것이 부여 용정리사지이다. 부여 초입부에 위치하며 사원의 후면으로는 청마산성이 자리하고 있다.

사지는 상층 건물지 기단토에서 검출된 판단첨형 연화문 와당에 의거 5세기 말~6세기 초로 추정되었다. 이러한 형식의 와당은 부소산성 아래의 관북리 백제유적에서도 수습된 바 있어 웅진기의 사비경영과 밀접한 관련이 있는 유물로 이해된다.

사지는 목탑지와 상하층 건물지(금당지 추정) 만 조사되었을 뿐, 사원을 구성하는 중문이나 회랑지 등 나머지 유구는 확인되지 않았다. 미완의 조사이기에 향후 재조사에 따라 가람배치 및 다양한 건축기법이 밝혀질 것이다.

성왕의 사비천도는 왕성 및 나성의 축조, 그리고 나성 내 대지조성과 같은 대규모의 토목사업을 수반하였다. 이는 일반 백성들에게 있어 참기 힘든 고역이며 불만의 연속이었을 것이다.

성왕을 비롯한 왕실 및 귀족 등은 백성들에게 처한 사역의 정당성 확보가 무엇보다도 필요하였다. 이는 채찍에 의한 정치적 해결보다는 절대적 신앙에 의한 종교적 해결이 더 현실적이었다.

용정리사원은 바로 이러한 현실적 목적 하에 조성되었음을 추정할 수 있다. 토목공사에 동원된 사역민이나 일반 백성들에게 사비천도의 정당성을 홍보하기 위한 일종의 전위부대였던 것이다.

용정리사지는 시굴조사 결과 당탑지로 추정되는 일부 유구가 확인되었다. 그러나 아직까지 조사되지 않은 더 많은 유구가 땅 속에 매장되어 있다. 따라서 가람배치를 파악해 볼 수 있는 전면적인 발굴조사가 반드시 필요하다.

현재까지 터파기를 통해 알려진 백제시기 최고의 사지라는 점에서, 그리고 사비천도의 정당성을 홍보하기 위한 불교사원이라는 점에서도 하루빨리 이의 전면조사가 실시되기를 기대해 본다.

百濟寺址 研究

百濟 熊津期 扶餘 龍井里 下層 寺院의 性格

1. 머리말

용정리사지는 현재 충청남도 부여군 부여읍 용정리 용전마을에 위치하고 있다. 지난 1991년과 1992년 2회에 걸친 발굴조사 결과 백제시기 사지로 알려졌다[80]. 금당지는 조사결과 상·하층으로 중복되게 나타났으며, 목탑지는 축기부 굴광판축공법[81]으로 조영되었음이 밝혀졌다. 그러나 금당과

80) 扶餘文化財研究所·扶餘郡, 1993,『龍井里寺址』, 62쪽.

81) 건물을 세우기 위해 조성해 놓은 대지 조성토(퇴적토 혹은 생토층)를 塔 조영과 관련해 다시 되파기한 후 그 내부를 판축공법으로 정밀하게 쌓는 기법을 말한다. 이러한 축기부 굴광판축공법은 백제의 금강사지 목탑지(國立博物館, 1969,『金剛寺』, 도면 一三), 정림사지 5층석탑(忠南大學校博物館·忠清南道廳, 1981,『定林寺』, 圖版 37a·b), 미륵사지 중원 목탑지(文化財管理局 文化財研究所, 1987,『彌勒寺』, 圖版 51) 등에서 찾아볼 수 있다. 그러나 능산리사지 목탑지의 경우는 아쉽게도 전반적인 축기부 조사가 이루어지지 않아 확실히 이 공법을 사용했는지는 알 수 없다.

한편, 되파기한 후 그 내부를 토석 혼축으로 다진 축기부 굴광다짐공법은 미륵사지 동·서탑지(扶餘文化財研究所·全羅北道, 1992,『益山彌勒寺址 東塔址 基壇 및 下部調査 報告書』, 도면 9 ; 國立扶餘文化財研究所, 2001,『彌勒寺址 西塔 周邊發掘調查 報告書』, 圖面

목탑을 제외한 중문, 강당 등의 부속 건물은 조사 범위의 축소로 인해 확인하지 못하였다.

　삼국시기의 불교는 국가불교로써 사원의 창사 또한 대부분 국가에 의해 주도적으로 진행되었다. 이는 백제의 경우도 마찬가지였으며, 용정리 하층 사원과 시기적으로 큰 차이가 없는 대통사[82]나 흥륜사[83]의 창건을 통해서도 쉽게 살필 수 있다. 즉, 이들 寺址는 모두 사비천도 이전인 웅진기에 창건된 것으로 성왕대 무렵일 가능성이 높다. 그러나 전자와 후자사이에는 입지

5) 및 신라의 황룡사지 목탑지(文化財管理局 文化財硏究所, 1982, 『皇龍寺』, 圖面 29) 등에서 찾아볼 수 있다. 그러나 이 공법에 있어 황룡사지 목탑지의 경우는 전체적으로 잔자갈을 많이 깔아 미륵사지와 차이를 보이고 있다.

82) 대통사는 백제시기 성왕 5년인 527년에 중국 남조 梁 武帝를 위하여 웅천주(공주)에 세워진 사찰로 전해지고 있으나(『삼국유사』권 제3 興法 제3 原宗興法條, 大通元年丁未 爲梁帝 創寺於熊川州 名大通寺) 현재 이곳엔 시가지가 형성되어 있어 확실한 가람배치는 살필 수 없다. 이 사지에 대해 당간지주를 중심으로 그 북쪽 일대 약 1,000여평에 걸쳐 시굴조사가 이루어졌는데 백제시기와 관련된 유적은 확인하지 못하였다(公州大學校博物館·忠淸南道 公州市, 2000, 『大通寺址』). 그러나 당시에 사용된 것으로 보이는 판단 원형돌기식 와당이 조사지역 내에서 여러 점 출토되어 본래의 사역과 근거리에 위치하고 있음을 판단케 하였다.
　한편, 輕部慈恩은 대통사지가 현 제민천을 동쪽으로 두고 中門 - 塔 - 金堂 - 講堂의 순으로 남에서 북으로 배치되었음을 추정하였다. 아울러 중동석조 및 반죽동석조로 알려진 2개의 석조가 각각 금당 정면 좌우에 위치하였던 것으로 비정하기도 하였다(輕部慈恩, 1946, 『百濟美術』, 寶雲舍).

83) 李能和, 大正七年, 『朝鮮佛敎通史』上編, 新文館, 33~34쪽. 이곳에 기록된 흥륜사의 내용을 적기하면 다음과 같다.
　"…謙益은 해로로 인도로 건너가 그곳 중인도의 常伽那大律寺에서 범문을 5년간 배운 뒤 범승 倍達多三藏과 함께 범본 阿毘曇藏과 五部律文을 가지고 귀국하였다(성왕 4년, 526년). 이에 성왕은 이들을 크게 환영하여 그들을 興輪寺에 머물게 하고 국내 고승 28人을 불러 논장과 율전을 번역케 하였다. 이에 律部 72卷이 만들어지게 되고 겸익은 백제 율종의 시조가 되었다. 아울러 曇旭과 惠仁 등은 律疏 36권을 지었으며 성왕은 신역된 毘曇과 新律에 序를 짓고 台耀殿에 봉안하였는데 간행치 못하고 세상을 떠났다…".
　여기에서 흥륜사의 구체적인 가람배치는 확인할 수 없다. 다만, 번역된 불경과 序 등을 태요전에 봉안하였다는 점으로 보아 당시 經樓가 있었음을 추정해 볼 수 있고(趙源昌, 1999, 「公州地域 寺址硏究」, 『百濟文化』28, 122쪽), 이는 사비기에 일반적으로 조사되고 있는 강당지 한편의 경루지로 파악된다.

면에서 큰 차이점이 있어 일찍부터 주목의 대상이 되어왔다. 즉, 대통사나 홍륜사의 경우는 고고학적 자료나 문헌기록 등을 검토해 볼 때 웅진성 남쪽인 현 공주 시내에 입지해 있었음을 추정해 볼 수 있다[84]. 그러나 용정리사지 하층 사원의 경우는 사비도성과 지근거리에 있는 부여지역에 자리하고 있다. 결국 이러한 입지상의 차이는 개별 사원마다 창건 배경이 다를 수 있다는 가능성을 내포하는 것이다[85].

사진 1 구아리 전 천왕사지 출토 와당

하층 금당지는 후술하겠지만 瓦當을 사용한 기와집이었다. 당시 기와는 일반적으로 궁궐, 사원, 신묘, 관청 등 주로 지배층의 건물에만 한정적으로 사용되었다[86]. 특히 와당의 경우는 모든 기와집에 공히 사용된 것이 아니었기 때문에 그 사용처가 더욱 제한되었다. 그동안 발굴조사로 확인된 백제 웅진기의 와당은 공산성[87], 정지산유적[88], 대통사지[89] 등 몇

84) 공주시내는 남에서 북으로 흘러 금강에 합류하는 제민천에 의해 동서로 양분되어 있다. 이중 대통사는 제민천의 서쪽에 위치하고 있다. 따라서 대통사에 접근하려면 왕궁에서 다리나 선박을 이용해야만 건널 수 있었다. 이러한 사찰입지는 사비기의 왕흥사를 통해서도 엿볼 수 있으나 왕실사찰이라는 점에서는 일반적이지 않다.

한편, 성왕은 겸익이 인도에서 귀국하자 국내 고승들을 홍륜사에 불러 들여 논장과 율전을 번역케 하고, 왕은 친히 서문를 작성하기까지 하였다. 이러한 내용으로 판단컨대 성왕은 홍륜사에서의 불경 번역에 매우 열의를 보였던 인물로 파악되고 있다. 따라서 홍륜사는 이와 같은 관점에서 볼 때 성왕이 접근하기 쉬운 곳, 즉 제민천의 동쪽에 창건되었을 가능성이 높다. 또한 대통사나 홍륜사가 모두 평지가람의 왕실사찰이었다는 점에서도 접근이 용이하지 않은 제민천의 서쪽에 모두 조영하지는 않았을 것이다.

85) 삼국시기의 창사 배경 및 목적을 다룬 논문이 최근 발표된 바 있으나(金善淑, 2002, 「古代佛教信仰行爲로서의 創寺에 대한 검토」, 『淸溪史學』16·17, 韓國精神文化研究院 淸溪史學會) 불교신앙행위에만 초점이 맞추어져 있을 뿐 사찰의 입지적 측면은 간과되어 있다.

86) ① 卷 一百九十九上, 列傳 第一百四十九上 東夷 高麗條.
"其所居必依山谷皆以茅草葺舍唯佛寺神廟及王宮官府乃用瓦".
② 『新唐書』卷二百二十, 列傳 第一百四十五 東夷 高麗條.
"居依山谷以草茨屋惟王宮官府佛廬以瓦".

예에 불과하다[90]. 대부분 왕과 관련된 유적이나 사지로 추정해 볼 수 있는 곳이다. 이러한 측면에서 볼 때 용정리사지 출토 와당의 경우도 예외는 아닐 것으로 생각된다.

사지가 위치하고 있는 용정리는 웅진에서 사비로 진입하는 입구에 자리하고 있어 사비도성으로의 접근이 용이하다. 또한 육로뿐만 아니라 금강을 이용한 수로의 활용도 용이하여 웅진으로의 교통이 수월한 편이다. 그러나 입지상의 이유만으로 이곳에 사원이 창건하게 된 배경을 설명하기란 그리 쉽지 않다. 특히 웅진기에 해당하는 사원이 왕도 이외의 다른 지역에서 그동안 조사된 바 없기 때문에 이 같은 궁금증은 더욱 증폭되고 있다.

본고는 미흡하나마 이러한 의문점을 해결하고자 비롯되었다. 연구의 진행을 위해 제 2장에서는 용정리사지의 금당지를 발굴조사 결과에 따라 상·하층으로 나누어 검토해 보고자 한다. 이 과정에서 부분적이지만 목탑지에 대한 토층 상황도 함께 살펴보도록 하겠다. 그리고 제 3장에서는 하층 금당지에서 출토된 판단첨형의 와당에 대해 그 계통과 편년을 비정해 보고자 한다. 이를 통해 하층 금당지 출토 와당이 중국 북위 계통으로 웅진기에 제작된 것임을 살펴보도록 하겠다. 마지막으로 제 4장에서는 용정리 하층 사원

---

87) 李南奭, 1988, 「百濟蓮花文瓦當의 一研究」, 『古文化』32, 韓國大學博物館協會.
88) 국립공주박물관, 1999, 『艇止山』, 도판 45-①·②.
89) 國立公州博物館, 1988, 『百濟瓦當特別展』, 도판 14.
90) 웅진기 와당은 공주지역 이외의 부여지역에서도 간취되고 있는데 구아리 전 천왕사지 출토 와당(百濟文化開發研究院, 1983, 『百濟瓦塼圖錄』, 사진 129〈본문 사진 1〉)을 예로 들 수 있다. 이 와례의 경우 발굴조사가 아닌 지표조사에서 검출되었으며, 대통사지(國立公州博物館, 1988, 『百濟瓦當特別展』, 도판 14) 출토 와당과 연판·간판의 형태, 연자 배치, 자방과 연판의 크기 比 등에서 거의 동일한 형태를 취하고 있다. 이로 보아 이들 두 와당은 동일 와공에 의해 제작된 와범으로 생산되었을 가능성이 높으며, 웅진기에 이미 부여지역에서의 와당 생산을 보여주는 귀중한 자료라 할 수 있다.

(단위 : cm)

구분	직경	자방직경	연판수	연자배치	연판장	주연고	주연폭	간판형태	출토지
대통사지	13.7	3	8	1+6	3.8	0.9	1	T자형	반죽동
구아리 전 천왕사지	13.5	3	8	1+6	3.8	1	1.1	T자형	구아리

의 창건 배경을 사비천도와 관련시켜 설명해 보고자 한다. 이 과정에서 백제의 미륵사, 그리고 고구려 광개토왕대의 평양 9사를 함께 검토해 보도록 하겠다.

2. 용정리 하층 사원 출토 유구

용정리사지에 대한 발굴조사는 목탑지와 금당지만 일부 확인하고 마무리되어 정확한 가람배치는 알 수 없다. 조사결과 금당지가 상하로 중복되어 있고 목탑지는 기단토 아래에 축기부가 조성되었음이 확인되었다. 금당과 목탑지는 남북장축으로 배치되어 있다(도면 1)[91].

1) 금당지

하층 금당지는 상층 금당지의 중건과 관련하여 대부분 파괴되었다. 다만 할석과 판석으로 이루어진 부석렬(기단 추정)을 통해 금당지의 규모만이 파악되었다. 부석렬은 사역전반에 형성된 대지 조성토를 5~10cm 정도로 굴광한 후 너비 60~70cm로 윗면을 골라 깐 형태로써, 기단석의 보강시설로 추정되었다[92]. 보강시설은 기단의 동쪽부에만 양호하게 남아 있을 뿐 서·남·북쪽은 멸실정도가 심하다. 축조기법을 보면 북쪽 석렬과 동쪽 석렬이 접하는 모서리부의 경우 할석 표면이 편평한 면을 위로 하여 곡선처리 하였

---

91) 扶餘文化財硏究所·扶餘郡, 1993, 『龍井里寺址』, 65쪽 삽도 31.
92) 이와 같은 기단석 아래의 보강시설은 지반이 약한 곳에서 흔히 확인되고 있다. 목탑지와 같이 되파기한 후 그 내부를 판축하면 굳이 보강시설을 할 필요성이 없다. 하지만 지반이 약한 곳에서 기단석의 보강시설이나 굴광판축공법을 사용하지 않으면 止土施設인 기단석이 제 역할을 감당하기 어렵다. 이는 결과적으로 건물의 붕괴를 의미하는 것이어서 기단석과 그 하부의 보강시설은 건물의 제 부재 중 무엇보다도 중요하다. 이와 같은 기단석 아래의 보강시설은 삼국시기뿐만 아니라 조선시기 유구(해미읍성내 제 4건물지)에서도 확인된다.

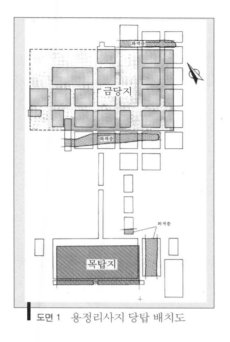

금당지

와적층

와적층

와적층

목탑지

도면 1   용정리사지 당탑 배치도

고 비교적 바른 면을 외측단에 맞추었다. 반면, 동쪽 석렬과 남쪽 석렬이 접하는 동남쪽 모서리부의 경우는 석렬이 서로 연결되어 있지 않고 각각 마감처리 되어있다. 모서리부에서는 직경 120cm 정도로 굴광을 하고 석재를 원형으로 모아 놓은 유구가 확인되었으나 확실한 성격은 알 수 없다. 남아 있는 석렬로 판단컨대 금당지의 동서 길이는 3,075cm, 남북 길이는 2,019cm로 추정된다. 규모만으로 보면 정림사지, 군수리사지. 미륵사지, 부소산사지 등의 금당지에 비해 오히려 큰 편이다. 금당지와 목탑지 간의 거리는 4,655cm이다.

상층 금당지는 하층 금당지를 전반적으로 정지한 기단토 상면에 조영되었다. 기단토는 암갈색 사질점토와 황갈색 사질점토를 교대로 성토한 다짐토로 이 내부에서는 판단첨형 연화문 와당과 복선연화문 와당, 판구곡절식 와당 등이 출토되었다. 이들 와당들은 층위 관계상 하층 사원으로부터 유입되었음이 틀림없다. 특히 와당의 경우는 그 사용처가 매우 제한적이었음을 판단하여 볼 때 하층 금당지에서 유입되었을 가능성이 무엇보다도 높다. 발굴조사 당시 상층 금당지에서 확인된 유구는 기단석렬 일부와 초석 등이다. 그러나 남쪽 일부에서 검출된 석렬의 경우 기단토 내에 포함되어 있어 상층 금당지와 동일 시기의 것인지는 확실치 않다. 그리고 기단토 상면에 남아 있는 초석의 경우도 하층 건물지의 석재를 재사용하였기 때문에 柱座部의 면이 고르지 못하고 남겨진 갯수도 적어 정형성을 찾기 어렵다.

2) 목탑지

목탑지는 사역의 원 퇴적토(굵은 모래층)와 사원조영을 위해 조성된 성토층을 350cm 깊이까지 역 사다리꼴 형태로 되파기한 후 그 내부를 판축하여 완성하였다(도면 2)[93].

목탑지의 하부는 160cm 두께로 점토와 사질토를 교대로 준판축하고 상층부는 190cm 두께로 정제된 점토와 사질토, 그리고 풍화 암반토를 혼합하여 판축하였다. 특히 판축토 내에 형성된 철분층은 탑지 축기부의 판축토 침강방지와 수분침투 억제를 위해 인위적으로 포함시켰다고 보았다[94]. 아울러 중심 찰주를 세우는 심초부는 판축토상에서 확인되지 않는 것으로 보아 기단 상면에 놓인 것으로 판단하였다[95].

목탑지의 기단은 현재 상면에서 초석이나 적심석이 확인되지 않는 것으로 보아 어느 정도 멸실이 이루어졌음을 추정할 수 있다. 목탑지 한 변 길이

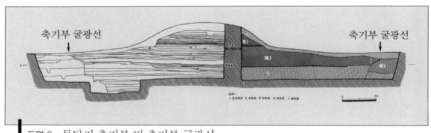

도면 2 목탑지 축기부 및 축기부 굴광선

93) 扶餘文化財硏究所 · 扶餘郡, 1993, 『龍井里寺址』, 21쪽 삽도 4 중. 이와 같이 퇴적토상의 대지 조성토를 되파기한 후 판축하는 경우는 백제의 정림사지, 미륵사지 등에서 살필 수 있고, 생토층을 굴토한 후 판축하는 경우는 백제의 금강사지 금당지 · 목탑지 등에서 찾아볼 수 있다.
94) 扶餘文化財硏究所 · 扶餘郡, 1993, 『龍井里寺址』, 62쪽.
95) 이처럼 심초부가 지상에 놓여진 예는 구아리사지, 용정리사지, 부소산사지, 제석사지 등에서 살필 수 있고, 반대로 지하에 놓여진 경우는 능산리사지, 군수리사지, 왕흥사지 등에서 찾아볼 수 있다.

는 1850cm이며, 잔존 높이는 150cm이다.

3. 하층 금당지 출토 판단첨형 연화문 와당의
계통과 편년

1) 계통

하층 금당지에서 출토된 와당은 瓣端尖形으로 2(A, B型)가지 형식이 있다. 이 중 A형[96](사진 2)[97]은 단판 8엽으로 자방이 화판에 비해 훨씬 크며, 연자 배치는 1+7과로 화판수와 상이함을 보여주고 있다. 특히 연자의 구성은 웅진기에 해당하는 무령왕릉(사진 3)[98], 정지산유적(사진 4)[99], 공산성(사진 5)[100], 대통사지 출토 와전에서 살필 수 있는 중국 남조 계통의 것과 완전 이형적인 배치를 보이고 있다[101].

이러한 차이는 간판, 화판, 자방 등에서도 어렵지 않게 찾아볼 수 있다.

---

96) 이와 동일한 형태의 와당이 국립부여박물관과 경희대학교박물관에 소장되어 있다(百濟
文化開發研究院, 1983, 『百濟瓦塼圖錄』, 도판 76 · 77). 두 점 모두 출토지가 '龍井里'로
쓰여 있어 용정리사지에서 수습된 것임을 알 수 있다.
　전자는 와당 지름이 15~15.8cm, 자방 지름 4.6cm, 화판 길이 3.2cm, 주연 너비 1.6cm,
주연 높이 1.1cm, 두께 약 1.1cm이다. 그리고 후자는 와당 지름이 15cm, 자방 지름
4.6cm, 화판 길이 3.3cm, 주연 너비 1.3~1.5cm, 주연 높이 1.2cm로 계측되고 있다. 와당
지름과 주연 너비에서만 약간의 차이가 발견될 뿐 두 와당의 세부 제원이 거의 동일하다.
따라서 양자는 동일 瓦范에 의해 제작된 것임을 판단해 볼 수 있다.
97) 扶餘文化財研究所 · 扶餘郡, 1993, 『龍井里寺址』, 94쪽 도판 44.
98) 百濟文化開發研究院, 1983, 『百濟瓦塼圖錄』, 295쪽.
99) 國立扶餘博物館, 2010, 『百濟瓦塼』, 75쪽 사진 126.
100) 國立扶餘博物館, 2010, 『百濟瓦塼』, 68쪽 사진 108.
101) 웅진기 와전에서 연자의 배치는 1+6과 혹은 1+8과 등 외곽이 짝수만을 보이고 있다.
아울러 와당 만을 한정하여 본다면 후자가 압도적으로 많다. 한편, 김성구의 경우는 이
와당의 간판을 무령왕릉 연화문전과 비교한 바 있다(金誠龜, 1991, 「百濟의 瓦塼」, 『百
濟의 彫刻과 美術』, 公州大學校博物館 · 忠淸南道).

사진 2 용정리사지 출토 판단첨형
와당 A형

사진 3 무령왕릉 출토 연화문전

사진 4 정지산유적 출토 와당

사진 5 공산성 출토 와당

화판 사이의 간판은 마름모형으로 화판 상면에만 작게 표현되어 있을 뿐 판근이 자방에까지 이어져 있지 않다. 화판은 전체적인 평면이 오각형이나 일부 각이 말각처리되어 보주형에 가깝게 보이며, 판단선은 중앙의 첨형을 중심으로 하여 좌우로 약하게 꺾여 있다. 자방은 화판에 비해 약 1.5배 가량 크게 제작되었으나 화판과 주연 사이에서는 구상권대(원권대)가 확인되지 않는다.

B형(사진 6)[102]은 A형과 비교하여 화판수는 같으나 연자 배치에 있어 차이가 있다. 즉 A형이 1+7과인 반면, B형은 1+6과를 나타내고 있다. 아울러 B형은 A형과 비교해 두께만 두꺼울 뿐, 와당의 크기, 자방·화판·주연 너비 등에서 A형 보다 작다. 그러나 이들 내용보다도 A·B형을 가장 직접적으로 구분짓는 특징은 곧 화판과 자방에서 살필 수 있다. 즉, 두 형식 모

사진 6 용정리사지 출토 판
단첨형 와당 B형

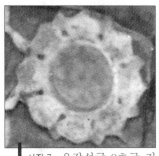

사진 7 운강석굴 9호굴 전
실 동벽 연화문

두 화판의 판단이 첨형임은 동일하나 B형의 판단이 좀 더 세장하여 주연부에 까지 이어진 반면, A형의 판단은 B형에 비해 짧게 표현되어 있다. 아울러 자방에 표현된 연자의 크기도 B형이 A형에 비해 크게 조각되었다. 특히 B형에서 볼 수 있는 자방 외연의 원권대[103]는 A형에서 볼 수 없는 전연 새로운 요소로 이후 사비기 와당의 한 특성을 보여주고 있다. 이처럼 크기와 세부적인 문양의 차이는 결과적으로 용정리 하층 금당지에 사용된 판단첨형의 와당이 서로 다른 2개의 와범에 의해 제작되었음을 판단케 한다. 또한 웅진지역 및 사비지역의 다른 기와건물지에서 아직까지 이러한 형식의 와당이 다량으로 출토되지 않았음을 미루어 볼 때 용정리 하층 사원에만 제한적으로 사용되었음도 생각해 볼 수 있다.

그런데 이들 와당은 北朝 석굴사원내의 판단첨형 연화문과 형태면에서 친연성이 있어 상호 비교되고 있다. 즉, 북

---

102) 國立扶餘博物館, 2010, 『百濟瓦博』, 189쪽 사진 490. 국립부여박물관에는 또 다른 동일 사지 출토 와당이 있다(國立公州博物館, 1988, 『百濟瓦當特別展』, 사진 121). 와당 지름이 10.6cm, 자방 지름 3.3cm, 화판 길이 2.5cm, 주연 너비 1.1cm, 주연 높이 0.9cm, 두께 2.2cm이다. A형과 비교해 전체적인 크기는 작으나 두께는 두껍다. 따라서 B형은 A형과 비교하여 문양에서뿐만 아니라 세부적인 제원에서도 상이하여 다른 와범으로 제작되었음을 알게 한다.

103) 자방 외연의 원권문은 이 와당에서 처음으로 확인된다. 아울러 이러한 새로운 문양의 출현은 결과적으로 국가의 대단위 요업단지로 알려진 정암리요지에 직접적으로 전파하게 되었다. 이후·관북리 백제유적, 정림사지, 군수리사지, 동남리유적, 부소산사지, 가증리사지, 중정리유적, 쌍북리유적, 용정리사지 등 주로 부여지역의 유적에서 확인되었다.

위시대 운강석굴 제 9호굴 전실 동벽에 장식된 연화문(사진 7)은 용정리사지 출토 판단첨형 B형과 흡사하며, 공헌 석굴사 제 3호굴 평기(북위) 및 제4호굴 굴정에 장식된 연화문(동위)은 용정리사지 출토 판단첨형 A형과 유사하다[104].

이렇게 볼 때 용정리사지 출토 판단첨형 와당은 화판의 형태면에서 북조의 영향을 받아 제작되었음을 판단케 한다. 아울러 이러한 특징은 남조 梁의 제와술을 이어받아 제작된 정지산유적, 공산성, 대통사지 출토 원형돌기식 와당과의 차이점을 통해서도 쉽게 살필 수 있다.

요컨대 이러한 특징을 바탕으로 하여 웅진기의 판단첨형 와당과 원형돌기식 와당을 세부적으로 비교하여 살피면 〈표 1〉과 같다.

표 1 판단첨형 와당과 원형돌기식 와당의 비교

구분	판단첨형 와당(중국 북조계)	원형돌기식 와당(중국 남조계)
연판의 형태	원형에 가까운 말각오각형 혹은 보주형	화엽형
연판과 자방의 비	연판 길이 〈 자방 길이	연판 길이 〉 자방 길이
간판	마름모 형	"T"자형
구상권대(원권대)의 존재	무	유
연판의 橫線·종선의 비	거의 비슷	종선 길이 〉 횡선 길이
연자 배치	1+6과, 1+7과 (연자 외곽은 짝·홀수 혼합)	1+6과, 1+8과 (연자 외곽은 모두 짝수)

이상에서와 같이 판단첨형과 원형돌기식 와당을 상호 비교하여 볼 때 연화문의 확연한 차이를 엿볼 수 있다. 원형돌기식 와당의 시원으로 판단되는 무령왕릉 출토 전의 연화문은 '梁官瓦爲師矣'로 대변되는 양의 기술로 만들어졌음이 주지의 사실이다. 그리고 이 연화문은 정지산유적을 거쳐 공산성, 대통사지 등 웅진기 기와집의 와당에 폭넓게 사용되었다[105].

104) 조원창, 2001, 「熊津遷都後 百濟瓦當의 中國 南北朝要素 檢討」, 『百濟文化』30, 公州大學校 百濟文化研究所.

그런데 용정리 하층 사원에서 출토된 판단첨형 와당의 연화문은 당시 웅진기에서 유행하였던 연화문과 상이한 형태를 보이고 있다. 이는 연화문을 표현하는 문양체계가 기본적으로 달랐음을 나타내는 것이다. 특히 중국 남조가 아닌 북조의 석굴사원에서 이러한 연화문이 확인되었다는 사실은 백제 웅진기에 남조의 양(남조) 뿐만 아니라 북조의 북위와도 어떤 방식으로든 간에 교류가 이루어지고 있었음을 보여주는 결정적인 단서가 아닐 수 없다.

또한 이러한 북조 와당의 특징을 보이는 판단첨형의 연화문은 5세기 초로 편년된 연화총[106]을 비롯해, 5세기 중엽~6세기 전반의 고구려의 벽화고분에서도 그 편린을 살필 수 있다[107]. 즉, 장천 제1호분[108](5세기 중엽), 수산리고분[109](5세기 후반, 사진 8), 쌍영총[110](5세기 말, 사진 9), 안악 제2호분[111](5세기 말~6세기 초, 사진 10 · 11), 덕화리 제1호분[112](6세기 전반기, 사진 12), 眞坡里 제1 · 4호분[113](6세기, 사진 13) 등에서는 판단첨형에 커다

---

105) 이 연화문이 표현된 와당은 웅진기 뿐만 아니라 사비기에도 널리 유행하였다. 588년에는 백제의 와박사들에 의해 그 기술이 일본에 전파되어 飛鳥寺의 창건와인 '성조'의 시원이 되었다(趙源昌, 2000,「熊津遷都後 百濟瓦當의 變遷과 飛鳥寺 創建瓦에 대한 檢討」,『嶺南考古學』27, 嶺南考古學會).

106) 南浦市 江西區域 台城里에 위치하며 연도, 앞칸(前室), 4개의 감, 사이길(通路), 안칸(玄室) 등으로 구분되어 있다. 연화문은 앞칸 천정부에서 찾아진다. 연화문은 큰 자방을 가운데로 두고 내외 2중으로 배치되었으며, 특히 외곽의 연화문이 판단첨형을 이루고 있다. 간판은 마름모형이며, 자방내의 연자는 확인할 수 없다(서울대학교출판부, 2000,『북한의 문화재와 문화유적 1(고구려편)』, 도 150).

107) 백제 용정리 하층 사원에서 출토된 판단첨형의 연화문 와당은 그 동안 고구려 유적에서 검출된 바 없다. 따라서 본문에서 다루고자 하는 벽화고분 출토 판단첨형 연화문의 연판, 자방, 간판, 3열의 연자 배치 등은 고구려에서 일반적으로 관찰되는 협판에 기하학적 문양이 결부된 와당이나 연화문과는 근본적으로 다른 것이다.

108) 吉林省 集安縣에 위치하고 있으며 연도, 전실, 통로, 현실 등으로 구분되어 있다. 판단첨형의 연화문은 현실에 그려져 있다.
연화문은 일부 박리되어 있으며, 자방에 비해 연판이 크게 표현되었다. 자방과 연화문의 크기 比로 보아 아직까지는 안악 제3호분의 영향이 미치고 있음을 알 수 있다. 간판은 마름모형이며, 연자 배치는 관찰할 수 없다. 판단부에서 판근부로 이어지는 선은 직선에 가깝다. 판단 중심의 첨형 장식은 비교적 길게 표현되었다(서울대학교출판부, 2000,『북한의 문화재와 문화유적 II(고구려편)』, 도 19).

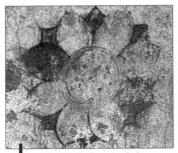

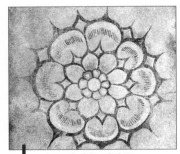

사진 8 수산리고분 연화문   사진 9 쌍영총 연화문

109) 南浦市 江西區域 水山里에 위치하고 있다. 연도, 玄室로 구분되며 판단첨형의 연화문은
현실 서벽에서 찾아진다.
　　연판에 비해 자방이 크게 그려졌으나 이전의 안악 3호분, 연화총, 장천 1호분 등에 그려
진 연화문과 이형을 보이고 있다. 연판은 세장하여 세로 比가 가로 比에 비해 길게 표현
되었다. 판단부에서 판근부로 이어지는 선이 곡선에 가까우며, 판단 중심의 첨형 장식은
짧게 표현되었다(서울대학교출판부, 2000, 『북한의 문화재와 문화유적 I (고구려편)』, 도
238). 연판 면에서 볼 때 공주 서혈사지 출토 백제 연화문 와당과 친연성이 있다.

110) 남포시 龍崗郡 龍崗邑에 위치하고 있으며, 연도, 전실, 현실 등으로 구분되고 있다. 판단
첨형의 연화문은 현실 천정에 그려져 있다.
　　연판은 2중으로 배치되었고 자방은 작게 표현되었다. 판단부에서 판근부로 이어지는
선은 곡선화 되었으며, 판단 중심의 첨형 장식은 길게 표현되었다(서울대학교출판부,
2000, 『북한의 문화재와 문화유적 II(고구려편)』, 도 94).

111) 黃海南道 安岳郡 大楸里에 위치하고 있으며 연도, 현실로 이루어져 있다. 연화문은 현실
천정 및 벽면에서 확인된다.
　　두 연화문 모두 연판에 비해 자방의 크기가 월등히 크며, 연자는 3열 배치를 하고 있다.
특히 전자의 경우 사각형 내에 연자가 배치되어 있고 판단 중심의 첨형 장식도 후자의
것에 비해 약간 길게 표현되었다. 연판의 형태도 전자가 단판인 것에 반해 후자는 중판
을 하고 있다는 차이가 있다(서울대학교출판부, 2000, 『북한의 문화재와 문화유적 I (고
구려편)』, 도 267 · 268).

112) 평안남도 대동군 덕화리에 위치하고 있으며 연도, 현실로 구분되어 있다. 연화문은 현실
천정부에서 살필 수 있다.
　　연판에 비해 자방의 크기가 현격히 크며, 연판의 가로 비와 세로 비가 유사하다. 자방
의 차이만 있을 뿐, 쌍용총과 같은 계통의 연화문이다. 판단부에서 판근부로 이어지는
선이 곡선에 가까우며, 판단 중심의 첨형 장식이 짧게 표현되었다(서울대학교출판부,
2000, 『북한의 문화재와 문화유적 II(고구려편)』, 도 114).

란 자방 등을 찾아볼 수 있다. 그러나 이들 고분 중 수산리고분, 덕화리 제1
호분, 안악 제2호분 등의 경우는 자방 내부의 연자가 3열 배치[114]되었다는
점에서 2열 배치를 보이는 북조 와당이나 연화문, 용정리 하층 사원 출토 와
당과 큰 차이가 있다. 이러한 3열의 연자 배치는 4세기 중엽(357년)으로 편
년된 안악 제3호분의 영향이 적지 않았던 것으로 사료된다. 이 고분에 그려
진 연화문(사진 14)[115]은 연판과 자방의 비, 간판 등에서 수산리나 덕화리,
쌍용총, 진파리고분 출토 연화문 등과 큰 차이를 보이고 있어 시기차가 인
정되고 있다.

　이처럼 5세기대에 이르면 고구려는 이제 바야흐로 북위 문화의 영향을
받아 판단첨형 연화문의 경우 연판과 자방, 간판 등에서 획기적인 문양변천
을 꾀하게 된다[116].

113) 平壤市 力連區域 龍山里에 위치하고 있으며 연도, 현실로 이루어져 있다. 연화문은 현실
　　천정부에서 확인된다.
　　　연판에 비해 자방의 크기가 약간 크며, 연자 배치는 확실히 관찰할 수 없다. 연판 중심
　　부엔 원형의 점이 하나씩 찍혀 있다. 판단 중심의 장식은 짧게 표현되었으며, 판단부에
　　서 판근부로 이어지는 선이 직선으로 이루어져 있다(서울대학교출판부, 2000, 『북한의
　　문화재와 문화유적 II(고구려편)』, 도 178 · 138).
114) 덕화리 제1호분의 경우 1+6+6과, 그리고 안악 제2호분은 3+9+14과의 연자 배치를
　　보이고 있다.
115) 자방은 작고 연판은 크게 표현되었다. 연판의 판단부와 판근부의 너비 차가 크며, 판단
　　중심부엔 첨형의 장식이 세장하게 부착되어 있다. 판단부에서 판근부로 이어지는 선은
　　직선으로 처리되었다(서울대학교출판부, 2000, 『북한의 문화재와 문화유적 I (고구려
　　편)』, 도 69).
116) 이와 같은 고분 벽화나 불상 등의 연판을 예로 들어 이병호는 용정리 하층 사원 출토 와
　　당을 북조 - 고구려 계통으로 파악해 보고자 하였다(李炳鎬, 2002, 「百濟 泗沘都城의 造
　　營過程」, 『韓國史論』47, 서울大學校 人文大學 國史學科, 78~79쪽). 그러나 지금까지 많
　　은 고구려 사지나 건물지가 발굴조사 되었음에도 불구하고 이러한 계통의 와당이 검
　　출 · 보고된 바가 없다. 또한 그 문화 자체가 북위계통이면서 고구려로 전파되었기 때문
　　에 고구려 계통으로도 파악하기 어렵다. 따라서 당시의 문화전파 과정만을 고려하여 용
　　정리사지 출토 판단첨형 와당을 북조 - 고구려 계통으로 판단해 보고자 하는 것은 막연
　　한 추리가 아닐 수 없다.

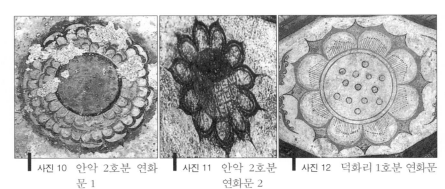

사진 10 안악 2호분 연화문 1   사진 11 안악 2호분 연화문 2   사진 12 덕화리 1호분 연화문

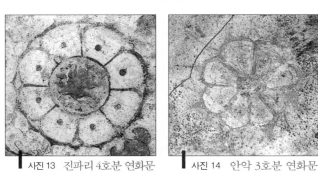

사진 13 진파리 4호분 연화문   사진 14 안악 3호분 연화문

즉, 자방이 연화문보다 크게 표현되고 연판의 가로비와 세로비가 거의 동일하면서 판단의 첨부가 길게 이어져 마치 보상화문처럼 보이고 있다. 특히 5세기 후반~6세기 초의 수산리고분, 안악 제2호분, 쌍영총 등에서와 같이 연판의 판단 - 판근선이 곡선화 된 것은 이전의 연화문에서는 볼 수 없는 새로운 형식으로 북위의 운강석굴 제 9호굴 전실 동벽에 장식된 연화문과 친연성이 찾아진다. 이는 용정리 하층 사원 출토 B형 와당의 연화문과도 연결되고 있다.

결국 이러한 문양의 공유는 북위의 판단첨형 연화문이 고구려 및 백제로 전파되어 와당 및 고분 벽화 등에 사용되었음을 의미하는 것이라 할 수 있다. 아울러 5세기 말~6세기대에 이르면 진파리 제1 · 4호분, 덕화리 제1호분 등과 같이 판단 중심의 첨형 장식이 짧게 표현되어 5세기 대의 연화문과 차

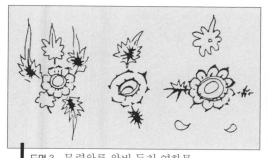

도면 3　무령왕릉 왕비 두침 연화문　　　　도면 4　동탁은잔 연화문

이를 보이고 있다. 이러한 특징은 부분적이지만 용정리 하층 사원 A형 와당
에서도 찾아볼 수 있다.

　한편, 보상화문으로 보이는 연화문, 연판 보다 큰 자방, 그리고 연판의
판단부가 첨형으로 길게 이어지는 문양의 특징들은 무령왕릉 출토 왕비의
두침(도면 3)[117]이나 銅托銀盞(도면 4)[118] 등에서 그대로 살펴지고 있어 늦
어도 6세기 초반경에는 북위나 고구려를 통해 백제에도 유입되었음을 알 수
있다[119]. 아울러 이러한 연화문의 등장은 결과적으로 용정리 하층 사원 출
토 판단첨형식 와당의 제작 시기와도 결코 무관치 않을 것으로 사료된다.

2) 편년

　다음으로는 와당, 특히 판단첨형 연화문의 편년을 검토해 봄으로서 와당

117) 忠淸南道 · 公州大學校百濟文化硏究所, 1991,『百濟武寧王陵』, 305쪽 그림 6-14. 두침에
　　서 보이는 연화문은 모두 5개소에 그려져 있다. 연판에 비해 자방이 크게 그려졌고, 판
　　단 중심의 연화문은 짧게 표현되었다. 연판의 가로 비와 세로 비의 길이가 비슷하고, 판
　　단 - 판근의 선이 곡선화 되었다. 5세기 후반~6세기 초로 편년된 고구려의 수산리고분,
　　안악 제2호분, 쌍영총 등에 그려진 연화문과 친연성이 있다.
118) 국립공주박물관, 2001,『백제 사마왕 무령왕릉 발굴 그후 30년의 발자취』, 116쪽. 잔의
　　하단부에 단판 8엽의 연화문이 음각되어 있다. 연판과 자방의 크기가 비슷하며, 판단 중
　　앙의 첨형 장식은 짧게 표현되었다. 판단 - 판근의 선은 직선에 가까우며 연판 사이의 간
　　판은 마름모형을 이루고 있다. 자방 내의 연자 배치는 확인할 수 없다.

사진 15 목탑지 출토 F형
와당

의 제작 시기와 아울러 용정리 하층 사원의
창건 시기도 함께 살펴보도록 하겠다.

　용정리 상층 건물지 기단토 내부에서 출
토된 판단첨형 와당은 그 제작시기가 사비
천도 이전으로 편년되었다[120]. 따라서 하층
금당지 또한 이들 와당에 의거하여 그 조영
시기가 사비천도 이전으로 편년되었다. 아
울러 상층 건물지는 와적층과 교차 편년된
목탑지 출토 F형(사진 15)[121] 와당에 의거
그 조영시기가 사비천도 후로 추정되었다. 이렇게 볼 때 용정리 사지는 사
비천도 후 얼마 되지 않은 6세기 중반 무렵에 상·하층 금당지가 폐기·조
영되는 운명을 맞이하였던 것이다. 발굴조사 결과 상층 금당지는 하층 금당
지를 정지하고 조영되었음이 확인되었다[122]. 즉, 사비천도 전에 조영된 하

119) 고구려의 경우는 이러한 형태의 연화문이 5세기 중반 이후에 나타나 백제 보다 약 반세
기 정도 선행됨을 알 수 있다. 그러나 백제의 경우 무령왕 이전의 왕릉이나 사지, 왕궁지
등이 전혀 조사된 바 없기 때문에 그 시기적인 차이는 차후 발굴조사 결과에 따라 충분
히 좁혀질 수 있을 것이라 생각된다.
　아울러 판단첨형 연화문의 등장이 북위를 통한 직접적인 전파인지, 아니면 고구려를
통한 간접적인 전파인지 현재 상태에서는 확실히 알 수 없다. 다만, 용정리 하층 사원 출
토 판단첨형 연화문 와당이 그 동안 고구려에서 한 점도 검출되지 않았던 사실로 미루어
볼 때 북위에서의 직접적인 전파를 고려해 볼 수 있다.
120) ① 金誠龜, 1991,「百濟의 瓦塼」,『百濟의 彫刻과 美術』, 公州大學校博物館·忠淸南道,
317쪽.
　　② 扶餘文化財硏究所·扶餘郡, 1993,『龍井里寺址』, 69쪽.
　　이러한 편년 설정은 앞으로 좀 더 숙고의 여지는 있겠지만 북위의 판단첨형 연화문이 짧
은 기간내에 백제로 유입되었음을 의미하는 것이라 할 수 있다.
121) 國立扶餘博物館, 2010,『百濟瓦塼』, 190쪽 사진 496. 1+6과의 연자 배치에 연판수는 8
엽을 하고 있다. 판단이 융기하는 형태를 취하고 있으나 공산성 출토품과는 차이가 있
다. 자방 외연으로는 1조의 원권대가 돌려져 있다.
122) 이 과정에서 하층 건물지의 지대석, 계단석, 방형초석, 면석편 등이 상층 건물지에 재사
용하게 되었다.

층 건물지는 천도하고 얼마 후에 폐기되었다가 곧바로 상층건물지가 하층 건물지를 정지하고 그 위에 조영되었음을 보여주고 있다. 조사 당시 하층 건물지에서 화재의 흔적이 없었던 것으로 보아 창건 사원은 분명 화재로 폐기되지 않았음을 알 수 있다. 아울러 국가의 造寺工에 의해 조영된 국가 사원이었기에 부실공사 또한 기대하기 어렵다. 이러한 정황은 결과적으로 용정리 하층 사원의 창건 시기가 사비천도 그 이전에 이루어졌음을 암시해 주는 것이라 할 수 있다[123]. 즉, 526년 무령왕릉에 왕의 시신을 납입하고 연도를 폐쇄하였음을 상정해 볼 때 여기에서 출토된 유물은 그 시기(중국에서의 수입 혹은 백제에서의 제작)가 6세기 초반을 넘지 않을 것이다. 더 나아가 盞이나 頭枕에 조식된 판단첨형 연화문의 경우도 6세기 초반 이전에 도입되어 문양화 되었음을 추정해 볼 수 있다. 아울러 고구려의 경우 이미 5세기대 이후 판단첨형의 연화문이 널리 사용되었음을 고려해 볼 때 백제의 경우도 북위나 고구려를 통해 충분히 그 영향을 받았을 것으로 생각된다. 예컨대 5세기 후반의 수산리고분, 그리고 5세기 말의 쌍영총에서 보이는 연화문의 제 특징은 용정리 하층 사원 출토 판단첨형식 와당에 그대로 전이되어 있다. 아울러 삼국시기의 경우 정치상황과는 달리 각국의 문화교류가 상호 밀접하게 전개되었음을 판단하여 볼 때 백제에서의 판단첨형 연화문 등장 시기는 적어도 5세기 말~6세기 초반 경에는 가능하였을 것으로 생각된다. 바로 이러한 문화전파 과정에서 용정리 하층 사원 출토 판단첨형식 와당도 등장하였을 것으로 판단된다.

따라서 용정리 하층 사원에서 출토된 판단첨형식 연화문 와당은 고구려 고분 벽화 및 무령왕릉 출토 유물 등과 편년적으로 비교해 볼 때 적어도 5세기 말~6세기 초반 경에는 제작되었을 것으로 판단되며, 이는 용정리 하층 사원의 창건 시기와도 밀접한 관련이 있을 것으로 사료된다.

---

123) 발굴조사가 전체 사역 중 일부에서 만 진행되었기 때문에 용정리 하층 사원의 초창 연대를 언급하기란 그리 쉽지 않다. 그러나 그 시기가 웅진기였음은 분명할 것이다. 이에 대한 사실은 차후 용정리 하층 사원의 전면적인 발굴조사를 통해 밝혀질 수 있을 것이다.

4. 하층 사원의 성격

하층 금당지 출토 판단첨형식 와당은 북조의 영향을 받은 웅진기의 와당으로 이의 출토는 곧 하층 금당지의 조영 시기가 5세기 말~6세기 초반경의 웅진기임을 알게 한다. 아울러 하층 금당지와 지근거리에 있는 동·북나성[124]의 경우도 부소산 동문지 부근에서 출토된 '大通' 명 기와와 관련하여 축조시기의 상한을 527~528년, 그리고 하한을 538년으로 편년한 바 있다[125]. 이렇게 보면 용정리 하층 사원과 동·북나성은 모두 사비천도 이전인 웅진기에 조성되었음을 판단해 볼 수 있다.

하층 사원이 위치하고 있는 용정리는 사비도성 동쪽 외곽으로 웅진에서 사비로 진입하는 지근거리에 자리하고 있다. 지형상으로 볼 때 谷口에 해당하는 북서쪽만 개방되어 있을 뿐 나머지는 산으로 둘러 쌓여 있다. 현재는 제방에 의해 사지의 전면이 논으로 경작되고 있으나 백제시기 당시에는 금강의 지류가 사원 전면에까지 도달하였던 것으로 생각된다. 따라서 용정리 하층 사원은 육로나 수로를 통해 웅진이나 사비지역 모두에서 접근성이 용이한 곳에 입지하고 있음을 알 수 있다. 아울러 용정리에서는 사비도성 내부뿐만 아니라 동·북나성 등에도 어렵지 않게 도달할 수 있어 사비도성의 접근에 최적의 조건을 갖추고 있음을 알 수 있다.

그렇다면 입지상 사원을 사비도성의 내부가 아닌 외부에 그것도 웅진기에 조영한 이유는 과연 무엇이었을까? 이는 특히 사비도성의 축조가 철저한

---

124) 지금까지 부여 나성은 동, 서, 남, 북 모두에 축조된 것으로 파악하였다(洪再善, 1981, 「百濟泗沘城研究」, 東國大學校 大學院 碩士學位論文). 그러나 최근 충남대학교 백제연구소의 발굴조사 결과 서나성과 남나성의 존재는 뚜렷하게 확인되지 않았다(朴淳發·成正鏞, 2000, 『百濟泗沘羅城』, 忠南大學校百濟研究所·扶餘郡).

125) 박순발, 2000, 「泗沘都城의 構造에 대하여」, 『百濟研究』31, 忠南大學校 百濟研究所, 110쪽. 한편, 심정보의 경우는 부소산성을 우두성에 비정하면서 그 초축 시기를 동성왕 8년인 486년으로 편년한 바 있다(沈正輔, 2000, 「百濟 泗沘都城의 築造時期에 대하여」, 『泗沘都城과 百濟의 城郭』, 국립부여문화재연구소 편, 101쪽).

계획 하에 이루어졌다는 점에서도 언뜻 이해하기 어렵다.

우선 용정리 하층 사원이 웅진기에 사비지역에 조영된 배경부터 종교적 · 정치적으로 구분하여 살펴보도록 하겠다.

사비천도와 같은 대규모의 토목사업에 동원된 일반 민들은 천도 완료시까지 정신적 · 육체적으로 많은 고통을 감내하여야만 하였고 이는 때때로 왕권에 대한 불만으로 표출되었을 가능성이 높다. 그런데 노동력과 밀접한 이러한 逆 에너지의 분출은 계획된 사비천도를 추진하는데 있어 가장 큰 장애로 대두될 수 있었다. 따라서 천도를 추진하였던 왕이나 지배계층들은 이러한 역 에너지를 긍정적인 방향으로 바꾸어 줘야할 절대적인 필요성을 느끼게 되었다[126]. 이는 창검을 소지한 장병이나 혹은 토목공사를 독려하였던 감독관 등이 원활하게 해결할 수 있는 단순한 문제가 결코 아니었다. 그러므로 용정리 하층 사원은 바로 이러한 문제점들을 해결하기 위한 대민정책용으로 사비지역에 조영된 웅진기의 사원임을 추정해 볼 수 있다.

아울러 용정리 하층 사원은 사비천도를 위한 전초기지로 활용되었을 가능성도 배제할 수 없다. 후술하겠지만 용정리 사원은 입지상 사비도성에 접근할 수 있는 가장 용이한 곳에 위치하고 있다. 요즈음도 그렇지만 한 나라의 수도를 옮기기 위해선 많은 시간이 요구될 뿐만 아니라 사전 기획과 천도지에서의 많은 사역을 수반하게 된다. 이를 원활하게 진행하기 위해선 천도를 위한 추진 세력의 현지 사령부가 필요한데 이러한 역할을 담당한 것이 용정리 하층 사원으로 추정된다.

또한 당시 사원의 창건과 참여 주체가 왕실 및 귀족 중심이었음을 고려하여 볼 때 용정리 하층 사원이 이들의 임시 거처로 사용되었을 가능성도 상정하여 볼 수 있다. 이러한 판단은 지금까지 나성 내부 및 그 주변 지역에서 웅진기에 해당하는 와당의 출토가 그리 많지 않았던 사실과도 일맥 상

---

126) 이는 한편으로 사비천도의 정당성 혹은 천도에 따른 부역(대단위의 토목사업)의 정당성을 불교라는 신앙체계로 다스려보고자 하는 사비천도 추진세력의 의중이 담겨있는 것이다.

통하고 있다. 이는 웅진기에 해당하는 와당 건축물이 나성 내부 및 그 주변 지역에 거의 조영되지 않았음을 반증해 주는 것이라 할 수 있다. 물론 웅진기의 기와는 사비지역에서도 얼마든지 검출 가능하다. 그러나 와당은 일반적으로 삼국시기 왕궁 및 사원 등 한정된 기와집에만 그 격에 맞추어 사용되었음을 판단하여 볼 때 웅진기에 해당하는 용정리 하층 사원이 당시 사비지역에서 얼마나 존귀한 곳이었는지를 알게 한다. 따라서 이러한 권위의 상징으로서의 용정리 사원은 사비지역으로의 巡狩 혹은 사비천도의 대역사를 감독하기 위한 왕이나 왕실 자제 혹은 귀족들의 임시 거처로 활용되었을 가능성이 적지 않다. 참고로 동성왕의 경우 부여지역의 巡狩가 사서에서 여러 번 확인되고 있다[127]. 물론 동성왕이 구체적으로 어떤 곳에서 거처하였는지는 확실치 않으나 왕의 격에 맞는 곳에서 머물렀음은 틀림없을 것이며, 이는 왕실자제 및 귀족의 경우도 다르지 않을 것이다.

다음으로 용정리 하층 사원을 사비도성의 내부가 아닌 외부에 조영한 이유가 과연 무엇인지 검토해 보기로 하겠다.

현재 부여 읍내는 제방의 축조를 통해 백마강의 범람을 막고 있다. 그러나 정림사지 조사중에 드러난 뻘층 등을 관찰하여 볼 때 백제시기 당시에는 이들 지역 대부분이 저습지였음을 추정해 볼 수 있다. 결과적으로 사비도성은 이러한 백마강변의 배후습지 지역을 개발하여 조성한 신도시였음을 알 수 있다. 그런데 이러한 도성의 개발은 항상 대규모의 토목공사를 수반하기 때문에 습지를 제외한 금성산, 부소산, 그리고 중정리 소재 야산들은 토목공사에 동원된 백성들의 거주처 혹은 이들을 관리 감독하였던 관청 등이 위치하였을 가능성이 높다[128]. 따라서 도성 개발과 관련된 토목공사 당시에

---

127) ① 『三國史記』卷 第26 百濟本紀 第4 東城王 12年 9月條,
"王田於國西泗沘原"
② 『三國史記』卷 第26 百濟本紀 第4 東城王 23年 冬10月條,
"王獵於泗沘東原"
③ 『三國史記』卷 第26 百濟本紀 第4 東城王 23年 11月條,
"獵於熊川北原 又田於泗沘西原"

는 사비도성 내부가 결코 안전지대일 수 없다는 결론에 이르게 된다. 이러한 연유로 인해 사비도성과 지근거리에 있는 용정리에 사원을 창건한 것이 아닌가 생각된다. 또한 용정리 하층 사원은 사비도성의 개발과 관련하여 이를 감독하기 위해 행차하는 국왕이나 왕실들의 거처로 사용되었을 가능성도 배제할 수 없다. 따라서 사원의 입지를 안전성이 보장되는 사비도성의 외부에 정했던 것으로 추정된다.

한편, 이상의 경우와 동일하다고 할 순 없지만 천도와 관련하여 미리 천도지에 사원이 창건되는 경우는 고구려의 예를 통해서도 살필 수 있다. 이 경우 사원은 천도의 분위기를 고취시키거나 혹은 여기에 동원된 부역자들을 불법을 통해 위무하는 등 대민정책이 주목적이었을 것으로 생각된다.

그러면 먼저 평양천도 이전에 광개토왕이 평양에 9寺를 창건하는 기록부터 검토해 보고자 한다. 즉, "二年 秋八月 百濟侵南邊 命將拒之 **創九寺於平壤**"[129]이라 적기되어 있음이 확인된다. 광개토왕 2년은 곧 392년으로 평양 천도 약 35년전 임을 알 수 있다. 현재 9개의 사원이 평양 어느 곳에 창건되었는지, 그리고 사명이 무엇인지는 구체적으로 파악할 수 없다. 그러나 광개토왕이 백제를 본격적으로 공격하는[130] 과정에서 평양에 9개의 사원을 창건하였다는 사실은 향후 남하정책과 관련한 평양천도의 준비작업으로 생각해 볼 수 있다[131]. 물론 사원의 창건이 곧 천도를 의미하는 것은 아니다. 하지만 수도(국내성)가 아닌 외곽지역에 9사를 동시에 창건하였다는 사실 자체만으로도 불교를 정치적 목적으로 활용하겠다는 의도가 충분히 개입되

---

128) 아울러 평지의 경우도 왕궁 혹은 사원의 터로 활용되었기 때문에 백성들의 거주처로는 활용될 수 없었다. 현재 부여 읍내에서 확인할 수 있는 사지로는 구아리 전 천왕사지, 구교리사지 등을 들 수 있다. 특히 구아리 전 천왕사지에서는 대통사지에서 수습된 것과 흡사한 단판 8엽 연화문 와당이 출토되기도 하였다.

129) 『三國史記』卷 第18 高句麗本紀 第6 廣開土王 2年條.

130) 『三國史記』卷 第18 高句麗本紀 第6 廣開土王條에 의하면 백제와의 전쟁이 주로 즉위 초에 이루어지고 있음을 볼 수 있다. 즉 즉위 秋7月條, 2年 秋 8月條, 3年 秋 7·8月條, 4年 秋 8月條 등이다. 평양에 9寺가 창건되는 392년 이후에도 3회에 걸쳐 계속적으로 전쟁이 일어났음을 볼 수 있다.

어 있음을 판단케 한다. 따라서 이들 9사는 장기적인 측면에서 볼 때 장수왕의 평양천도를 위한 사전작업의 일환으로 조성되었다고 볼 수 있다.

백제의 무왕은 일찍이 익산[132]으로의 천도를 위해 미륵사를 계획·창건하였다. 물론 창사 배경은 종교적 측면[133]과 정치적 측면[134] 모두에서 이해되어야 하나 당시의 정황으로 미루어 볼 때 후자의 영향이 월등히 컸던 것으로 생각된다. 당시 무왕은 성왕의 관산성 패사 이후 급격히 성장한 '耆老' 혹은 '諸臣' [135] 등으로부터 왕권의 지지기반을 확립코자 하였다[136]. 아울러 마한 사회에 기반을 둔 익산지역의 귀족세력을 포용하여 백제 귀족세력의 재편성을 꾀하고자 하였다[137]. 이를 위해 무왕은 당시 수도인 사비

131) 김영태의 경우는 9寺에 대해 지방귀족이나 호족, 그리고 일반 백성들을 위한 사원으로 해석하고 있다(金煐泰, 1988, 「불교신앙의 전래양상과 생활세계」, 『傳統과 思想』Ⅲ, 124쪽). 반면, 손영종은 평양의 9사 건립을 왕궁이나 별궁, 산성, 그리고 도시건설 등과 관련시켜 이해하였다(손영종, 1990, 『고구려사』, 과학백과사전종합출판사, 318쪽). 필자 역시도 후자의 견해를 취하고자 한다.

132) 익산의 위상에 대해서는 논자들에 따라 다양하게 피력되었다. 이에 대해서 간략히 언급해 보고자 한다.
   김정호는 일찍이 익산을 別都로 파악하였으며(金正鎬, 『大東地志』方輿總志 3 百濟 國都篇), 이러한 견해는 李丙燾(1975, 「薯童說話에 대한 新考察」, 『韓國古代史硏究』, 551쪽), 鄭明鎬(1983, 「彌勒寺址 石燈에 대한 硏究」, 『馬韓·百濟文化』6, 圓光大學校 馬韓·百濟文化硏究所, 59쪽), 申瀅植(1992, 『百濟史』, 이화여자대학교 출판부, 172쪽)에까지 이어졌다. 반면, 황수영의 경우는 『관세음응험기』를 근거로 익산천도설을 주장하였다(黃壽永, 1973, 「百濟 帝釋寺址의 硏究」, 『百濟硏究』4, 忠南大學校 百濟硏究所, 2~4쪽). 한편, 김주성의 경우는 익산을 수도와 같은 행정구역인 別部로 파악하였다(김주성, 2001, 「百濟 泗沘時代의 益山」, 『韓國古代史硏究』21, 한국고대사학회, 243쪽). 이렇게 볼 때 익산은 천도 계획지, 別都, 別部 등으로 이해할 수 있겠다.

133) 창사의 배경을 미륵사상에 둔 것이다. 이에 대해선 다음의 논저가 주목된다.
   ① 金三龍, 1975, 「彌勒寺 創建에 對한 彌勒信仰的 背景」, 『馬韓·百濟文化』創刊號, 圓光大學校 馬韓·百濟文化硏究所.
   ② 洪潤植, 1989, 「Ⅳ.彌勒寺 創建의 思想的 背景」, 『彌勒寺』, 文化財管理局 文化財硏究所.

134) 익산은 무왕의 출생지이자 성장지였다. 따라서 무왕은 익산 경영을 적극적으로 추진하였고, 천도까지 감행하였다. 이 과정에서 왕궁리에 새롭게 왕궁을 조영하고 미륵사를 창건하게 되었다.

135) 『日本書紀』卷19 欽明紀 16年條.

지역 대신 자신의 출생지인 익산에 더 많은 매력을 갖고 천도지, 혹은 別都, 別部 등으로 익산지역을 개발하게 되었다. 미륵사는 바로 이러한 과정에서 창건된 무왕의 원찰이었다. 따라서 미륵사의 창건은 곧 익산으로의 천도, 혹은 별도, 별부 등과 관련한 하나의 전조로 파악할 수 있겠다.

　이와 같이 개별적인 정치적 상황에서 고려하여 본다면 미륵사의 창건 배경과 용정리 하층 사원의 창건 배경은 분명 다르다. 하지만 용정리 하층 사원이 사비천도와 관련하여 사비도성 근처에 조영된 점과 미륵사가 천도지 혹은 별도, 별부 등과 관련하여 익산지역에 창건되었다는 사실은 고고학적으로 부정할 수 없다. 아울러 평양 9寺도 도읍지(국내성)와 현격히 떨어진 지역에 다른 지역에서는 유례를 살필 수 없을 정도로 집중적인 조영이 이루어졌다. 고대 삼국에서 사원의 조영이 왕실과 밀접한 관련속에서 이루어졌음을 전제로 할 때 수도가 아닌 지방에서의 사원 창건은 이례적인 사실이 아닐 수 없다.

　따라서 이러한 제 상황들은 국가의 대단위 사업과 관련하여 사원의 역할이 그 무엇보다도 지대하였음을 나타내 주는 것이라 할 수 있겠다. 이는 결과적으로 불력을 이용하여 국가의 대규모 토목사업을 원활하게 진행시키고자 하는 지배층의 정치적 논리와 사역에 동원된 민생들의 불만을 불력으로 해소시키기 위한 방편으로 창사가 이루어졌음을 판단케 한다.

---

136) 무왕은 신라와의 阿莫山城 전투이후 귀족세력들을 장악하고 왕권을 강화하기 시작하였다. 이를 위해 한성기에 왕비족을 독점하였던 眞氏, 解氏를 대신하여 관산성 전투 이후 정권에서 소외되었던 沙氏, 燕氏, 國氏 등을 정계에 복귀시켰다. 아울러 유교적 성향이 짙은 漢人系의 王孝隣을 좌평으로 임명하고 福神·豊章 등 왕족들을 정치 일선에 등용시켰다(박민경, 2000, 「武王·義慈王代 政局運營의 研究」, 『韓國古代史研究』20, 한국고대사학회, 576~579쪽).

137) 洪潤植, 2000, 「百濟 武王과 益山 遷都에 관한 역사적 사실」, 『益山 雙陵과 百濟古墳의 諸問題』, 圓光大學校 馬韓·百濟文化研究所, 20쪽.

5. 맺음말

이상으로 부여 용정리 하층 사원의 성격에 대해 살펴보았다. 이 사원은 출토 와당에 의거 웅진기에 조영되었음을 알 수 있다. 특히 판단첨형 연화문은 '양관와위사의'로 대변되는 중국 남조계통의 와전 연화문과 비교하여 볼 때 화판, 간판, 자방 등 세부형태에서 판이하게 달라 필자는 일찍이 북조 문화의 요소로 파악해 보았다.

용정리는 웅진에서 사비로 진입하는 입구에 위치하고 있으며, 사비도성과 가장 근거리에 자리하고 있다. 이러한 입지의 선정은 결과적으로 사원의 안전성을 고려하는 측면에서 취해졌던 것으로 판단된다. 즉, 천도와 관련된 대규모의 토목사업은 습지를 메꾸어 신도시를 조성하는 대역사였으며, 동 나성과 북나성, 그리고 부소산성 등 방어시설을 구축하는 것이었다. 따라서 이들 사업을 완수키 위해선 무수히 많은 주변의 민들이 부역에 동원되었을 것이고 금성산을 비롯한 낮은 구릉은 이들 민들의 거주처로 활용되었을 가능성이 높다. 왜냐하면 공사가 한창 진행되는 습지에 거주처를 마련하지는 않았을 것이기 때문이다. 이러한 환경속에서 사원이 도성내에 입지할 여지는 적었을 것으로 생각된다. 또한 신도시 개발과 관련하여 이를 확인코자 하는 왕, 왕실, 혹은 특권계층들의 임시 거처로 사원은 더 없이 좋은 장소로 활용되었을 가능성이 높다. 특히 이 당시 사원은 특권층의 전유물로 인식되어 일반 민들이 자유롭게 왕래할 수 있는 분위기가 아니었다. 따라서 이러한 제 요인은 결국 용정리 하층 사원이 도성내가 아닌 현재의 위치에 조영케 되는 배경이 되었던 것으로 생각된다.

아울러 용정리 하층 사원은 사비천도의 정당성 홍보, 그리고 신도시 개발과 관련되어 발생되는 민들의 불만 등 대민정책을 효과적으로 처리하기 위해 사비지역에 창건되었던 것으로 생각된다. 따라서 사원의 조성 목적 또한 순수한 신앙행위의 결정체 측면보다는 정치적인 의도가 적지 않게 포함되었던 것으로 이해할 수 있다.

하층 사원의 조영 시기는 와당에 시문된 판단첨형 연화문과 5세기 중엽

~6세기 초반경으로 편년되는 고구려 고분벽화(연화총, 수산리고분, 안악 제2호분, 쌍영총 등)의 연화문, 그리고 무령왕릉 출토 왕비의 頭枕 및 銅托銀盞 등에 조식된 연화문 등과 친연성이 있음을 볼 때 적어도 5세기 말~6세기 초반 경에는 창건되었던 것으로 추정된다.

아울러 판단이 첨형인 와당의 계통은 당시 공주지역에서 널리 유행하였던 남조가 아닌 북조계통으로 판단되었다. 그리고 상층 사원의 재건은 금당지 및 목탑지 출토 유물로 보아 사비천도 후인 6세기 중반으로 추정되었다.

한편, 용정리사지는 전체 면적에 비해 극히 일부분만 발굴조사 되었기 때문에 정확한 가람배치가 밝혀지지 않았다. 그러나 이 사지가 사비지역 최초의 웅진기 사원이고, 북조문화의 단면을 간직하고 있다는 점에서 앞으로의 전면적인 발굴조사를 기대하는 바이다[138].

---

138) 이 글은 조원창, 2003, 「백제 웅진기 용정리 하층 사원의 성격」, 『한국상고사학보』42호에 게재된 것을 정리하여 옮겨놓은 것이다.

Ⅲ부

사비기의 백제사지

부여 능사는 위덕왕대 창건된 사원으로 공양주는 '형' 공주로 알려져 있다. 사리감의 발견과 찰주의 남아 있는 흔적으로 보아 능사의 창건과 폐사 원인을 판단할 수 있다.

성왕은 관산성 싸움과 관련하여 억울하게 죽은 인물로서 위덕왕(여창)의 아버지였다. 사비로 천도하며 웅비의 꿈을 안고 한강유역을 탈환하였으나 신라에 이를 빼앗기고 목숨까지 잃은 비운의 백제왕이다. 패사하고 13년 후 능사가 창건된 것으로 보아 백제 사회에서의 후유증 또한 매우 컸던 것으로 생각된다.

부여 능사의 발굴은 영성한 백제사의 복원 및 567년경의 가람배치, 그리고 해당 시기 유물의 편년적 기준을 획정해주었다는 점에서 백제 고고학의 정수라 할 수 있다. 아울러 금동대향로를 통한 백제 사비기 금속 공예기술의 단면 또한 엿볼 수 있다.

발굴조사 후 부여 능사는 성왕의 원찰이었다는 사실과 사원 내 공방의 존재, 그리고 2시기에 걸쳐 조영되었다는 등 다양한 의견이 개진되었다. 그러나 그 동안의 삼국시기 사원을 검토하여 볼 때 회랑 내부에 별도의 공방이 존재하지 않은 점, 그리고 노시설과 고맥이의 상하 중복이라는 측면에서 능사 내부의 공방시설은 신뢰하기 어렵다. 이는 일본 비조·나라시대 및 중국 남북조시대 사원의 사례에서도 찾아볼 수 없다.

능사 2시기 조영설은 출토 와당 및 기단, 초석 등의 존재를 통해 능사가 2시기에 걸쳐 조영되었다는 내용이다. 그러나 능사를 조영하기 위한 대지조성토에서는 이러한 내용을 증명할만한 토층상황이 전혀 확인되지 않았다.

능사는 왕흥사와 더불어 위덕왕대에 창건된 사찰로서 사원의 전모가 거의 드러났다. 그러나 불법승 3보의 하나인 僧의 거처는 아직까지 확인되지 않았다. 이러한 상황은 다른 백제사지도 마찬가지이다. 가람의 범주를 넓혀 승방지까지 포함시키는 것이 어떨까 생각해 본다.

百濟寺址 研究

土木工事로 본
扶餘 陵寺의 造營

1. 머리말

능사는 동나성이 자리한 서쪽 구릉지대와 능산리고분군이 입지한 동쪽 구릉지대 사이의 곡간 하부에 위치하고 있다[1]. 지형적으로 북쪽이 높고 남쪽이 낮으며 좌우의 동서쪽이 높고 중간 부분이 낮은 북고-남저, 동고-중저-서고의 지형을 이루고 있다. 나성이 위치하는 서쪽은 지형이 높아 기반암이 풍화암반층으로 이루어진 반면, 동쪽은 지대가 낮고 경사도가 심하여 3~4m 이상의 흑갈색 뻘층이 형성되어 있다[2].

능사는 중문을 전면으로 목탑 - 금당 - 강당이 남북장축으로 배치되어 있고 동서 회랑의 북단 및 강당 좌우에도 별도의 건물이 입지하고 있다(도면 1)[3]. 능사는 신라와의 관산성 싸움에서 전사한 성왕과 아들인 위덕왕을 연계시키는 상징적 매개체로서 560년대 백제 가람배치를 이해하는데 결정적

1) 발굴조사 이전까지 이곳은 경작지로 사용되었다.
2) 이상 내용은 國立扶餘博物館, 2007, 『陵寺-부여 능산리사지 6~8차 발굴조사 보고서』, 323쪽.
3) 國立扶餘博物館 · 扶餘郡, 2000, 『陵寺 -圖面 · 圖版-』, 5쪽 도면 5.

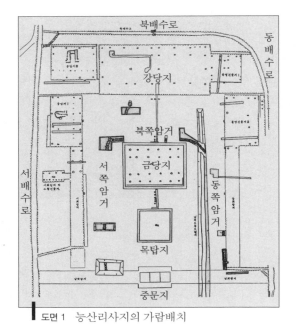
도면 1 능산리사지의 가람배치

자료를 제공하고 있다.

능사는 발굴조사 이후 최근에 이르기까지 이의 성격과 출토유물, 그리고 강당지 및 공방지 등에 대한 검토가 꾸준하게 진행되었다. 특히 강당지는 동실과 서실로 구분되고[4] 서실의 경우 능사 내 다른 건물지에서 살필 수 없는 온돌이 구비되어 있어 건축구조상의 차이를 보여주고 있다.

능사는 서쪽 암거시설과 제1석축 배수시설[5], 그리고 주 배수로인 서대배수로의 존재 등을 통해 경내의 대지 조성이 동시에 이루어졌음을 판단케 한다. 그리고 이러한 대규모의 대지 조성은 백제 조사공으로 하여금 처음부터 능사를 구성하는 개별 건축물(중문, 목탑, 금당, 강당, 회랑 등)의 입지를 고려한 계획적인 토목공사였던 것으로 이해할 수 있다.

---

4) 그 동안 백제사지가 부여, 보령, 익산지역 등에서 발굴조사 된 바 있으나 강당지에 대한 유구의 형적이 정확하게 드러난 바는 없다. 따라서 능사의 경우처럼 동·서실로 구분된 강당지가 특수한 사례인지는 현재 시점에서 확언하기 어렵다. 다만, 1동2실 건물지가 그 동안 백제의 고토에서 여러 동 확인되었다는 점에서(배병선, 2009,「왕궁리유적 백제 건물지의 구조분석-부여지역 백제건물지와의 비교검토」,『익산 왕궁리유적의 조사성과와 의의』, 국립부여문화재연구소, 106~109쪽) 1동2실의 강당지 존재도 향후 기대해 보아야 할 것이다.

5) 서쪽의 암거시설은 남회랑지 남쪽으로 계속 이어져 제1석축 배수시설과 연결되고 있다.

2. 능사 2시기 조영의 연구사례 검토

능사는 사원으로서의 기능뿐만 아니라 이곳에서 수습된 향로 및 사리감 등의 존재로 인해 여러 분야의 연구대상이 되어 왔다. 특히 강당에서 살필 수 있는 온돌 등의 건축학적 특성은 능사 조영의 2시기설 및 이의 기능에 대한 많은 의문점을 던져 주었다.

최근 부여 능사에 대한 연구를 통해 능사 내의 건축물군이 어느 정도의 시기차를 두고 건립되었다는 이론이 제기된 바 있다[6]. 즉, 김길식의 경우 능산리사지 건물지에서 확인되는 기단의 축조기법과 건물지의 구조, 초석의 형태와 축조기법, 고구려계 유물, 와당 등을 분석하여 강당지, 불명건물지 Ⅰ·Ⅱ, 공방지 Ⅰ·Ⅱ로 구성된 1차 건축군이 사비천도(538년) 직전까지 건립되어 천도 후에는 본래의 기능을 담당하였던 것으로 추정하였다. 아울러 금당지, 목탑지, 동·서·남 회랑지 및 중문지 등으로 구성된 2차 사찰 건축군은 557년경에 건축이 시작되어 567년경까지 10여년에 걸쳐 완성된 것으로 보았다.

이렇게 볼 때 1차 건축군은 성왕대에 조영되었고 2차 사찰건축군은 그로부터 약 20여년 후인 위덕왕대에 완성되었음을 알 수 있다. 명칭에서 살필 수 있는 바와 같이 1·2차 건축군의 기능은 서로 상이하였음을 확인할 수 있다. 아울러 2차 사찰건축군 대지조성토 아래의 소택지층에서 검출된 중국제 자기(첩화인물문청자편)에 대해서는 1차 건축군이 운영되는 과정에서 폐기되어 2차 사찰건축군의 대지조성토 아래까지 쓸려 내려온 유물로 파악하였다[7].

이처럼 김길식은 와당 및 기단, 초석, 중국제 자기 등의 분석을 통해 능

---

6) 이하 내용은 김길식, 2008, 「백제 시조 구태묘와 능산리사지」, 『한국고고학보』69집, 45~88쪽.

7) 이는 논고에서 '…오히려 2차 사찰건축군이 들어서기 이전에 1차 건축군이 기능하는 과정에서 폐기된 유물일 가능성이 높다…' (김길식, 2008, 「백제 시조 구태묘와 능산리사지」, 『한국고고학보』69집, 59쪽)라는 표현을 통해 유추할 수 있다.

사의 2시기 조영설을 피력하였다. 아울러 1·2차 건축물의 시기적 조영은 2회에 걸친 대지 조성의 결과로 이해하기도 하였다. 그러나 이러한 분석은 구지표(생활면) 상면의 건축물이나 유물을 주요 대상으로 한 것이기 때문에 연구자에 따라 얼마든지 다른 견해가 제기될 수 있다. 오히려 능사의 전체 대지조성토(남북토층)[8]나 암거시설 등 지하의 토목공사 측면까지 살펴보았다면 위와 별개의 논지도 개진될 수 있었으리라 생각된다.

한편, 이병호는 554년 성왕 패사부터 567년 목탑 건립 착수 이전까지 성왕릉의 조영이나 조상신의 제사 등 특수한 기능을 담당하기 위한 시설물(현재의 강당)이 존재하였다고 보았다. 그리고 출토 와당의 분석을 통해 강당지, 목탑지, 불명건물지 II 등이 1차로 건립되었고 금당지와 중문지, 회랑지 등은 2차에 조성되었다고 추정하였다[9]. 그러나 이에 대해선 김길식의 위 논고[10]에서 비판한 바 있어 여기에서는 논하지 않도록 하겠다.

이상에서처럼 능사의 조영은 연구 성과에 따라 축조시기를 서로 달리보고 있다. 물론 필자의 경우도 가람을 구성하는 당탑 등의 여러 전각을 동시 다발적으로 건축하기에는 안전상으로나 공간적으로 매우 불리하다고 생각된다. 아울러 동일 지표면상에서 이들 전각의 선후차를 가린다는 것도 쉽지 않은 작업이라 판단된다.

하지만 대지 조성의 범위를 통해 적어도 건축물 조성에 대한 조사공의 의지는 충분히 엿볼 수 있을 것이라 생각된다. 왜냐하면 능사는 저습지라는 연약지반을 성토 및 판축 등의 공법을 통해 개량한 후 조성되었기 때문에 목적하지 않거나 축조하지도 않을 건축물을 위해 미리부터 대지 조성과 같은 대토목공사를 실시하지는 않았을 것이다.

능사에서와 같은 대지 조성은 반복적인 築土 행위와 암거시설 등을 통해

---

8) 금당지와 동회랑지 사이에 시설되었고 북단은 강당지 이남, 남단은 남회랑지 전체를 관통하였다.

9) 이병호, 2008, 「부여 능산리 출토 목간의 성격」, 『목간연구』 창간호.

10) 김길식, 2008, 「백제 시조 구태묘와 능산리사지」, 『한국고고학보』 69집.

완공할 수 있다. 나아가 대지를 조성한 토층 현황과 암거의 연계 상태를 검토해 보면 대지 조성의 범위와 건축물의 축조 과정을 어느 정도 판단해 볼 수 있다.

따라서 다음 장에서는 능사 2시기 조영과 관련하여 대지 조성의 축토현황과 암거시설 등을 살펴보고자 한다. 아울러 능사 2시기 조영설의 이론적 근거가 된 건물지 기단 및 초석의 축조기법, 와당 등에 대해서도 알아보도록 하겠다. 특히 제 3건물지 및 노시설의 중복을 통해 공방지가 능사의 건축물군과 큰 관련이 없음도 추출해 보고자 한다.

3. 능사 2시기 조영의 건축고고학적 검토

능사 2시기 조영설은 발굴조사로 드러난 건축기단, 초석, 와당 등의 분석을 통해 얻어진 결과물이다. 그러나 이들 자료를 면밀히 검토해 보면 여러 곳에서 문제점을 찾아볼 수 있다. 따라서 여기에서는 2시기 조영설의 기본 전제가 된 건축기단, 초석의 축조기법 등을 건축고고학적으로 검토해 보고 와당에 대해선 공주 및 부여지역에서 수습된 와례들과 서로 비교하여 그 차이를 살펴보고자 한다.

1) 건축기단의 축조기법

능사 기단은 치석 정도 및 축조기법에 따라 그 시기가 다름을 언급하고 있다[11]. 그런데 보고서에 따르면 능사 기단은 크게 세 가지 형식으로 구분되고 있다. 첫째는 당탑지에서 관찰되는 치석기단과 가구기단이며, 두 번째는 불명건물지 및 제3건물지 등에서 확인되는 와적기단이다. 그리고 마지

---

11) 김길식, 2008, 「백제 시조 구태묘와 능산리사지」, 『한국고고학보』69집, 52~53쪽.

막으로는 회랑지 및 강당지 등에서 가장 통상적으로 검출되는 할석난층기단[12]이다.

할석난층기단은 삼국시기 이후 최근에 이르기까지 가장 일반적으로 사용되는 건축기단이지만 축조기법을 통한 시기적 특성은 관찰하기가 쉽지 않다. 이러한 築石 현황은 1차 건축군과 2차 사찰건축군이 연결되는 서회랑에서 극명하게 살필 수 있다. 즉, 서회랑 북단과 공방지 I 이 연계되는 동면 기단(사진 1)[13]을 보면 석축에서의 보축이나 신축했다는 형적을 전혀 살필 수가 없다. 이는 기단이 한 번에 축조된 상태에서 후대에 인위적인 행위가 가해지지 않았음을 의미하는 것이라 할 수 있다[14].

서회랑지   공방지 1

사진 1   서회랑지와 공방지 I 기단의 연결상태

12) 자연 할석을 이용하여 일정한 층을 이루며 쌓지 않은 기단 형식을 말한다.
13) 國立扶餘博物館·扶餘郡, 2000, 『陵寺』, 256쪽 도판 46-③.
14) 만약 공방지 I 부분의 기단이 먼저 축조되고 약 20여년 뒤에 2차 사찰건축군의 서회랑 기단이 조성되었다면 사진에서와 같이 기단석들이 서로 뒤엉켜 나타날 수 없다. 왜냐하면 굳이 선축된 공방지 I 의 기단을 파괴시키면서 서회랑 기단과 함께 조성할 이유가 전혀 없기 때문이다. 회랑이란 그 자체가 일종의 복도이기 때문에 건물의 하중을 많이 받는 곳도 아니다. 따라서 먼저 조성된 공방지 I 기단에 새로 신축되는 서회랑 기단을 덧붙이는 것으로 백제의 조사공들은 작업을 진행하였을 것이다. 아울러 백번 양보하여 공방지 I 기단의 일부를 서회랑 기단을 조성하는 과정에서 새롭게 조성하였다면 기단을 조성키 위한 되파기 흔적(굴광면)이 공방지 I 의 기단토 상면에서 확인되어야 한다. 그러나 이러한 내용도 보고서에서 전혀 살필 수가 없다.

아울러 목탑지 및 금당지에서 관찰되는 화강암 축조 이중기단 및 중문지의 화강암 축조 흔적을 근거로 강당지 및 공방지, 불명건물지 등에서 확인되는 할석축조단층기단에 비해 후행하는 것으로 이해하였다. 그러나 2차 사찰건축군으로 분류된 서회랑지의 동면기단 및 남회랑지의 경우도 할석축조 단층기단으로 조성되어 1차 건축군의 강당지 및 공방지와 같은 형식의 기단임을 살필 수 있어 모순된 견해임을 알 수 있다. 또한 부여 부소산사지를 보면 중문지의 경우 치석된 화강암으로 축조되어 있고 동회랑은 할석난층기단, 서회랑은 와적기단으로 조성되어 있다. 이 사원의 경우 동 시기에 축조된 것으로 파악되고 있어 한 사원에서 다양한 형식의 기단이 얼마든지 조성될 수 있음을 보여주고 있다.

2) 초석의 형태와 축조기법

능사 건물지에서 확인된 초석의 형태와 축조기법에 따라 1·2차 건축군의 시기차가 존재함을 언급하였는데, 이는 금당지 및 목탑지, 중문지 등의 초석이 전무한 상황에서 비교 자체가 불가함을 엿볼 수 있다. 특히 강당지의 경우 외진주 및 퇴칸 등에서 원형초석을 비롯한 방형초석, 할석초석 등

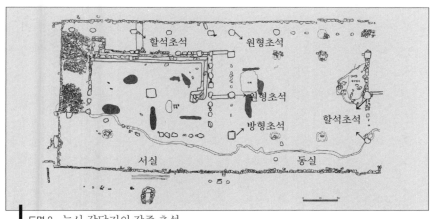

도면2 능사 강당지의 각종 초석

이 정형성 없이 뒤섞여 혼재되어 있음을 살필 수 있다(도면 2)[15]. 아울러 동실 퇴칸 초석의 경우 동실의 외진주 초석보다 노동력 측면에서 더 많은 공이 들어갔음을 확인할 수 있다.

초석은 기둥의 하중을 기단토에 전달하는 건축물의 하부 구조로서 기둥이나 지붕, 기와 등에 비해 개축의 경우가 흔치 않다. 아울러 능사 강당지의 초석 배치를 보면 초축 이래 중·개축된 형적을 살필 수가 없다. 이는 강당이 초축된 이후 건물이 폐기될 때까지 원래 상태로 유지되었음을 의미한다. 달리 말하면 강당지의 외진주 및 퇴칸 등에 사용된 원형 및 방형·할석초석 등은 초축시부터 사용된 것으로 이해할 수 있다.

이처럼 강당지 초석에서 관찰되는 평면형태의 다양성과 중·개축의 형적이 검출되지 않은 점 등은 이들 초석이 강당 초축기에 다른 건물지나 장소로부터 이동된 것임을 유추케 한다. 이러한 상태에서 단지 초석의 치석된 정도만을 가지고 건물의 시기차를 논할 수 있는지 의문스럽다. 특히 2차 건축군의 중문지나 목탑지, 금당지 등의 초석이 전무한 상태에서 이를 비교하는 것은 무리가 있다고 생각된다.

3) 웅진기 와당의 문제

1차 건축군은 초축 시기가 사비천도 직전으로 538년 즈음에는 완공된 것으로 이해하고 있다. 아울러 이들 건축물에 사용된 와당 역시도 웅진기의 것으로 파악하였다. 그러나 이들 와례를 웅진기의 공주 출토 와당과 비교해 보면 속성면에서 여러 차이가 있음을 살필 수 있다. 이는 연자 배치나 자방의 형태 등에서 극명하게 나타나고 있다. 따라서 여기에서는 이들 내용을 중심으로 살펴보고자 한다.

와당 1(사진 2)[16]은 단판 8엽으로 판단 중앙의 소주문으로 볼 때 원형돌

---

15) 國立扶餘博物館·扶餘郡, 2000, 『陵寺』, 15쪽 도면 10. 이와 더불어 223쪽 도판 13·224쪽 도판 14·250쪽 도판 40·251쪽 도판 41·255쪽 도판 45 등 참조.

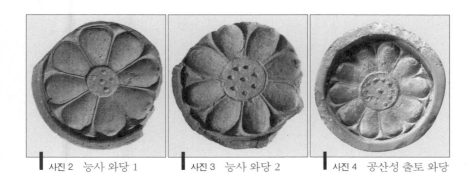

| 사진 2 능사 와당 1 | 사진 3 능사 와당 2 | 사진 4 공산성 출토 와당 |

기식에 해당됨을 알 수 있다. 이러한 와례는 공주 정지산유적을 비롯해 공산성, 대통사지 등 웅진기유적에서 살필 수 있으나 이들의 연자 배치는 모두 1+8과 및 1+6과를 보이고 있다. 와당 1과 같이 1+5과의 연자배치를 보이는 원형돌기식은 부여 용정리 소룡골 건물지 등 극히 일부에서만 살필 수 있고 대부분은 삼각돌기식[17], 연화돌대식[18], 판구곡절식[19] 등에서 찾아볼 수 있다. 그런데 이들 와당은 그 제작시기가 모두 사비천도 이후여서 웅진기와는 직접적인 관련이 없다[20].

와당 2(사진 3)[21]는 단판 8엽으로 판단융기식임을 알 수 있다. 연자 배치는 1+7과[22]로 자방은 돌출되어 있지 않고 평판화 되어 있으며 자방 외곽으

---

16) 김길식, 2008, 「백제 시조 구태묘와 능산리사지」, 『한국고고학보』 69집, 61쪽 도면 3-10에 전재된 것으로 원본은 國立扶餘博物館·扶餘郡, 2000, 『陵寺』, 369쪽 도판 159-②.

17) 부여 정암리요지, 외리사지, 동남리유적, 구아리사지, 구교리사지 등에서 살필 수 있다.

18) 서천 신산리유적, 부여 왕흥사지, 군수리사지 등에서 볼 수 있다.

19) 부여 금성산, 쌍북리사지, 금강사지, 익산 제석사지·왕궁리사지 등에서 볼 수 있다.

20) 조원창, 2004, 『백제 건축기술의 대일전파』, 서경문화사.
조원창, 2010, 『한국 고대와당과 제와술의 교류』, 서경문화사.

21) 김길식, 2008, 「백제 시조 구태묘와 능산리사지」, 『한국고고학보』 69집, 61쪽 도면 3-15에 전재된 것으로 원본은 國立扶餘博物館·扶餘郡, 2000, 『陵寺』, 405쪽 도판 195-⑤.

22) 부여 용정리사지(판단첨형식), 동남리사지(판단첨형식·원형돌기식), 동남리 전 천왕사지(판단첨형식·원형돌기식), 정림사지(판단첨형식·원형돌기식), 금성산(판단첨형식) 등에서 수습된 바 있다.

로는 1조의 원권대가 돌려 있다[23]. 웅진기에 해당되는 판단융기식 와당은 주로 공주 공산성에서 출토되었으며 이들 와례의 경우 1+8과 및 1+10과 (사진 4)[24]의 연자 배치를 보이고 있다. 그리고 자방은 얕게나마 모두 돌출되어 있음을 살필 수 있다. 이렇게 볼 때 와당 2와 웅진기의 판단융기식 와례는 기본적으로 속성상의 차이가 있음을 알 수 있다. 아울러 자방 외곽으로 1조의 원권대가 돌려진 와당은 사비천도 후 정암리요지에서 처음으로 살필 수 있다. 따라서 와당 2의 경우도 웅진기가 아닌 사비천도 후에 제작되었음을 판단해 볼 수 있다.

4) 강당과 공방 I · II의 공존 문제[25]

성왕의 패사 이후 능사는 1차 건축군 외에 2차 사찰건축군이 축조된 것으로 보았다. 특히 1차 건축군의 공방지 I · II와 불명건물지 II는 2차 사찰건축이 들어서는 560년대에 공방지로 전환되는 것으로 이해하였다. 이는 2차 사찰건축이 구태묘의 제사, 원찰, 그리고 왕(족)들의 장례와 제의 관련 물품을 생산하는 공방지로서의 기능까지 함축하였음을 의미하는 것이다.

그런데 문제는 사찰이라는 상징성이 강한 불국토 내에서 제사와 공방의 공존이 실질적으로 가능한가 라는 점이다. 즉, 강당지는 2차 사찰건축군이 축조된 이후에도 그 기능을 그대로 유지한 것으로 판단하고 있다[26]. 그러나 문제는 공방지 I · II와 목탑지 및 금당지, 강당지가 거의 인접해 있다는 점이다. 이런 상태에서 과연 제사로서의 기능이 능사 내에서 정상적으로 유

---

23) 평탄화된 자방에 1조의 원권대가 첨부된 것은 부여 정림사지(판단첨형식), 왕흥사지(판단첨형식), 동남리유적(연화돌대식), 금강사지(판단첨형식·판단원형식), 구교리사지(판단첨형식) 등에서 살필 수 있다.
24) 國立扶餘博物館, 2010, 『百濟瓦塼』, 64쪽 사진 93.
25) 이에 대해선 조원창, 2006, 「부여 능사 제3건물지(일명 공방지 I)의 건축고고학적 검토」, 『선사와 고대』24호 참조.
26) 김길식, 2008, 「백제 시조 구태묘와 능산리사지」, 『한국고고학보』69집, 88쪽.

지될 수 있었을까? 즉, 이 논지대로 한다면 경내 한쪽에서는 제의 물품을 생산하기 위해 많은 노동자들이 무기가 될 수 있는 쇠망치나 도끼, 끌과 같은 도구를 이용하여 작업을 진행하고, 이와 인접해있는 목탑, 금당, 강당에서는 승려들이 종교상의 법회나 제사를 거행하였음을 의미한다. 이러한 추정은 사묘로서의 경관적 측면이나 왕실 사찰이라는 안전성 측면에서도 쉽게 납득할 수 없다.

5) 담장 및 회랑의 존재

강당지로 파악되는 건물은 능사 축조 전 왕이 조성할 정도로 신성한 건축물로 이해되고 있다[27]. 그런데 문제는 이의 주변에서 건물을 보호하기 위한 담장이나 회랑시설 등이 전혀 검출되지 않았다는 점이다[28]. 흔히 능사 강당지와 비교 대상이 되고 있는 동대자유적(도면 3)[29]과도 건축 구조상 확연한 차이를 보이고 있다. 더군다나 구태묘를 위한 시설이었다면 이의 필요성이 더더욱 절실하지 않았을까 생각된다.

특히 유적이 위치한 곳이 동나성 밖이고 왕경에서 멀리 떨어져 있다는 점에서 보호시설 없이 건축물만 세워져 있었다는 것이 언뜻 이해하기 어렵다[30]. 물론 담장의 벽체나 그 상부 등이 후대의 교란으로 인해 충분히 유실될 수는 있다. 그러나 그 기저부의 경우 쉽게 멸실되지 않음을 볼 때 이의 부존재가 우선적으로 의문시 된다[31]. 참고로 고대 중국의 예제건축[32] 등을 참

---

27) 구태묘 혹은 조상신의 제사 등 확정하기 어려운 특수한 기능을 담당하였던 것으로 추정되고 있다.
28) 건물과 담장의 간격이 어느 정도였는지는 확실히 알 수 없으나 아마도 북배수로 보다는 안쪽이었을 가능성이 높다. 왜냐하면 배수구 밖에 담장이 설치되었다면 이는 신성한 경계의 역할보다는 곡간에서 흘러내린 유수의 1차적인 바리케이트 역할이외는 기대하기 어렵기 때문이다. 특히 강당지 기단의 남북면이 어느 정도 남아 있는 상태에서 담장의 기저부까지 멸실될 가능성은 희박하기 때문이다. 아울러 금당지 동쪽으로 설치된 남북장축의 토층 트렌치에서도 담장지로 볼만한 석축시설은 검출되지 않았다.
29) 張慶浩, 1996, 『韓國의 傳統建築』.

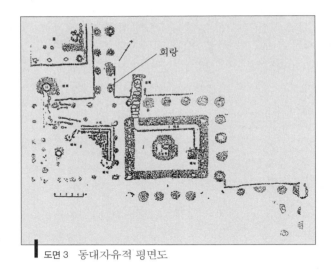

조하여 보면 건물 외곽으로 담장이나 회랑과 같은 보호 시설이 축조되어 있음을 어렵지 않게 살필 수 있다[33).

따라서 능사 강당지 주변에서 담장과 같은 별도의 건축물이 확인되지 않았다는 사실은 확언할 수는 없

도면 3 동대자유적 평면도

지만 사원의 축조과정상 처음부터 그 일부로 조성되었고 다른 전각들과 비교해 큰 시기차 없이 조영되었음을 의미하는 것이라 할 수 있다[34).

---

30) 이러한 상징성이 강한 건물이 왕성과 떨어져 나성 밖에서 조사된 사례가 있었는지 우선적으로 궁금하다. 예컨대 백제 한성기 제사유적으로 추정되는 경당지구 44호 건물 역시도 풍납토성 내에 입지하고 있음을 어렵지 않게 살필 수 있다. 아울러 중국의 한대나 남북조 예제건축을 통해서도 이러한 사례는 찾아보기 어렵다. 이는 유구의 구조를 통한 건물의 성격 규명 대신 건물의 성격을 우선적으로 결정하고 이에 맞춰 유구 내용을 해석한 결과가 아닌가 생각된다. 중국 예제건축과 관련된 자료는 아래의 것을 참조하였다.
中國社會科學院考古研究所, 2003, 『西漢禮制建築遺址』, 文物出版社.
錢國祥, 2010, 「漢魏洛陽城의 禮制性 建築物과 佛寺遺蹟」, 『중국 남북조 건축문화와 백제』.
31) 담장의 기저부는 구지표면 아래에 축조되기 때문에 해당 건물지의 기단이나 초석(혹은 적심석) 등이 멸실되었다하더라도 이의 형적은 지하에 남아 있게 된다. 이는 건물지의 조사과정에서 담장지만 남아 있고 이와 관련된 유구가 존재하지 않는 사실에서 확인할 수 있다.
32) 중국의 예제건축물로는 靈臺, 明堂, 辟雍, 太學 등을 살필 수 있다(錢國祥, 2010, 「漢魏洛陽城의 禮制性 建築物과 佛寺遺蹟」, 『중국 남북조 건축문화와 백제』, 115쪽). 그러나 북위 평성의 명당은 명당 본래의 기능뿐만 아니라 영대 및 벽옹 등의 기능도 함축되었고 이는 북위 낙양성에서도 가능하였을 것으로 이해되었다(錢國祥, 2010, 「漢魏洛陽城의 禮制性 建築物과 佛寺遺蹟」, 『중국 남북조 건축문화와 백제』, 120쪽). 이럴 경우 하나의 건축물에서 다양한 성격의 행위가 실시되었음을 판단할 수 있다.

이상의 내용을 살펴보면 1차 건축군(강당지, 불명건물지 Ⅰ·Ⅱ, 공방지 Ⅰ·Ⅱ)과 2차 사찰건축군(금당지, 목탑지, 동·서·남 회랑지, 중문지)으로 구분하는 분류기준이 유구의 해석이나 분석방법에 따라 부분적으로 달리 나타날 수 있음을 볼 수 있다. 하지만 적어도 능사 2시기 조영설을 논의하기 위해선 위에 제시된 의문점들에 대해 전공자들의 공감대 또한 얻어내야 하지 않을까 생각된다. 아울러 능사가 2시기에 걸쳐 조성되었다면 적어도 대지조성토(남북토층)에 대한 언급이 일차적으로 진행되었어야 하나 이에 대한 분석은 거의 살필 수가 없다.

따라서 다음 장에서는 능사의 대지조성토가 2시기 조영에 맞게 두 단계의 공정으로 나뉘어 축토되었는지, 그리고 대지조성 보다 일찍 축조된 서쪽 암거의 존재를 통해 능사 대지조성토의 조성과정을 살펴보고자 한다.

3. 능사 2시기 조영의 건축고고학적 검토

여기에서는 앞에서 살핀 능사 2시기 조영과 관련하여 대지조성 등의 토목공사에서도 동일하게 두 단계의 토층현상이 나타나는지를 검토해 보고자 한다. 아울러 대지조성 중에 나타나는 암거시설의 연결 상태를 통해서도 이것이 동시에 축조되었는지, 아니면 두 단계에 걸쳐 시설되었는지에 대해 살펴보도록 하겠다. 이러한 토층현상이나 암거시설 등은 인간의 행위에 의해 만들어지는 결과물로서 후대의 행위에 의해 절대적인 영향을 받게 된다.

따라서 능사에서 선·후축 두 단계의 건축 및 토목행위가 이루어졌다면

---

33) 낙양성 남쪽에 위치하고 있는 靈臺의 경우 이의 범위를 구획해 주는 담장지가 확인되었고 이의 존재는 명당 및 태학에서도 검출되었다. 다만, 벽옹에서는 유적 외곽에서 물이 환류하는 수로유적이 조사되었다.
34) 이는 강당이 능사라는 한 단위체에서 별도 조성된 것이 아니라 가람배치 차원에서 조성되었음을 의미한다.

이는 분명 토층상에 나타나는 것이 당연하다. 역으로 토층상에서 만약 이러한 변화가 검출되지 않는다면 능사의 대지조성은 두 번이 아닌 한 번에 완성되었음을 의미하게 된다.

1) 대지조성의 토층 검토

능사는 곡간의 저습지에 축조된 관계로 대지조성 전에 암거, 집수조 등과 같은 기초적인 토목공사를 실시한 후 본격적인 성토작업을 시행하였다. 따라서 본고는 대지조성을 위한 토층조사를 중심으로 축토의 특징과 기법을 살펴보고 암거, 집수조 등에 대한 자료도 함께 살펴보도록 하겠다.

능사 축조를 위한 대지 조성은 약 4,000여평의 규모로 이에 대한 토층 조사(도면 4)[35]는 금당지, 목탑지, 중문지의 동편에 남북장축으로 실시되었다[36]. 토층 트렌치의 북단은 강당지 남면기단에서 5m 정도 떨어져 설치하였고 남북길이 107m, 트렌치 너비는 3m로 하였다.

남회랑지 북쪽 경내의 최상부 토층은 암갈색 점질토로 수평을 이루고 있으며, 이는 위치에 따라 명황갈색, 적갈색 등 색조 차이를 보이고 있다[37].

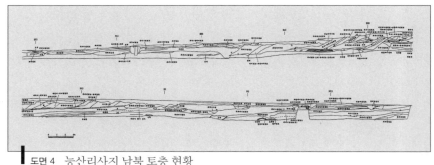

도면 4 능산리사지 남북 토층 현황

35) 國立扶餘博物館·扶餘郡, 2000, 『陵寺』, 7쪽 도면 6.
36) 이하 토층 조사 내용은 보고서(國立扶餘博物館·扶餘郡, 2000, 『陵寺』, 20~21쪽) 참조.

토양은 목탑지 북쪽을 경계로 하여 서로 다르게 나타나는데 북쪽은 수평축토, 남쪽은 경사축토로 이루어져 있다[38]. 즉, 북쪽은 갈색 점질토, 회흑색 사질점토, 흑갈색 사질점토 등이 거의 수평에 가깝게 축토되어 있는 반면, 남쪽은 회흑색 사질점토, 황갈색 마사토, 회흑색 니질점토, 사질토 등이 30~40°의 경사를 보이며 축토되어 있다[39]. 경사축토에 사용된 토양은 2.5~3m 정도의 길이로 짧게 하였다. 이러한 수평축토와 경사축토의 토층현황은 능산리사지의 여러 곳에서 확인되고 있어 당시의 대지조성 축토공법을 살피는데 중요한 자료가 되고 있다. 그리고 이들 토양 하부에는 모래와 풍화암반토가 섞인 토층이 약 10cm의 두께로 성토다짐 되어있고 이 아래에는 회흑색 점질토, 흑색 니질토 등이 완만한 경사를 이루며 퇴적되어 있다. 여기서 10cm 두께의 모래가 섞인 풍화암반토층은 사원 대지조성의 제 1단계 작업으로서 북에서 남으로 작업이 진행되었다. 특히 대지 조성을 진행하는 과정에서 지반이 약한 곳에 대해서는 모래와 흑색 점토를 교대로 판축하여 지내력을 갖추게 하였다. 성토된 대지 중 가장 얕은 곳은 강당 남쪽 기단부분으로 약 10cm 정도였고 가장 깊은 곳은 남회랑 부근으로 이곳에서의 깊이는 약 2.3m 정도였다.

2) 대지조성 전 암거 및 집수시설의 검토

대지를 조성하기 위해서는 입지와 주변 환경에 따라 위와 같은 축토 작업 외에 암거(도면 5)[40]나 집수조와 같은 시설물도 축조되기 마련이다. 특

---

37) 이들 토양은 그 위치로 보아 생활면(구지표면)으로 생각된다.
38) 수평축토 및 경사축토란 용어는 성토된 토층상태를 보고 붙여진 조어이다(조원창, 2009, 「백제 웅진기 이후 대지조성 공법의 연구」『건축역사연구』66, 한국건축역사학회). 수평축토는 대지조성 과정에서 약간의 경사도를 포함하여 완만하게 축토하는 것이고 경사축토는 수평축토와 이어지면서 갑자기 급경사로 축토되는 것을 말한다.
39) 이러한 축토현상은 부여 왕흥사지·정림사지 및 익산 왕궁리유적·제석사지 등에서 확인된 바 있다. 향후 대지조성토의 조사 과정에서 더 많은 사례가 나타날 것이다.

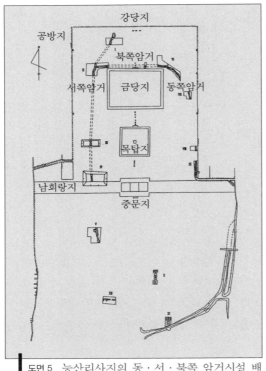

도면 5 능산리사지의 동·서·북쪽 암거시설 배치도

히 능사의 경우 대지를 비롯한 중문이남 지역이 당초 저습지였으므로 본격적인 대지 조성 이전에 암거와 같은 석축시설과 집수조, 부엽공법, 말뚝지정, 자갈석렬 등이 시설되었다. 이러한 시설물들은 대지 조성 전 흐르는 유수를 배수하기 위해 혹은 대지조성 후 침출될 유수를 제거하기 위한 조처로서 토목공사의 첫 번째 공정이라 할 수 있다. 따라서 여기에서는 발굴조사를 통해 드러난 동·서·북쪽[41] 암거시설과 집수시설에 대해 살펴보고자 한다.

40) 國立扶餘博物館·扶餘郡, 2000,『陵寺』, 52쪽 도면 37.
41) 남쪽 암거시설은 서쪽 암거시설이 계속적으로 남행하여 동쪽의 것과 합쳐져 제1 석축 배수시설로 불리고 있기 때문에 별도로 설명하지 않고 제 3장에서 그 조성기법과 특징을 살펴보고자 한다. 아울러 암거시설은 전면적인 발굴조사를 통해 드러난 것이 아니고 부분적인 구덩이조사를 통해 확인된 것이기 때문에 용어상의 혼선을 피하기 위해 보고서의 내용을 그대로 따랐다.

(1) 동쪽 암거시설

동쪽 암거는 금당지 및 목탑지, 중문지의 동쪽에 위치한 암거를 말한다. 도면상의 Ⅵ · Ⅶ · Ⅷ · Ⅸ가 이에 해당되며 동회랑지와 남회랑지 사이의 배수구로 진행되고 있다. 전체적으로는 미조사 되었으나 동배수로에 연결된 것으로 추정되었다[42]. 여기에서는 Ⅵ · Ⅸ를 중심으로 축조기법에 대해 살펴보고자 한다.

Ⅵ암거시설(도면 6)[43]은 금당지 북동쪽의 동쪽에 위치하고 있어 거리상 북쪽암거와 서로 연결되어 있다. 암거를 시설하기 앞서 먼저 굴광을 하고 판석형의 할석을 이용하여 벽석과 개석을 조성하였다. 바닥은 무시설이며 개석 위로 한 번의 성토를 통해 매몰하였다. 개석과 개석 사이의 간극은 소형 할석을 이용하여 틈새를 막아놓았다.

Ⅸ암거시설[44]은 남회랑지 동단부 북쪽에서 확인되었다. Ⅵ암거시설과 축조기법은 동일하나 대지조성토를 되파기 하고 얕게 조성하였다는 점에서 서쪽암거에 비해 후축

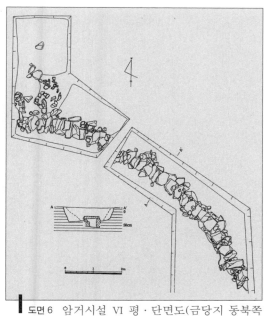

도면 6 암거시설 Ⅵ 평 · 단면도(금당지 동북쪽 및 동쪽에 조성)

42) 國立扶餘博物館 · 扶餘郡, 2000, 『陵寺』, 55쪽.
43) 國立扶餘博物館 · 扶餘郡, 2000, 『陵寺』, 55쪽 도면 40.
44) 國立扶餘博物館 · 扶餘郡, 2000, 『陵寺』, 56쪽 도면 41-③.

된 것으로 파악하였다[45].

(2) 서쪽 암거시설

금당지·목탑지·중문지의 서쪽에 위치하고 있으며, 도면상 Ⅰ·Ⅱ·
Ⅲ(도면 7)[46]·Ⅳ를 포함하고 있다. 남회랑지를 통과하여 사원 이남까지 연
결되어 있으며[47] 시작점은 강당지 남면기단과 가깝다.

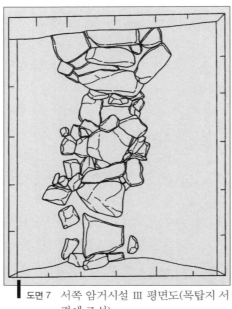

도면 7 서쪽 암거시설 Ⅲ 평면도(목탑지 서
편에 조성)

서쪽 암거는 대지조성토 아
래의 회흑색 점토에 조성되어
있으며 경사도도 급하다. 따라
서 대지를 조성하기 전 곡간의
유수를 처리하기 위해 선축된
것으로 파악되었다[48]. 암거는
판석형 할석을 이용하여 전면
이 편평하며 개석은 부정형의
석재를 이용하여 덮어 놓았다.
개구부는 단면 '□' 형을 보이
고 있으며 큰 개석 주변으로는
간극을 메우기 위해 소형 할석
으로 충전해 놓았다. 동쪽 암거
시설과 마찬가지로 암거의 내
측 너비는 약 25~35cm, 높이는

45) 國立扶餘博物館·扶餘郡, 2000, 『陵寺』, 55쪽.
46) 國立扶餘博物館·扶餘郡, 2000, 『陵寺』, 54쪽 도면 39-①.
47) 國立扶餘博物館·扶餘郡, 2000, 『陵寺』, 55쪽.
48) 國立扶餘博物館·扶餘郡, 2000, 『陵寺』. 이는 능사가 입지하였던 곡간과 밀접한 관련이
   있고 이를 통해 유수가 건물 조성이나 이의 사전작업인 대지조성 전부터 큰 장애물이었
   음을 판단할 수 있다.

35~50cm, 바닥은 무시설로 되어 있다[49].

특히 서쪽 암거가 중요한 것은 이의 위치가 1차 건축군으로 분류되는 대지조성토 내부에 위치해 있기 때문에 만약 능사의 2시기 조영설이 타당하다면 이는 사비천도 전에 축조되어야 한다. 그런데 위와 다르게 서쪽 암거가 2차 사찰건축군의 대지조성토까지 길게 이어져 나타난다면 이것은 사비천도 후인 위덕왕대에 조성된 것으로 보아야 할 것이다.

(3) 북쪽 암거시설

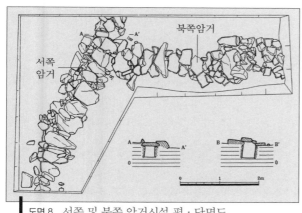

도면 8 서쪽 및 북쪽 암거시설 평 · 단면도

금당지 북쪽에서 확인되었다. 금당지의 동 · 서단에 비교적 잘 남아 있다. 특히 서단부에 위치한 북쪽 암거(도면 8)[50]의 경우는 서쪽암거 II 와 합쳐지고 있다. 서쪽 암거시설과 비교해 축조기법은 동일하나 규모면에서 약간 차이가 있다. 시기적으로는 서쪽 암거가 선축된 것이고 북쪽암거는 대지조성 후에 조성된 것이다. 암거의 축조기법은 앞의 암거시설들과 비교해 큰 차이가 없다.

49) 國立扶餘博物館 · 扶餘郡, 2000, 『陵寺』, 55쪽.
50) 國立扶餘博物館 · 扶餘郡, 2000, 『陵寺』, 53쪽.

4. 대지조성으로 본 능사의 조영

능사의 대지조성은 마사토와 점토를 이용한 축토작업과 암거 및 배수구 시설의 조합으로 가능하게 되었다. 능산리사지의 대지조성토는 금당지와 목탑지의 동쪽에 설치한 남북 장축의 토층 트렌치를 통해 그 일면을 살필 수 있다. 남북 토층트렌치는 금당지와 동회랑지 사이로 강당지 이남 5m 지점에서 남회랑지를 관통하여 동석교 부근에 이르기까지 107m로 길게 조성하였다.

전술하였듯이 능산리사지는 모두 3단계의 과정을 거쳐 대지를 조성하였다. 즉, 제 1단계는 자연 토층 상면에 10cm 두께의 모래가 섞인 풍화암반토를 수평으로 성토다짐하고 있다. 아울러 제 2단계는 본격적인 대지조성 과정으로서 북에서 남으로 성토다짐을 실시하고 있다. 여기에서는 갈색 계통의 마사토와 점토를 교대로 하여 수평축토 및 경사축토를 실시하고 있다. 그리고 지반이 약한 곳에는 모래와 흑색 점토를 판축하여 지반을 견고하게 유지하였다. 마지막으로 제 3단계에서는 암갈색 점질토를 수평으로 성토다짐하여 대지를 완성하였다[51].

이렇게 볼 때 능사의 대지조성은 판축공법과 성토다짐공법으로 완료되었고 특히 후자에 의해 주로 축토되었음을 판단할 수 있다. 아울러 주목되는 것은 토층조사를 통해 축토과정이 2단계로 구분되어 실시되었다는 설명이 전혀 없다는 사실이다.

능산리사지의 대지조성토는 일정한 패턴을 가지고 토층이 형성되어 있음을 살필 수 있다. 즉, 수평축토를 위주로 하면서 간헐적으로 경사축토를 실시하고 있다. 경사축토는 일정한 경사도를 보이며 축토한 것으로서 정림사지(도면 9)[52]를 비롯한 왕흥사지(도면 10)[53], 미륵사지, 제석사지, 왕궁리

51) 이상 國立扶餘博物館·扶餘郡, 2000, 『陵寺』, 20~21쪽.
52) 국립부여문화재연구소, 2011, 『扶餘 定林寺址』, 67쪽 도면 13 상.

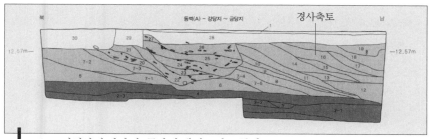

도면 9　정림사지 강당지~금당지 대지조성토 동벽

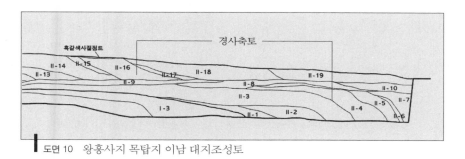

도면 10　왕흥사지 목탑지 이남 대지조성토

유적 등에서 주로 찾아지고 있어 백제 사비기 대지조성 축토공법의 주요 특성 중 하나로 생각된다[54].

　능산리사지의 남북장축 토층도를 통해 살필 수 있는 특징 중에 하나는 이것이 어느 한 부분에서 단절됨이 없이 연속해서 이어진다는 점이다[55]. 이와 관련해 본고에서는 1차 건축군과 2차 사찰건축군의 경계지점으로 추정

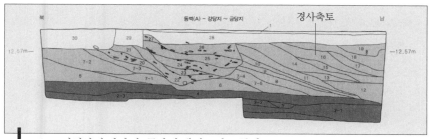

53) 국립부여문화재연구소, 2009, 『王興寺址Ⅲ 木塔址 金堂址 發掘調査 報告書』, 33쪽 도면 5 일부.
54) 조원창, 2009, 「백제 웅진기 이후 대지조성 공법의 연구」『건축역사연구』66, 한국건축역사학회.
55) 능사가 성격을 달리하며 2시기에 조성되고 이에 따라 대지조성도 2차 과정을 통해 이루어졌다면 이는 반드시 토층상이나 축대 등을 통해 나타나야 한다. 아울러 2시기설을 논하기 앞서 이러한 분석작업이 지표면의 유물이나 유구에 앞서 우선적으로 선행되었어야 할 것이다.

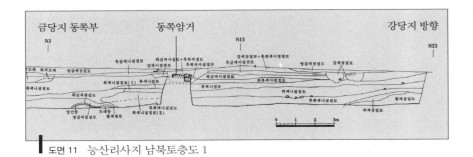

도면 11 능산리사지 남북토층도 1

되는 공방지 I 및 불명건물지 II를 비롯해 2차 사찰건축군의 금당지 및 목
탑지 지점까지의 토층현황을 살펴보고자 한다[56].

　도면 11[57]은 1차 건축군과 2차 사찰건축군의 경계가 되는 부분을 포함
한 토층도이다. 토층도의 중간지점에서 좌측에 위치한 동쪽 암거가 두 건축
군의 경계부에 해당되고 있다. 도면에서는 N13과 N3 사이에 위치하고 있
다. 동쪽 암거의 주변으로는 흑색니질점토, 회색니질점토, 흑색니질점토, 흑
회색니질점토, 회갈색사질점토, 흑갈색사질점토 등이 아래에서 위로 층서
적으로 축토되어 있다. 도면에서 살필 수 있듯이 이곳에서 대지조성토가 양
분되는 현상은 전혀 찾아볼 수 없다.

　도면 12[58]는 N3인 금당지 동쪽부터 S13인 목탑지 동쪽까지의 대지조성
토이다. 이는 1차 건축군의 대지조성이 좀 더 남쪽까지 확장되었을 가능성
을 두고 제시한 것이다. 여기에서는 도면 11에서 살필 수 없었던 경사축토
를 중심으로 하여 대지를 조성하고 있다. 그러나 여기에서도 마찬가지로 1
차 건축군과 2차 사찰건축군의 대지조성토 구분은 전혀 살필 수 없다. 이러

---

56) 이는 능사 2시기 조영과 관련해 인용되는 청자 첩화인물편이 구체적으로 어느 위치에서
　　출토되었는지 모르기 때문이다. 보고서에서는 사지의 대지조성토 아래층에 있는 소택지
　　층에서 출토된 것으로 기술하고 있다(國立扶餘博物館·扶餘郡, 2000, 『陵寺』, 143쪽).
57) 國立扶餘博物館·扶餘郡, 2000, 『陵寺』, 7쪽 도면 6 중.
58) 國立扶餘博物館·扶餘郡, 2000, 『陵寺』, 7쪽 도면 6 중.

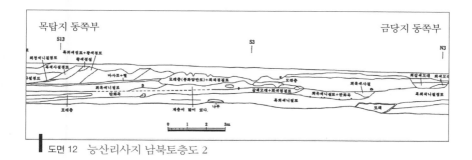

도면 12 능산리사지 남북토층도 2

한 토층현황은 한편으로 남회랑지 이남까지도 큰 차이 없이 나타나고 있다.

도면 11과 12에서 살필 수 있는 토층의 연결 상황은 결과적으로 능사의 대지가 일시에 조성되었음을 판단케 한다. 즉, 대지가 금당지나 목탑지 등 어느 한 부분까지만 축토되고 나머지 부분은 일정 시기가 지난 후에 완공되었다면, 이는 토층상에서 확연하게 구분되어져야 한다. 예컨대 일정 부분만 대지를 조성하였다면 완공된 대지의 유실을 막기 위해 축대[59]나 대지의 최하부에 토단[60]을 형성하게 된다. 그리고 여기에 덧붙여 새로운 대지를 조성하였다면 토층 상에 위와 같은 행위의 결과물이 나타나는 것이 일반적이다. 특히 대지가 덧붙여지는 경계면은 유수나 퇴적에 따른 확연한 토층변화가 관찰되어야 하나 능산리사지의 토층에서는 이러한 현상을 살필 수 없다.

따라서 능산리사지에서의 분할 대지조성은 그 고고학적 근거가 명확치 않다고 할 수 있다. 아울러 이러한 견해가 논리적으로 성립되고자 한다면 토층에서의 시기적 차이를 우선적으로 밝혀내는 것이 순서라 할 수 있다.

한편, 암거시설을 통해서도 능산리사지의 경내 대지가 일시에 조성되었음을 확인할 수 있다. 즉, 금당지 및 목탑지 서쪽에 위치하고 있는 남북장축의 서쪽 암거는 사지를 조성한 대지 내부의 뻘흙(회흑색 점토) 속에 축조되

59) 경사면에 조성된 왕흥사지나 부소산사지 등에서 살필 수 있다.
60) 여기에서의 단은 축대 대신에 사용하는 방법으로서 경사지게 흙을 다짐한 것을 의미한다.

어 있다. 서쪽 암거는 원래의 지형에 맞게 급경사로 先築되었고, 그 상면으로 대지가 後築되어 있다. 이는 경내의 대지를 조성하기 앞서 계곡의 유수를 빼내기 위한 필수적 선결요건으로 이해되었다[61].

그런데 서쪽 암거의 경우 그 북단이 강당 남쪽에까지 뻗어 있고, 그 남단은 남회랑지 이남인 사역 앞쪽(암거시설 V)에까지 이어져 있다[62]. 그리고 이는 능사 관련 유적 내에서 가장 초기에 기능하였던 남북방향의 자연수로 북단에서 끝나고 있다. 이러한 배수시설의 연계는 석축의 서쪽 암거가 조성되기 전부터 초기중심배수로 방향으로 유수가 흘렀음을 판단케 하는 것이다.

아울러 전면적인 발굴이 이루어진 중문지 이남의 저습지에는 암거시설외에도 집수조, 자갈석렬, 부엽공법, 말뚝지정 등 다양한 배수시설과 연약지반 개량공법 등이 사용되었다. 이러한 유구 현황은 아마도 전면발굴이 실시되지 않은 중문지 이북의 경내에도 큰 차이가 없었을 것이다.

이처럼 현재 발굴조사로 드러난 토층내용을 중심으로 한다면 서쪽 암거는 대지조성 이전에 선축된 것이 틀림없고 대지조성은 그 이후에 실시된 행위였음을 알 수 있다. 이는 결과적으로 서쪽 암거와 그 위에 조성된 대지가 동시기에 축조되었음을 의미하는 것이라 할 수 있다. 아울러 이러한 대지가 동시에 조성되었다면 대지 위에 조성될 건축물 역시 사전에 미리 계획되었음을 알 수 있다. 이러한 전체적인 가람조성은 능사 조영작업을 진행하였던 조사공에 의해 충분하게 검토된 후 진행되었을 것이다.

이러한 작업 공정을 전제로 한다면 서쪽 암거 위 성토된 대지에 조성된 강당지나 금당지, 목탑지, 서회랑지, 서회랑 북단건물지(일명 공방지 I) 등은 전체적인 계획하에 건물 배치가 이루어졌고 우선 순위에 따라 건물이 순차적으로 조성되었을 것이다. 따라서 건물의 성격을 완전 달리하는 시기적

---

61) 國立扶餘博物館・扶餘郡, 2000, 『陵寺』, 55쪽.
62) 서쪽 암거는 탐색구덩이 내부에서 확인된 I →II→III→IV→V 암거로 살필 수 있다. 특히 보고서의 내용에 따르면 서쪽 암거 V는 제1석축배수시설로서 남쪽의 초기 중심배수로로 연결되고 있다(國立扶餘博物館, 2000, 『陵寺』, 38쪽).

도면 13　제 1석축 배수시설과 초기 중심 배수로

조성은 토층의 내용으로 보아 인정하기 어렵다.

　한편, 서쪽 암거의 경우는 중문지의 동쪽 구간을 지나서 동북-남서방향으로 축조된 암거와 결합되어 평면 'Y'자형을 이루며 서로 합쳐져 제1석축 배수시설(도면 13)[63]로 불리고 있다[64]. 여기서 중요한 것은 제1석축 배수시설의 한 부분인 동북-남서방향 암거가 남회랑의 동쪽 구간을 지나고 있다는 점이다. 이는 서쪽 암거와 더불어 초기 암거가 동쪽부에도 시설되었음을 의미한다[65]. 그리고 남회랑 동쪽에 이러한 암거시설이 축조되었다는 사실은 대지조성이 적어도 이 부분까지 계획하에 있었고 실시되었음을 확인케 한다.

　위에서 살핀 바와 같이 제1석축 배수시설은 남회랑의 동쪽과 서쪽 구간

63) 國立扶餘博物館, 2007,『陵寺-부여 능산리사지 6~8차 보고서』, 도면 4.
64) 國立扶餘博物館, 2007,『陵寺-부여 능산리사지 6~8차 보고서』, 38쪽.
65) 이에 대해 보고서에는 "…이 암거는 중문지를 사이에 두고 남회랑지의 동쪽과 서쪽을 각각 지나 내려오고 있으며, 중문지 남쪽에서 'Y'자형으로 합쳐져서 초기 중심배수로에 이어지고 있다"라고 쓰여 있다(國立扶餘博物館, 2007,『陵寺-부여 능산리사지 6~8차 보고서』, 324쪽).

을 지나서 능산리사지 유구 중 가장 초기의 것으로 판단되는 초기 중심배수로 북단에까지 이어지고 있다. 여기서 제1석축 배수시설이 암거화 되었다는 점에서 이와 연결된 초기 중심배수로 역시 층위상 암거화 되었을 가능성이 매우 높다. 이러한 암거 작업은 대지나 도로 등 건축물이나 생활면(구지표면)의 축조 등에 선결되는 토목공사 중의 하나로 백제 사비기 유적에서 어렵지 않게 살필 수 있다[66].

이러한 대지조성은 처음부터 사역의 건물 배치를 염두해 둔 백제 조사공의 계획하에 실시된 것으로 파악된다. 그리고 서쪽 암거시설과 붙어 있는 북쪽 및 동쪽의 암거시설은 대지를 어느 정도 조성한 후 축조된 것으로 확인되었다[67]. 이는 서회랑지 남단부에서 검출된 암거시설을 통해서도 살필수 있다. 이 암거는 서대배수로와 연결되어 있고 서회랑지보다 선축하고 있다[68]. 이는 금당지의 동쪽, 북쪽 암거와 마찬가지로 대지를 조성하는 과정에서 혹은 이의 마무리 단계에서 암거를 시설하였던 것이다.

동·서쪽의 대배수로는 동나성 부근까지 계속 뻗어 일반적인 배수기능뿐만 아니라 성토된 사역의 지반(대지) 유지와 사역의 경계로까지도 이해되었다[69]. 이러한 발굴보고서의 내용대로라면 능산리사지의 동·서 대배수로는 대지를 조성하기 그 이전부터 혹은 과정 중에 축조되었고 그 범위는

---

66) 관북리유적에서의 경우 목곽수조와 기와도수관로는 지하의 암거형식으로 조성되었고 그 상면으로 성토 후 건물지가 축조되었다(국립부여문화재연구소, 2009, 『扶餘 官北里百濟 遺蹟 發掘報告 Ⅲ』, 519쪽).

67) 보고서에서의 경우 대지를 파고 북쪽 암거와 동쪽 암거를 시설한 것으로 설명하고 있다 (國立扶餘博物館·扶餘郡, 2000, 『陵寺』, 55쪽). 그런데 여기에서의 대지가 당시의 생활면(구지표면)이었는지 아니면 대지조성토였는지가 확실치 않다. 이런 점에서 암거 선축, 건물 후축이라는 점도 배제할 수 없다.

68) 이러한 조사내용은 사역 내에 건축물이 들어서기 전, 대지를 조성하는 과정에서 생긴 일로 볼 수 있다. 아울러 대지조성 과정에서 해당 암거가 서대배수로와 연결되었다는 사실은 결과적으로 대지조성 전에 서대배수로가 존재하였거나 아니면 동시에 작업이 진행되었음을 판단케 한다.

69) 배수로 중 서배수구가 주배수로이고 여기에 붙여 북배수로 및 동배수로가 시설되어 있다. 이상의 내용은 國立扶餘博物館, 2000, 『陵寺』, 52~53쪽 참조.

동·서·남회랑지 내부인 경내뿐만 아니라 중문 이남지역까지도 모두 포함하였던 것으로 생각된다. 왜냐하면 서배수로가 주배수로로서 선축되고 동·북배수로가 후축되었기 때문에 서배수로의 존재와 동·북배수로의 존재를 함께 고려하여야 한다. 만약, 서배수로의 존재를 대지조성 이후로 생각한다면 당시의 백제 조사공들은 배수에 대한 생각을 전혀 고려치 않고 대지조성 작업을 실시하였다는 이야기가 된다. 과연 이러한 상태에서 우기를 극복하며 저습지 상면에 대지를 조성할 수 있었는지 의문이 든다.

그러나 백제의 조사공들은 대지를 조성하기 앞서 미리 배수문제를 인식하였음이[70] 전술한 서쪽 암거시설을 통해 충분히 엿볼 수 있다. 저습지에서의 대지조성을 위해 미리 암거를 시설할 정도의 치밀함[71]이 살펴진다는 점에서 당연히 대지를 조성하기 앞서 서배수로나 동·북배수로의 축조도 조사공들에 의해 고려되었을 것이다. 특히 서쪽 암거의 서쪽으로 주배수로인 서배수로가 시설되었다는 점은 대지조성 이전부터 이곳으로 많은 유수가 흘렀음을 의미한다. 그런데 서배수로를 축조하지 않은 상태에서 서쪽 암거를 시설하고 그 위에 대지를 조성하였다면 이곳으로 흘러내리는 유수는 과연 어떠한 방법으로 막아낼 수 있었을까? 과연 유수로 인한 대지 침탈을 조사공들이 사전에 염두하지 않고 작업을 실시하였을까? 이런 점에서 서쪽 암거시설과 서배수로의 축조시기는 큰 차이가 없었을 것이다[72].

동·서 대배수로의 북단은 강당지를 비롯한 동서쪽의 불명건물지 I 과

---

70) 이는 부여지역의 발굴조사 과정을 통해 그 공법이 부분적으로 확인되고 있다.
71) 이러한 치밀함은 성토다짐된 대지조성을 되파기하여 축기부를 조성한 중문지, 목탑지, 금당지 등에서도 살필 수 있고 아울러 고루형의 목조건물이었던 목탑의 심초석 겸 공양석 아래에 100cm 두께의 굵은 모래층을 깔아 놓은 사실로도 판단할 수 있다. 이러한 모래의 존재는 비슷한 조건하에서 축조된 익산 미륵사지 중원 목탑지에서의 할석축기와도 상호 관련이 있어 보인다.
72) 서배수구로의 규모로 볼 때 이곳으로 흘렀던 유수는 결코 적지 않았을 것이다. 이러한 판단은 배수라는 기능적인 측면에서 볼 때 서쪽 암거가 서대배수로의 역할을 할 수 없었음을 의미하는 것이다.

일명 공방지 II 까지도 완전히 포함하고 있다. 따라서 대지조성은 위와 같은 사례를 통해 강당지 북단에서부터 중문지 이남에 이르기까지 큰 시기차를 두지 않고 어느 한 시기에 완료되었음을 판단할 수 있다.

이와 같이 능산리사지의 발굴조사를 통해 확인된 금당지 및 목탑지 동쪽의 남북장축 토층과 이를 통한 대지조성토의 축토과정, 그리고 대지를 조성하기 전에 선축된 것으로 판단되는 서쪽 암거시설과 제1석축 배수시설, 동·서 대배수로 등의 존재는 경내의 대지뿐만 아니라 중문지 이남의 일부 공간에 이르기까지 큰 시기차 없이 동시에 조성되었음을 파악케 한다. 이는 대지를 조성하기 앞서 이곳에 시설될 건축물까지 조사공들에 의해 미리 계획되었음을 알게 한다.

따라서 건축물 축조의 시기차를 반영한 능사 2시기 조영설은 취신하기 어렵고 역으로 이러한 설이 뒷받침되기 위해서는 앞에서 열거한 남북토층 현황과 서쪽 암거시설, 제1석축 배수시설, 초기 중심 배수구, 서배수구 등에 대한 설명이 함께 이루어져야 할 것이라 생각된다.

4. 맺음말

능사의 발굴조사로 검출된 금동대향로와 사리감 및 강당지의 온돌시설 등은 그 동안 국내외 많은 연구자들에게 다양한 논제를 제공하였다. 특히 강당지와 관련하여 제기된 여러 이론은 이의 축조시기 뿐만 아니라 그 성격에 있어서도 다양한 흥미 거리를 던져주고 있다.

본고는 능산리사지의 대지조성과 관련하여 경내 건축물들이 선·후축에 대한 확실한 순서는 알 수 없지만 큰 시기차 없이 완공되었음을 밝히고자 서술하였다. 사원은 그 규모나 발원자의 여건, 혹은 전쟁 등의 상황에 따라 건축물의 조영이나 대지조성과 같은 토목공사의 중단이 있을 수 있다. 예컨대 미륵사지와 같은 대형 사원의 경우 이를 동시다발적으로 전 지역에서 작업을 진행하기란 그리 원활치 않았을 것이다. 아울러 이러한 시차 속에서 토목·건축 활동을 진행하였을 때 이들 건축물의 선·후축을 구분하는 것도 쉽지 않은 작업이다[73].

반면, 생활면 아래의 대지조성토는 지상의 건축물에 비해 축토상의 선후관계를 살피기가 상대적으로 용이하다. 이는 대지 전면에서 볼 수 있는 축대시설이나 성토다짐층(혹은 판축층) 및 퇴적층 등을 통해 확인할 수 있다.

능사의 중문에서 강당에 이르는 대지조성토는 서쪽 암거와 제1석축 배수시설, 서 배수로, 남북토층의 현황 등으로 보아 동시에 작업이 이루어졌던 것으로 생각된다. 이는 대지조성 전 백제의 조사공에 의해 일부 암거 및 배수로 작업 등이 선행되고 대지조성이 완료된 후 강당지를 비롯한 금당지, 목탑지, 중문지, 회랑지 등 경내의 여러 건축물이 큰 시기차 없이 조영되었음을 의미한다. 결과적으로 서대배수로와 서쪽 암거시설, 제1석축 배수시설 등은 능사 대지 조성을 위한 첫 번째 토목공사라 생각된다. 그리고 이러한 작업은 처음부터 조사공이 능사 내 여러 건축물의 조영을 전제하고 치밀한 계획하에 시행하였던 것으로 사료된다.

따라서 이러한 판단은 적어도 능사가 강당지를 중심으로 한 선축의 건축물군과 금당지나 목탑지를 중심으로 한 후축의 건축물군으로 나눌 수 없음을 의미한다. 아울러 특수한 기능을 담당키 위해 선축된 강당지라 한다면 무엇보다도 이의 주변에서 담장지 혹은 회랑지 등의 존재가 검출되는 것이 자연스럽다는 점에서 이에 대한 재검토도 필요하지 않을까 생각된다. 이는 특히 입지적 측면에서 동나성의 외부라는 점이 무엇보다도 고려해 보아야 할 사항이라 판단된다.

한편, 1차 건축군으로 명명된 강당지 및 공방지, 그리고 불명건물지 등의 할석난층기단과 2차 사찰건축군으로 명명된 회랑지의 할석난층기단은 축조재료 및 기법상에서 그 차이를 살필 수 없다. 그리고 1차 건축군과 2차

---

73) 이에 대해선 양정석의 논고가 있어 주목된다(양정석, 2009, 「彌勒寺址 塔址의 調査過程에 대한 檢討」, 『한국사학보』제36호).

사찰건축군의 시기구분을 위한 기초자료로서 활용된 초석의 평면형태 역시 건물지상에서는 시기차 없이 상호 혼재해 사용하였음을 찾아볼 수 있다. 이는 강당지의 평면 방형, 원형, 부정형 초석을 통해 극명하게 확인할 수 있다. 따라서 1차 건축군과 2차 사찰건축군의 시기구분은 적어도 초석이나 기단을 통해서 그 시기차이를 판단할 수 없다는 결론에 다다르게 된다.

중문지 이남지역에 대한 발굴조사를 통해 여러 목책열과 집석조, 제 2·3·4석축 배수시설 등이 검출되었다. 이들은 저습지를 대지화하는 과정에서 토목공사의 일환으로 축조되었고 이들 상면에서는 도로유구가 확인되었다. 하지만 현재 시점에서 목책열을 비롯한 여러 유구가 경내의 건축물과 시기적으로 어떤 관련성이 있는지는 확실히 알 수 없다. 이는 향후의 연구과제로 삼고자 한다[74].

─────────

74) 이 글은 조원창, 2012, 「토목공사로 본 부여 능사의 조영」, 『문화사학』37호에 게재된 논문을 정리하여 옮겨놓은 것이다.

부여 정림사지는 익산 미륵사지와 함께 백제사지 중 가장 유명한 절터 유적이다. 부소산성 전면에 남북을 장축으로 중문지 - 석탑 - 금당지 - 강당지 등이 자리하고 있다. 중국 남경의 종산에 '上定林寺' 및 '下定林寺'가 위치하고 있었던 것으로 보아 백제 정림사는 여기에서 그 사명이 연유되었음을 알 수 있다.

정림사는 그 동안 사비천도 직후 혹은 그 이전에 축조되었던 것으로 알려졌다. 그러나 최근 정림사지에 대한 발굴조사 결과 이 사원은 7세기 이후에 조영된 것으로 보고되었다. 이에 대한 편년적 근거는 대지조성토 아래에서 검출된 공방시설의 고고지자기 측정결과에 기인하였다.

그러나 한편으로 정림사를 창건하기 위한 기단토 및 대지조성토 등에서 수습된 와당들을 검토해 보면 이의 제작이 적어도 6세기 4/4분기 무렵에는 이루어졌음을 추정해 볼 수 있다. 이는 달리 정림사의 창건 시기를 의미하는 것으로서 사비천도 직후와 비교해 많은 시기적 차이를 보여주고 있다.

정림사지와 관련된 또 다른 이슈는 석탑 이전의 목탑 존재이다. 이는 초기에 석탑 아래의 판축토를 보고 언급한 것으로서 실증적인 비교 검토 보다는 감성적인 판단에서 비롯된 것이라 생각된다. 즉, 목탑이라고 해서 축기부가 항상 판축토로 축토되고, 반대로 석탑이라고 해서 성토다짐토로 축토되는 것은 아니라는 점이다.

본고에서는 백제시기 ~ 고려시기의 목탑지 및 석탑지의 축기부를 검토하여 그 내부의 축토공법을 살펴보았다. 이를 통해 현 5층석탑 아래의 판축토가 목탑지와 관련이 없는 석탑의 축기부토로 이해하고자 하였다.

百濟寺址 研究

定林寺 創建時期의 檢討

1. 머리말

정림사지는 일제강점기 이후 최근에 이르기까지 여러 번의 발굴조사가 진행되었다. 그 결과 정림사 이전의 공방지 및 대지조성토, 동·서회랑 북단에서의 세장한 건물지, 강당지 이북에서의 대형 건물지 등 새로운 유구가 확인되었다[75]. 이 중 동·서회랑 북단 건물지의 경우 부여 능산리사지를 비롯한 왕홍사지, 익산 제석사지 등에서 조사된 바 있으나 군수리사지 및 금강사지, 오합사지(성주사지) 등에서 이러한 유구의 형적이 검출되지 않아 백제 사비기 가람배치의 일반적인 특성인지는 확언하기 어렵다.

최근 정림사지에 대한 발굴조사 결과 새로운 가람배치(도면 1)[76]의 제시와 사원의 축조시기, 그리고 정림사 창건 당시의 주변 경관을 유추케 한다는 점에서 기존 견해와 많은 차이를 보여주고 있다. 아울러 정림사지 내에서의 목탑지

75) 이상 국립부여문화재연구소, 2011, 『扶餘 定林寺址』참조.
76) 국립부여문화재연구소, 2011, 『扶餘 定林寺址』, 83쪽 도면 22.

존재 여부에 관한 문제도 연구자에 따라 여러 논의가 있어 왔다[77].

그러나 무엇보다도 정림사 창건 연대와 주변 경관에 대한 연구자간의 시각적 차이는 비단 고고학뿐만 아니라 역사학 쪽에서도 큰 관심을 가지고 있어 논의의 쟁점이 되고 있다. 즉, 1980년대에 발굴을 진행하였던 윤무병[78]의 경우는 정림사의 창건을 사비천도 직후로 파악하였다. 그리고 정도의 차이는 있지만 이러한 견해는 박순발[79], 이병호, 조훈철 등 백제사를 전공하는 여러 연구자들에게서 자연스럽게 찾아볼 수 있다.

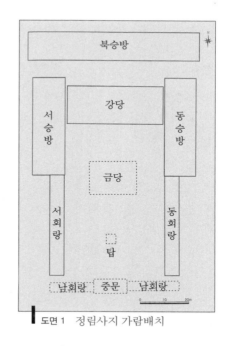

도면 1 정림사지 가람배치

77) 목탑지 존재에 대한 근거는 석탑 아래 축기부에서의 판축토와 사지 내에서 수습된 도용에 기인된 바 크다. 이에 대한 논저는 여러 곳에서 살필 수 있다.
① 김정기, 1984, 「미륵사탑과 정림사탑-건립시기의 선후에 대하여-」, 『고고미술』164.
② 조훈철, 1997, 「정림사지의 미술사적 고찰」, 『문화사학』6 · 7, 한국문화사학회, 187쪽.
③ 이병호, 2005, 「부여 정림사지 출토 소조상의 제작기법과 봉안장소」, 『미술자료』72 · 73, 국립중앙박물관 ; 2006, 「부여 정림사지 출토 소조상의 제작시기와 계통」, 『미술자료』74, 국립중앙박물관 ; 2007, 「부여 정림사지의 창건 배경과 도성 내 위상」, 『백제와 금강』, 백제사연구회.
그러나 석탑 아래 축기부에서의 판축토는 보령 성주사지 및 서천 비인 탑성이5층석탑에서도 검출되고 있어 목탑의 전유물이 아님을 알 수 있다. 아울러 왕흥사지나 군수리사지 등에서 검출된 목탑 축기부와의 비교를 통해 정림사지 5층석탑 아래에서의 축기부는 목탑지의 것과 무관함을 확인할 수 있다(조원창, 2010, 「백제 정림사지 석탑 하부 축기부 판축토의 성격」, 『한국고대사탐구』5). 아울러 도용의 경우도 목탑뿐만 아니라 금당 및 다른 전각에서도 얼마든지 봉안될 수 있다는 점에서 정림사지 내 목탑의 존재를 신뢰하기 어렵다.
78) 충남대학교박물관 · 충청남도청, 1981, 『정림사』.

하지만 최근의 발굴조사 결과 정림사는 7세기 이후에 창건된 것으로 보고되었다[80]. 이럴 경우 7세기 이전 현 정림사지가 입지한 곳은 저습지로서 대지조성이 이루어지지 않았음을 의미한다. 이는 그만큼 왕경의 대지(평지)가 축소되는 결과뿐만 아니라 이러한 저습지에 과연 사람이 거주할 수 있는지, 그리고 부나 항 등의 행정구역을 설정할 수 있는지에 대한 또 다른 의문점을 낳게 한다.

이상으로 살펴볼 때 정림사의 창건 연대는 크게 두 가지 설로 압축해 볼 수 있다. 즉, 첫 번째는 많은 연구자들을 중심으로 한 사비천도 전후의 설이고 두 번째는 최근의 발굴 자료를 중심으로 한 7세기 이후의 설이다. 그러나 후자의 경우도 측정 연대 자체의 오차 폭과 우리나라의 변동곡선에 맞추어 본 것이 아니라는 한계성[81] 때문에 완전 신뢰하기에도 어려움이 있다.

따라서 필자는 정림사의 창건 시기를 다른 방법으로 추론해 보고자 한다. 이를 위해 정림사지의 기단토 및 대지조성토 등에서 수습된 와당을 검토하여 정림사의 창건 연대를 새롭게 비정해 보고자 한다. 기단토 및 대지조성토는 정림사의 여러 전각을 건축하기 앞서 실시되는 주요 토목공사 중 하나이다. 특히 이들 층위에서 수습되는 와례들은 층위상 정림사의 창건보다 이른 시기의 것이어서 와당 편년에 따라 정림사의 창건 연대도 자연스럽게 비정될 수 있으리라 생각된다. 아울러 검토 대상이 되는 와당에 대해서는 국내외 여러 연구자들의 편년 설정을 함께 살펴보도록 하겠다.

---

79) 대지조성토에서 수습된 삼족토기를 근거로 정림사의 조성 작업은 538년 이전에 진행된 것으로 추정하였다.
　　박순발, 2002, 「웅진 천도 배경과 사비천도 조성 과정」, 『백제도성의 변천과 연구상의 문제점』, 국립부여문화재연구소.
80) 이는 중문지 대지조성토 아래에서 확인된 원형 노지의 고고자기측정과 가람배치의 분석을 통해 밝혀진 것이다. 고고자기측정 결과 A.D 625±20년으로 도출되어 정림사의 창건 연대는 7세기대로 추정하였다(국립부여문화재연구소, 2011, 『扶餘 定林寺址』, 321쪽).
81) 김낙중, 2012, 「부여 정림사지 발굴조사 성과」, 『정림사 복원 국제학술심포지엄 정림사 복원을 위한 첫걸음』, 부여군, 138쪽.

2. 정림사지 출토 와당의 검토

여기에서는 정림사의 창건 시기를 알아보기 위한 방법으로서 기단토 및 대지조성토 등에서 출토된 와당을 살펴보도록 하겠다. 기단토 및 대지조성 토는 정림사의 창건을 위한 여러 전각의 기초부로서 사원은 이들 토양 위에 창건되었다.

아울러 기단토 및 대지조성토 등에서 검출된 와당은 시기적으로 정림사 보다 일찍 조영된 건물에서 발생한 폐기물이기 때문에 이들은 정림사의 창 건 시기보다도 무조건적으로 선축된 건축물의 결과물이다. 즉, 기단토 및 대지조성토에서 출토된 와당은 정림사의 상한 시기를 밝혀주는 하나의 지 표가 될 수 있다.

본고에서는 기단토 및 대지조성토 등에서 출토된 와례를 형식별로 살펴 보면서 이들의 출토 위치 및 층위에 대해서도 간략히 알아보고자 한다.

1) 판단삼각돌기식 와당 1(사진 1)[82]

사진 1 동회랑 북단건물지
기단토 출토 와당

N5E3 동회랑 북단건물지[83] 기단토에서 출토되었다. 8엽 중 4엽 만 남아 있는 판단 삼각돌기식[84] 와당이다. 간판은 "T"자형 이며 자방 외곽으로는 2조의 원권대가 관찰 된다. 자방 내의 연자는 3개 만 남아 있으나 반파된 것을 고려해 볼 때 1+4과로 추정된 다. 주연부는 멸실되어 살필 수 없다. 와당 잔존 직경은 6.6cm이다.

82) 국립부여문화재연구소, 2011, 『扶餘 定林寺址』, 135쪽 · 137쪽 도면 45-2 · 430쪽 사진 287-2.
83) 보고서에서는 동승방지(국립부여문화재연구소, 2011, 『扶餘 定林寺址』, 135쪽)로 기술하고 있으나 이의 성격이 불확실하다는 점에서 본고에서는 동회랑 북단건물지로 부르고자 한다.

2) 판단삼각돌기식 와당 2(사진 2)[85]

사진 2 S3W4 동서석축 남북
트렌치 내부 출토 와당

S3W4의 동서석축 남북트렌치 내부에서 출토되었다. 8엽 중 3엽 만 남아 있는 판단삼각돌기식[86] 와당으로 간판은 "T"자형이며 자방은 멸실되어 살필 수 없다. 판단부의 삼각돌기는 약하게 시문되어 있다. 와당 추정 직경은 13.8cm이다.

3) 판단삼각돌기식 와당 3(사진 3)[87]

사진 3 S3W4 동서석축 남북
트렌치 내부 출토 와당

S3W4의 동서석축 남북트렌치 내부에서 출토되었다. 단판 8엽의 판단삼각돌기식으로[88] 와당 1과 연판, 자방 등에서 같은 형식으로 추정된다. 삼각돌기는 약하게 시문되어 있다. 간판은 "T"자형이며 자방 내에는 1+4과의 연자가 배치되어 있다. 자방 외곽으로는 2조의 원권대가 시문되어 있다. 주연부에서의 문양은 살필 수 없고 부소산사지에서 동범와가 출토되었다[89]. 와당 추정 직경 15.2cm, 자방 직경 4.1cm이다.

---

84) 보고서에서는 단판융기형수막새 Ⅰ형(국립부여문화재연구소, 2011, 『扶餘 定林寺址』, 135쪽)으로 분류하고 있으나 연판이 판근에서 판단부로 이동하며 융기하고 있지 않다는 점에서 판단융기식으로 살피기가 어렵다. 판단 중앙부에 삼각돌기가 시문되어 있다는 점에서 판단삼각돌기식으로 분류하고자 한다.

85) 국립부여문화재연구소, 2011, 『扶餘 定林寺址』, 136쪽·137쪽 도면 45-5·431쪽 사진 288-5.

86) 이 와례에 대해 보고서에서는 단판융기형수막새 Ⅰ형으로 분류하고 있다. 그러나 판단 중앙부에 삼각돌기가 시문되어 있다는 점에서 판단삼각돌기식으로 이해된다.

87) 국립부여문화재연구소, 2011, 『扶餘 定林寺址』, 136쪽·140쪽 도면 46-7·431쪽 사진 288-7.

4) 판단첨형식 와당 1(사진 4)[90]

S1E3 동회랑지 백제시대 기와 다량 퇴적토층에서 수습되었다. 이 층위는 백제시기 성토층으로 정림사를 창건하기 위한 대지조성토에 해당된다.

따라서 정림사의 창건은 이 와당의 제작시기보다 상대적으로 늦게 이루어졌음을 판단해 볼 수 있다.

와당은 8엽 중 4엽 만 남아 있는 판단첨형식이다. 판단부의 침선은 연판 내부에 만 시문되어 있고 주연부에 까지 연결되어 있지 않다. 간판은 "T"자형이나 판두가 다른 와례 형식에 비해 상대적으로 크게 제작되었다. 간판의 판근은 자방에까지 연결되어

사진 4 동회랑지 대지조성
토 출토 와당

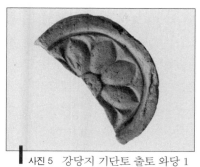

사진 5 강당지 기단토 출토 와당 1

사진 6 강당지 기단토 출토 와당 2

---

88) 이 와당에 대해 보고서에서는 단판융기형수막새 Ⅰ형(국립부여문화재연구소, 2011, 『扶餘 定林寺址』, 136쪽)으로 보고하고 있으나 다른 한편에서는 삼각돌기식(國立扶餘博物館, 2010, 『百濟瓦塼』, 401쪽)으로 구분하고 있어 혼란을 준다. 필자는 후자를 취신코자 한다.

89) 國立扶餘博物館, 2010, 『百濟瓦塼』, 172쪽 사진 446.

90) 국립부여문화재연구소, 2011, 『扶餘 定林寺址』, 141쪽 · 143쪽 도면 47-18 · 434쪽 사진 291-18.

있지 않다. 자방은 연판에 비해 작게 제작되었고 연자는 모두 떨어져 살필 수 없다. 와당 추정 직경 14cm, 자방 직경은 2.5cm이다.

5) 판단첨형식 와당 2(사진 5·6)[91]

강당지 동편 적갈색사질점토층(기단토)에서 출토되었다. 전술한 S1E3 동회랑지 백제시대 기와 다량 퇴적토층 출토 와당과 같은 형식의 와당이다. 기단토 출토 와당 1의 경우 4엽이 남아 있으며 연자배치는 1+4과로 살펴진다. 와당 직경 14cm, 자방 직경 2.2cm이다. 기단토 와당 2는 3엽 정도 남아 있으며 연자는 모두 떨어져 살필 수 없다. 와당 추정 직경 13.6cm, 자방 직경 1.7cm이다.

6) 판단첨형식 와당 3(사진 7)[92]

사진 7 동회랑지 대지조성 토 출토 와당

S1E2 동회랑지 적갈색사질점토층에서 출토되었다. 이 층은 대지조성토로 정림사 창건 성토층에 해당된다. 연판은 볼륨이 있고 판단 중앙에 첨형의 선이 표현되어 있다. 자방은 크게 제작되었고 내부에는 1+6 과의 연자가 배치되어 있다. 자방 외연으로는 1조의 원권대가 돌려 있다. 동 사지 출토 판단원형식과 친연성을 보이고 있다. 와당 추정직경 14.8cm, 자방 직경 3.7cm이다.

91) 국립부여문화재연구소, 2011, 『扶餘 定林寺址』, 141쪽·143쪽 도면 47-16·434쪽 사진 291-16 및 143쪽 도면 47-17·434쪽 사진 291-17.
92) 국립부여문화재연구소, 2011, 『扶餘 定林寺址』, 146쪽·148쪽 도면 49-29·437쪽 사진 294-29.

3. 정림사지 출토 와당의 편년과 창건시기

1) 와당의 편년

여기에서는 정림사의 기단토 및 대지조성토 등에서 수습된 여러 와당 중 연판과 자방이 남아 있는 사례만을 중심으로 하여 그 편년을 살펴보고자 한다. 와당의 편년을 검토하는 차원에서 그 동안 부여 및 익산지역 등에서 수습된 사비기의 여러 와례의 속성에 대해서도 함께 살펴보고자 한다. 아울러 정림사 와당에 대한 국내외의 선행 연구도 함께 검토하여 편년 설정의 자료로 삼도록 하겠다.

정림사지 동회랑 북단 건물지 및 S3W4 동서석축 남북트렌치 내부 출토 와당은 판단삼각돌기식으로 분류되고 있다. 형식화된 판단부와 자방 외연에서의 2조 원권대가 이 와당의 특징을 보여준다. 특히 자방 외연의 원권대중 하나는 다른 유적 출토 와례들과 비교해 그 폭이 넓게 제작되었음을 살필 수 있다.

위 형식의 와당은 사비천도 후 처음으로 제작되었다는 점에서 그 상한 시기를 유추해 볼 수 있다. 즉, 판단삼각돌기식은 부여 규암면 정암리가마에서 처음으로 생산되었고 이들은 부여 각지의 유적(군수리사지, 동남리유적, 금성산 와적기단건물지, 관북리 일대 등)에 공급되었다[93]. 이들 와례는 당시 남조 양과의 교류를 통해 제작된 것들로[94] 그 제작 시기는 6세기 2/4분기후반~3/4분기 전반으로 추정되고 있다[95].

정암리가마에서 생산된 초기 판단삼각돌기식 와당(사진 8)[96]을 보면 판

---

93) 국립부여박물관, 1992,『부여 정암리 가마터(II)』, 128쪽.
94) 조원창, 2005,「백제 와박사의 대신라・왜파견과 제와술의 전파」,『한국상고사학보』48호, 98쪽.
95) 조원창, 2009,『한국 고대 와당과 제와술의 교류』, 서경문화사, 78쪽.
96) 國立扶餘博物館, 2010,『百濟瓦塼』, 249쪽 사진 668.

III부 - 사비기의 백제사지 - 定林寺 創建時期의 檢討 **139**

사진 8 정암리가마 출토 와당

단 중앙의 삼각돌기가 정삼각형을 거꾸로 놓은 듯한 정연한 형태를 취하고 있다. 반면, 정림사지 동회랑 북단 건물지 및 S3W4 동서석축 남북트렌치 내부 출토 와당을 보면 삼각돌기가 형식화되어 삼각형의 밑변에 해당되는 판단부가 넓게 퍼져있음을 볼 수 있다. 이처럼 삼각돌기가 형식화되는 사례는 7세기 이후에도 계속적으로 나타나고 있다. 아울러 자방의 크기도 정암리가마 출토 와당에 비해 작게 제작되었음을 살필 수 있다. 이로 보아 정림사지 출토 와당은 정암리가마 출토품과 비교하여 이후에 생산된 와례임을 판단할 수 있다.

아울러 자방 외연에서 확인되는 2조의 원권대는 현재까지 와당을 비롯한 연목와, 전 등에서 확인되고 있다. 즉, 충남대학교박물관 소장 판단원형 돌기식 와당을 비롯한 미륵사지 출토 와당, 부소산 축령사지 출토 연목와, 부소산 출토 연목와, 규암 외리유적 출토 연화와운문전, 동국대학교박물관 소장 전 등에서 2조의 원권대를 살필 수 있다.

이 중 충남대학교박물관 소장 와당(사진 9)[97]의 경우 1+4과의 연자배치, 8엽의 연화문 등을 통해 친연성을 살필 수 있으나 연판의 형식 및 간판의 제작 등에서 약간의 차이를 보여주고 있다. 미륵사지 출토 와당(사진 10)[98]은 현재 1/3정도 만 남아 있는 편으로 연판 내부에는 자엽이 장식되어 있고 판단 중앙부에는 삼각돌기가 시문되어 있다. 아울러 주연부에는 1조의 연주문대가 시문되어 있어 7세기대의 와당임을 유추할 수 있다.

부소산 축령사지 출토 연목와(사진 11)[99]는 원권대의 표면에 등간격으

97) 百濟文化開發硏究院, 1983, 『百濟瓦塼圖錄』, 37쪽 사진 38.
98) 國立扶餘博物館, 2010, 『百濟瓦塼』, 220쪽 사진 573.

사진 9   충남대학교박물관 소장 와당

사진 10   미륵사지 출토 와당

사진 11   부소산 축령사지 출토 연목와

사진 12   부소산 출토 연목와

로 선문이 장식되어 있어 7세기대의 자방 특징을 보여주고 있다. 부소산 출토 연목와(사진 12)[100]는 판단삼각돌기식으로 현재 6엽이 남아 있으나 본래는 12엽 정도의 多瓣이었을 것으로 생각된다. 연자 배치는 1+6과로 보이며 간판은 역삼각형으로 판근이 자방에까지 미치지 않고 있다. 여느 연목와의 연판수가 대부분 8판을 유지하고 있다는 점에서 이형임을 보여주고 있어 제작시기는 6세기 4/4분기 이후로 추정해 볼 수 있다.

외리유적의 연화와운문전(사진 13)[101]은 와운문(外)과 연화문(內)이 이

99) 百濟文化開發硏究院, 1983, 『百濟瓦塼圖錄』, 249쪽 사진 481.
100) 百濟文化開發硏究院, 1983, 『百濟瓦塼圖錄』, 266쪽 사진 518.

사진 13 규암 외리유적 출
토 연화와운문전

중으로 시문되어 있다. 연화문은 8판이며 자
방 내에는 연자 대신 소형의 귀목이 자리하
고 있다. 간판은 "^"로 선처리 되어 있다. 자
방과 전의 주연에서 살펴지는 연주문대로 보
아 7세기대의 것으로 생각된다. 동국대학교
박물관 소장 전[102]은 연판 내부에서의 자엽
장식과 연자 외연의 원문, 그리고 주연부에
서의 거치문으로 보아 7세기대의 것으로 판
단된다.

이렇게 볼 때 자방 외연에서 관찰되는 2조의 원권대는 와당이나 연목와,
전 등을 살펴볼 때 대체로 7세기대에 유행한 제와 특징임을 확인할 수 있다.
그런데 정림사지 출토 와례의 경우 이들에 비해 연화문이나 자방, 주연 등
에서의 장식적 문양 등이 거의 살펴지지 않는 것으로 보아 7세기 보다 이른
시기에 제작된 것으로 추정해 볼 수 있다.

그런데 자방 외연에서의 2조 원권대는 일찍이 고구려 와당에서도 살펴
지고 있어 주목된다. 즉, 집안지역의 태왕릉을 비롯한 천추총(사진 14)[103],
장군총 등의 무덤과 평양지역의 토성리(사진 15)[104], 상오리, 평천리, 청암
리 및 전 평양(사진 16)[105] 등지에서 수습되고 있다. 이로 보아 고구려에서
는 이미 국내성시기부터 2조의 원권대가 자방 외연에 시문되었음을 살필 수
있다. 이러한 고구려의 製瓦 특성은 부여지역에서 어렵지 않게 살필 수 있
는 고구려계 토기와 마찬가지로 고구려의 장인이나 이의 기술이 백제 사비
기 부여지역에 유입되었음을 판단케 한다[106].

---

101) 百濟文化開發研究院, 1983, 『百濟瓦塼圖錄』, 317쪽 사진 600.
102) 百濟文化開發研究院, 1983, 『百濟瓦塼圖錄』, 324쪽 사진 612.
103) 國立慶州博物館, 2000, 『新羅瓦塼』, 234쪽 사진 765.
104) 井內古文化研究室, 1976, 『朝鮮瓦塼圖報Ⅱ 高句麗』, PL.5-12.
105) 경희대학교 중앙박물관, 2005, 『고구려와당』, 45쪽.

사진 14 고구려 집안 천 | 사진 15 평양 토성리 출 | 사진 16 전 평양 출토 와당
추총 출토 와당 | 토 와당

한편, 자방 외연에서 확인되는 두꺼운 원권대는 사비기 와당에서 어렵지 않게 살필 수 있다. 그러나 웅진기 및 6세기 2/4분기 후반~3/4분기 전반에 조업이 이루어진 정암리가마 출토 와당(사진 8)에서는 이러한 자방 외연에

사진 17 왕흥사지 출토 와당

서의 원권대를 살필 수 없다. 이로 보아 자방 외연의 원권대는 6세기 3/4분기 이후에 제작되었음을 추정케 한다.

아울러 이러한 특징을 보이는 와당이 부여 왕흥사 가마[107]에서 출토되었기에 살펴보고자 한다. 여기에서는 주로 판단삼각돌기식 와당(사진 17)[108]을 생산하였는데 수습된 와당의 대부분을 보면 자방 외연에서 높고 두

106) 고구려 제와술의 백제 유입은 다음의 논고를 참조할 수 있다.
조원창, 2008,「웅진~사비기 와당으로 본 고구려 제와술의 백제 전파」,『백산학보』81호 ; 2009,『한국 고대 와당과 제와술의 교류』, 서경문화사.
107) 부여군 규암면 신리에 위치하고 있다. 남록 경사면에서 풍화암반과 암반층을 굴광하고 조성한 11기의 지하식 기와 가마가 조사되었다. 이 중 10기는 백제시기의 것이고 나머지 1기는 고려시기에 조성된 것이다(국립부여문화재연구소, 2007,『王興寺址Ⅱ -기와 가마터 발굴조사 보고서-』, 22쪽).
108) 國立扶餘博物館, 2010,『百濟瓦塼』, 257쪽 사진 692.

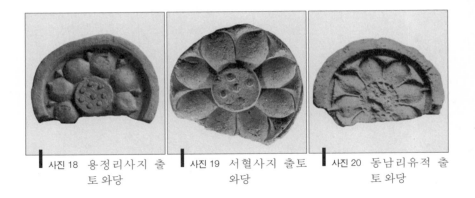

사진 18 용정리사지 출토 와당 ｜ 사진 19 서혈사지 출토 와당 ｜ 사진 20 동남리유적 출토 와당

꺼운 원권대를 살필 수 있다. 이들 와당의 경우 왕흥사의 창건와와 밀접한 관련 속에서 제작되었음을 볼 때[109] 그 시기는 대략 6세기 3/4분기 후반 ~4/4분기 무렵으로 추정해 볼 수 있다[110].

따라서 동회랑 북단 건물지 및 S3W4 동서 석축 트렌치 내부에서 출토된 와당은 장식화 된 미륵사지 및 부소산 출토 와례, 왕흥사 가마 출토 와당과의 사례 비교를 통해 그 제작 시기를 6세기 3/4분기 후반~4/4분기[111] 무렵으로 편년할 수 있다.

동회랑지 대지조성토에서 출토된 판단첨형식 와당(사진 7)은 다른 와례와 비교해 판단부의 첨선이 아주 작게 표현되었다는 특징이 있다. 용정리사

---

109) 2007년도 목탑지 남편의 동서석축 앞쪽에서 왕흥사 가마 출토 와당과 동형의 연목와와 와당이 수습된 바 있다(국립부여문화재연구소, 2007, 『王興寺址Ⅱ -기와 가마터 발굴조사 보고서-』, 186쪽).

110) 이는 왕흥사의 창건이 577년경에 이루어짐을 전제로 한 것이다.

111) 이병호는 이 와당에 대해 6세기 중엽 늦은 시기로 편년하였다(이병호, 2001, 「백제 사비 도성의 조영과 계획」, 서울대학교대학원 국사학과 석사학위논문, 14쪽 도면 2 및 18쪽). 아울러 김성구의 경우는 6세기 후반을 거쳐 7세기 전반 초에도 나타나는 와례로 파악하였다(김성구, 2008, 『백제의 와전예술』, 94쪽). 구전수일은 연판의 특징으로 보아 6세기 말경으로 살펴보았다(龜田修一, 1981, 「百濟古瓦考」, 『百濟硏究』제12집, 충남대학교 백제연구소, 95쪽).

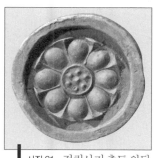
사진 21　정림사지 출토 와당

지(사진 18)[112] 및 서혈사지(사진 19)[113], 동남리유적(사진 20)[114] 등에서 수습된 와당의 첨선과는 기본적인 차이를 보이고 있다.

와당(사진 21)[115]은 연판에 비해 자방이 크게 제작되었고 간판의 판두도 볼륨감 있게 양각되었다. 자방 외연으로는 1조의 원권대가 돌려 있고 내부에는 1+6과의 연자가 배치되어 있다. 자방의 단면은 양각되지 않고 원권대 내부가 평판화되어 있다. 주연에서의 연주문대 및 연판 외연에서의 구상권대는 살필 수 없다.

용정리사지 출토 와당은 중국 북조 연화문 및 무령왕릉 출토 연화문과의 비교를 통해 5세기말~6세기 초반[116]으로 편년된 바 있고 서혈사지 와당은 연판 및 자방, 연자배치 등으로 6세기 3/4분기[117]로 추정되었다. 끝으로 동남리유적 출토 와당은 자방의 평판화 및 장식화 등으로 보아 7세기대[118]로 편년되었다.

정림사지 출토 와당은 연판과 판단으로 보아 서혈사지 출토 와례와 가장 가깝고 자방의 평판화 및 외연의 원권대는 궁남지 출토 와당과 친연성을 보이고 있다. 이렇게 볼 때 동회랑지 출토 판단첨형식 와당은 서혈사지에서 궁남지의 와례 형식으로 변화해가는 과도기적 단계의 와당임을 유추해 볼

112) 百濟文化開發硏究院, 1983, 『百濟瓦塼圖錄』, 사진 77.
113) 國立公州博物館, 1988, 『百濟瓦當特別展』, 사진 17.
114) 朝鮮古蹟硏究會, 昭和15年, 『昭和13年度 古蹟調査報告』, 도판 47-12.
115) 동회랑지에서 수습된 것은 아니지만 이해를 돕고자 정림사지에서 출토된 동범와를 제시해 보고자 한다(國立扶餘博物館, 2010, 『百濟瓦塼』, 206쪽 사진 523).
116) 조원창, 2003, 「백제 웅진기 용정리 하층 사원의 성격」, 『한국상고사학보』42호 ; 2009, 「백제 판단첨형식 연화문의 형식과 편년」, 『문화재』제42권·3호, 148쪽.
117) 조원창, 2009, 「백제 판단첨형식 연화문의 형식과 편년」, 『문화재』제42권·3호, 151쪽.
118) 조원창, 2009, 「백제 판단첨형식 연화문의 형식과 편년」, 『문화재』제42권·3호.

사진 22 정림사지 출토 와당

수 있다. 시기적으로는 서혈사지 와당에 후행하고 동남리유적 와당보다는 선행하기 때문에 6세기 3/4분기 후반~6세기 4/4분기 무렵에 제작된 것으로 추정된다[119].

강당지 기단토 및 동회랑지 대지조성토 출토 와당(사진 22)[120]에서 살필 수 있는 가장 큰 특징은 소자방 대연판의 구성 비율이다. 이는 웅진기의 여러 와당에서 그 사례를 살필 수 없다는 점에서 사비기 와당의 製瓦 특성으로 판단된다.

소자방 대연판의 특징을 보이는 와당은 판단첨형식 외에 판단원형돌기식(사진 23)[121] 및 판단삼각돌기식(사진 24)[122] 와당에서도 살펴지고 있다. 특히 금성산 건물지 출토 와당(사진 25)[123]의 경우는 1+4과의 연자 배치,

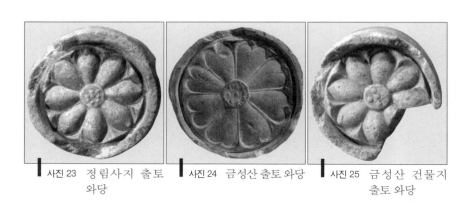

사진 23 정림사지 출토 와당   사진 24 금성산 출토 와당   사진 25 금성산 건물지 출토 와당

119) 이는 한편으로 6세기 중후반(국립부여문화재연구소, 2009,『백제 사비기 기와연구』, 41쪽) 및 6세기 후반(龜田修一, 1981,「百濟古瓦考」『百濟硏究』제12집, 충남대학교 백제연구소, 91쪽), 7세기 전반(이병호, 2001,「백제 사비도성의 조영과 계획」, 서울대학교대학원 국사학과 석사학위논문, 14쪽 도면 2)으로 편년되기도 하였다.
120) 國立公州博物館, 1988,『百濟瓦當特別展』, 사진 38.
121) 國立扶餘博物館, 2010,『百濟瓦塼』, 208쪽 사진 532.
122) 百濟文化開發硏究院, 1983,『百濟瓦塼圖錄』, 159쪽 사진 314.

사진 26 비조사 출토 판단삼
각돌기식 와당

사진 27 일본 정림사지 출토
판단원형돌기식 와당

후육한 연판, 커다란 간판의 판두 등에서 정
림사지 판단첨형식 와당과 친연성을 보여주
고 있다. 다만, 판단부의 침선 대신 연판을
첨형으로 표현한 점 등에서 차이점을 보여
주고 있다.

　이러한 소자방 대연판의 구성을 보이는
백제 와당의 형식은 588년 왜의 요청으로 파
견된 4인의 백제 와박사에 의해 일본에 전파
하게 된다. 아울러 이들을 포함한 조사공, 화
공 등에 의해 일본은 최초의 가람사원인 비
조사가 창건케 되었고 여기에 사용되는 소
자방 대연판의 와당도 생산케 되었다(사진
26)[124]. 아울러 이러한 형식의 와례는 비조
사 외에 일본 비조시대 사원인 정림사지(사
진 27)[125], 풍포사지, 회외사지 등에도 출현
하게 되었다[126].

　백제와 일본과의 와박사 파견 기록은 대
연판, 소자방의 특징을 보이는 백제 제와술

이 588년 이전에 이미 백제 사회에 출현하였음을 의미한다. 그 시기를 정확
히 기술하기 어렵지만 적어도 6세기 4/4분기에 왕경인 부여지역을 중심으
로 유행하였음은 부인하기 어려울 것이다[127].

123) 國立扶餘博物館, 2010,『百濟瓦塼』, 169쪽 사진 439.
124) 京都國立博物館, 1988,『畿內と東國』, 37쪽 사진 3.
125) 國立扶餘博物館, 2010,『百濟瓦塼』, 319쪽 사진 841.
126) 趙源昌, 2002,「百濟 建築技術의 對日傳播」, 상명대학교대학원 박사학위논문.

2) 정림사 창건시기의 검토

앞 절에서는 정림사지 강당지 기단토, 동회랑 북단 건물지(N5E3)의 기단토, 동회랑지 대지조성토(S1E3, 백제기와 다량 포함 성토층), 동서석축 남북트렌치 내부(S3W4) 등 비교적 안정된 층위에서 검출된 와당만을 대상으로 살펴보았다(표 1). 보고서에 출토 층위만 기술되고 별도의 토층도에서 확인할 수 없는 자료들은 이번 논고에서 제외하였다. 따라서 위에 제시된 것 보다 더 많은 와당이 대지조성토나 기단토 등에서 출토되었을 가능성 또한 배제할 수 없다.

〈표 1〉에서 살핀 와례들은 기본적으로 정림사를 구성하는 주요 전각(강당, 동회랑, 동회랑 북단 건물)의 기단토 및 대지조성토에서 수습된 것들이다. 예외로 공방지 와적층에서 수습된 것도 한 예가 있으나 동회랑 북단 건물지 출토 와당과 동형이라는 점에서 두 유구의 착공 시기가 비슷하였음을 추정케 한다.

따라서 본고에서는 와당의 출토 층위를 중심으로 이들 와당의 편년을 살펴보고자 한다. 즉, 건축물의 조성에 선행하는 대지조성토 및 기단토 작업을 살펴보면서 동시에 정림사 운영 시기에 사용된 와당의 편년을 검토하여 정림사 창건에 대한 보다 정확한 시기를 유추해 보도록 하겠다.

---

127) 조원창, 2009, 「백제 판단첨형식 연화문의 형식과 편년」, 『문화재』제42권·3호, 149쪽. 이에 대해 이병호의 경우는 남경의 梁 南平王 蕭偉墓闕과 南京 鍾山 2호 유적 출토 연화문 와당과의 비교를 통해 541년 이후의 정림사지 창건와로 추정하고 있다(이병호, 2006, 「부여 정림사지 출토 소조상의 제작시기와 계통」, 『미술자료』제74호, 국립중앙박물관, 41~43쪽). 그러나 자료로 제시한 와당 2례가 모두 탁본처리 되어 정림사지 와당과 자세한 비교를 할 수 없다는 점에서 아쉬움이 있다. 아울러 정림사지 와당과 남경 출토 와당은 연판의 형태, 자방내의 연자 배치, 간판의 판근 처리 등에서 유사성을 찾아보기 어려워 위의 편년을 쉽게 취신하기 어렵다. 한편, 김성구의 경우는 이 와당에 대해 6세기 중반 이후에 제작된 것으로 보았으며(김성구, 2008, 『백제의 와전예술』, 주류성, 83쪽), 구전수일은 6세기 후반으로 편년하였다(龜田修一, 1981, 「百濟古瓦考」, 『百濟研究』제12집, 충남대학교 백제연구소, 91쪽).

표 1 정림사지 각 층위별 출토 와당의 편년

구분	와당 형식	편년
강당지 기단토		6세기 4/4분기
동회랑지 대지조성토		6세기 3/4분기 후반~6세기 4/4분기
		6세기 4/4분기
동회랑 북단 건물지 기단토		6세기 3/4분기 후반~6세기 4/4분기
S3W4동서석축 트렌치 내부		6세기 3/4분기 후반~6세기 4/4분기

전술한 대부분의 와당은 정림사를 창건하기 위한 건축공사 이전의 토목공사 과정에서 유입된 것들로 시기적으로는 정림사 창건에 선행하는 것들이다. 정림사지 관련 보고서를 검토해 보면 현 정림사 구지표면 아래로는 백제시기의 성토층과 문화층이 분포하고 있고 최하부에 정림사 창건 이전의 추정 공방유구가 자리하고 있다[128]. 공방지가 들어선 지역은 저지대로서 이의 상면으로는 정림사 창건을 위한 다량의 대지조성토가 성토다짐 되었다.

성토다짐된 대지조성토 내에서는 토기편을 포함한 기와편(와당 포함) 등이 다양하게 혼입되어 있음을 살필 수 있다. 이들은 폐기된 기와건물의 잔재로서 토양(대지조성토)과 함께 매립되었으며 본고에서 논의한 여러 와당들은 바로 이러한 과정을 거쳐 대지조성토나 기단토에 유입된 것이다.

대지조성이 완성되면 가람배치에 맞게 건축물의 조성이 시작되며 이 때 우선적으로 실시되는 것이 기단과 기단토의 조성이다. 기단토는 기본적으로 대지조성토 위에 축토되는 것으로서 기단 내부에 조성된 토양을 의미한다. 기단토 상면으로 적심이 마련되고[129] 그 위로 초석과 기둥, 지붕 등이 올려지게 된다. 따라서 기단토 출토 와당은 이 위에 시설된 지붕의 와당과는 기본적으로 그 사용 시점이 다름을 알 수 있다. 즉, 강당지 기단토 출토 와당은 정림사 창건 이전의 다른 기와 건물에서 폐기된 것이 기단토 축토 과정에서 혼입된 것이다[130]. 그러므로 똑 같은 동범와라 할지라도 기단토에서 출토된 와당은 지붕에 올려진 와례에 비해 이것이 사용되고 폐기된 시간을 포함하고 있어 같은 시기라도 먼저 생산된 것임을 파악케 한다.

와당이 수습된 강당지는 전체 정림사지의 가람배치에서 보면 금당지 후

---

128) 국립부여문화재연구소, 2011, 『扶餘 定林寺址』, 78쪽.
129) 평면상으로 볼 때 기단토 상면에 적심이 조성되나 단면상으로 볼 때는 대지조성토 깊이까지 굴광될 수도 있다.
130) 기단토 출토 유물은 조사공의 의도로, 혹은 무의식적으로 유입될 수 있다. 여기에서는 이들 가능성 모두를 열어두고자 한다.

사진 28 동서석축과 남북트렌치 및 와적층

면에 위치하고 있다. 금당과 석탑 동쪽으로는 동회랑이 자리하고 있으며 이의 북단으로는 남북으로 세장한 건물 1동이 펼쳐 있다. 동서석축 남북트렌치는 서회랑지의 남단부 서쪽에 위치하고 있다.

이렇게 볼 때 강당, 동회랑 북단 건물, 동회랑 등은 정림사의 창건과 맥을 함께 하는 건축물이기 때문에 이들은 기단토나 대지조성토에서 출토된 와당보다 시기적으로 후행함을 알 수 있다. 여기에서 수습된 와당의 편년이 대부분 6세기 4/4분기에 해당됨을 볼 때 정림사의 창건은 그 이후에 이루어졌음을 파악할 수 있다. 이는 회랑의 바깥지역에 해당되는 동서석축이 포함된 공방지도 마찬가지였으리라 생각된다.

보고서에 따르면 동서석축(사진 28)[131]은 공방지의 일부로 판단되었으

131) 국립부여문화재연구소, 2011, 『扶餘 定林寺址』, 401쪽 사진 190.

사진 29 정림사지 강당지 북면 합장식   사진 30 군수리사지 금당지 남면 합장
        와적기단   식 와적기단

며 주변에서는 소성유구, 소형배수로, 초석 건물지 등이 확인되었다[132]. 공
방지는 정림사 운영시기와 같은 것으로 이해되었고 와당은 동서석축과 관
련된 트렌치 조성 과정에서 수습되었다. 석축 아래로는 와적층이 분포하고
있으며 와당은 바로 이 와적층에서 수습된 것으로 다른 기와 건물이 폐기되
면서 이곳에 매립된 것으로 이해된다. 따라서 와적층 수습 와당은 공방지의
유구로 사용된 동서석축 보다 선행하는 것이고 이는 다른 한편으로 정림사
운영 시기보다 선행된 기와 건물의 잔재임을 알 수 있다. 동서석축 트렌치
내부에서 출토된 와당의 편년이 6세기 4/4분기임을 볼 때 공방지 관련 동서
석축은 상대적으로 이 시기 이후에 조성되었음을 판단케 한다.

　　한편, 정림사의 창건 시기는 강당지 및 회랑지에서 관찰되는 와적기단의
형식을 통해서도 유추할 수 있다. 즉, 강당지 북면과 동 · 서회랑지에 축조
된 합장식 와적기단(사진 29)[133]은 평적식이나 수직횡렬식에 비해 그 수효
가 극히 적다. 지금까지 군수리사지 금당지 및 동방기단 건물지 남면(전면)
기단(사진 30)[134]에서 만 확인되었을 뿐이다.

132) 국립부여문화재연구소, 2011, 『扶餘 定林寺址』, 107쪽.

133) 국립부여문화재연구소, 2011, 『扶餘 定林寺址』, 346쪽 사진 22.

134) 국립부여문화재연구소, 2010, 『扶餘軍守里寺址 Ⅰ- 木塔址 · 金堂址 發掘調査報告書』,
　　　176쪽 사진 31.

군수리사지 금당지의 합장식 와적기단은 기저부에 완형에 가까운 한 매의 암키와를 깔고 그 위에 대소의 와편을 이용하여 어골의 형태로 기단을 조성하였다. 이 때 와편이 서로 모아지는 중심축에도 완형의 암키와를 한 매 세워 놓아 기단의 높이를 조절하고 있다. 이에 반해 정림사지 강당지의 와적기단은 군수리사지와 비교해 기저부에 별도의 암키와를 깔아놓지 않아 [135] 장식성이나 안전성 측면에서 우수하지 못함을 볼 수 있다.

이러한 와적기단의 축조방식을 기단토 및 대지조성토 출토 와당과 서로 비교해 보면 적어도 군수리사원에 비해 선축되었다는 생각을 하기 어렵다. 군수리사원이 이곳에서 수습된 와당을 통해 그 축조시기가 555~567년으로 [136] 비정되었음을 볼 때 정림사는 이보다 후축된 것임에 틀림없다. 적어도 6세기 4/4분기 후반에 이르러서야 정림사는 창건되었을 것으로 생각된다.

4. 맺음말

정림사는 그 동안 사비천도 직후 부여의 중심부에 창건된 사원으로 알려져 왔다. 그러나 최근 들어 정림사지에 대한 재조사 결과 7세기 이후에 세워진 것으로 보고되었다. 그러나 이의 편년 설정이 고고지자기 측정에 의존한 것이기에 연구자에 따라 창건 시기에 대한 신뢰 정도는 각기 다를 수 있다.

이에 필자는 정림사지의 안정된 층위에서 수습된 와당을 중심으로 이의 편년을 재검토 해보았다. 그 결과 강당지 및 동회랑지, 그리고 동회랑 북단

---

135) 이러한 와적기단의 축조방식은 일본 숭복사 미륵당에서도 살펴볼 수 있다. 다만, 숭복사 와적기단의 경우 와적 아래에 1매의 지대석이 놓여 있다는 점에서 정림사지 기단과 차이를 보이고 있다. 일본에서도 합장식 와적기단의 수효가 극히 적다는 측면에서 백제와 동질성을 보이고 있으며, 한편으로는 기단의 축조형식으로 적합지 않았음을 반증하는 것이 아닌가 생각된다.

136) 조원창, 2008, 「백제 군수리사원의 축조기법과 조영주체의 검토」, 『한국고대사연구』51호 ; 2011, 『백제의 토목 건축』, 서경문화사, 198쪽.

건물지에서 수습된 와당의 존재로 보아 정림사의 창건은 6세기 4/4분기 후반에 이루어진 것으로 추정되었다. 이는 동회랑지 및 강당지 북면의 기단과 동일한 와적기단 형식을 보이는 서회랑지도 마찬가지였을 것으로 생각된다.

정림사는 그 창건 시기가 어느 시점이냐에 따라 고고학계뿐만 아니라 역사학계에도 큰 영향을 미칠 수 있다. 즉, 정림사가 창건되기 전 6세기 중·후반대의 부여지역 경관 및 대지조성 정도, 부와 항의 범위 등 그 동안의 학문적 성과를 되돌아보게 하는 결과를 낳을 수 있다.

정림사에 대한 연구는 앞으로도 여러 방향에서 계속적으로 진행될 것이다. 이에 앞서 이의 편년을 재검토하는 것은 가장 초보적인 단계에 해당되는 것이라 할 수 있다. 향후, 정림사의 창건 목적 및 대시주, 백제사원에서의 역할, 건축·토목공법 등에 대해서도 상세하게 밝혀지기를 기대해 본다.

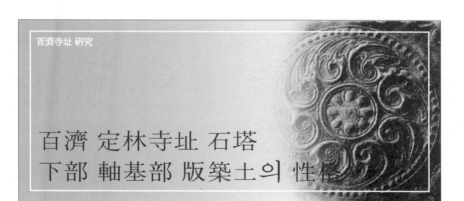

百濟寺址 研究

百濟 定林寺址 石塔 下部 軸基部 版築土의 性格

1. 머리말

부여 정림사지는 중문 - 5층석탑 - 금당 - 강당이 남북장축으로 조성된 백제 사비기의 표지적인 사지이다. 이곳은 일제강점기를 비롯해 지난 1979~80년에 걸쳐 충남대학교 박물관에 의해 발굴조사가 실시된 바 있다 [137]. 최근에는 이에 대한 재조사가 강당지 및 회랑지 등을 중심으로 실시되고 있어 강당지 규모 및 기단시설, 동회랑 북단 건물지 등이 새롭게 규명되고 있다(도면 2)[138]. 아울러 이러한 고고학적 자료의 새로운 등장은 한편으

---

137) 尹武炳, 1981, 『定林寺』, 忠南大學校博物館 · 忠淸南道廳. 보고서상에 표현된 가람배치 (도면 1, 忠南大學校博物館 · 忠淸南道廳, 1981, 『定林寺』, 圖面 3)는 동 · 서회랑 북단에 건물지가 없어 최근의 것과 차이를 보인다.

138) 김낙중 외, 2008, 「부여 정림사지 발굴조사 현황과 성과 -2008년 제8차 발굴조사를 중심으로-」, 『定林寺 역사문화적 가치와 연구현황』.
國立扶餘文化財硏究所, 2008.11.21, 「부여 정림사지 발굴조사(제8차) 자문회의」.
國立扶餘文化財硏究所, 2009.11.19, 「扶餘 定林寺址 -제9차 조사-」.
국립부여문화재연구소, 2011, 『扶餘 定林寺址』, 83쪽 도면 22.

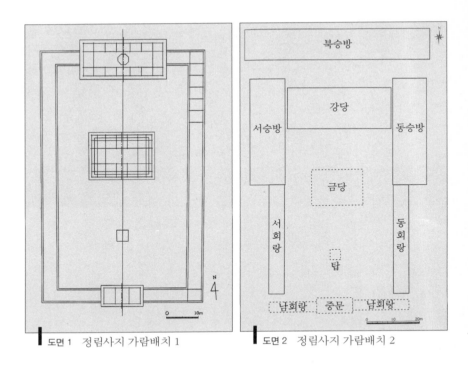

┃도면 1 정림사지 가람배치 1　　　┃도면 2 정림사지 가람배치 2

로 석탑 이전의 목탑 존재에 대한 관심을 불러일으키고 있다.

　　정림사지는 그 동안 축조 시기를 비롯해 도용의 계통, 가람배치 등 다양
한 측면에서 연구되어 왔다. 특히 석탑 이전의 목탑 존재는 최근에 이르기
까지 여러 연구자들에 의해 계속적으로 제기되고 있다[139]. 이는 석탑 기단

---

139) 金正基, 1984,「彌勒寺塔과 定林寺塔 -建立時期의 先後에 관하여-」,『考古美術』164.
　　趙焄哲, 1997,「定林寺址의 美術史的 考察」,『文化史學』6 · 7호.
　　李炳鎬, 2005,「扶餘 定林寺址 出土 塑造像의 製作技法과 奉安場所」,『美術資料』72 · 73.
　　기타, 도용과 관련된 여러 연구자들에 의해서도 제기되고 있다.
　　이에 반해 발굴조사에 직접 참여한 심정보와 조사를 참관하였던 최맹식의 경우는 목탑
　　이 존재하지 않았던 것으로 판단하고 있다. 그러나 관련 유적과 연계된 구체적인 고고학
　　적 논고 제시는 이루어지지 않고 있는 상태이다.
　　崔孟植, 2008.10.18,「발굴사례로 본 백제 건물지의 몇가지 특징」,『2008년 한국건물지
　　고고학회 제2회 학술대회』.

아래의 판축토나 도용의 사용처와 관련하여 등장한 것으로 창건 당시의 목탑 존재 가능성을 뒷받침 하는 결정적 자료로 활용되고 있다.

이에 본고에서는 석탑의 발굴조사에서 확인된 토층을 부여 및 익산지역에서 발굴조사된 여느 탑지의 축기부[140] 토층과 상호 비교하여 석탑 하부의 판축토에 대해 검토해 보고자 한다. 아울러 자료의 이해를 돕기 위해 충남지역의 백제계 고려 석탑인 서천 비인 5층석탑의 축기부와 백제 阿非知에 의해 조영된 경주 황룡사 9층목탑지의 축기부 현황 및 백제 사비기 불교문화와 관련성을 보이고 있는 중국 북위의 영령사 목탑지와 동위~북제시기의 조팽성사지 목탑지에 대해서도 검토해 보도록 하겠다. 그럼으로서 탑지 하부에서 보이는 축기부가 판축토 뿐만 아닌 다양한 성질의 토양 및 토석으로 조성되고 있고 그 규모 또한 기단[141]이나 목탑의 지붕을 받치는 주초석[142]들을 모두 포함하고 있을 정도로 확대되어 있음을 살펴보겠다. 이러한 사례 검토를 통해 정림사지 석탑 이전의 목탑지 존재로서 제기되는 축기부 판축토의 규모와 현재까지의 백제사지 발굴을 통해 드러난 목탑지의 기단 규모도 함께 비교해 보도록 하겠다.

2. 정림사지 5층석탑 축기부 판축토에 대한 검토

정림사지 5층석탑은 한 변이 375cm(외곽석렬 포함시 490cm)로서 그 동안 백제의 고토에서 조사된 다른 목탑지 기단과 비교해 그 크기가 현저하게 작다. 석탑 아래의 토층은 판축토와 준판축토, 그리고 대지조성토로 볼 수

---

140) 층위상 석탑 기단 하부에 위치하며 석탑의 하중을 지탱하고 있다.
141) 백제 목탑지의 경우 대체로 이중기단으로 조성되고 있다.
142) 목탑의 주초석은 최소 2열 배치는 되어야만 중층으로 올릴 수 있고 여기에 퇴칸(혹은 차양칸)까지 보강되면 3열 배치로 늘어나게 된다. 축기부는 바로 이러한 주초석과 목탑의 기단까지도 모두 포함하는 규모이어야 한다.

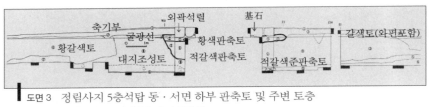

도면 3　정림사지 5층석탑 동·서면 하부 판축토 및 주변 토층
(① 표토층, ⑤ 적갈색층, ⑥ 흑갈색층)

있는 성토다짐토가 확인되었다[143]. 여기에서는 석탑을 중심으로 동·서 토
층 양상(도면 3)[144]을 파악해 보고 기단 아래의 축기부토에 대해서도 검토
해 보고자 한다.

　우선 석탑 서쪽부 토층도를 보면 대지조성토인 적갈색 준판축토(Ⅲ층)
가 넓은 범위에 걸쳐 형성되어 있다. 이 층위는 석탑 외곽석렬[145]에서 서쪽
으로 진행하며 그 높이가 점차 낮아지고 있다. 동서 트렌치상에서는 적갈색
토를 재굴광하여 성토다짐한 황갈색토가 불규칙하게 축토되어 있다. 이 층
위는 구지표면으로 보이는 표토층 아래에 형성되어 있기 때문에 결과적으
로는 대지조성토의 일부로 추정해 볼 수 있다. 아울러 굴광 성토된 황갈색
토와 같은 층위상에 성토된 적갈색토는 층위 형성 과정으로 보아 대지조성
토인 적갈색 준판축토(Ⅲ층)로 이해된다. 특히 적갈색 판축토(Ⅱ층) 아래에
축토되어 있고 이것이 석탑을 기준으로 동·서면 모두에서 폭넓게 형성되
어 있는 것으로 보아 정림사 창건시의 대지조성토로 판단된다.

　석탑 외곽석렬과 기석 등으로 보아 현 석탑과 직접적인 관련성이 있는
층위는 황색 판축토(Ⅰ층)와 적갈색 판축토(Ⅱ층)으로 파악되고 이들은 선

---

143) 이러한 견고한 토층 형성은 석탑이 위치하고 있는 기존 지역이 저습지였던 것과 무관치
　　가 않다.
144) 忠南大學校博物館·忠淸南道廳, 1981, 『定林寺』, 圖面 19 및 20 재편집.
145) 석탑 건립시부터 존재한 것으로 추정되었고 석탑 지대석 하면의 기석 전면에 위치하고
　　있다. 외곽석렬의 높이는 50cm 내외이며, 석탑 지대석까지의 간격은 57cm이다. 외곽석
　　렬과 기석은 당시 구지표면 아래에 시설되었을 가능성이 높다.

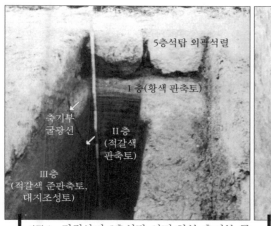
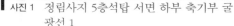
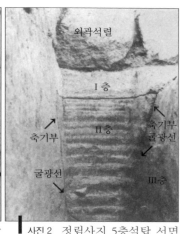

<table>
| 사진 1   정림사지 5층석탑 서면 하부 축기부 굴 광선 1 | 사진 2   정림사지 5층석탑 서면 하부 축기부 굴광선 2 |
</table>

사진 1	정림사지 5층석탑 서면 하부 축기부 굴 광선 1	사진 2	정림사지 5층석탑 서면 하부 축기부 굴광선 2

축된 적갈색 준판축토(Ⅲ층)를 되파기하고 조성되었다. 이로보아 황색 판축토(Ⅰ층)와 적갈색 판축토(Ⅱ층)는 대지조성토인 적갈색 준판축토(Ⅲ층)가 선축된 후 되파기하여 후축되었음을 알 수 있다. 황색 판축토(Ⅰ층)와 적갈색 판축토(Ⅱ층)[146]의 두께는 약 30cm, 80cm 이상이다. 그리고 적갈색 준판축토(Ⅲ층) 아래에는 흑갈색 토층과 적색점질토층[147]이 축토되어 있다 (이상 사진 1 · 2)[148].

한편, 석탑 외곽석렬 동쪽부의 토층은 서쪽부와 비교해 약간 차이남을 살필 수 있다. 이는 황갈색 사질토 위에 흑갈색토를 성토 다짐한 후 적갈색토가 일부 판축되었음을 확인할 수 있다. 즉, 동쪽부의 이 층위는 석탑 서쪽부의 적갈색 준판축토(Ⅲ층)를 의미하는 것으로 생각된다. 또한 적갈색토 위로는 와편이 포함된 갈색토가 형성되어 있는데 이는 서쪽부와 마찬가지

---

146) 이 토층은 아래로 내려가면서 점차 축소되어 80cm의 깊이에 이르러서는 외곽석렬의 외면과 일치하고 있다. 그러나 외곽석렬 및 석탑의 기석이 위치하고 있는 상태에서 더 이상의 토층조사가 불가능하여 정확히 어느 정도의 깊이를 보이는지는 확인하지 못하였다.

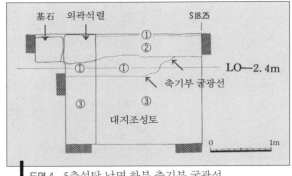

로 5층석탑의 기석
과 외곽석렬을 배치
하고 다짐한 성토층
으로 파악된다.

　석탑과 직접적인
관련성이 있는 축기
부토는 황색 판축토
(Ⅰ층)로 준판축된
적갈색토를 굴광하

도면 4 　5층석탑 남면 하부 축기부 굴광선

고 조성되었다. 그러나 석탑의 서면에서 검출된 적갈색 판축토(Ⅱ층)는 동
면기단에서 확인되지 않았고 이는 석탑의 남면(도면 4)[149]에서도 마찬가지
였다[150]. 석탑 북면에 대한 토층도가 없어 단언할 순 없지만 적갈색 판축토
는 서면과 북면을 중심으로 한정되게 축토된 반면, 동면과 남면에는 축토되
지 않았음을 볼 수 있다. 아울러 적갈색 판축토(Ⅱ층)는 기본적으로 기석 아
래에 축토되었음을 추정케 하며 그 범위도 석탑을 중심으로 황색 판축토(Ⅰ

---

147) 이 층에 대해 보고서에서는 基盤土層으로 파악하고 있다(忠南大學校博物館 · 忠淸南道
　　廳, 1981,『定林寺』, 圖面 19). 그러나 대지조성토인 Ⅲ층과의 관련성을 볼 때 쉽게 이해
　　되지 않는다. 왜냐하면 이를 기반토층으로 볼 경우 Ⅲ층은 기반토층을 정지하고 준판축
　　하였다는 이론이 된다. 그런데 Ⅲ층을 2m 내외로 두텁게 준판축하였다는 것은 그 만큼
　　지반이 약하였음을 의미하는 것이기 때문에 기반토로 파악하기에는 어려움이 있다. 이
　　는 한편으로 동 보고서의 내용으로도 살필 수 있다.
　　　즉, "이 石塔이 位置한 地域은 뒤에서 다시 말할 바와 같이 創建前의 地形이 低濕하였
　　던 것 같으며 第Ⅱ層 下部에는 黑褐色土層이 存在하였는데 그 範圍는 東回廊쪽으로 擴
　　大되고 있었다. 이러한 點을 考慮한다면 제Ⅲ층은 석탑에 대한 직접적인 기초공사이기
　　보다는 그에 선행된 하부지반을 위한 정지작업으로 볼 수도 있겠으나 그것은 아무튼 版
　　築技法을 適用한 場所는 石塔 下部에 限해서 發見되었으며 寺址 內部의 다른 地域에서
　　는 基壇築土까지 모두가 單純한 盛土에 의하여 施工되고 있었다"
148) 忠南大學校博物館 · 忠淸南道廳, 1981,『定林寺』, 圖版 37 a와 b.
149) 忠南大學校博物館 · 忠淸南道廳, 1981,『定林寺』, 圖面 20 하단 우측.
150) 석탑 남면 토층도의 경우 외곽석렬 및 기석 아래에 황색 판축토(Ⅰ층)가 위치해 있고 이
　　층과 접해 준판축된 적갈색토(대지조성토)가 축토되어 있다.

층) 및 적갈색 준판축토(Ⅲ층)에 비해 매우 제한적이었음을 알 수 있다.

적갈색토 아래로는 또 다른 대지조성토로 보이는 흑갈색토와 황갈색사질토가 불규칙하게 성토되어 있다. 이렇게 볼 때 석탑을 중심으로 한 동·서면의 가장 큰 토층 차이는 적갈색 판축토(Ⅱ층)의 존재유무로 파악할 수 있다[151].

이러한 토층 양상은 결과적으로 준판축층인 적갈색토를 마지막으로 두텁게 형성하여 대지를 조성한 다음, 석탑 동쪽은 얕고 서쪽은 깊게 하여 축기부를 조성한 후 황색토로 판축하였음을 알 수 있다. 아울러 적갈색 판축토(Ⅱ층)가 황색 판축토(Ⅰ층) 아래에서 좁게 나타나는 것으로 보아 구지표면 상층에서 받는 무게중심의 축도 그 만큼 넓지 않았음을 유추케 한다. 이는 결과적으로 황색 판축토(Ⅰ층)와 적갈색 판축토(Ⅱ층)가 현 석탑의 축기부토와 직접적인 관련성이 있음을 암시하는 것이라 할 수 있다. 또한 축기부 굴광 판축토의 범위가 좁고 적갈색 판축토가 현 석탑의 서면을 제외한 동면과 남면 등에 축토되지 않은 점 등이 여느 목탑지 축기부 등과 비교해 빈약함을 보여준다.

석탑 기단 아래의 축기부는 외곽석렬 동·서 끝단으로부터 약 60cm 지점에서 굴광되었음을 살필 수 있고[152] 축기부의 깊이는 토층도로 보아 최소 110cm 이상으로 파악된다.

3. 백제 탑지 및 백제계 석탑 축기부 토층과의 비교

여기에서는 그 동안 발굴조사가 이루어진 백제~고려시기의 탑지 축기부

---

151) 토층 조사가 확대되지 않아 정확히 살피기는 어렵지만 탑구 서쪽의 토층도로 보아 적갈색 판축토(Ⅱ층)는 기단 안쪽에서 검출될 가능성이 높다. 이는 그 만큼 적갈색 판축토의 범위가 넓지 않았음을 의미하는 것이라 할 수 있다.
152) 이에 비해 외곽석렬 남쪽의 경우는 축기부가 200cm 내외 지점에서 굴광되어 동, 서쪽에 비해 황색판축토의 굴광 범위가 넓었음을 볼 수 있다.

를 살펴보는데 목적이 있다. 특히 판축이나 성토된 대지상에 조성된 탑지의 자료를 검토하여 축기부 내의 축토현황을 파악해 보고자 한다. 그럼으로써 정림사지 5층석탑 아래의 판축토가 목탑지에만 국한되어 나타나는 것인지, 아니면 통시대적으로 석탑지에서도 볼 수 있는 일반 현황인지를 검토해 보고자 한다. 아울러 탑지의 기단석과 축기부의 규모에 대해서도 함께 살펴봄으로서 양자의 축조관계를 파악해 보도록 하겠다.

1) 부여 용정리사지 목탑지[153]

목탑지는 교란과 멸실로 인해 심초석이나 주초 등이 확인되지 않았다. 목탑지 축기부는 암적갈색 및 흑갈색 사질점토로 축토된 성토층을 역 사다리꼴로 되파기한 후 그 내부를 정교하게 판축하였다(도면 5, 사진 3)[154]. 여기에서는 동-서면에 대한 토층 상황을 살펴보고자 한다.

탑지 최상부의 동-서 굴광 너비는 18.5m이며, 최하부 너비는 14.6m로 계측되었고 최대 깊이는 3.5m이다. 판축은 점토와 풍화암반토로 축토되었고 이 내부에서는 약간의 잡석과 와편이 검출되었다.

Ⅰ층은 0.2~0.3m, 혹은 0.3~0.4m의 황갈색 사질토와 0.1m 두께의 흑갈

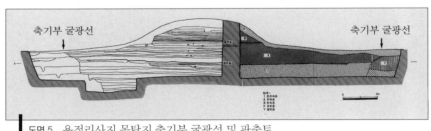

도면 5   용정리사지 목탑지 축기부 굴광선 및 판축토

153) 발굴조사 내용은 아래의 보고서를 참조하였다.
    扶餘文化財硏究所·扶餘郡, 1993, 『龍井里寺址』.
154) 扶餘文化財硏究所·扶餘郡, 1993, 『龍井里寺址』, 21쪽 삽도 4 및 78쪽 도판 11.

사진 3 용정리사지 목탑지 판축 기단토

색 사질점토를 교대로 쌓아 1.6m로 준판축하였다. 아울러 Ⅰ층과 Ⅱ층 사이에는 1cm 내외의 철분층이 혼입되어 있다.

반면, Ⅱ층은 그 상면의 기단토(Ⅲ층)와 동시에 정교하게 판축되었다. 즉, Ⅰ·Ⅱ층 사이의 철분층 상면 40cm까지는 회청색 사질토에 암반풍화토를 섞어 혼축하고 그 상면으로 황갈색 사질점토, 암갈색 사질점토, 녹갈색 사질점토 등에 암반풍화토와 모래 등을 혼합하여 두께 0.05~0.1m 두께로 축토하였다. 따라서 Ⅱ층과 기단토(Ⅲ층)는 완전 판축층이고 그 두께는 1.9m로 계측되었다. Ⅱ층과 기단토(Ⅲ층) 사이에도 철분층이 전면적으로 깔려 있다.

2) 부여 능사 목탑지[155]

목탑지(도면 6)[156]는 대지를 조성한 후 되파기하여 축기부를 조성한 것으로 생각되나 이에 대한 조사가 미비되어 축조방법이나 토층상태는 확인할 수 없다. 목탑지의 하층기단은 동서길이 11.73m, 남북길이 11.79m이며 상층기단은 10.3m이다.

능산리사지에서는 목탑지 축기부에 대한 조사가 실시되지 않아 이에 대한 정확한 규모를 알 수 없다. 그러나 최근까지 발굴조사 된 백제시기의 목

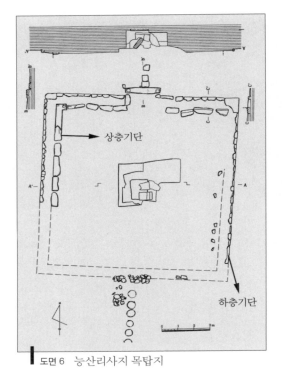

상층기단

하층기단

도면 6 능산리사지 목탑지

탑지 및 석탑지를 통해 볼 때 축기부의 범위가 상층기단과 비슷하거나 이보다 훨씬 넓음을 살필 수 있다. 이렇게 볼 때 능산리사지의 축기부 규모는 하층기단과의 비교를 통해 12m 이상이었을 것으로 생각된다.

4) 부여 왕흥사지 목탑지[157]

목탑지는 외측기단 각 14m, 내측기단 각 12.2m로서[158] 정방형을 이루고 있다(사진 4·도면 7)[159].

내측기단은 기단토 상면을 40cm 내외로 굴광한 후 그 내부를 30cm 내외의 할석으로 축석하였다. 축기부는 금당 기단 축조 후 조성된 2차 성토층을 굴

157) 목탑지와 관련된 내용은 아래의 자료를 참조하였다.
　　국립부여문화재연구소, 2007.11, 「부여 왕흥사지 발굴조사(제8차) 지도위원회의 자료」.
　　國立扶餘文化財硏究所, 2008, 『扶餘 王興寺址 出土 舍利器의 意味』.
　　국립부여문화재연구소, 2009, 『王興寺址 Ⅲ 木塔址 金堂址 發掘調査 報告書』.
　　국립부여문화재연구소, 2009, 『한·중·일 고대사지 비교연구(1) -목탑지편-』.
158) 여기서 외측기단은 고려시기, 내측기단은 백제시기의 것으로 이해하였다(국립부여문화재연구소, 2009, 『王興寺址 Ⅲ 木塔址 金堂址 發掘調査 報告書』, 44~45쪽).
159) 국립부여문화재연구소, 2009, 『王興寺址 Ⅲ 木塔址 金堂址 發掘調査 報告書』, 33쪽 도면 5(본문 도면 7).
　　국립부여문화재연구소, 2009, 『王興寺址 Ⅲ 木塔址 金堂址 發掘調査 報告書』, 50쪽 도판 36(본문 사진 4).

사진 4 왕흥사지 목탑지 축기부 굴광선

광하고 그 내부를 성토다 짐하였다. 다짐토 내에서는 잡석과 평기와, 삼족토 기편 등이 함께 수습되었다. 굴광된 축기부의 규모는 남북 약 11m로 목탑지의 규모보다 약간 좁다.

잔존 기단토 아래 약 80cm까지 축기부 굴광이 이루어졌고 축기부의 최하부는 황갈색사질점토를 이용해 약 40cm 두께로 성토하였다. 아울러 그 위로도 적갈색사질점토, 황갈색사질점토, 갈색사질점토 등을 5~10cm의 간격으로 반복 성토작업 하였다.

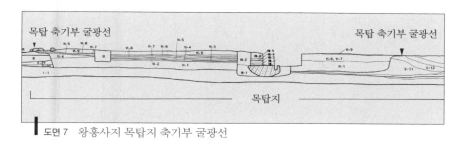

도면 7 왕흥사지 목탑지 축기부 굴광선

5) 부여 금강사지 목탑지[160)

하층기단 한 변이 14.1m인 방형을 이루고 있다(도면 8)161). 축기부와 기단 판축토는 동시에 축토되었고 그 높이는 150cm로 계측되고 있다. 축기

160) 國立博物館, 1969, 『金剛寺』.

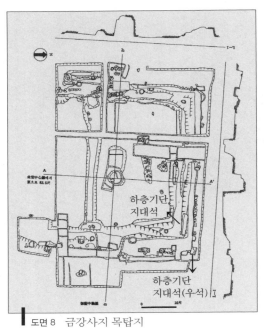

도면 8 금강사지 목탑지

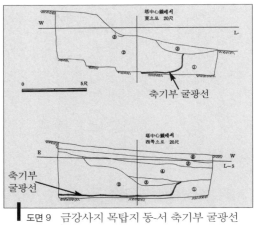

도면 9 금강사지 목탑지 동-서 축기부 굴광선

부는 적갈색의 생토면(기반암층)을 굴광하고 조성되었으며 지점에 따라 그 깊이가 약간씩 다르게 나타나고 있다(도면 9)[162]. 동·서단부는 생토면을 약 30cm가량 굴광하여 축기부를 조성하였다. 축기부 내부의 판축된 한 층 두께는 5~6cm이며, 하부로 내려갈수록 두께는 조금씩 얇아졌다. 판축에 사용된 황갈색 점질토 사이에는 작은 석괴가 혼입되어 있다. 축기부의 너비는 동서면의 경우 약 14m로 계측되었다. 아울러 가람중심축에서 북으로도 약 700cm정도에 축기부 굴광선이 검출되고 있어 남북면의 경우도 약 14m의 축기부로 추정되고 있다.

161) 國立博物館, 1969, 『金剛寺』, 圖面 5 탑 실측도 2.
162) 國立博物館, 1969, 『金剛寺』, 圖面 13.

6) 익산 미륵사지 중원 목탑지 및 서탑, 동탑지[163]

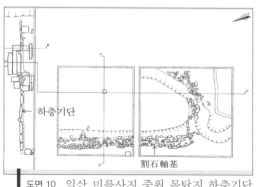

도면 10 익산 미륵사지 중원 목탑지 하층기단 및 축기부 할석

사진 5 미륵사지 중원 목탑지 축기부 판축토 및 할석

서탑의 잔존 상태가 양호한 반면, 동탑과 중원의 목탑은 기단부를 제외하고 대부분 훼손되어 있다. 목탑지는 동·서탑에 비해 규모가 큰 편이며, 위치도 약간 높은 곳에 자리하고 있다.

목탑지 하층기단 한 변의 길이는 18.56m로 추정된다. 목탑지에 대한 토층 조사는 목탑지와 중원 금당지의 관계 파악 및 기단 내부에 남아 있는 방형 가공석의 성격을 파악하기 위해 실시되었다. 그러나 굴광된 축기부의 정확한 규모는 확인되지 않았다. 목탑지 축기부는 대지 조성토를 되파기한 후 그 내부에 회황색, 명회황색, 명회황갈색 등 40여개 層 이상을 판축시켜[164] 완성하였다(도면 10, 사진 5)[165].

판축된 토층 두께는 대부분 5cm 내외를 보여 축기부의 깊이는 최소 2m

163) 文化財管理局 文化財研究所, 1987, 『彌勒寺 I』.
　　扶餘文化財研究所·全羅北道, 1992, 『益山彌勒寺址 東塔址 基壇 및 下部調査報告書』.
　　國立扶餘文化財研究所, 2001, 『彌勒寺址 西塔 周邊發掘調査 報告書』.

도면 11 동탑지 북면기단 축기부 굴광선과 축기부 내 토석 혼축 상태

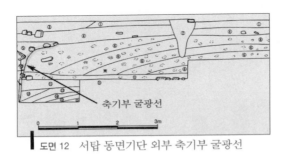

도면 12 서탑 동면기단 외부 축기부 굴광선

이상으로 파악되었다. 판축토 아래에는 윗면이 편평한 할석이 상하 중첩되어있다. 이 割石軸基는 북면기단에서 남쪽으로 16.5m 내외의 길이로 뻗고 있어 그 규모를 파악할 수 있다[166].

동탑지는 석탑으로서 탑이 세워질 일정 범위를 점토 및 마사토로 성토다짐 후 축기부 조성을 위해 기단 외부에서 기단부 안쪽을 향해 경사지게 굴토하였다(도면 11)[167]. 축기부 굴광선의 범위는 북면기단의 경우 40cm, 동면과 남면은 110cm, 80cm 내외의 외측에 위치하고 있다. 축기부 내부는 5단의 할석층을 차례로 황갈색 점토와 마사토로 다져가며 1m 이상의 높이로

164) 보고서(文化財管理局 文化財研究所, 1987,『彌勒寺 I』)에 이에 대한 세부 도면과 유구 설명이 없어 판축토의 높이나 굴광 너비, 그리고 축기부토와 기단토와의 관계 등을 알 수 없다.

165) 文化財管理局 文化財研究所, 1987,『彌勒寺 I』, 도면 7 및 80쪽 도판 51상.

166) 이는 축기부의 하면 너비 일부만을 의미하는 것이기 때문에 멸실된 상부를 고려하면 축기부의 상면 너비는 훨씬 더 넓었을 것이다.

167) 扶餘文化財研究所 · 全羅北道, 1992,『益山彌勒寺址 東塔址 基壇 및 下部調査報告書』, 98쪽 도면 9.

조성하였다. 축기부 상면의 너비는 약 12.6m이며 하층기단 한 변의 길이는 12.5m 내외로 계측된다.

서탑은 탑 동편 하층기단 면석에서 약 180cm 떨어진 지점에 성토층(대지조성토)과 연회색의 사질토가 구분되는 경계선이 약간의 경사를 이루며 굴광되어 있다. 이로보아 서탑의 축기부 굴광선은 기단 외부에 있음을 알 수 있다. 굴광선은 굴광을 시작한 연황색 마사점토층을 포함하여 150cm까지 계측되었으나 더 이상의 하부 조사가 불가하여 그 깊이를 알 수 없다(도면 12)[168]. 전체적으로 동탑지의 축기부와 동일한 양상을 보여주고 있다. 축기부가 석탑의 하층기단을 완전 포함하고 있어 이의 범위는 최소 10m 이상임을 살필 수 있다.

7) 익산 제석사지 목탑지[169]

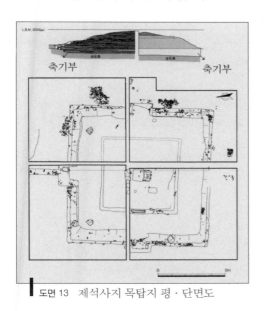

도면 13 제석사지 목탑지 평 · 단면도

목탑지는 금당지 남쪽 19.7m 지점에서 확인되었으며, 하층 기단 한 변의 길이는 21.2m이다. 목탑지에서는 계단지와 초석, 심초석 등이 조사되었다(도면 13)[170].

목탑지를 관통하는 토층은 남-북장축으로 조성되었다. 축기부는 하층기단과 거의 일치된 선에서 수직에 가깝게 굴광되었으며 너비는 약 20.5m로 계측되었다[171]. 목탑지의 북면기단 부분은 생토

168) 國立扶餘文化財研究所, 2001,『彌勒寺址 西塔 周邊發掘調査 報告書』, 28-1쪽 圖面 5.

면(녹갈색 점토층)을 평탄하게 정지한 후 축기부를 굴광하였다. 남면기단 부분은 경사면을 경사지게 성토한 후에 다시 굴광하여 축기부를 조성하였다. 축기부 내부는 갈색 사질점토를 이용하여 정교하게 판축하였고 깊이는 약 76cm이다.

8) 경주 황룡사 9층목탑지[172]

축기부는 초석 상면으로부터 깊이 287.8~372.6cm까지 자갈과 적갈색점토층으로 교차 혼축하였다(도면 14)[173]. 자갈은 인두석 크기 이상으로 상하 모두 20여개 층으로 파악되었다.

축기부 내에 할석이 축석되어 있다는 점에서 익산 미륵사지 동탑지 축기부와 비교할 수 있으나 일정한 층위를 맞춰 축석하였다는 점에서 차이가 있다. 축기부 범위는 동서 32.42m, 남북 30.6m로 계측되었다[174].

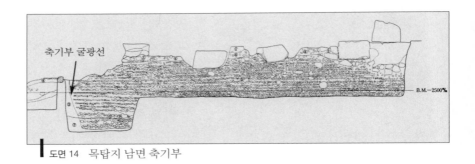

축기부 굴광선

B.M.−2500‰

▌ 도면 14 목탑지 남면 축기부

169) 국립부여문화재연구소, 2009, 「益山 帝釋寺址-제2차 조사」.
   국립부여문화재연구소, 2009, 『한·중·일 고대사지 비교연구(1) -목탑지편-』.
170) 국립부여문화재연구소, 2009, 「益山 帝釋寺址-제2차 조사」, 10쪽 도면 2 우측.
171) 이 수치는 현장설명회 자료집에 기술되지 않아 축적도를 이용하여 계측한 것이므로 보고서의 내용과는 약간의 차이가 있을 수 있다.
172) 文化財管理局 文化財研究所, 1984, 『皇龍寺』.
   국립부여문화재연구소, 2009, 『한·중·일 고대사지 비교연구(1) -목탑지편-』.
173) 文化財管理局 文化財研究所, 1984, 『皇龍寺』, 도면 29 상 中.

9) 서천 탑성이 5층석탑[175]

고려초기로 편년되는 백제계 석탑이다. 석탑의 축기부 판축층은 동쪽과 남쪽의 경우 하층기단 끝선에서 120cm, 서쪽은 150cm로 계측되었다. 석탑 기단을 포함할 경우 축기부의 범위는 498~528cm로 추정된다(도면 15, 사진 6)[176]. 축기부 내의 축토현황은 크게 2개 층위로 구분되었고 사질토(마사토)와 점질토 등을 교대로 축토하였다[177]. 축기부에서의 층위구분은 용정리사지 및 제석사지 목탑지 축기부 판축토층에서도 살펴지고 있어 축토기법의 동질성을 보여주고 있다.

도면 15 석탑 축기부 판축토 범위

사진 6 석탑 서쪽 축기부 판축토

4. 정림사지 5층석탑 하부 판축토의 성격

위에서 살핀 바와 같이 백제의 목탑지나 석탑을 보면 하중과 관련된 안

---

174) 국립부여문화재연구소, 2009, 『한 · 중 · 일 고대사지 비교연구(1) -목탑지편-』, 62쪽.
175) 서천군 · 백제문화재연구원, 2010, 『서천 비인 5층석탑 유적』.
176) 백제문화재연구원, 2007, 「서천 비인 5층석탑 주변유적 시굴조사 자료집」.
    서천군 · 백제문화재연구원, 2010, 『서천 비인 5층석탑 유적』, ii쪽 원색도판 2.
177) 이상 서천군 · 백제문화재연구원, 2010, 『서천 비인 5층석탑 유적』, 23~24쪽 및 52쪽.

전성 차원에서 기단 아래에 축기부를 시설하고 있다[178]. 굴광된 축기부 내부는 사질토나 점질토 등으로 판축, 혹은 성토다짐되었고 왕흥사지나 금강사지 등과 같이 기와나 소형 산석(할석) 등이 혼축된 경우도 살필 수 있다[179].

굴광된 축기부의 범위는 목탑지 하층기단보다 범위가 넓은 것이 대부분이나 이보다 약간 좁은 것도 확인할 수 있다. 이러한 축기부 굴광은 목탑지나 석탑의 토층조사를 통해 대지조성토와 확연히 구분되고 있다. 아울러 좁은 범위에 깊게 굴광하기 보다는 바닥을 넓고 편평하게 조성하여 상면의 구조물을 안전하게 지탱케 하는 건축학적 특성을 보여주고 있다.

정림사지 5층 석탑에 대한 토층조사 결과 구지표층 아래에서 준판축 및 성토다짐된 대지조성토가 검출되었다. 준판축된 적갈색토는 대지조성의 마지막 단계에서 형성되었으며, 석탑의 축기부는 바로 이 적갈색토를 되파기하고 조성하였다. 축기부에는 황색 및 적갈색의 판축토가 상하로 축토되어 있고 황색 판축토는 적갈색토에 비해 상대적으로 얇고 넓게 형성되어 있다. 황색 판축토의 동-서 너비는 약 620cm로 확인되었고 이 너비는 석탑의 기단부를 포함하고 있다. 석탑의 기단부는 한 변이 375cm이나 외곽석렬을 포함할 경우 490cm에 이른다.

그 동안 백제의 고토에서 확인된 백제 목탑지 기단[180]의 너비는 기본적으로 10m 이상을 보여주고 있다. 그리고 축기부가 시설된 경우 그 너비 또한 10m 이상으로 계측되었다.

지금까지 백제의 고토에서 발굴조사된 백제 목(석)탑지의 기단 규모와 축기부의 너비를 살피면 아래와 같다.

---

178) 이와 달리 군수리사지 및 부소산사지 목탑지 등에서는 굴광된 축기부를 확인할 수 없다. 이는 목탑이 기반토에 조성된 것과 관련이 있을 것으로 생각된다. 아울러 이러한 축기부는 능산리사지 금당지에서도 찾아지고 있어 백제 토목기술의 하나로 이해할 수 있다.

179) 이는 주변의 토양을 채토하는 과정에서 포함된 것이지 의도적으로 유물을 혼입시킨 것은 아니다.

180) 이것은 하층기단을 의미하는 것이다.

표 1 백제(계) 탑지 기단 및 축기부 굴광 규모

구분	기단규모		축기부 굴광 최대너비	입지
	상층기단	하층기단		
정림사지 5층석탑	375cm. 외곽석렬 포함시 490cm		약 6.2m	저습지
용정리사지 목탑지	?	?	18.5m	평지 다짐토
군수리사지 목탑지	?	14.14m	축기부 없음 (기반토 : 생토)	구릉 생토면
능산리사지 목탑지	10.3m	11.73m(동서길이) 11.79m(남북길이)	미조사	저습지
왕흥사지 목탑지	13.2m	14m	약 11m	구릉 다짐토
금강사지 목탑지	?	14.2m	약 14m (동서길이)	구릉 생토면
부소산사지 목탑지	?	7.95×8.05m	축기부 없음 (기반토 : 생토)	구릉 생토면
미륵사지 중원 목탑지	약 17m	약 18.56m	18.56m 이상	저습지
미륵사지 서원 석탑지			약 12m 이상	저습지
미륵사지 동원 석탑지		약 12.5m	약 12.6m	저습지
제석사지 목탑지	?	21.2m	약 20.5m	평지 생토면
황룡사지 목탑지	?	29.5m(동서길이) 29.1m(남북길이)	32.42m(동서) 30.6m(남북)	

〈표 1〉로 보아 목탑지의 축기부는 용정리사지가 18.5m, 왕흥사지가 11m, 금강사지가 약 14m, 미륵사지가 18.56m 이상, 제석사지가 약 20.5m 임을 알 수 있다. 아울러 백제 阿非知에 의해 조영된 황룡사 9층목탑지의 경우 30m 이상으로 최대의 축기부 시설을 보여주고 있다. 물론 축기부의 범위가 탑의 규모와 비례하기 때문에 이의 직접적인 비교는 적합지 않다. 그러나 백제 최대의 규모를 자랑하는 제석사지 목탑지나 아비지에 의해 창건된 신라 황룡사지 9층목탑지의 경우도 목탑의 근간을 이루는 초석[181]들이 모두 축기부 내에 시설되어 있다는 점에서 공통성을 살필 수 있다.

---

181) 목탑의 초석은 기본적으로 심초석을 제외하고 2열 배치를 보여주고 있다. 초석의 배치에 따라 목탑 내부는 내진공간과 외진공간으로 구분되고 고루형으로 축조할 수 있게 된다.

도면 16 영령사 목탑지 단면도

따라서 탑파 아래에서의 축기부는 대부분 하층기단보다 넓은 규모를 보이거나 그렇지 않으면 상층기단 정도의 너비를 보여주고 있다. 이는 비단 우리나라뿐만 아니라 중국 북위 영령사의 목탑지나 동위~북제시기의 조팽성사지 목탑지에서도 극명하게 살필 수 있다.

영령사는 516년 수도 낙양에 세워진 사찰로 1979년 발굴조사가 실시되었다. 조사결과 목탑지에서는 축기부[182]를 비롯해 기단, 항토탑심체, 심초부, 계단지 등이 확인되었다(도면 16)[183]. 여기에서는 축기부에 대해서 만 살펴보고자 한다.

축기부는 동서 101m, 남북 98m, 두께 2.5m이상으로 그 내부는 판축토로 축토되었다. 판축된 축기부의 상면에서는 계단지를 비롯해 석축기단, 기둥 등이 확인되었다. 이로 보아 목탑을 이루는 여러 구조물들이 익산 제석사지 목탑지에서와 같이 축기부 내에 시설되었음을 살필 수 있다.

이러한 양상은 한편으로 동위~북제시기의 조팽성사지 목탑지(도면 17)[184]에서도 찾아볼 수 있다. 조사 내용을 보면 탑지는 축기부를 포함한 한 변이 45m이고 기단부로 판단되는 지상부분은 한 변 약 30m이다. 축기부 상면에는 항토탑심체를 비롯해 심초석, 주초, 초석공들이 남아 있으며 초석

182) 도면에서는 목탑지기로 표현되었다. 용어의 혼란을 피하기 위해 축기부로 통칭하고자 한다.

183) 中國社會科學院 考古研究所, 1996, 『北魏洛陽永寧寺』, 中國大百科全書出版社, 14쪽 圖 9.

184) 佐川正敏, 2008, 「고대 일본과 백제의 목탑기단 구축기술 및 사리용기 · 장엄구 안치형식의 비교검토」, 『부여 왕흥사지 출토 사리기의 의미』, 도 17-1 수정 · 편집.

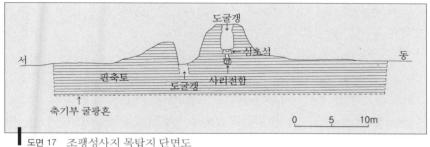

도면 17 조팽성사지 목탑지 단면도

의 경우는 3줄로 배치되어 있다. 북위시기 낙양 영령사 목탑지와 같이 축기부 범위 내에 목탑을 구성하는 모든 구조물들이 포함되어 있음을 살필 수 있다.

물론 중국과 우리나라의 목탑 축조기술을 동일하게 파악할 수는 없다. 그러나 지반을 다지고 기둥을 세운 후 지붕 위에 기와를 얹는 등의 건축학적 행위는 마찬가지로 볼 수 있다[185]. 특히 목탑을 세우기 위한 기초시설의 보강, 즉 축기부의 설치는 비슷한 시기 중국(북조)과 우리나라(백제) 모두에서 찾아지고 있어 큰 차이를 발견할 수 없다. 아울러 목탑을 구성하는 여러 건축물들이 축기부 내에 시설되어 있다는 점도 좋은 비교 자료가 되고 있다.

이상에서와 같이 축기부는 탑의 안전성 측면에서 만들어졌기 때문에 대부분의 목탑 하중을 지탱하는 초석, 심초석을 포함하게 된다. 그런 점에서 정림사지 5층석탑 하부의 축기부 판축토는 백제의 다른 목탑지 축기부와 비교해 그 규모가 상당히 좁아 보인다. 전술하였듯이 정림사지 5층석탑의 축기부 판축토는 최대 약 620cm로 계측되고 있다. 이는 지금까지 발굴조사된 여느 백제 목탑지의 축기부보다 1/2 혹은 그 이상 정도밖에 되지 않는 좁은

185) 여기서 가구를 이루는 보나 도리, 하앙과 같은 부재 등의 세부 형태는 비교자료가 없어 단언하기 어렵다. 그러나 목탑을 이루는 큰 범주에서의 가구 결구는 큰 차이가 없었을 것으로 생각된다. 이는 현재 일본 법륭사 5층탑이나 조선시기 보은 법주사 팔상전의 비교를 통해서도 확인할 수 있다.

규모에 해당된다. 따라서 이러한 축기부 시설은 정림사지와 같이 저습지에 고층의 목탑을 조성하기 위해선 필연적으로 시설되는 토목공사였기 때문에 안전한 목탑 조영을 위해 굳이 620cm 정도로 폭 좁게 축기부를 시설할 필요성이 있었는지 의문스럽다[186]. 정림사에 목탑을 조영할 필요성이 있었다면 조탑공은 당연히 용정리사지나 제석사지 목탑지에서처럼 얼마든지 넓고 깊은 축기부를 조성하였을 것이다. 주지하듯 백제의 조탑공은 그 실력이 인정되어 신라와 일본에 까지 파견될 정도로 우수한 건축기술을 보유하고 있었다. 그러한 장인들이 저습지를 성토다짐하고 그 위에 목탑을 조성하였다면 이의 안전성은 사전에 최우선적으로 고려되었을 것이다.

목탑을 조성하기 위한 최초의 토목공사는 대지를 되파기하고 시설한 축기부였으며 이의 크기는 전술한 〈표 1〉에서와 같이 용정사지 목탑지가 18.5m, 왕흥사지가 11m, 금강사지가 14m 등이었다. 그런데 용정리사지의 경우 하층 금당지에서 수습된 판단첨형의 와당으로 하여금 그 시기가 5세기 말~6세기 초로 추정되었고[187] 왕흥사지 목탑지는 577년경, 금강사지 목탑지는 6세기 4/4분기경으로 편년되었다. 정림사는 아마도 용정리사원 보다는 후축되었을 것이고 왕흥사나 금강사보다도 상대적으로 늦게 조영되었을 가능성이 높다[188].

물론 전술하였던 것처럼 목탑의 크기에 따라 축기부의 규모 또한 달랐을 것이다. 그러나 세 곳의 사지 모두에서 축기부가 공통적으로 최소 11m 이상

---

186) 이럴 경우 목탑을 구성하는 2열의 기둥 배치에서 외진주가 축기부 외부로 조성될 가능성이 높다. 외진주는 내진주와 더불어 목탑의 하중을 초석에 전달하는 것으로서 지반이 약하면 침하될 가능성이 높다. 참고로 6세기 중반에 조성된 군수리사지의 경우 목탑 초석간의 간격은 추정 차양칸의 간격으로 보아 최소 2m 이상으로 추정된다(국립부여문화재연구소, 2009,『한·중·일 고대사지 비교연구(1) -목탑지편-』, 34쪽 도면 2 참조). 이럴 경우 심초석에서 외진주까지의 거리는 최소 4m 이상으로 이를 좌우로 계산하면 8m 이상임을 알 수 있고 만약 축기부가 시설될 경우 대체로 8m 이상 굴광되어야 할 것이다.
187) 趙源昌, 2003,「百濟 熊津期 龍井里 下層寺院의 性格」,『韓國上古史學報』42.
188) 이는 최근 발간된 보고서의 견해(국립부여문화재연구소, 2011,『扶餘 定林寺址』) 및 정림사지 출토 와당을 비교해 내린 필자의 편년관이다.

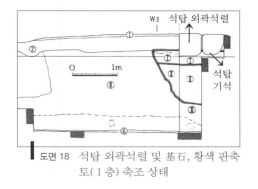

도면 18 석탑 외곽석렬 및 基石, 황색 판축
토(Ⅰ층) 축조 상태

으로 나타나는 것은 목탑의 안전성이 고려된 백제 토목건축 기술의 산물로 이해된다. 그렇지 않다면 굳이 많은 노동력과 경비를 투여하면서 크고 넓게 축기부를 굴광할 필요가 결코 없었을 것이다. 이는 달리 목탑을 조영하였을 조탑공이 국가 장인이면서 동시에 국가의 통제 하에[189] 있었기 때문에 당시의 건축규범을 충실히 이행한 결과가 아닌가 생각해 본다[190].

이렇게 볼 때 정림사지 석탑 하부에서 확인되는 620cm의 축기부는 목탑의 안전성 측면에서 볼 때 상당히 좁은 규모임을 알 수 있다. 이는 최소 11m가 넘는 축기부에 조성된 기둥이나 보, 도리, 지붕 등의 하중을 620cm로 받아야 한다는 결론에 다다르게 된다. 그런 점에서 백제의 조탑공이 과연 기존의 틀을 깨고 안전성을 담보로 한 위험한 목탑 조성의 행위를 감행할 수 있었을지 의문스럽다. 이런 점에서 정림사지 5층석탑 하부 축기부 판축토의 범위는 목탑지 축기부가 아닌 현 석탑의 축기부로 파악해 봄이 자연스럽다.

한편, 축기부가 목탑이 아닌 석탑과 동시기일 것이라는 판단은 석탑 외곽석렬 및 基石, 황색 판축토(Ⅰ층)와의 관계를 통해서도 추정해 볼 수 있다. 즉, 도면 18[191]을 보면 외곽석렬과 기석이 황색 판축토보다 레벨상 아래

---

189) 이는 588년 백제에서 일본으로 파견된 鑪盤博士 將德 白昧淳 및 瓦博士 麻奈文奴의 존재를 통해서 판단해 볼 수 있다(『日本書紀』卷 第21 崇峻天皇 元年 是歲條).
190) 이는 후대의 것이지만 북송대의 영조법식을 통해서도 그 존재를 추정해 볼 수 있다. 아울러 백제에 대해 중국은 '僧尼寺塔甚多'라고 기록할 정도로 탑이 많은 나라로 표현하고 있다. 이러한 탑의 축조 과정에서 조탑 규범이 있었을 것이라는 것은 능히 추정할 수 있겠다.
191) 忠南大學校博物館·忠淸南道廳, 1981, 『定林寺』, 圖面 19 상 中.

에 위치하고 있음을 볼 수 있다. 황색판축토가 선축되고[192] 이후에 석탑의 외곽석렬과 기석이 후축되었다면 당연히 황색판축토(Ⅰ층)에서 되파기한 굴광선이 확인되어야 한다. 그러나 도면을 통해볼 때 이러한 굴광선은 전혀 확인할 수 없다. 물론 외곽석렬이나 기석의 하중에 의해 황색판축토(Ⅰ층)가 밀려들어갔을 가능성도 배제할 수 없다. 하지만 외곽석렬 위에 더 이상의 석탑 석재가 축석되지 않은 외별대의 장대석이라는 점, 그리고 그 아래의 토양이 황색판축토라는 사실과 황색판축토 아래에 또 다른 적갈색판축토(Ⅱ층)가 축토되어 있다는 점에서 이 또한 수긍하기 어렵다. 따라서 이러한 토층양상은 석탑의 외곽석렬과 그 아래의 황색판축토(Ⅰ층)가 동시에 축조되었음을 의미하는 것이라 할 수 있다.

축기부에서 보이는 황색판축토(Ⅰ층)와 적갈색판축토(Ⅱ층)의 토층상 차이는 부여 용정리사지 및 익산 제석사지 목탑지, 그리고 고려초기의 서천 탑성이 5층석탑 축기부에서도 관찰되고 있다. 즉, 용정리사지 목탑지의 경우는 철분층을 기준으로 크게 2개 층위로 나뉘어져 있는데 아래 층위가 준판축층(Ⅰ층)이고 위가 판축층(Ⅱ층)으로 이루어져 있다. 그리고 토질에 있어서도 준판축층(Ⅰ층)의 경우 황갈색 사질토와 흑갈색 사질점토를 교대로 쌓아 축토한 반면, 판축층의 경우는 회청색 사질토에 암반풍화토, 그리고 황갈색 사질점토, 암갈색 사질점토, 녹갈색 사질점토에 암반풍화토를 혼합하여 축토하였다[193]. 이는 결과적으로 하나의 축기부에 축토기법과 토질을 달리하는 방법으로 얼마든지 축토될 수 있음을 보여주는 좋은 자료라 할 수 있다.

제석사지의 경우도 축기부를 비롯한 기단토가 크게 4부분으로 구분되어 있다. 즉, 축기부의 경우는 갈색 사질점토를 76cm 두께로 판축하였으며, 그 상면의 제1 기단판축은 황색 및 적색의 풍화암반토로 140cm 두께로 판축하

192) 이는 황색판축토(Ⅰ층)를 석탑 이전 목탑의 축기부 판축토로 추정한 상태에서 말하는 것이다.
193) 扶餘文化財研究所·扶餘郡, 1993, 『龍井里寺址』, 21쪽 삽도 4.

였다. 아울러 제2 기단판축은 갈색 점토를 이용하여 54cm 두께로 판축하였고 제 3판축층은 적갈색 사질점토를 이용하여 58cm 두께로 판축하였다. 제2층과 3층 사이에는 2~4cm 두께의 황색 모래층이 형성되어 있다[194].

결과적으로 정림사지 5층석탑 하부의 판축토 역시 저습지에 조성된 석탑의 안전성을 위해 대지조성토를 굴광하고 축기부를 시설한 후 토질과 축토기법을 달리하는 방법으로 축토하였음을 알 수 있다. 정림사지 5층석탑은 저습지를 매립하여 대지를 조성한 후 그 위에 건탑되었기 때문에 굴광된 축기부 시설은 석탑 하중의 지지를 위해 필수불가결한 요소였다. 아울러 그 내부는 지내력을 위해 판축토로 축토되었던 것이다.

한편, 축기부는 탑과 기단과 비교해 볼 때 훨씬 넓은 규모로 나타나는 것이 일반적이나 왕흥사 목탑지와 같이 약간 좁게 나타나는 것도 찾아볼 수 있다. 그리고 축기부 내부는 목탑과 석탑 구분 없이 판축토나 성토다짐토, 혹은 토석혼축 등 다양한 토질로 축토되었음을 살필 수 있다. 이는 아마도 주변에서 채토하기 용이하거나 구하기 쉬운 재료를 사용한 것과 무관치 않으리라 생각된다. 예컨대 정림사지 강당지 주변은 석탑이 위치한 곳과 달리 석비레층이 기반암을 이루고 있어 이곳에서 토양을 채토하여 석탑 하부의 축기부 내부를 축토하지 않았을까 추정해 본다.

5. 맺음말

이상에서와 같이 정림사지 5층석탑 축기부 판축토의 성격에 대해 살펴보았다. 이 판축토는 최근까지 여러 연구자들에 의해 목탑과 관련된 축기부 토양으로 이해되어 왔다. 그러나 축기부 판축토의 범위는 지금까지 백제의 고토에서 검출된 여느 목탑지 축기부에 비해 좁게 나타나고 있다. 축기부가

194) 국립부여문화재연구소, 2008, 「益山 彌勒寺址 -제1차 조사」, 3쪽.

목탑의 전체 하중을 마지막으로 지탱한다는 점에서 이의 범위는 하층기단 외곽 혹은 최소한의 범위로 상층기단까지를 포함하고 있다. 이는 백제 목탑지 뿐만 아니라 백제유적과 친연성이 있는 북위의 영령사 목탑지, 동위~북제시기의 조팽성사지 목탑지에서도 확연하게 살펴지고 있다. 특히 정림사지 석탑이 위치하고 있는 곳은 저습지를 성토하고 대지를 조성하였기 때문에 조탑공의 입장에서 탑의 안전성은 무엇보다도 중요하였을 것이다.

따라서 석탑 이전에 목탑을 조영하였다면 조탑공은 당연히 목탑의 규모나 안전성에 적합한 축기부를 시설하였음이 틀림없다. 여기서 그 규모가 구체적으로 어느 정도인지를 알 수 없지만 백제 사비기의 목탑지 상층기단이 최소 10m 이상임을 볼 때 축기부의 범위도 이와 유사하거나 이보다 넓게 조성하였음이 틀림없다.

백제나 신라의 고토에서 확인된 목탑지의 존재로 보아 구지표 아래의 축기부 시설은 대부분 조성되었음을 알 수 있다. 아울러 그 내부는 판축 혹은 성토다짐토, 토석혼축 등의 공법으로 축토되었음을 볼 수 있다. 이는 결과적으로 목탑이나 석탑과 같은 탑파의 종류에 따라 축기부의 조성기법(판축, 성토다짐, 토석혼축 등)이 상호 밀접하게 연계되지 않았음을 보여준다.

이는 탑을 조성하는 조탑공의 내재적 기술에 의해서 혹은 주변에서 쉽게 구할 수 있는 재료나 탑파의 입지에 따라 결정됨을 추정할 수 있다. 특히 축기부가 시설된 목탑지의 경우 지붕의 하중을 지탱하는 주초석이 모두 이 내부에 포함되어 있음을 중국 북조 및 백제, 신라 등의 목탑지에서 확인할 수 있다. 이는 축기부의 범위가 목탑 기단보다 훨씬 넓었거나 아니면 이중기단에서의 경우 상층기단과 비슷한 규모였음을 판단케 하는 것이다.

한편, 석탑에서의 축기부 판축토는 서천 비인5층석탑에서도 확인할 수 있다. 이 석탑은 고려초기에 축조된 것으로서 축기부 판축토가 석탑의 기단부를 완전 포함하고 있다. 전체적인 토층양상이나 기단과의 관련성을 살필 때 정림사지 5층석탑의 축조양상과 친연성이 있음을 파악할 수 있다. 이로보아 백제 정림사지 5층석탑 축기부 판축토의 축토기법과 기술이 백제이후 고려시기에 이르기까지 전수되었음을 이해할 수 있다.

이상의 사례들을 참조하여 볼 때 부여 정림사지 5층석탑 하부의 축기부 판축토는 석탑과 관련된 것으로 판단되며 목탑과 관련된 축기부로는 생각되지 않는다. 특히 정림사와 같이 저습지을 매립하고 그 위에 목탑을 조성하였다면 축기부는 분명 존재하였을 것이다. 예컨대 6세기 중후반 무렵의 왕흥사지나 금강사지 등의 축기부를 보면 그 규모가 11m 이상 되고 있어 620cm 정도의 정림사지 축기부와 큰 차이를 보이고 있다. 아울러 정림사지 축기부 판축토와 그 위에 축조된 석탑 외곽석렬 및 기석의 존재도 토층양상으로 보아 동 시기에 조성되었음을 살필 수 있어 석탑 아래의 축기부 판축토가 석탑과 불가분의 관계에 있었음을 판단할 수 있다.

　지금까지 축기부라는 제한된 속성을 가지고 논리를 전개하였기에 부족함 또한 적지 않았으리라 생각된다. 이는 향후 백제 탑지의 제 속성을 정밀 탐색함에 따라 백제의 토목건축기술이 하나하나 밝혀지는 계기가 될 수 있을 것이다[195].

195) 이 글은 조원창, 2010, 「백제 정림사지 석탑 하부 축기부 판축토의 성격」, 『한국고대사탐구』5호에 게재된 논문을 정리하여 옮겨놓은 것이다.

금강사지는 부여군 은산면 금공리에 위치하고 있다. 지리적으로는 부여에서 청양, 혹은 예산지역을 왕래함에 있어 반드시 거쳐야 하는 교통상의 요지에 해당되고 있다. 사지의 전면으로는 청양과 경계를 이루는 금강천이 흐르고 있다.

금강사지는 그 동안 정면이 동향을 취하고 있는 유일한 백제사지로 알려져 왔다. 1960년대의 발굴조사 결과 백제 사비기에 초창되어 고려시기까지 법맥이 이어져 내려온 것으로 밝혀진 바 있으나 향후 재조사의 결과에 따라 가람배치 또한 바뀔 가능성이 높다.

금강사지에서 검출된 당탑지는 모두 가구기단으로 조성되었음이 확인되었다. 특히 지대석 중 우석에는 우주를 받치기 위한 홈이 파여 있어 가구기단 중 발전적인 형식을 보여주고 있다. 이러한 기단 부재는 익산 미륵사지를 비롯한 통일신라기의 보령 성주사지에서도 관찰되고 있어 후대의 기단조성에도 큰 영향을 미치고 있다.

한편, 금강사지 출토 와당 중에는 자방에 원숭이 두상으로 보이는 것이 시문되어 있어 흥미로움을 준다. 일반적인 백제 와당의 경우 자방에 연자가 배치되어 있어 이형문으로 살펴진다. 이러한 자방 이형문은 백제 한성기 및 웅진기의 와당에서 살필 수 없는 요소이기에 이국적인 문양으로 이해할 수 있다.

금강사지에서 확인되는 가구기단의 우석과 자방에서의 원숭이 문양은 백제 사비기의 초출 자료로서 중국 남북조문화와 밀접한 관련이 있다. 특히 자방에서의 이형문은 북위 와당에서도 어렵지 않게 살펴볼 수 있다는 점에서 북위와의 교섭을 판단케 한다. 아울러 사지가 확인된 지점이 서해안에서 부여로 왕래하는 교통의 요충지라는 점에서 이 사원의 성격을 추측해 볼 수 있다.

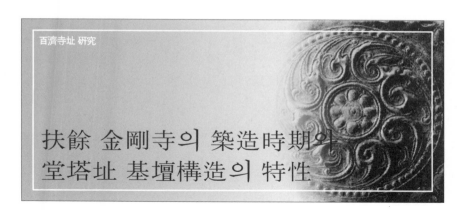

百濟寺址 研究

扶餘 金剛寺의 築造時期와 堂塔址 基壇構造의 特性

1. 머리말

금강사지는 사적 제435호로 부여군 은산면 금공리 13-1에 위치하고 있다. 사지의 후면으로 저구릉성 산지가 마을[196]을 감싸 안고 있고 동쪽 구릉에 치우쳐 금강사지가 입지하고 있다.

사지가 위치한 주변 지역은 비교적 넓은 밭으로 경작되고 있으며 현재 이곳에는 나무와 폐가가 자리하고 있다[197]. 사지 주변에서는 선조문이 시문된 백제 기와를 비롯해 고려시기 기와·토기편이 다수 산견되고 있다[198]. 특히 백제시기 유물의 경우 지표면에서 어렵지 않게 살필 수 있어 후대의 교란이나 인위적 훼손 등이 극심하였음을 짐작케 한다.

---

196) 현지 답사 결과 주민들은 금강원 혹은 금강안이라 부르고 있다. 금강사지에서 유래된 지명임을 추정할 수 있다.
197) 사적지임에도 불구하고 잡초나 나무 등이 정리되어 있지 않아 정확한 사지의 범위와 금당지, 목탑지 등의 유구 형적이나 배치를 살필 수 없다.
198) 이는 금강사가 백제시기 이후 고려시기까지 사맥이 이어진 것으로서 점차 사원내의 전각이 증가하였음을 추정케 한다.

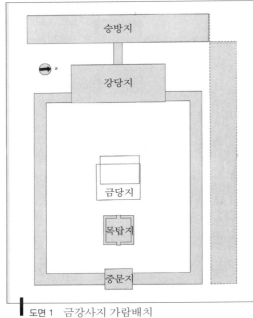

도면 1 금강사지 가람배치

금강사지의 전면인 금
강천 방향으로도 평탄하게
조성된 밭이 자리하고 있
으며 이곳에서도 백제~고
려시기의 기와와 토기편
등이 수습되고 있다. 아울
러 건물의 기단석이나 초
석으로 사용되었을 것으로
보이는 석재들이 밭 여러
곳에서 확인되고 있다.

이로 보아 금강사지와
관련된 사역은 사지의 전
면부에까지 폭넓게 확대되
었을 것으로 추정된다[199].
사지의 전면으로는 백마강

의 지류인 금강천이 북서-남동방향으로 활처럼 휘어 흐르고 있고 하천의 건
너편은 청양군 장평면이 위치하고 있다.

금강사지에 대한 발굴조사는 1964년과 1966년 2차에 걸쳐 진행되었으며
[200] 해방 후 우리 손으로 실시된 첫 사지 발굴로 알려져 있다. 발굴조사 결
과 금강사지는 목탑의 심초석이 조성되지 않은 유일한 백제사지로, 그리고
다른 목탑지와 비교해 공양구가 거의 수습되지 않은 사례로 학계에 보고되
었다[201]. 아울러 사원의 중심축이 동향을 취하면서 중문 - 목탑 - 금당 - 강

199) 이곳에서 백제 기와편이 출토되었다고 하여 금강사와 관련된 건축물이 조성되었다고는
단언할 수 없다. 이는 사지에서 유입될 가능성도 배제할 수 없기 때문이다. 따라서 향후
이의 실체 파악을 위해 금강사지 주변에 대한 전면 발굴이 요구되는 바이다.
200) 1차 조사는 1964년 3월 11일~5월 6일, 2차 조사는 1966년 3월 16일~27일까지 진행되었
다(國立博物館, 1969, 『金剛寺』, 4~5쪽). 현재 금강사지 입간판에는 2차 조사가 1965년
에 실시된 것으로 표기되어 있는 데 이는 수정되어야 할 것이다.

당(도면 1)[202] 등이 배치되어 여느 백제 사원들과는 다른 방향성의 차이를 보여주고 있다. 뿐만 아니라 지명 검토를 통해 문헌상의 칠악사를 금강사로 이해한 연구도 찾아볼 수 있다[203].

하지만 이러한 학문적 성과에도 불구하고 목탑지에서의 사리함이나 공양구, 혹은 정확한 시기를 파악해 볼 수 있는 유물들이 수습되지 않아 현재 이의 축조 시기에 대해서는 연구자마다 각기 다른 의견을 피력하고 있다[204]. 아울러 당탑지에서 관찰되는 가구기단의 구조나 部材는 이전의 다른 백제사지에서 살필 수 없는 초출 자료이거나 독특한 구조를 보이고 있다. 그럼에도 불구하고 이에 대한 연구가 지금까지 활발히 진행되지 못하였던 점은 하나의 아쉬움으로 남는다.

따라서 본고에서는 금강사지에서 수습된 백제 와당을 통해 금강사의 창건시기를 살펴보고자 한다. 아울러 당탑지에서 확인되는 가구기단 구조를 이전의 기단건축과 비교해 그 특징을 알아보고 금강사지 당탑지에서 관찰되는 기단 구조나 부재가 향후 백제 건축사에 어떠한 영향을 미쳤는지도 검토해 보도록 하겠다.

---

201) 이는 군수리사지나 능산리사지, 왕흥사지 등과 같이 심초석이나 공양석이 지하에 안치된 것만을 대상으로 한 것이다. 따라서 심초석 및 공양석 등이 지상에 안치된 제석사지, 미륵사지 등과는 관계가 없다.

202) 國立博物館, 1969, 『金剛寺』, 도면 2.

203) 洪思俊, 1969, 「百濟의 漆岳寺와 烏含寺 小考」, 『百濟文化』제3집, 公州師範大學附設 百濟文化研究所.

204) 금강사지의 창건 연대에 대해 백제시기(國立博物館, 1969, 『金剛寺』, 38쪽 ; 장경호, 1988, 「백제 사찰건축에 관한 연구」, 홍익대학교 대학원 박사학위논문, 43쪽 ; 충청남도, 1990, 『문화유적총람(사찰편)』, 408~413쪽 ; 부여군, 2006, 『부여 문화재대관』, 132쪽 ; 문화재청 국립부여문화재연구소, 2008, 『백제폐사지 학술조사보고서 -부여군편-』)로 거시적으로 편년한 것이 있는 반면, 6세기 후반~7세기 전반(한욱, 2008, 「유구를 통한 6·7세기 백제가람 건물의 복원적 연구」, 홍익대학교 대학원 박사학위논문, 53쪽), 7세기 전반(양은경, 2010, 「백제 부소산사지 출토품의 재검토와 사지의 성격」, 『백제연구』제52집, 72쪽) 등으로 편년한 것도 살필 수 있다.

2. 금강사지 출토 와례와 축조시기의 검토

금강사지에 대한 발굴조사 결과 이의 편년을 살필 수 있는 기년명의 사리기나 토기 · 기와 · 불상 등은 수습되지 않았다. 따라서 현재 시점에서 이의 정확한 축조시기를 살피기란 그리 쉽지 않다.

따라서 여기에서는 금강사지 창건시기를 알아보기 위해 와당자료를 살펴보고자 한다. 백제와당에 대한 연구는 1960년대 이후 최근에 이르기까지 형식분류와 편년안[205]의 작업이 어느 정도 진행된 바 있어 금강사지의 조성시기를 검토하는 데 좋은 표지가 될 것이라 생각된다.

보고서에 따르면 금강사지에서 출토된 와당은 백제시기뿐만 아니라 고려시기까지 포함되어 있다[206]. 여기에서는 백제시기와 관련된 와당만을 추출하여 이의 형식분류와 편년을 시도해 보고자 한다. 와당의 형식은 연판(연화문)의 판단문을 위주로 하여[207] 연자 배치, 자방의 장식화, 연판과 자방의 형식화[208] 등을 중심으로 분류하였다.

1) I 형식(판단삼각돌기식)[209] 와당

I 형식 와당은 연판 형태 및 자방 내의 연자 배치에 따라 3가지로 세분

---

205) 박용진, 1976, 「백제와당의 체계적 분류」, 『백제문화』제9집, 공주사범대학 백제문화연구소.
　　김성구, 1992, 「백제의 와전」, 『백제의 조각과 미술』, 공주대학교박물관 · 충청남도.
　　조원창, 2010, 『한국 고대와당과 제와술의 교류』, 서경문화사 등.
206) 보고서에서는 백제와당을 13형식으로 분류하고 있다.
207) 김성구(1992, 「백제의 와전」, 『백제의 조각과 미술』, 공주대학교박물관 · 충청남도)의 분류안을 따랐다.
208) 대연판과 소자방과 같은 크기의 비를 의미한다.
209) 보고서에서는 모두 4점이 소개되었으나 여기에서는 잔존 상태가 양호한 3점에 대해서만 살펴보고자 한다.
　　삼각돌기식은 김성구의 형식분류안을 따른 것이다(김성구, 1992, 「백제의 와전」, 『백제의 조각과 미술』, 공주대학교박물관 · 충청남도).

사진 1 Ⅰa형식 와당

사진 2 Ⅰbⅰ형식 와당

사진 3 Ⅰbⅱ형식 와당

할 수 있다. Ⅰa형식(사진 1)[210]은 8엽의 연판에 1+8과의 연자 배치를 보이고 있다. 연자는 도드라지게 돌기되어 있다. 자방 직경에 비해 연판의 종선길이가 길게 제작되었다. 연판은 볼륨감이 있으며 연판의 최대경은 중상부에서 살필 수 있다. 판단 중앙에서는 압핀 모양의 삼각돌기가 작게 시문되어 있다. 간판은 "T"자형이며 판근이 자방에까지 길게 이어져 있다. 자방은 다소 평면적이며 외곽에서는 1조의 얇은 원권대를 살피 수 있다. 주연에서의 연주문대는 시문되지 않았다. 자방에 비해 연판이 크고 볼륨감이 있다는 점에서 6세기 4/4분기의 작으로 추정된다.

Ⅰb형식은 8엽의 연판에 1+4과의 연자 배치를 보이고 있다. Ⅰa형식에 비해 연판의 형태 및 연자 배치에서 큰 차이를 보이고 있다. Ⅰb형식은 연판의 볼륨감 및 자방 외곽의 원권대 유무에 따라 다시 2가지로 구분할 수 있다. Ⅰbⅰ형식(사진 2)[211]은 연판에 볼륨감이 있고 자방 외곽에서 1조의 원권대를 살필 수 있다. 연판에 비해 자방의 크기가 상대적으로 크게 제작되었음을 볼 수 있다. 이에 비해 Ⅰbⅱ형식(사진 3)[212]은 연판이 볼

210) 國立扶餘博物館, 2010, 『百濟瓦塼』, 143쪽 사진 331.
211) 百濟文化開發研究院, 1983, 『百濟瓦塼圖錄』, 118쪽 사진 201.
212) 百濟文化開發研究院, 1983, 『百濟瓦塼圖錄』, 134쪽 사진 247.

사진 4　왕흥사지 와요 출토
　　　　와당

사진 5　부소산사지 출토 와당

사진 6　Ⅰc형식 와당

륩감이 없이 평면적이고 자방 외곽에서의 원권대는 살필 수 없다. 아울러 자방은 연판에 비해 작게 제작되었음을 관찰할 수 있다.

Ⅰbⅰ형식의 와당은 한편으로 왕흥사지 주변 와요에서 수습된 와례(사진 4)[213]와 친연성을 보이고 있다. 자방과 연판의 크기 比 등에서 약간의 차이를 살필 수 있지만 8엽의 판단삼각돌기식 연판과 1+4과의 연자 배치, 그리고 자방 외곽의 원권대 등에서 유사성이 찾아지고 있다. 왕흥사지 출토 와례를 왕흥사 창건와로 비정할 수 있다는 점에서 이 와례의 제작시기를 577년 무렵으로 편년할 수 있다. 아울러 이 와당과 친연성이 엿보이는 Ⅰbⅰ형식의 와당 역시도 그 제작시기를 6세기 4/4분기로 유추할 수 있다.

Ⅰbⅱ형식의 와당은 Ⅰbⅰ형식의 와당에 비해 연판의 볼륩감이 사라졌음을 볼 수 있다. 이러한 평판환된 연판은 3열의 연자 배치를 보이는 와례(사진 5)[214]에서 어렵지 않게 살필 수 있다는 점에서 7세기대의 와당으로 추정할 수 있다.

Ⅰc형식(사진 6)[215]은 8엽의 연판에 1+ 8과의 연자 배치를 보인다는 점에서 Ⅰa형

213) 國立扶餘文化財硏究所, 2007, 『王興寺址Ⅱ -기와 가마터 發掘調査報告書-』, 142쪽 상단 사진.
214) 百濟文化開發硏究院, 1983, 『百濟瓦塼圖錄』, 164쪽 사진 325.
215) 百濟文化開發硏究院, 1983, 『百濟瓦塼圖錄』, 152쪽 사진 293.

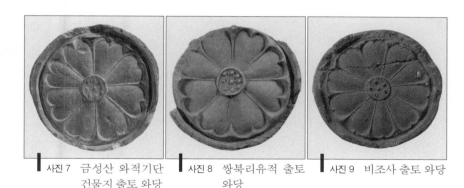

사진 7 금성산 와적기단	사진 8 쌍북리유적 출토	사진 9 비조사 출토 와당
건물지 출토 와당	와당	

식과 친연성이 보인다. 그러나 연판이 자방에 비해 월등하게 크게 제작되었다는 점에서 큰 차이를 보여주고 있다. 이러한 와례는 판단삼각돌기식 외에 판단원형돌기식[216] 와당에서도 어렵지 않게 살필 수 있다. 부여지역의 금성산 와적기단 건물지(사진 7)[217]를 비롯해 쌍북리유적(사진 8)[218], 관북리 백제유적, 용정리사지 등에서 찾아볼 수 있다.

한편, 小자방 大연판의 특징을 보이는 와당은 일본 최초의 사원이라 일컬어지는 飛鳥寺 창건와(사진 9)[219]에서도 살필 수 있어 이의 제작이 부여지역에서의 경우 적어도 6세기 4/4분기 무렵에는 이루어졌음을 판단할 수 있다.

2) Ⅱ형식(판단원형돌기식)[220] 와당

이 형식의 와당은 판단 중앙에 소형의 원주문이 장식되어 있다는 특징이

216) 부여 가탑리사지 출토 와당에서 살필 수 있다.
217) 百濟文化開發硏究院, 1983, 『百濟瓦塼圖錄』, 159쪽 사진 314.
218) 國立公州博物館, 1988, 『百濟瓦當特別展』, 사진 136.
219) 京都國立博物館, 1988, 『畿內と東國』, 37쪽 사진 3.
220) 원형돌기식은 김성구의 형식분류안을 따른 것이다(金誠龜, 1992, 「百濟의 瓦塼」, 『百濟 의 彫刻과 美術』, 공주대학교박물관·충청남도).

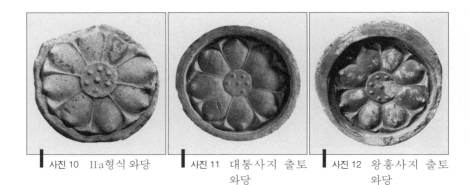

사진 10 IIa형식 와당 사진 11 대통사지 출토 와당 사진 12 왕흥사지 출토 와당

있다. II형식 와당은 자방과 연판의 크기 비 및 자방 내의 연자 배치, 원권대 등을 기준으로 2가지로 세분할 수 있다.

IIa 형식(사진 10)[221]은 기본적으로 8엽의 연판에 1+6과의 연자가 배치 되어 있다. 자방 외곽에서의 원권대는 시문되지 않았다. 자방에 비해 연판 의 크기가 크게 제작되었다. 이러한 형태를 보이는 와당은 일찍이 웅진기 (사진 11)[222]부터 제작된 것으로서 이의 복고풍이라 생각된다.

그런데 IIa형식과 유사성을 보이는 와당이 왕흥사지 및 이의 주변 와요 에서 출토되어 관련성이 엿보인다. 이는 왕흥사지 와요 출토 판단삼각돌식 와당과 친연성이 찾아지는 와례가 금강사지에서 확인되는 것과 같은 맥락 에서 이해되지 않을까 생각된다.

왕흥사지 출토 와당(사진 12)[223]은 8엽의 연판에 1+8과의 연자 배치를 보이고 있어 IIa형식과는 약간의 차이가 발견된다. 그러나 웅진기의 공주 및 부여지역에서 유행하였던 판단원형돌기식의 와당을 충실히 모방하였다 는 측면에서 동일시기의 와작으로 이해된다. 왕흥사지 출토 와당은 사지내

---

221) 百濟文化開發研究院, 1983, 『百濟瓦塼圖錄』, 53쪽 사진 63.
222) 國立公州博物館, 1988, 『百濟瓦當特別展』, 사진 14.
223) 國立扶餘博物館, 2010, 『百濟瓦塼』, 186쪽 사진 478.

▌ 사진 13   IIb형식 와당   ▌ 사진 14   IIIa형식 와당

여타 와례들과 비교하여 볼 때 창건와[224]로 판단되며 이의 제작시기는 6세기 4/4분기 무렵으로 추정할 수 있다. 따라서 IIa형식의 와당편년도 6세기 4/4분기 무렵으로 비정할 수 있겠다.

IIb형식(사진 13)[225]은 8엽의 연판에 1+4과의 연자 배치를 보이고 있다. 자방 외곽에서 1조의 원권대가 찾아져 판단원형돌기식 와당의 이형으로 생각된다. 이는 그 동안 금강사지에서 수습된 와례 중 자방 외곽에서의 원권대가 주로 판단삼각돌기식 와당에서 살펴지고 있는 것과 비교해 큰 차이를 보이고 있다. 커다란 자방과 1+4과의 연자 배치는 전술한 I b i 형식의 와례와 동일함을 보여주고 있어 6세기 4/4분기 무렵의 와작으로 추정할 수 있다.

3) III형식(판단융기식) 와당

이 형식의 와당은 연화문의 판단부가 차차 융기되는 모습을 취하고 있다. 연판의 형태 및 자방의 세부 모습에 따라 2가지로 구분할 수 있다.

IIIa 형식(사진 14)[226]은 8엽의 연판에 1+5과의 연자 배치를 보이고 있

224) 국립부여문화재연구소, 2009, 『王興寺址III 木塔址 金堂址 發掘調査報告書』, 145쪽.
225) 百濟文化開發研究院, 1983, 『百濟瓦塼圖錄』, 40쪽 사진 43.

사진 15 Ⅲb형식 와당   사진 16 관북리 백제유
                                      적 출토 와당

다. 연판은 판단 중상부에서 심하게 곡절하고 있다. 보통의 판단융기식[227]
와당이 판근에서 판단에 이르기까지 완만하게 연판이 융기되는 것과 비교
해 큰 차이를 보인다. 부여 중심부의 관북리유적이나 사지 등에서 거의 수
습되지 않는 것으로 보아 제한된 유적에만 사용된 와례임을 추정할 수 있
다. 간판의 판두는 Ⅰ·Ⅱ형식의 와례들과 비교해 작게 표현되었다. 연판의
곡절된 형태나 1+5과의 연자 배치, 자방 외곽의 원권대 등 전체적으로 제
석사지 출토 와당[228]과 친연성을 보이고 있다. 제석사지 출토 와례와 비교
해 제작 시기는 6세기 4/4분기~7세기 1/4분기로 추정할 수 있다.

　Ⅲb 형식(사진 15)[229]은 8엽의 연판에 1+8과의 연자를 배치하고 있다.
연판은 협판에 가까우며 판근에서 판단에 이르기까지 완만하게 융기하고
있다. 이러한 연판을 보이는 와례는 관북리 백제유적(사진 16)[230]을 비롯해

226) 百濟文化開發硏究院, 1983, 『百濟瓦塼圖錄』, 169쪽 사진 334.
227) 공주 공산성 원형 연지 및 목곽고 등에서 수습된 와례들을 참조하여 볼 때 이의 제작 시
　　기는 5세기말~6세기 1/4분기 전반으로 추정할 수 있다(조원창, 2000, 「웅진천도후 백제
　　와당의 변천과 비조사 창건와에 대한 검토」, 『영남고고학』제27호, 131쪽).
228) 國立扶餘博物館, 2010, 『百濟瓦塼』, 사진 606.
229) 百濟文化開發硏究院, 1983, 『百濟瓦塼圖錄』, 31쪽 사진 30.
230) 國立公州博物館, 1988, 『百濟瓦當特別展』, 사진 51.

구아리 전 천왕사지 등에서 살필 수 있다. 자방은 연판에 비해 크게 제작되었고 자방 외곽에서는 소형의 연주문대 장식을 살필 수 있다. 자방의 장식화로 보아 7세기 이후에 제작된 와례임을 추정할 수 있다.

4) IV형식(연화돌대식) 와당

연판의 등 중심부에 종선대(돌대)가 시문된 와당을 의미한다[231]. 백제를 비롯한 신라의 고토에서 여러 형식이 확인되고 있다. IV형식 와당은 자방 외곽의 연주문대 유무를 중심으로 2가지로 구분할 수 있다.

IVa형식(사진 17)[232]은 단판 8엽에 1+8과의 연자 배치를 보이고 있다. 연판은 볼륨감이 있고 자방은 돌출되어 있으며 간판은 크게 제작되었다. 자방 외곽에서의 無원권대 및 無연주문대로 보아 6세기 4/4분기~7세기 1/4분기 무렵에 제작되었음을 추정할 수 있다.

IVb형식(사진 18)[233]은 현재 1/2정도 남아 있으나 본래 8엽의 연판에 1+6과의 연자를 배치하였을 것으로 생각된다. IIIb 형식과 마찬가지로 자방 외곽에서 1조의 연주문대를 살필 수 있다. 와당의 제작시기는 7세기 이후로 판단된다.

사진 17 IVa형식 와당

사진 18 IVb형식 와당

231) 조원창, 2010, 『한국 고대와당과 제와술의 교류』, 서경문화사, 141쪽.
232) 國立博物館, 1969, 『金剛寺』, 도판 37-III.
233) 百濟文化開發硏究院, 1983, 『百濟瓦塼圖錄』, 213쪽 사진 417.

5) V형식(판구곡절식) 와당

연판의 중상단에 횡방향의 곡절이 시문된 와당을 의미한다. 공주 공산성·대통사지를 비롯해 부여 용정리사지·왕흥사지, 청양 관현리요지, 익산 미륵사지·제석사지 등에서 출토되었다. 금강사지 출토 V형식 와당(사진 19·20)[234]은 연판의 특징으로 보아 6세기 4/4분기~7세기 1/4분기의 와작으로 추정된다[235].

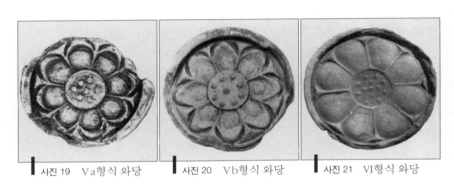

| 사진 19 Va형식 와당 | 사진 20 Vb형식 와당 | 사진 21 Ⅵ형식 와당 |

6) Ⅵ형식(판단곡면식)와당

연판의 판단부가 곡면으로 부드럽게 돌아가는 형식을 의미한다. 백제 사비기부터 등장한 와형으로 웅진기에는 살필 수 없다[236]. Ⅵ형식 와당(사진 21)[237]은 단판 8엽으로 간판은 Ⅲ형식처럼 작게 시문되었다. 자방은 돌출되지 않고 평판적이며 내부에서 3열의 연자 배치를 확인할 수 있다. 주연은 좁고 연주문대는 살필 수 없다. 간판의 소형화와 자방 내 3열의 연자 배치로

---

234) 百濟文化開發研究院, 1983,『百濟瓦塼圖錄』, 177쪽 사진 350 및 181쪽 사진 356.
235) 조원창, 2010,『한국 고대 와당과 제와술의 교류』, 서경문화사.
236) 사비기의 부여 정림사지 출토 와당에서 살필 수 있다(忠南大學校博物館·忠清南道, 1981,『定林寺』, 도판 96-c).
237) 百濟文化開發研究院, 1983,『百濟瓦塼圖錄』, 106쪽 사진 173.

보아 7세기 이후에 제작된 와당임을 추정할 수 있다.

7) Ⅶ형식 와당

이형와당으로 2가지로 구분해 볼 수 있다. Ⅶa형식(사진 22)[238]은 연판의 외곽선을 깊게 하여 음각된 것처럼 시문한 것이고 Ⅶb형식(사진 23)[239]은 자방 내에 원숭이[240] 두상으로 보이는 像이 조각되어 있다.

Ⅶa형식은 단판 8엽에 연자 배치는 자세히 살필 수 없다. 자방은 돌출되지 않고 평판화 되어 있으며 외곽으로는 얇게 원권대가 돌려져 있다. 간판은 부분적으로 시문되지 않아 형식화 되어 있음을 볼 수 있다[241]. 연판의 이질성과 간판의 형식화로 보아 7세기 이후에 제작된 와례임을 추정할 수 있다.

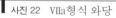

사진 22 Ⅶa형식 와당   사진 23 Ⅶb형식 와당

238) 百濟文化開發硏究院, 1983, 『百濟瓦塼圖錄』, 17쪽 사진 7.

239) 國立扶餘博物館, 2010, 『百濟瓦塼』, 143쪽 사진 330.

240) 이처럼 자방 내부에 원숭이나 양, 불상 등이 조각된 경우는 일찍이 중국 북위 와당에서 살필 수 있다. 이 와례에 대한 편년은 6세기 4/4분기경으로 추정된 바 있고 이에 대한 연구는 아래의 논문을 참조.
조원창, 2011, 「부여 금강사지 출토 자방 이형문 백제와당의 편년과 계통」, 『충청학과 충청문화』제12권, 충남역사문화연구원.

241) 이러한 와당은 부여 쌍북리사지Ⅱ(國立扶餘博物館, 2010, 『百濟瓦塼』, 사진 473), 부여 왕흥사지(國立扶餘博物館, 2010, 『百濟瓦塼』, 사진 481), 부여 부근(百濟文化開發硏究院, 1983, 『百濟瓦塼圖錄』, 18쪽 사진 9) 등에서 살필 수 있다.

이상에서와 같이 금강사지에서 수습된 여러 와당을 表로 살펴면 아래와 같다.

표 1 금강사지 출토 와당의 형식과 편년

구분		와당 자료	편년	비고
I 형식	Ia		6세기 4/4분기	
	Ib Ibi		6세기 4/4분기	
	Ibii		7세기 이후	
	Ic		6세기 4/4분기	

구분		와당 자료	편년	비고
II형식	IIa		6세기 4/4분기	
	IIb		6세기 4/4분기	
III형식	IIIa		6세기 4/4분기 ~ 7세기 1/4분기	
	IIIb		7세기 이후	
IV형식	IVa		6세기 4/4분기 ~ 7세기 1/4분기	

구분		와당 자료	편년	비고
IV형식	IVb		7세기 이후	
V형식	Va		6세기 4/4분기 ~ 7세기 1/4분기	
	Vb		6세기 4/4분기 ~ 7세기 1/4분기	
VI형식			7세기 이후	반원형의 판단부 처리는 부여학리사지 출토 와당과 친연성
VII형식	VIIa		7세기 이후	

구분		와당 자료	편년	비고
Ⅶ형식	Ⅶb		6세기 4/4분기	

〈표 1〉에서 살펴 본 바와 같이 금강사지 출토 와당은 그 동안 부여 및 익산지역 등에서 수습된 다른 와례들과 비교해 볼 때 대체로 6세기 4/4분기 무렵이나 그 이후에 제작되었음을 추정해 볼 수 있다. 이는 단언할 수 없지만 와당의 편년으로 보아 금강사의 창건이 적어도 6세기 4/4분기 무렵에는 완공되었음을 의미하는 것이다. 물론 사지 내에서는 7세기 이후 및 고려시기까지의 와례들도 어렵지 않게 살필 수 있다. 이러한 와당들은 금강사 창건 이후 해당 시기의 보수 및 중건 와당으로 사용되었음을 추정케 한다.

3. 금강사지 당탑지 기단구조의 특성

금강사는 백제 사비기에 초축된 이후 고려시기까지 그 법맥이 이어져왔다. 이로 인해 해당 지역에는 백제시기 뿐만 아니라 고려시기[242] 유구까지 중첩되어 나타나고 있다. 이러한 중복상태는 현재 남아 있는 탑지 및 금당지, 남회랑지 등을 통해서도 그 편린을 살필 수 있다. 따라서 여기에서는 백제시기의 당탑지를 중심으로 발굴조사 내용과 이에 따른 기단구조의 특성을 살펴보도록 하겠다[243].

---

242) 이는 금당지의 가구기단과 함께 축석된 할석 등의 존재와 귀목문 와당 등을 통해 추정할 수 있다.

1) 유구 현황

(1) 금당지(도면 2)[244]

금당지 발굴조사 결과 기단과 적심석 등이 확인되었다. 적심석은 금당지의 북동쪽에 치우쳐 9개가 검출되었다. 층위상 최상면에 위치하는 것으로 보아 고려시기의 적심석으로 판단된다.

금당지 기단은 지대석, 면석, 갑석 등으로 결구된 가구기단으로 전체 높이는 약 90cm 정도로 추정되었다. 이 중 지대석의 높이가 약 7촌, 면석 높이가 1.6척, 갑석 두께가 5~6촌으로 계측되었다. 금당지 기단의 규모는 남북 70척, 동서 59척이며, 기단 전면에서는 지대석과 접하여 폭 8촌~1.2척, 두께 4~5촌, 길이 2~3척 정도의 장방형 판석(사진 24)[245]이 1열의 횡방향으로 깔려있음이 확인되었다.

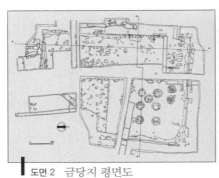
도면 2 금당지 평면도

사진 24 기단(지대석) 및 산수시설

243) 발굴조사 현황을 중심으로 기단토나 기단석의 변화, 보축 흔적 등을 고려하여 창건시기의 기단석을 분석해 보도록 하겠다.
244) 國立博物館, 1969, 『金剛寺』, 도면 3.
245) 國立博物館, 1969, 『金剛寺』, 도판 6-a.
이에 대해 보고서상에는 鋪石으로 설명하고 있다(國立博物館, 1969, 『金剛寺』, 10쪽). 그러나 이는 나타난 현상을 가지고 붙인 용어이기 때문에 정확한 성격을 의미하는 것은 아니다.

장방형의 판석은 기단과 인접해 있다는 점에서 산수시설[246]로 추정해 볼 수 있다. 즉, 기단을 보호하기 위한 안전시설물로서 빗물이 뿌려 기단 및 그 아래의 구지표면(생활면)을 침식하는 것을 막기 위한 조처로 파악된다. 중국의 경우 대체로 전이나 와편을 깔아 사용하고 있음이 확인된다. 이에 대해서는 다음 장에서 살펴보고자 한다.

(2) 목탑지(도면 3)[247]

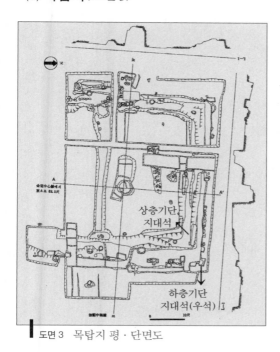

도면 3 목탑지 평 · 단면도

목탑지는 기단토의 축토상황으로 보아 창건 이후 두 차례에 걸쳐 개축된 것으로 추정되었다. 창건기는 백제시기, 1차 개축은 통일신라시기, 2차 개축은 고려시기에 이루어진 것으로 판단되었다.

남아 있는 창건 판축토로 보아 하층기단의 너비는 한 변 47척으로 확인되었다. 판축의 두께는 잔존상태가 양호한 북변 중앙의 경우 약 6척으로 조사되었다[248]. 아울러 판축기단

---

246) 이는 중국식 표현이며 국내에서의 경우 낙수받이 시설로 기술하고 있다(국립부여문화재연구소, 2010, 『동아시아 고대사지 비교연구(II) -금당지편-』, 267쪽).
247) 國立博物館, 1969, 『金剛寺』, 도면 5 탑 실측도(2).
248) 이 수치는 구지표상에서 기단토 상면까지의 높이가 아니라 축기부 바닥에서 기단토 상면까지의 높이를 의미한다.

토를 축토(5~6cm 이내)하기 앞서 동서남북 사방에 생토면을 굴착하여 축기부를 조성하였다.

판축기단토 외연으로는 지대석 자리로 추정되는 폭 2척 내외, 깊이 3~4촌의 凹溝가 확인되었다. 기단의 동북 · 서북 모서리에서는 금당지에서 출토된 것과 동일한 지대석(우석)이 검출되었다. 창건 기단의 높이가 5척을 넘어 이중기단[249]으로 이해되었다.

하층기단은 폭 60cm 내외의 요구 흔적과 지대석(우석)에 우주를 세우기 위한 모각 흔적으로 보아 가구기단으로 판단되었다. 아울러 요구의 안쪽 끝단에서 150cm 안쪽으로 계단상의 평탄면이 조사되었는데 이는 상층기단의 지대석 자리로 파악되었다. 평탄면의 경우 판축토를 굴토하여 임의로 조성해 놓았음을 알 수 있다.

조사 당시 탑지 내부에서 창건기의 초석이나 적심석(토) 등의 형적이 전혀 검출되지 않아 구지표면 및 기단토의 멸실이 극심하였음을 보여준다. 아울러 발굴조사 과정에서 새로운 기단 형식이나 석축렬 등의 유구가 확인되지 않은 것으로 보아 백제시기 이후 고려시기에 이르기까지 부분적인 보수작업이 이루어졌음을 추정케 한다.

2) 당탑지 기단 건축의 특성

(1) 금당지

금강사지 금당지 기단은 포석이 시설된 단층의 가구기단(도면 4)[250]이다. 기존의 백제사지에서 확인되는 가구기단과 달리 지대석의 隅石엔 隅柱를 받치기 위한 방형의 홈(도면 5)[251]이 파여 있다. 이러한 우주는 금강사

249) 보고서상에는 2층기단(國立博物館, 1969, 『金剛寺』, 32쪽)으로 명기되어 있으나 현 학계에서의 경우 이중기단으로 통칭하고 있어 이를 따르고자 한다. 아울러 상층기단의 형식에 대한 보고서의 언급은 살필 수 없다.
250) 國立博物館, 1969, 『金剛寺』, 11쪽 Fig 3.

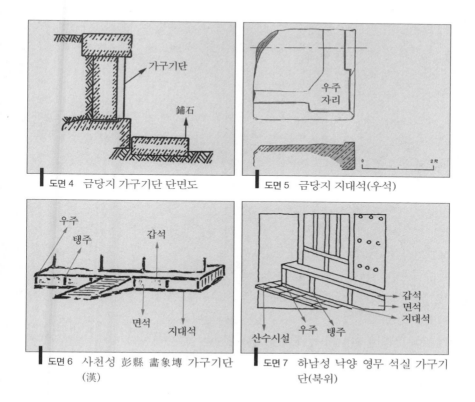

도면 4 금당지 가구기단 단면도

도면 5 금당지 지대석(우석)

도면 6 사천성 彭縣 畵象塼 가구기단
        (漢)

도면 7 하남성 낙양 영무 석실 가구기
        단(북위)

이전의 백제 건축물[252])에서 전혀 확인된 바 없기 때문에 백제 건축사에서
볼 때 새롭게 등장한 초출의 기단 부재로 이해할 수 있다. 아울러 7세기대
익산의 미륵사지 동·중원 금당지와 강당지[253]) 및 서탑, 그리고 통일신라기
의 보령 성주사 금당지 등 주로 백제의 고토에서 관찰되고 있어 기단 건축
기술의 지역전파를 보여주기도 한다[254]).

251) 國立博物館, 1969,『金剛寺』, 10쪽 Fig 2.
252) 금강사에 선행하는 건축물의 기단에서는 검출된 바 없다. 이는 고구려 및 신라의 사지를
    비롯한 와건축물에서도 확인된 바 없다.
253) 文化財管理局 文化財硏究所, 1989,『彌勒寺 I』.

그런데 이러한 가구기단에서의 우주의 존재는 일찍이 중국 한대에서부터 살펴지고 있어 주목되고 있다. 발굴과정을 통해 드러난 건축기단은 아니지만 당시 생활상을 대변해 주는 화상석에 시문되어 있다는 점에서 자료적 가치가 높다고 생각된다.

화상석을 보면 지대석과 면석, 갑석이 갖추어진 가구기단 위에 기둥과 벽체가 축조되어 있음을 볼 수 있다(도면 6)[255]. 기단의 정 중앙에는 계단이 시설되어 있고 면석과 면석 사이에는 1조의 탱주가 부가되어 있다. 아울러 기단 모서리의 면석과 면석 사이에는 우주가 시설되어 있다. 화상적이 입체적이지 않아 자세히 관찰할 수는 없지만 기단토의 토압을 고려해 볼 때 지대석의 상면에는 면석과 탱주, 우주 등이 밀려나지 않도록 "ㄴ"모양의 턱이 시설되었을 것으로 생각된다. 전체적으로 금강사지 가구기단과 비교해 볼 때 탱주를 제외한 외관상의 차이는 크지 않았던 것으로 이해할 수 있다. 다만, 금강사지 금당지 기단의 경우 전면으로 판석형의 산수시설이 깔려 있어 이것이 시설되지 않은 한대 화상석의 가구기단과 차이를 보여주고 있다.

우주가 시설된 가구기단의 존재는 한편으로 중국 남북조시대의 건축물에서도 어렵지 않게 찾아볼 수 있다. 즉, 북위 낙양 영무석실 출토 유물(도면 7)[256]을 보면 가구기단과 이의 전면에 散水를 위한 전이 깔려 있음을 볼 수 있다.

건축물 일부만 남아 있어 기단 전면은 살필 수 없지만 구조와 형식을 파악하기는 가능하다. 기단은 지대석과 면석, 갑석으로 결구되어 있으며 지대석과 비슷한 높이로 전이 깔려 있음을 볼 수 있다. 면석과 면석 사이에는 탱주가 장식되어 있고 기단의 모서리에는 우주가 시설되어 있다. 전술한 한대 화상전의 가구기단과 큰 차이가 없으나 기단 전면에 散水시설인 전이 깔려

---

254) 조원창, 2003, 「寺刹建築으로 본 架構基壇의 變遷 硏究」, 『百濟文化』32집, 公州大學校 百濟文化硏究所.
255) 劉敦楨 저/鄭沃根 외 공역, 2004, 『中國古代建築史』, 139쪽.
256) 劉敦楨 저/鄭沃根 외 공역, 2004, 『中國古代建築史』, 183쪽.

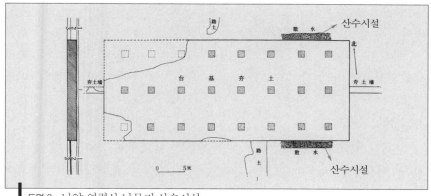

도면 8   낙양 영령사 남문지 산수시설

있다는 점에서 차이를 보이고 있다. 이러한 산수시설의 존재가 구체적으로 기능적 차이를 반영하는 것인지, 아니면 건축물의 위계에 따라 시설된 것인지는 현재의 입장에서 단언할 수 없다. 다만, 북위 낙양 영령사의 남문지(도면 8)[257]에서도 이러한 산수시설이 확인되고 있는 것으로 보아 위계성 보다는 기능성의 반영이라는 측면에서 살펴보는 것이 좀더 타당하지 않을까 판단해 본다[258].

금강사지 금당지의 가구기단은 위의 자료와 비교해 볼 때 산수시설이 구비된 북위시기의 가구기단과 유사함을 볼 수 있다[259]. 물론 금강사지 금당지에서 탱주가 확인되지 않아 이것과의 직접적인 비교는 어렵지만 전체적인 구조에서 친연성이 있음은 부인하기 어렵다.

---

257) 산수시설은 너비 1.3m, 두께 10cm로 조성되었다(中國社會科學院考古研究所, 1996, 『北魏洛陽永寧寺』, 中國大百科全書出版社, 9쪽 圖 6). 漢魏시기의 기와편으로 시설되었다.
258) 만약 산수시설이 위계성을 반영한다면 남문지 보다는 상징성이 강한 목탑지에 시설됨이 마땅할 것이다.
259) 이는 자료의 한계에 기인된 바 크기 때문에 남조의 건축물에서도 산수시설은 분명히 존재하였을 것이다. 따라서 금강사지에서 관찰되는 가구기단에 산수시설이 구비된 금당지의 존재는 중국 남북조의 건축문화 속에서 이해하여야 할 것이다.

발굴조사 결과 백제 금당지 가구기단은 능산리사지를 비롯한 제석사지, 미륵사지 등 일부 당탑지에서 확인되었다[260]. 사지를 제외한 금성산 건물지, 관북리 추정 왕궁지 및 일반 와건물 등에서 이러한 가구기단의 존재가 확인되지 않았다는 점에서 기단 형식의 특수성을 추정해 볼 수 있다. 아울러 치석된 지대석과 면석, 갑석, 우주 등을 결구하였다는 점에서 장식성도 함께 살필 수 있다.

금강사지 금당지 기단은 이처럼 위엄성과 장식성을 겸한 가구기단으로서 그 동안 백제의 건축물에서 검출된 바 없는 우주와 판석의 산수시설을 갖추고 있었다. 이러한 건축 부재가 중국 남북조의 건축물과 밀접한 관계에 있었다는 점에서 당시 백제 건축문화의 적극성을 엿볼 수 있겠다[261].

(2) 목탑지

목탑지 기단은 발굴조사 과정에서 드러난 판축토의 존재로 보아 이중기단으로 추정되었다. 그러나 이의 세부적인 형태에 대해서는 아직까지 상세히 검토된 바 없다. 따라서 본고에서는 보고서에 기술된 목탑지 기단의 내용을 발굴조사와 비교하여 이의 실체를 추정해 보고자 한다. 이를 위해 우선 백제 와건물지의 이중기단 사례에 대해 살펴보고 이의 구조적 측면을 검토하여 금강사지 목탑지 기단의 구조와 장엄성을 알아보도록 하겠다.

백제 와건물지에서의 이중기단은 현재까지의 고고학적 내용을 검토해 볼 때 사비기부터 등장하였을 것으로 생각된다. 아울러 금강사지 목탑지에

---

260) 전체적으로 기단이 멸실된 정림사지 금당지, 부소산사지 금당지 등에서의 기단 구조와 형식은 파악할 수 없다. 아울러 와적기단으로 조성된 군수리사지 금당지, 할석으로 축조된 왕흥사지 금당지 등은 가구기단과 관련이 없다.

261) 고구려유적에서의 경우 우주가 결구된 가구기단의 존재가 학계에 보고된 바는 없다. 아울러 고신라에 해당되는 황룡사지 및 분황사지 등 기타 유적에서도 우주가 포함된 가구기단은 확인된 바 없다. 이로 보아 당시 백제 장인의 건축기술이 주변국과 비교해 결코 뒤떨어지지 않았음을 알 수 있겠고 아울러 외래 기술의 유입에도 적극적이었음을 판단해 볼 수 있다.

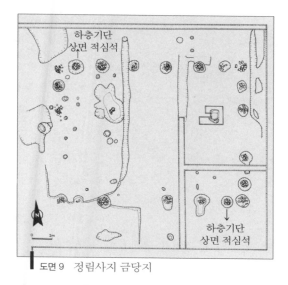

도면 9　정림사지 금당지

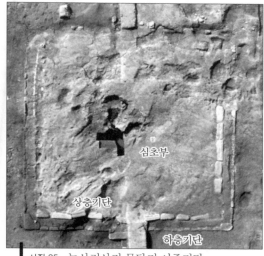

사진 25　능산리사지 목탑지 이중기단

서와 같은 상하층의 이중 기단은 그 동안 고구려나 신라에서도 보고된 바 없어 6세기 후반대의 특징적인 기단건축물로 판단해 볼 수 있다.

금강사가 창건되기 이전인 6세기 중·후반대 백제의 이중기단은 정림사지 금당지, 군수리사지 당탑지, 능산리사지 당탑지, 왕흥사지 목탑지, 금성산 건물지 등에서 살필 수 있다. 금성산 건물지를 제외한 대부분의 이중기단 건물지는 사지의 금당 및 목탑지이어서 기단의 위계성 및 장엄성을 잘 보여주고 있다[262].

정림사지 금당지(도면 9)[263]는 상·하층 기단석이 모두 멸실되어 그 형적을 살필 수 없다. 다만, 사지내에서 검출된 여러 폐기 구덩이에서 가

262) 趙源昌, 2002,「百濟 二層基壇 築造術의 日本 飛鳥寺 傳播」,『百濟研究』35, 忠南大學校 百濟研究所.

사진 26 금성산 건물지 이중기단

구기단과 관련된 지대석이나 면석, 갑석 등의 부재가 확인되지 않는 것으로 보아 가구기단은 아니었을 것으로 추정된다. 아마도 할석이나 치석을 이용한 이중기단이었을 것으로 생각된다. 하층기단 상면에서 적심석이 확인되었다.

군수리사지 금당지의 기단은 하층이 합장식과 수직횡렬식 와적기단, 상층이 수직횡렬식 와적기단으로 모두 기와를 이용하여 축조하였다. 목탑지는 하층이 수직횡렬식 전적기단, 상층은 멸실되어 그 형적을 살필 수 없다. 다른 백제사지의 당탑지 기단과 비교해 볼 때 완전 이질적인 재료로 축조되었음을 확인할 수 있다[264].

능산리사지 당탑지(사진 25)[265]의 이중기단은 하층이 수직횡렬식 치석기단[266], 상층이 가구기단으로 조성되었다. 상층기단의 경우 지대석의 존재만 살필 수 있지만 이의 상면에서 갑석을 올리기 위한 턱이 각출되어 있어 가구기단임을 알 수 있다. 아울러 이러한 추정은 유구 주변에서 면석으로 보이는 판석을 통해서도 확인할 수 있다.

왕흥사지 목탑지는 하층이 치석기단인 반면, 상층은 할석기단으로 축조되어 석재의 차이를 발견할 수 있다. 보통의 목탑지가 가구기단으로 축조된 것과 비교해 기단 구조의 이질성을 살필 수 있다. 하층기단 상면에서의

---

263) 忠南大學校博物館 · 忠淸南道廳, 1981, 『定林寺』, 도면 5.
264) 이처럼 당탑지의 기단이 기와나 전으로 축조된 사례는 백제뿐만 아니라 고구려나 고신라에서도 찾아볼 수 없다.
265) 國立扶餘博物館 · 扶餘郡, 2000, 『陵寺 -圖面 · 圖版-』, 220쪽 도판 10-①.

초석이나 적심석 등은 시설되지 않았다.

금성산 건물지는 하층기단이 평적식 와적기단으로 축조된 반면, 상층은 할석기단으로 조성되었다(사진 26)[267]. 하층기단 상면에서 초석이 검출되어 정림사지 및 군수리사

지 금당지처럼 차양칸이나 퇴칸 등의 시설물이 축조되었음을 추정할 수 있다. 다만, 금성산 건물지 및 군수리사지 금당지의 경우 기단 재료가 기와편이어서 석축인 능산리사지 및 왕흥사지의 이중기단과 차이를 보인다.

266) 탁경백은 이를 낙수받이 경계석으로 해석하고 있다(2009, 「한국 고대목탑 낙수받이 고찰」, 『文化財』제42권·제2호, 24~25쪽). 그런데 이럴 경우 모서리부에 위치한 커다란 석재(隅石)와 이의 축조기법이 문제시 된다. 즉, 하층기단은 너비가 넓은 치석된 판석으로서 지표면을 "U"자 모양으로 굴광하고 축조하였다. 굳이 낙수받이 경계석으로 사용한다면 너비가 넓은 판석을 깊게 파고 조성할 필요성이 있었는지 궁금하다. 아울러 모서리에 위치한 隅石의 경우도 다른 석재와 달리 현격하게 규모가 큰 것을 사용할 필요성이 없다. 특히 하층기단을 낙수받이 경계석으로 파악하기 위해선 이의 내부에서 모래나 낙수구 등의 토층 변화가 살펴져야 하나 이러한 현상이 전혀 검출되지 않았다. 아울러 하층기단석과 상층기단의 지대석이 그대로 남아 있는 상태에서 상층·하층 기단석 사이의 멸실이 있을 수 없다. 이런 상태에서 목탑지(國立扶餘博物館·扶餘郡, 2000, 『陵寺 -圖面·圖版-』, 11쪽 도면 8)의 경우 낙수받이를 위한 재료상의 전이나 와, 박석 등이 전혀 검출되지 않는 것은 어떻게 이해해야 할지 의문스럽다. 그리고 금당지의 경우도 하층기단과 상층기단 사이의 석렬 1조가 동·서·남쪽 일부에서 확인되고 있다(國立扶餘博物館·扶餘郡, 2000, 『陵寺 -圖面·圖版-』, 13쪽 도면 9). 층위상으로 보아 이들 소형 할석들은 하층기단석보다 아래에 위치하여 있음을 살필 수 있다. 그리고 이러한 석렬이 계단지에서도 검출되고 있다는 점은 이러한 유구가 낙수받이와 관련이 없음을 확신케 한다. 왜냐하면 계단 그 자체가 석재로 이루어졌기 때문에 별도의 낙수받이는 필요치 않았을 것이다. 따라서 능산리사지 당탑지에서의 하층기단을 낙수받이 경계석으로 판단하는 것은 곤란할 것이라 생각된다.
267) 國立扶餘博物館, 1992, 『扶餘錦城山瓦積基壇建物址發掘調査報告書』, 3쪽 도판 1.

금강사지 목탑지 이중기단은 상층기단의 경우 가구기단이나 여러 段의 치석기단 외에는 생각하기 어렵다. 그런데 후자의 경우 백제의 목탑기단[268]에서 그 사용예가 확인되지 않았다는 점에서 쉽게 취신하기 어렵다. 이러한 판단은 한편으로 상층기단에서 확인된 1매의 지대석을 통해서도 확인할 수 있다. 즉, 기단 상부 동북우에서 발견된 1매의 장대석은 상면에 면석을 올릴 수 있도록 凹溝가 각출되어 있다. 이러한 지대석 상면에서의 치석기법은 금당지 기단의 지대석에서도 동일하게 확인되어 가구기단의 지대석으로 보아도 큰 무리는 없으리라 생각된다. 아울러 하층기단의 경우도 전술한 바와 같이 동북·서북우에서 지대석(우석)이 검출된 바 있어 가구기단으로 축조되었음을 살필 수 있다.

이렇게 볼 때 금강사 목탑지의 기단은 상하층 모두 이중의 가구기단이었을 가능성이 높다. 하층의 가구기단 위에 상층의 가구기단이 시설되었다는 점에서 웅장한 외관을 갖추었던 것으로 생각된다. 특히 금강사 목탑지 이전에 이러한 상하층 모두의 가구기단이 확인되지 않았다는 점에서 백제 조사공의 수준 높은 기술력을 짐작케 한다. 아울러 당탑지 우석의 축조기법면에서 미륵사지 금당지 및 강당지(사진 27)[269] 등과 친연성이 찾아져 기술력의 전파 또한 판단케 한다.

한편, 하층기단과 상층기단 사이의 간격이 약 150cm 정도로 추정되어 백제 목탑지를 비롯한 와건물지 중 그 너비가 상대적으로 넓었음을 확인할 수 있다. 이러한 하층기단 상면의 규모로 보아 차양칸이나 퇴칸 등의 기둥

---

268) 백제 목탑지 중 상층기단이 남아 있는 자료를 살피면 아래와 같다.

구분	재료 및 형식	편년	비고
군수리사지	?	6세기 중엽	
능산리사지	가구기단	567년	지대석 만 잔존
왕흥사지	할석기단	577년	
제석사지	가구기단	7세기 초	지대석 만 잔존
미륵사지	가구기단	7세기 초	

269) 필자사진

을 받치기 위한 초석이 시설되었을 가능성도 현재 관점에서 완전 배제하기 어렵다[270]. 기본적으로 단층의 와건물인 경우 내진주와 외진주를 이용하여 건물을 조성하나 이중기단의 경우 하층기단의 너비만큼 처마의 길이가 길어져 처마가 처지는 위험성이 발생할 수 있다. 또한 햇빛이나 우수로부터 건물의 하부를 보호하기 위한 차양칸의 시설도 요구된다. 이러한 필요성을 위해 副階[271]가 설치되고 이곳엔 자연스럽게 변주가 올려지게 된다.

이처럼 이중기단이면서 하층기단 상면에 초석이 시설된 백제의 건축유적으로는 정림사지와 군수리사지, 금성산 건물지(사진 28)[272] 등이 있고 신라의 경우는 황룡사지 중건가람 중금당지(도면 10)[273] 등을 들 수 있다. 정림사지는 하층기단 상면의 너비가 약 180cm[274], 군수리사지는 150~200cm[275], 금성산 건물지는 140cm[276], 황룡사지는 260cm 내외[277] 등 그 너비가 대략 140cm 이상임을 알 수 있다. 이 부분은 아마도 퇴칸이나 차양칸 등의 시설물 설치를 위한 초석자리였을 것으로 추정되고 있다. 이는 하층기단 상면에 초석이 올려지지 않은 능산리사지 금당지나 목탑지, 중정리건물지, 미륵사지, 왕궁리사지 등에 비해 그 너비가 확연하게 넓음을 살

270) 하층기단 상면에서 기둥을 받치기 위한 초석이나 적심석이 확인된 사례는 군수리사지 금당지, 정림사지 금당지, 금성산 건물지 등 주로 부여지역의 기와 건물지에서 살필 수 있다.

271) 이는 본체의 구조적인 보강이나 불교의례상의 요구, 1층 입구의 출입시설, 지붕의 부가로 인한 안정감 확보, 자유로운 입면의 구성을 위해 시설되었다고 한다(배병선, 2008, 「부여지역 백제건물지의 구조」, 『定林寺 역사문화적 가치와 연구현황』, 141쪽).

272) 國立扶餘博物館, 1992, 『扶餘錦城山瓦積基壇建物址發掘調査報告書』, 81쪽 도판 24.

273) 文化財管理局 文化財研究所, 1984, 『皇龍寺』, 1984, 54쪽 삽도 6 수정.

274) 이는 복원적 검토 과정에서 얻은 수치이므로(忠南大學校博物館·扶餘郡, 1981, 『定林寺』, 7쪽) 정확성은 떨어진다고 볼 수 있다. 금당지의 상층기단과 하층기단은 거의 대부분 멸실되었다.

275) 국립부여문화재연구소, 2010, 『扶餘軍守里寺址 Ⅰ-木塔址·金堂址 發掘調査報告書-』, 51쪽.

276) 國立扶餘博物館, 1992, 『扶餘錦城山百濟瓦積基壇建物址發掘調査報告書』, 15쪽.

277) 文化財管理局 文化財研究所, 1984, 『皇龍寺』, 54쪽 삽도 6 참조.

사진 28　금성산 건물지 이중기단

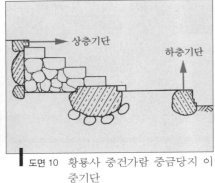
도면 10　황룡사 중건가람 중금당지 이중기단

필 수 있다.

이들 내용을 표로 살피면 아래와 같다.

표 2　하층기단 상면 너비

		하층기단 너비(cm)		비고
		금당지	목탑지	
백제	정림사지	180 추정	·	• 금당지 하층기단 상면에 초석 시설
	군수리사지	150~200	확인불명	• 금당지 하층기단 상면에 방형 초석 일부 잔존 • 목탑지 상층기단 멸실
	능산리사지	84	70	• 상층기단은 가구기단 • 하층기단 상면에 초석 시설 안됨
	왕흥사지	·	확인불명	• 금당지 · 목탑지 일부 기단시설 멸실
	금강사지	·	150 내외	• 금당지는 단층의 가구기단
	금성산 건물지	140		• 하층기단 상면에 초석 시설
	중정리 건물지	상 · 하층기단이 접해 있거나 인접		• 상 · 하층 기단 모두 할석의 석축기단 • 하층기단 상면에 초석 시설 안됨
	부소산사지	80~100내외	확인불명	• 금당지 기단 완전 멸실 • 목탑지 잔존 상태 불량
	미륵사지	하층기단 상면에 판석 위치	확인안됨	• 금당지 하층기단의 갑석과 상층기단의 지대석이 접해 있음. 하층기단 상면에 초석 시설 없음
	제석사지	130~140	확인불명	• 금당지 상층기단 완전 멸실 • 목탑지 기단 시설 불명

신라	왕궁리사지[278)	하층기단 상면에 판석 위치	확인안됨	• 금당지는 이중기단이나 하층기단의 갑석과 상층기단의 지대석이 접해 있음. 하층기단 상면에 초석 시설 안됨
	황룡사지	260	하층기단 없음	• 중금당지 하층기단 상면에 초석 시설 • 목탑지는 단층의 가구기단으로 추정
	나정	상·하층기단이 접해 있거나 인접		• 상·하층 기단 모두 할석의 석축기단 • 하층기단 상면에 초석 시설 안됨

따라서 금강사 목탑지의 하층기단 상면이 150cm[279) 정도로 넓다는 점은 기존의 정림사지나 군수리사지, 금성산 건물지 등의 조사 내용으로 보아 차양칸이나 퇴칸 등을 받치기 위한 변주로서의 초석이 시설되었을 가능성도 충분히 예상할 수 있다. 이는 하층기단과 상층기단의 지대석이 확연하게 남아 있는 능산리사지 금당지 및 목탑지에서 차양칸 및 퇴칸 조성 등을 위한 초석(적심석)의 흔적이 전혀 검출되지 않고 이들 하층기단 상면의 너비가 100cm 이내라는 점에서도 어느 정도 유추 가능하다. 이러한 사례는 부여 중정리건물지 및 익산 왕궁리사지, 그리고 신라의 경주 나정유적을 통해서도 어느 정도 판단해 볼 수 있다.

위의 내용으로 보아 금강사지 목탑지 기단은 금당지 기단과 비교해 상하층 모두 이중의 가구기단으로 축조된 점과 부계를 통한 기단의 장엄성 추구라는 측면에서 금당보다 더욱 더 많은 노동력과 기술력이 투여되었음을 살필 수 있다. 그리고 기단의 전체 높이가 150cm 이상으로 추정되어 기단토의 토압을 충분히 고려한 건축공학의 백미로 손꼽을 수 있겠다.

278) 國立扶餘文化財硏究所, 2010, 『동아시아 고대사지(II) -금당지편-』, 76~79쪽.
279) 國立博物館, 1969, 『金剛寺』, 15쪽.

5. 맺음말

금강사지는 부여군 은산면 금공리 금강천의 서쪽 구릉 하단에 위치하고 있다. 금강천은 백마강의 지류로 부여군 은산면과 청양군 장평면의 군계를 이루고 있으며 지금도 유수량이 풍부한 편이다.

금강사지는 西殿東塔의 당탑배치를 보이는 것으로서 다른 백제사지의 北殿南塔 배치와 큰 차이를 보이고 있다. 가람내의 전각은 동에서 서로 나아가며 중문 - 목탑 - 금강 - 강당 - 승방 등이 위치하고 있다. 사지 주변에서는 지금도 백제 기와편을 비롯한 토기편, 고려시기의 여러 유물들이 산견되고 있다.

금강사지에서 수습된 와당은 연판의 판단문과 기타 문양을 중심으로 크게 7가지 형식으로 구분할 수 있다. 이들 형식 중 적어도 Ⅰ형식 및 Ⅱ형식의 경우는 다른 백제 와당과 비교하여 볼 때 6세기 4/4분기 무렵에는 제작되었을 것으로 추정된다. 아울러 이러한 와당 편년을 전제로 한다면 금강사의 창건은 늦어도 6세기 말경에는 이루어졌을 것으로 생각된다.

당탑지에서 확인되는 가구기단의 세부 부재(우석이나 우주)는 이전의 백제 건축물에서 확인할 수 없는 초출 자료로 파악되고 있다. 특히 이러한 우주는 한대 화상석의 건축물에 조각되어 있어 그 계통이 중국에 있었음을 알 수 있고 6세기 4/4분기 경 백제와 중국 남북조의 교류를 통해 백제에 전파된 건축기술로 이해할 수 있다. 건축물의 기단에 우주가 시설된 사례는 익산 미륵사지 금당지나 석탑, 기타 강당지 등에서 그리고 통일신라기의 보령 성주사지 금당지 등에서도 찾아지고 있어 한편으로는 공간적, 시간적 기술전파를 엿볼 수 있다. 목탑지에서 보이는 이중의 가구기단과 금당지에서의 판석재 산수시설 등은 이전의 백제 사원건축에서 살필 수 없는 장엄성과 장식성이 겸비된 건축물로 이해할 수 있다. 아울러 목탑지 하층기단 상면의 너비(150cm)로 보아 차양칸이나 퇴칸 등의 부계가 시설되었을 가능성도 충분히 유추해 볼 수 있겠다.

1964년과 1966년 2차에 걸쳐 실시된 금강사지 발굴조사는 전면 발굴이 아닌 부분 확장조사였다. 따라서 그 사역이 완전 확인되었다고는 단언할 수 없다. 향후 점진적인 발굴조사를 통해 백제시기 외의 통일신라시기 및 고려시기에 해당하는 가람배치와 사역 등도 함께 밝혀지기를 기대해 본다[280].

---

280) 이 글은 조원창, 2011, 「부여 금강사의 축조시기와 당탑지 기단구조의 특성」, 『문화사학』36호에 게재된 논문을 정리하여 옮겨놓은 것이다.

扶餘 金剛寺址 出土
子房 異形文 百濟瓦當의
編年과 系統

1. 머리말

삼국시기 백제 와당은 주연부, 연판부, 자방 등으로 구분되어 있다(사진
1)[281]. 주연부는 연판의 외곽을 둘러싼 것으로 일부 면이 수키와와 접착되
어 있으며 연주문[282]이 시문되기도 한다. 연
판부에는 4엽, 6엽, 8엽, 10엽 등의 연화문과
간판[283]이 제작되어 있다. 연화문은 판단부
및 내부 문양에 따라 다시 판단융기식, 판단
첨형식, 연화돌대문식, 판구곡절식[284] 등으
로 세분된다[285]. 아울러 연판과 주연 사이에
는 1조의 원권대가 표현되기도 한다[286].

평면 원형인 자방은 달리 중방으로도 불

간판   자방

주연부   연판부

사진 1 와당 세부

---

281) 國立公州博物館, 1988, 『百濟瓦當特別展』, 도판 14.
282) 통일신라기 와당에서 주로 보이며 백제와당의 경우 왕흥사지에서 살필 수 있다.
283) 연화문 사이의 상단에 배치되며 "T", "◆", "▼" 등 다양한 형태를 보이고 있다.

리며 와당의 정 중앙에 배치되어 있다. 단면상 약간 돌출된 것이 일반적이나 일부 와당의 경우 평판적인 것도 확인할 수 있다. 특히 고구려와당이나 백제 왕홍사지 출토 와당에서와 같이 귀목형의 반원상으로 돌출된 것도 살필 수 있다.

자방 상면에는 소형의 圓珠文처럼 보이는 연자가 부착되어 있고 외연에는 1조 혹은 2조로 이루어진 연주문대가 장식되기도 한다. 그리고 고구려 및 신라와당에서 살필 수 있는 것처럼 자방 상면이 방사선상으로 분화된 것도 찾아볼 수 있다.

연자배치는 2열배치가 일반적이나 7세기 이후에는 3열 배치도 확인된다. 2열 배치의 경우 1+5과, 1+7과, 1+6과, 1+8과, 1+10과 등 시기별로 각기 다른 배치를 보여주고 있으나 백제와당에서는 1+8과가 가장 일반적이다.

이상에서와 같이 백제의 고토에서 수습된 연화문 와당을 각 부로 대분하여 개략적으로 살펴보았다. 그런데 백제에서의 경우 당시 중국 남북조와의 교섭을 통해 문양면에서 전혀 새로운 속성이 관찰되는 사례도 어렵지 않게 발견할 수 있다. 이는 판단첨형의 연화문, 중판 및 복판의 연화문, 귀목형의 자방, 주연부의 연주문대 등 다양한 부문에서 확인할 수 있다.

이런 점에서 금강사지[287] 출토 자방 이형문 와당의 경우도 다른 백제와

284) 곡절소판형으로도 부른다(金誠龜, 1992, 「百濟의 瓦塼」, 『百濟의 彫刻과 美術』, 공주대학교박물관).
285) 와당 형식에 대한 통일된 안이 없어 필자에 따라 분류방법과 부르는 이름이 각기 다른 실정이다.
　　朴容塡, 1976, 「百濟瓦當의 體系的 分類」, 『百濟文化』9집, 公州師範大學 百濟文化研究所.
　　朴容塡, 1984, 「百濟瓦當의 類型研究」, 『百濟研究』15집, 忠南大學校 百濟研究所.
　　金誠龜, 1992, 「百濟의 瓦塼」, 『百濟의 彫刻과 美術』, 공주대학교박물관.
　　金誠龜, 2008, 『백제의 와전예술』, 주류성.
　　조원창, 2010, 『한국 고대 와당과 제와술의 교류』, 서경.
　　이 외에 백제와당에 대한 연구는 정치영, 이병호 등에 의해 이루어진 바 있다.
286) 고구려 와당에서 흔히 살필 수 있다.

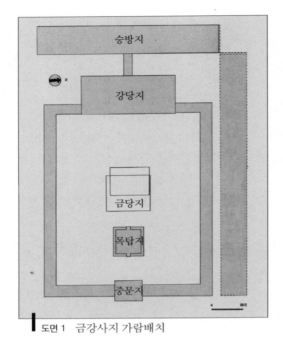

도면 1 금강사지 가람배치

당과 비교해 자방에서의 특이성을 발견할 수 있다. 즉, 연자 대신 원숭이로 보이는 두상의 문양이 시문되어 있다. 회화적 이미지가 강조되었다는 점에서 동일 유적에서 검출된 다른 와당과의 상이성을 보여주고 있다. 이러한 자방의 특이성은 한성기 및 웅진기의 백제와당에서는 찾아볼 수 없는 이질적인 요소이기에 아마도 사비기 중국 남북조 제와문화와의 관련성을 판단케 한다.

따라서 본고에서는 금강사지 출토 자방 이형문 와당의 특징과 편년을 살펴보고 이와 관련성이 있는 중국의 와당 사례를 찾아보고자 한다. 그럼으로서 당시 중국 남북조와 백제의 제와술 교류를 문양적 측면에서 고찰해 보도록 하겠다.

287) 부여군 은산면 금공리 13-1 외에 자리하고 있다. 1탑1금당식의 가람배치를 보이는 동향의 백제 사비기 가람이다(도면 1, 國立博物館, 1969,『金剛寺』, 도면 2). 1964년 및 1966년 발굴조사가 진행된 바 있으며 "金剛寺"명 기와가 출토된 바 있다. 사적 제435호로 지정되어 있다.

2. 금강사지 출토 자방 이형문 와당의 편년

1) 와당 문양

사진 2   금강사지 출토 자방
         이형문 와당

사진 3   樹木雙鳥雙猴雙羊
         文 와당(戰國)

출토 위치가 명확하게 밝혀지지 않은 단판 8엽 연화문 와당이다(사진 2)[288]. 수키와와 접합된 주연 일부분이 파손되었으나 문양 파악은 가능하다. 주연은 소문으로 연주문이 없으며 연판과 주연 사이에도 구상권대가 없다.

긴 압정을 연상시키는 T자형의 간판은 판단부가 연판에 비해 작게 표현되었다[289]. 판근부에는 원형의 소주문이 장식되어 있으며 이는 자방 외곽의 원권대와 접해 있다. 이러한 판근의 소주문 처리는 사비기의 다른 백제와당에서 쉽게 관찰할 수 없는 이질적인 제와 속성으로 판단할 수 있다[290].

연판의 판단부는 약하게 융기되었고 이의 최대경은 상단부에서 살필 수 있다. 이러한 판단융기식의 연화문은 웅진기 공주 공산성의 추정왕궁지를 비롯해 사비기 부여 관북리유적, 정안 상룡리산성, 구아리 전 천

---

288) 國立扶餘博物館, 2010, 『百濟瓦博』, 143쪽 도판 330. 보고서에서의 경우 자방 내부의 문양과 관련된 설명은 전혀 없다(國立博物館, 1969, 『金剛寺』, 23쪽).
289) T자형 간판이 시문된 웅진기~사비기 연화문 와당의 경우 판단부의 폭은 연화문을 감쌀 정도로 넓게 표현하였다.
290) 대부분의 백제와당에서 관찰되는 간판의 경우 판근은 일자형으로 처리되어 있다.

왕사지 출토 와당 등에서 찾아볼 수 있다.

자방 내부 외연에는 12개의 연주문이 1조로 시문되어 있고 그 내부에 원숭이[291]로 보이는 두상이 표현되어 있다. 자방 내부에 동물상이 표현되었다는 점에서 기존의 백제와당에서는 살필 수 없는 완전 이형임을 알 수 있다. 물론 고구려 와당에서와 같이 판구면에 귀면이 시문된 사례는 쉽게 살필 수 있으나 자방 내부가 아니라는 점에서 비교대상으로 삼기 어렵다.

자방 외곽에서는 돌출된 1조의 원권대를 살필 수 있다. 이러한 문양은 웅진기의 와당에서 살필 수 없는 제와 속성으로 이해할 수 있다. 사비기에 해당되는 부여 정암리와요 출토 와당을 비롯해 동남리유적, 관북리유적, 정림사지, 능산리사지 등에서 찾아지고 있다. 이러한 제와 속성은 일찍이 중국 남조 와당에서도 살펴지고 있어 그 시원이 중국 본토에 있었음을 알게 한다.

지름 13cm로 추정되며 현재 국립중앙박물관에 소장되어 있다.

2) 편년

간판 판근 및 자방 내부 문양의 경우 다른 백제 와당에서는 살필 수 없는 요소이기에 여기에서는 연판의 형태를 중심으로 자방 이형문 와당의 제작 시기를 살펴보고자 한다.

백제에서의 판단융기식[292] 와당은 웅진기 유적에 해당되는 공주 공산성 추정왕궁지에서 초출되고 있다. 연판은 8엽[293]과 10엽(사진 4)[294] 두 종류이고 연자는 1+8과 및 1+10과로 획일화되어 있다[295]. 자방 직경은 연판과

---

291) 와당에 원숭이가 표현된 사례는 일찍이 중국 전국시대 와례에서 살필 수 있다(사진 3, 內蒙古自治區文物考古硏究所, 2003,『內蒙古出土瓦當』, 文物出版社, 118쪽). 정면이 아닌 측면향으로 시문되어 확실한 얼굴 모습을 살필 수는 없지만 나무를 잡고 있는 모습, 꼬리 등에서 원숭이를 연상케 한다.

292) 金誠龜, 1992,「百濟의 瓦塼」,『百濟의 彫刻과 美術』, 312쪽. 연판의 판근에서 판단에 이르기까지 완만하게 융기하는 모습을 보인다.

| 사진 4 공산성 추정왕궁 | 사진 5 관북리 백제유적 |
| 지 출토 와당 | |

비교해 유사하며 간판은 'T'자형을 보이고 있다. 추정왕궁지 출토 판단융기식 와례의 제작시기는 5세기 4/4분기 후반~6세기 1/4분기 전반으로 추정된다[296].

　사비기에 이르면 판단융기식 와당은 좀 더 다양한 유적에서 검출되고 있다. 즉, 정안 상룡리산성[297]을 비롯해 부여 관북리 백제유적(사진 5)[298], 구아리 전 천왕사지(사진 6)[299], 용정리사지(사진 7)[300] 등 주로 지배계층의

---

293) 목곽고 내에서 수습되고 있다(安承周 · 李南奭, 1987, 『公山城 百濟推定王宮址 發掘調査報告書』, 公州師範大學 博物館, 圖版 121-①).

294) 제1건물지 서남쪽 모서리부에서 수습되었다(安承周 · 李南奭, 1987, 『公山城 百濟推定王宮址 發掘調査報告書』, 公州師範大學 博物館, 圖版 57-①).

295) 8엽 연판의 연자배치는 1+8과, 10엽 연판의 연자배치는 1+10과이다.

296) 趙源昌, 2000, 「熊津遷都後 百濟瓦當의 變遷과 飛鳥寺 創建瓦에 대한 檢討」, 『嶺南考古學』27, 131쪽. 반면, 이남석의 경우는 이를 Ⅰ형식으로 분류하고 5세기말로 편년하였다(李南奭, 1988, 「百濟蓮花文瓦當의 一硏究」, 『古文化』32, 73쪽).

297) 國立公州博物館, 1988, 『百濟瓦當特別展』, 도판 13. 이 산성의 경우 정식적으로 발굴조사된 바는 없다. 따라서 향후 발굴 성과에 따라 판단융기식을 비롯한 다양한 형식의 와당이 출토될 가능성이 매우 높다.

298) 國立公州博物館, 1988, 『百濟瓦當特別展』, 사진 51.

299) 國立公州博物館, 1988, 『百濟瓦當特別展』, 사진 82. 와당 표면에 "大王"이란 명문이 표기되어 있다.

300) 扶餘文化財硏究所 · 扶餘郡, 1993, 『龍井里寺址』, 97쪽 도판 49. 보고서에서는 단판연화문수막새 F형으로 분류되었다.

사진 6 구아리 전 천왕사
지 출토 와당

사진 7 용정리사지 출토
와당

건축유적에서 수습되고 있다. 특히 용정리사지 출토품의 경우는 목탑지 주
변에서 수습되어 이의 사용처를 추정케 한다. 이들 와당의 제작시기는 공산
성 출토 와례와 비교해 볼 때 대략 6세기 2/4~4/4분기로 편년할 수 있다[301].

이렇게 볼 때 백제의 판단융기식 와당은 웅진기에서 사비기를 거치며 연
화문은 일부 협판[302]으로 바뀌고 연판수도 8엽으로 정형화됨을 볼 수 있다.
아울러 판단부의 경우 첨형이나 소주문 등이 맺혀 있어 웅진기의 것과 큰
차이가 있음을 살필 수 있다. 특히 구아리 출토 와례는 관북리 백제유적 출
토 와당과 비교해 자방의 크기가 현저히 작아졌다는 점에서 6세기 4/4분기
의 제와 특징을 보여주고 있다. 이와 같은 소자방, 대연판의 특징을 보이는
와당은 가탑리사지(사진 8)[303]를 비롯해 부소산, 금성산 건물지(사진 9)[304]
등에서도 찾아지고 있다.

301) 趙源昌, 2000,「熊津遷都後 百濟瓦當의 變遷과 飛鳥寺 創建瓦에 대한 檢討」,『嶺南考古
學』27, 130~133쪽.
302) 웅진기에 보이는 판단융기식의 연화문은 사진 4에서 살필 수 있는 바와 같이 그 폭이 일
정하게 시문되어 있다. 반면, 관북리(사진 5) 및 구아리(사진 6) 출토 와당의 경우는 연화
문 사이의 간판이 공산성 와례에 비해 상대적으로 넓게 시문되어 역으로 연화문의 폭이
좁게 표현되었다.
303) 百濟文化開發研究院, 1983,『百濟瓦塼圖錄』, 101쪽 사진 165.
304) 百濟文化開發研究院, 1983,『百濟瓦塼圖錄』, 159쪽 사진 314.

그런데 금강사지 출토 와당은 이상의 와례들과 비교해 볼 때 자방에서의
이형문 및 간판 판근부의 소주문 등이 눈에 띤다. 이러한 제와 요소는 백제
한성기 및 웅진기 와당에서 전혀 살필 수 없는 것으로서 백제 사비기 당시
중국과의 문화교류를 유추케 한다. 이에 대해선 제 3장에서 살펴보기로 하
겠다.

　　금강사지 출토 와당에서 살필 수 있는 특징은 자방 외곽의 원권대와 연
판이다. 전자의 경우 군수리사지 연목와(사진 10)[305]에서 그 사례가 살펴지
는 것으로 보아 6세기 3/4분기 무렵에 새롭게 등장한 문양임을 살필 수 있
다. 아울러 연판 판단부가 원형으로 곡면화된 점 등에서 용정리사지 출토 F
형 와당과의 친연성을 보여주고 있다. 이렇게 볼 때 금강사지 출토 자방 이
형문 와당의 연판은 6세기 3/4분기 이후에 제작된 와례임을 추정할 수 있
다. 아울러 연판이 구비된 자방 내의 獸像으로 보아 그 계통은 북위에 있었
음을 알 수 있다.

　　그렇다면 이 와당은 백제 사비기 어느 시점에 제작되었을까? 이는 한편
으로 금강사의 창건 연대와도 비교해 보아야 할 것 같다. 금강사는 이견이
없진 않지만 대체로 6세기 4/4분기경에 창건된 것으로 생각된다. 이는 사지

---

305) 國立扶餘博物館, 1997, 『국립부여박물관』, 81쪽 중단 좌측 사진.

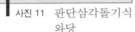

사진 11 판단삼각돌기식 　　　사진 12 판구곡절식 와당
　　　　와당

에서 출토되는 판단삼각돌기식(사진 11)[306] 와당 및 판구곡절식(사진 12)[307] 와당을 통해 추정해 볼 수 있다.

　이렇게 볼 때 금강사지 출토 자방 이형문 와당은 위의 와례와 함께 6세기 4/4분기경 금강사의 창건와로 제작되었을 가능성이 높다. 아울러 이러한 와당문이 이전의 백제와당에서 전혀 살필 수 없다는 점에서 당시 북조와의 문화교섭 산물로 파악된다. 그리고 이러한 와례가 금강사지 이외의 다른 사지에서 아직까지 출토 예가 없다는 점에서 특수한 목적으로 제작되었을 가능성도 배제할 수 없다.

3. 자방 이형문 와당의 계통

　금강사지에서 검출된 것과 같은 자방 이형문 와당은 백제를 비롯한 고구려 및 신라에서도 그 사례를 찾아보기 어렵다. 물론 고구려의 경우 판구에서 귀면문(사진 13)[308] 및 운문, 기하학문 등이 시문된 사례가 찾아지기는

306) 國立博物館, 1969, 『金剛寺』, 도판 37- I .
307) 國立扶餘博物館, 1988, 『特別展 百濟寺址出土遺物』, 24쪽.

사진 13 환도산성 궁전지
출토 와당(고구려)

사진 14 운중고성 출토 와
당(북위)

하나 연화문 및 자방 등이 제작되지 않다는 점에서 같은 형식으로는 판단할 수 없다.

백제는 한성기 이후 멸망기에 이르기까지 중국 남북조와 부단한 교섭을 추진하였다. 그 결과 청자, 시유도기, 와당 문양, 불상[309], 도용, 전축분 등의 물질문화와 무형의 건축기술 및 조각술 등이 유입되었다. 이러한 대 중국 교섭은 위덕왕대에 이르러 한층 더 무르익는 데 특히 북조와의 교섭이 눈에 띤다. 이는 국내외의 문헌기사[310] 뿐만 아니라 위덕왕이 죽은 왕자를 위해 축조한 왕흥사 목탑지 수습 상평오수전[311] 등을 통해서도 확연하게 살필 수 있다. 이러한 대 북조 교섭의 결과로 자방 이형문 와당 역시 백제에서 제작될 수 있었던 것으로 생각된다.

중국 와당에서의 경우 자방에 연자가 아닌 像이 시문된 사례는 북위 와당에서 어렵지 않게 살필 수 있다. 즉, 云中古城에서 수습된 와례(사진 14)[312]를 보면 연판 내부에 상체가 조각된 불상을 확인할 수 있다.

---

308) 文物出版社, 2004, 『丸都山城』, 도판 87-1.

309) 남조에서 유행하였던 봉보주보살상을 통해 확인할 수 있다(金理那, 1989, 「三國時代의 捧持寶珠形菩薩立像研究」, 『韓國佛敎彫刻史研究』, 一潮閣)

310) 『三國史記』卷 第27 百濟本紀 第5 威德王 17년조, 18년조, 19년조, 24년조, 25년조 및 『北齊書』권 8 제기 제8 後主 天統 3년조 등에서 살필 수 있다. 567년 이후 578년까지 약 10여년간 북조와 교섭하였음을 알 수 있다.

311) 국립부여문화재연구소, 2009, 『王興寺址 III 木塔址 金堂址 發掘調査 報告書』, 82쪽.

312) 內蒙古自治區文物考古研究所, 2003, 『內蒙古出土瓦當』, 文物出版社, 91쪽 도판 41. 와당 직경은 15cm이다.

사진 15 출토지 미상 와당
(북위)

사진 16 대동시 조장성 출
토 와당(북위)

연판은 복엽으로 판단첨형이며 11엽이 시문되어 있으나 두상에 가려 있다는 점에서 12엽으로도 볼 수 있다. 자방은 연판에 비해 현격히 크게 제작되었고 불상은 그 위에 양각되었다. 두상은 자방의 범위를 넘어 연판에까지 미치고 있다. 자방에서의 연자배치는 살필 수 없고 연판 사이의 간판은 '∧'형으로 시문되어 있다. 금강사지 출토 와당과 비교해 세부적 차이가 발견되나 연판 내부의 자방에 상이 조각되어 있다는 점에서 상관성을 엿볼 수 있다.

아울러 출토지는 알 수 없으나 북위 와당으로 알려진 유금박물관 소장 와례(사진 15)[313]를 보면 금강사지 출토 와당과 비교해 한층 더 친연성이 있음을 살필 수 있다. 단판 10엽 연화문 와당으로 연판은 협판이며 판단은 첨형을 이루고 있다. 주연은 소문으로 연주문이 없다. 간판의 판단은 새발자국[314] 형태로 크게 조각되었고 판근은 자방에 까지 이어져 있다. 자방은 연판과 비슷한 크기로 제작되었고 그 내부에는 눈, 코, 입 등이 선명하게 시문된 귀면문이 자리하고 있다. 금강사지 출토 와당과 비교해 세부적 차이가 발견되기는 하나 전체적인 문양 구성 및 자방 내에서의 두상 배치는 동일하다고 볼 수 있다.

또한 산서성 대동시 操場城 북위 대형 건물지에서 검출된 자방 이형문

---

313) 國立扶餘博物館, 2010, 『百濟瓦塼』, 143쪽 도판 330.
314) 이러한 간판 형태는 남조와당에서도 살필 수 있다.

사진 17 풍납토성 경당   탁본 1 양수운문 와당
       지구 출토 와당   (한)

와당(사진 16)[315]을 통해서도 금강사지 출토 와당의 계통을 북위로 판단해
볼 수 있다. 와당이 편으로 남아 있어 전체적인 형상을 확인할 수는 없지만
연판의 특징과 자방의 형태 파악은 가능하다. 연화문은 판단첨형으로 연화
돌대문이며 한성기 풍납토성 내의 경당지구에서 수습된 와당(사진 17)[316]
과 동일한 형태를 보이고 있다. 특히 연판의 판근부가 곡면으로 휘어진 부
분에서도 동일 속성을 보여주고 있다. 자방부에는 두 뿔이 크게 표현된 양
이 시문되어 있다. 양문의 경우 연화문에 비해 크게 조각되었으며 이러한
문양은 일찍이 한대(탁본 1)[317] 와당에서도 살필 수 있어 시기적으로 일찍
등장하였음을 알 수 있다 .

  한편, 금강사지 와당에서 관찰되는 또 하나의 특징은 간판 판근부에서의
장식화이다. 백제와당에서 확인되는 간판의 판근부는 "ㅣ"형이 일반적이나
일부에서는 판근이 없는 "◇"형(사진 18)[318], "▽"형(사진 19)[319], 수적형
[320] 등도 살펴지고 있다. 그런데 금강사지 출토 와례의 경우 판근부가 "●"

315) 文物出版社, 2004, 『2003 中國重要考古發現』, 130쪽 도판.
316) 필자사진.
317) 內蒙古自治區文物考古研究所, 2003, 『內蒙古出土瓦當』, 文物出版社, 222쪽 상단 탁본.
318) 경희대학교 중앙박물관, 2006, 『고구려와당』, 122쪽 도판 96.
319) 國立公州博物館, 1988, 『百濟瓦當特別展』, 사진 38.

사진 18 용정리사지 출
토 와당

사진 19 정림사지 출토
와당

형을 보이고 있어 기존의 백제 와례들과 큰 차이를 보이고 있다. 이러한 문양상의 특징은 중국 북위 및 당에서 이미 확인되고 있어 이들 자료를 소개해 보고자 한다.

먼저 북위대의 와례를 보면 이들 요소는 土城子古城 출토 와당에서 확연하게 살펴지고 있다. 두 와례 모두 단판 10엽으로 제작되었으나 자방과 간판의 판근부에서 차이를 보이고 있다. 즉 자료 1(사진 20)[321]의 경우 자방의 중심부에 큰 귀목이 위치하고 있고 간판의 판근부는 타원형을 이루고 있다. 반면, 자료 2(사진 21)[322]는 자방 내부에 1+8과의 연자가 배치되어 있고 간판의 판근부는 삼각형으로 제작되었다. 이렇게 볼 때 중국의 경우 이미 남북조시대에 간판의 판근부가 "丨"형 뿐만이 아닌 타원형, 삼각형 등도 존재하였음을 알 수 있다.

그 동안 우리나라에 소개된 중국 와당 자료가 수량면에서 극소수였음을

---

320) 용정리사지 출토 와당에서 살필 수 있다(경희대학교 중앙박물관, 2006, 『고구려와당』, 120쪽 도판 94).
321) 內蒙古自治區文物考古硏究所, 2003, 『內蒙古出土瓦當』, 文物出版社, 88쪽 도판 38. 와당 직경은 15.5cm이다.
322) 內蒙古自治區文物考古硏究所, 2003, 『內蒙古出土瓦當』, 文物出版社, 89쪽 도판 37. 와당 직경은 14.5cm이다.

  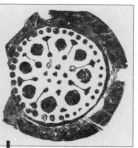

사진 20 토성자고성 출토 와당 1(북위)　사진 21 토성자고성 출토 와당 2(북위)　탁본 2 토성자고성 출토 와당 3(당)

판단하여 볼 때 남북조시대에 원형으로 된 간판 판근의 형태도 충분히 유추해 볼 수 있다. 아울러 자방 외곽에 시문된 1조의 원권대 또한 금강사지 출토 와당과 동일 속성으로 이해할 수 있다. 그러나 연판이 협판(혹은 세판)으로 제작되었다는 점에서 금강사지 출토 와례와의 차이점을 발견할 수 있다.

중국 북조 와당에서 확인되는 간판 판근부의 장식화는 당대 와당에서도 어렵지 않게 살필 수 있다. 즉, 토성자고성에서 검출된 와당(탁본 2)[323]을 보면 연자 외곽으로 간판 판근부의 원형 소주문을 확인할 수 있다. 이는 금강사지 출토 자방 이형문 와당과 동일한 모습을 보이고 있어 당대 제와술과도 친연성이 있음을 살피게 한다.

한편, 북위 및 당대 와당의 판근부가 장식화 되었다는 점에서 동·서위 및 북제, 북주, 수대 와당에서도 이의 속성을 확인할 수 있을 것이다. 향후 중국 남북조 와당 자료의 증가에 따라 연판 및 간판, 자방의 변천과정 등도 시기적으로 검출될 수 있으리라 생각된다.

---

323) 內蒙古自治區文物考古硏究所, 2003, 『內蒙古出土瓦當』, 文物出版社, 93쪽 도판 44.

4. 맺음말

이상에서와 같이 백제 사비기 부여 금강사지 출토 자방 이형문 와당에 대해 살펴보았다. 금강사지는 가람의 방향이 동향을 취하고 있어 남쪽을 향하는 다른 백제사지의 가람배치와 큰 차이를 보이고 있다.

금강사지는 1960년대 두 차례의 발굴조사 결과 중문 - 목탑 - 금당 - 강당이 동서 장축으로 배치되었음이 확인되었다. 목탑지는 2중의 가구기단으로서 장엄성과 건축미가 뛰어났을 것으로 생각된다. 그리고 다른 백제사지와 달리 지표하 심초부에서 별도의 심초석(혹은 공양석)과 공양구가 검출되지 않아 목탑구조의 특이성 또한 보여주고 있다. 금당지는 단층의 가구기단으로 복원되었으나 하층에 판석형의 포석이 깔려 있어 산수시설로 추정되었다.

금강사지에서는 판구곡절식 와당을 비롯해 판단융기식, 판단삼각돌기식, 연화돌대문식 등 다양한 와당이 출토되었다. 특히 판단융기식이면서 자방 내부에 원숭이 두상으로 보이는 것이 조각된 와례는 백제와당에서도 그 사례를 찾아볼 수 없을 정도로 완전 이형문에 해당된다. 그리고 이러한 자방 이형문 와당이 중국에서의 경우 이미 북위대에 등장하였음을 볼 때 이의 계통이 북조에 있었음을 판단케 한다.

금강사지 출토 자방 이형문 와당의 연판은 판단융기식으로 용정리사지 목탑지 출토 F형 와당과 친연성이 살펴진다. 연판만을 놓고 볼 경우 F형 와당과의 상대 비교를 통해 6세기 3/4분기 이후의 것임을 판단케 한다. 아울러 7세기대 백제와당의 자방이나 연판에서 관찰되는 특성이 이 와례에서 확인되지 않음을 볼 때 7세기 이후의 것으로도 생각되지 않는다. 동일 사지에서 수습된 판단삼각돌기식의 와당의 경우 6세기 4/4분기로 편년된 바 있어 자방 이형문 와당 역시 비슷한 제작 시기로 유추해 볼 수 있다.

금강사는 6세기 4/4분기경 부여 은산면 금공리에 창건된 백제 사찰로 고려시기까지 그 법맥이 이어졌다. 1960년대에 발굴조사가 진행된 바 있으나 사역 전체에 대한 확장조사가 실시되지 않아 그 전모는 파악되지 않았다.

따라서 향후 사지 전체에 대한 전면조사가 이루어진다면 좀 더 다양한 역사 고고학적 자료가 획득될 수 있으리라 생각된다[324].

324) 이 글은 조원창, 2011, 「부여 금강사지 출토 자방 이형문 백제와당의 편년과 계통」, 『충청학과 충청문화』 12권에 게재된 논문을 정리하여 옮겨놓은 것이다.

부소산사지는 부여 부소산에 위치하고 있다. 정림사지나 능산리사지, 미륵사지 등과 비교해 산 경사면에 축조되었다는 점에서 입지상의 차이를 보여주고 있다. 왕성인 부소산성과 지근거리에 위치하고 있다는 점에서 기원사찰로도 추정되고 있다.

이 사지는 부분적인 발굴조사 결과 강당이 없는 사지로 알려지게 되었다. 그러나 동·서회랑 북단에 대한 전면적인 조사가 실시되지 않아 이를 신빙하기란 그리 쉽지 않다. 특히, 그 동안 백제의 고토에서 발굴된 여러 사지를 검토해 볼 때 강당지가 부재한 곳이 한 곳도 없다는 점에서도 향후 이의 재발굴이 요구된다.

사지의 중문에서 목탑, 금당으로 이어지는 지형의 레벨은 점차 높아지고 있다. 이는 산 경사면을 정지하고 사원을 조성한 결과로 이해된다. 아울러 축대 사이로 사원의 출입구가 형성되어 있어 평지가람과는 다른 형식을 보여주고 있다.

금당지의 후면으로는 평탄지가 펼쳐져 있다. 당초 이 지역에도 트렌치가 시설된 바 있으나 유구는 확인되지 않았다. 이는 목탑지 및 금당지의 경우도 마찬가지여서 초석을 비롯한 기단시설 등이 전혀 검출되지 않았다. 따라서 금당지 후면의 평탄지에 대한 전면적인 발굴조사가 실시되기를 기대해 본다.

기타, 부소산사지 목탑지에서는 공양구로 추정되는 당식 대금구가 수습되었다. 이를 통해 이 사원의 축조시기가 7세기 전반임을 확인케 되었다. 그런 점에서 7세기대의 가람입지 및 축조방식 등에서 6세기대의 그것과 차이남도 비교할 수 있겠다.

百濟寺址 研究

百濟 泗沘期
扶餘 扶蘇山寺址의
築造技法과 伽藍配置 檢討

1. 머리말

부여 부소산에 위치하고 있는 부소산사지[325]는 목탑지 심초석 구덩이 주변의 풍화암반층에서 검출된 당식 대금구(鉸具, 銙板, 帶端金具 등)[326]와 사지 출토 복엽 연화문와당 등을 통해 7세기 전반기에 창건된 기원사찰로 추정되고 있다[327].

이 사지에 대한 첫 발굴조사는 일제강점기인 1942년 藤澤一夫에 의해 이루어졌다[328]. 이후 1978년 및 1980년 1·2차[329] 발굴조사를 통해 중문, 목

---

325) 이 사지는 현재 유적 안내판에 西腹寺址라 기술되어 있으나 학계에서 부소산사지라 표현하고 있어 본고에서도 이 용어를 사용코자 한다.
326) 이는 지진구 및 진단구로 이해되었고 당의 복식제도가 들어오면서 함께 유입되었던 것으로 추정되었다(國立文化財研究所, 1996, 「扶蘇山城 -廢寺址 發掘調査報告-(1980年)」 『扶蘇山城』, 52쪽). 출토된 대금구와 당 유물과의 비교는 아래의 논문에 기술되어 있다. 梁銀景, 2010, 「百濟 扶蘇山寺址 出土品의 再檢討와 寺刹의 性格」, 『百濟研究』52, 90쪽.
327) 사원의 창건에 대해 보고서에서는 사비 후기로 기술하고 있다(國立文化財研究所, 1996, 「扶蘇山城 -廢寺址 發掘調査報告-(1980年)」, 『扶蘇山城』, 63쪽).

탑, 금당, 회랑 등의 유구 및 가람배치(도면 1 · 2)[330)]가 확인되었다. 그러나 발굴조사가 사지 전체를 대상으로 한 것이 아니라 금당지를 중심으로 한 그 이남지역에 국한되었기 때문에 확실한 유구의 전모는 파악되지 않았다. 이는 동 · 서회랑 및 금당지 북면 등에서 확연하게 살필 수 있다. 아울러 유구의 멸실정도가 다른 백제사지와 비교해 매우 극심하기 때문에 건물의 칸수나 구조를 파악하기도 어려운 실정이다.

이런 상태에서 부소산사지는 강당이 확인되지 않는 특이성, 백제왕궁지와의 지근거리, 부소산성의 성격과 역할 등을 고려하여 백제왕실과 관련된 기원사찰로 간주되었다[331). 특히 강당이 없는 삼국시기의 대표적인 사지로 이해되고 있다[332). 그런데 이러한 강당의 부존재는 사비천도 후 백제 멸망기까지 부여 및 보령, 익산지역에 조영되었던 여느 백제 사원[333)]들과 비교해 볼 때 확연한 가람배치의 이질성을 보여주고 있다.

본고는 이러한 가람배치의 정형성 측면에서 일탈을 보이고 있는 부소산

---

328) 1942년 8월 부여신궁 이참도로 개설을 위한 도로공사와 상수도 치수장 공사 중 우연하게 유적이 발견되었으나 보고서는 미간되었다(홍재선, 2009, 「백제의 가람 -사비도성의 가람을 중심으로-」, 『백제가람에 담긴 불교문화』, 249쪽).

329) 1차 조사는 국립부여박물관에 의해 실시되었고 2차 조사는 문화재관리국 문화재연구소, 충남대학교박물관, 국립부여박물관 등이 참여한 연합발굴이었다(國立文化財硏究所, 1996, 「扶蘇山城 -廢寺址 發掘調査報告-(1980年)」, 『扶蘇山城』, 16쪽).

330) 國立文化財硏究所, 1996, 「扶蘇山城 -廢寺址 發掘調査報告-(1980年)」, 『扶蘇山城』, 22쪽 도면 2 및 58쪽 삽도 6.

331) 國立文化財硏究所, 1996, 「扶蘇山城 -廢寺址 發掘調査報告-(1980年)」, 『扶蘇山城』, 63쪽.

332) 이에 대해 보고서에서는 다음과 같이 기술하고 있다. "강당이 없다는 사실에 대하여서는 두 가지 해석이 가능한데, 그 첫째는 창건 당시부터 講堂이 省略되었을 것이라는 가정과 둘째는 우선 가람의 중요시설을 건립한 후 강당은 미처 완성치 못하고 廢寺에 이르게 되었을 것이라는 가정이다. 조사자의 견해로는 전자의 가정에 비중을 두고 싶다"(國立文化財硏究所, 1996, 「扶蘇山城 -廢寺址 發掘調査報告-(1980年)」, 『扶蘇山城』, 57쪽).

　그런데 전술하였듯이 강당지에 대한 전면적인 발굴조사가 실시되지 않았기 때문에 이를 전적으로 신빙하기란 쉽지 않다. 아울러 그 동안의 부여 · 익산지역 사비기 사지 발굴조사 결과와도 완전 이질적인 내용을 보여주는 것이어서 향후 금당지 후면에 대한 재조사의 필요성 요구된다.

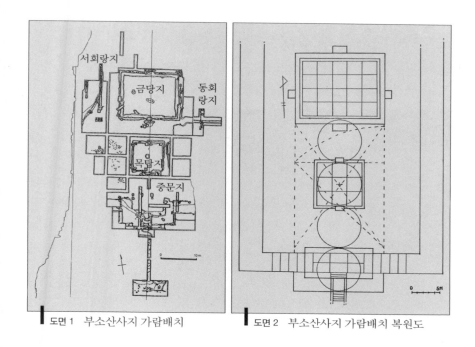

도면 1 부소산사지 가람배치   도면 2 부소산사지 가람배치 복원도

사지에 의문점을 가지고 강당 존재 가능성을 건축고고학적으로 검토해 보는데 근본적인 목적이 있다. 아울러 부소산사지 개별 건물의 건축기법 특성 및 토목공법에 대해서도 재검토 해보고자 한다.

---

333) 그 동안 발굴조사를 통해 강당지가 확인된 백제사지는 정림사지를 비롯한 능산리사지, 군수리사지, 왕흥사지, 금강사지, 오합(회)사지, 제석사지, 미륵사지 등이 있다. 시기적으로 보면 사비천도 후인 6세기 중엽부터 7세기 전반기까지 사비기 전체를 포함하는 것으로 볼 수 있다. 기타 가탑리사지, 밤골사지, 관음사지 등이 시굴조사된 바 있으나 전면조사가 이루어지지 않아 가람의 전모는 확인되지 않았다.

2. 부소산사지의 발굴자료 현황[334)

1) 중문지

중문지가 위치한 곳은 탑지의 남쪽으로 급경사면에 조성되어 있다(사진 1, 도면 3)[335). 문지 조성과 관련된 대지 확보를 위해 판축공법이 사용되었다. 즉, 금당지와 목탑지

사진 1 중문지 전경

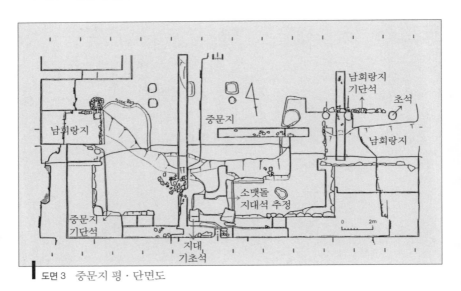

도면 3 중문지 평·단면도

334) 발굴조사 내용은 國立文化財研究所, 1996, 「扶蘇山城 -廢寺址 發掘調査報告-(1980年)」,
『扶蘇山城』을 참고하였다.

에서 삭토한 사질토와 외부에서 반입한 적갈색 점질토를 7~9cm 및 2cm 두께로 중첩하여 대지를 조성하였다. 판축토의 최대 깊이는 70~80cm로 계측되었다.

문지는 전면과 측면을 높은 축대[336])로 조성하였으며 이에 사용된 석재는 길이 50~80cm, 높이 20~30cm 정도의 화강암제 장대석이다. 미석에 해당되는 최하단석은 풍화암반층을 정지하고 올려놓았으며 그 위의 석재들은 1cm 정도 퇴물림하여 석축하였다. 축대 높이는 기단 동남우를 기준으로 할 때 하단의 경우 180cm 정도로 추정되었다. 중문지 축대 전면의 길이는 16m이다. 문지 중앙 하단에는 약 1.5m의 간격을 두고 기단석렬에 걸쳐 대형 석재 2매가 마주보고 있다[337]). 동쪽의 것이 90cm, 서쪽의 것이 약 60cm 정도의 크기를 보이고 있다. 동쪽 석재의 후면으로는 길이 약 2m, 너비 50cm 정도의 장대석이 남북으로 곧게 정치되어 있는데 이 상면에서 너비 10cm 정도의 파낸 흔적이 확인되었다. 보고자는 이를 계단 소맷돌의 지대석으로 추정하였다. 지대석 후면으로는 중문지 기단으로 판단되는 세장방형의 장대석이 직각으로 위치하고 있다.

한편, 축대 동면 길이는 3.45m로 계측되었고 이것이 끝나는 북면에서는 장대석 및 할석으로 조성된 남회랑지의 원형 초석렬이 확인되었다. 원형 초석은 1.52m, 2.95m의 간격으로 배치되어 있다. 이로 보아 2.95m 사이에 별도의 초석이 시설되었음도 추정해 볼 수 있다. 이러한 중문지 동쪽의 남회

---

335) 필자사진 및 國立文化財研究所, 1996, 「扶蘇山城 -廢寺址 發掘調査報告-(1980年)」, 『扶蘇山城』, 27쪽 도면 5.

336) 축대의 평면은 "─"자형이 아닌 역 "凸"자형을 띠고 있다. 대지를 확보하는 차원이라면 전자인 "─"자형이 훨씬 더 유리하고 축조공법도 수월하였을 것이다. 그럼에도 불구하고 6세기대 백제사지 및 건물지 등에서 볼 수 없는 장방형의 돌출 구조를 시설한 점은 당시 중국의 건축문화(월대) 중 하나로 생각된다.

337) 이 석재에 대해 보고서에서는 문지기단 전면의 갑석 겸 문지 계단 의 최상층 보석을 올려놓기 위한 地臺基礎로 보았다(國立文化財研究所, 1996, 「扶蘇山城-廢寺址 發掘調査報告-(1980年)」, 『扶蘇山城』, 26쪽).

랑지는 중문지 서쪽에서도 동일하게 관찰되고 있다.

2) 목탑지(도면 4)[338]

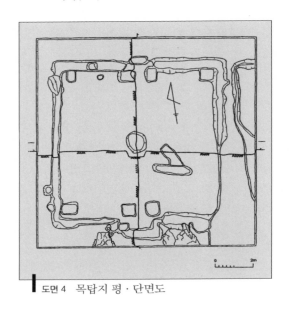

도면 4　목탑지 평·단면도

금당지와 마찬가지로 풍화암반층을 주위보다 약간 높게 삭토·정지하여 기단 내부를 조성하였다. 기단석이 놓일 부분은 요구를 40~50cm 정도의 넓이에 50cm 깊이로 조성하였다. 기단 남북에는 돌출형의 계단을 시설하였다. 탑지의 평면은 방형으로 길이 약 7.95~8.05m이다. 탑지 중심부에는 심초석이 안치되었던 것으로 추정되는 구덩이가 확인되었다. 남북이 동서보다 약간 넓은 1m 내외의 타원형으로 바닥 직경은 80cm 내외이고 바닥까지의 잔존 깊이는 30cm 정도이다. 심초석 및 요구 내의 기단석까지 모두 멸실된 것으로 보아 후대에 극심한 훼손이 이루어졌음을 짐작할 수 있다. 탑지 중심부의 레벨이 금당지 중심보다 약 40~50cm 정도 낮은 것으로 보아 자연 경사면에 금당과 목탑을 조영하였음을 알 수 있다.

---

338) 國立文化財研究所, 1996, 「扶蘇山城 -廢寺址 發掘調査報告-(1980年)」, 『扶蘇山城』, 25쪽 도면 4.

3) 금당지(도면 5)[339]

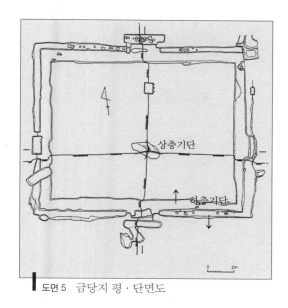

금당지는 기반암층인 풍화암반층을 정지하고 조성하였다. 평면은 장방형에 가까우며, 네 면에 돌출형의 계단이 시설되었다. 발굴조사 당시 하층기단에 해당되는 凹溝내에서의 지대석(장대석) 존재는 확인되지 않았다. 요구는 구지표면보다 20~25cm가 깊었으며, 너비는 40~45cm이다. 요구의 바닥면으로부터 하층기단 상면까지의 높이는 약 40~45cm이다. 하층기단 전체의 너비는 요구의 안쪽을 기준으로 동서 정면이 15.9~16m, 남북 측면이 12m이다. 그리고 하층기단에 기단석을 세우기 위하여 수직으로 면을 세운 기반암층의 실측치는 동서 정면이 14.1~14.2m, 남북 측면이 11.1~11.2m이다. 요구 내에 기단을 구성하는 지대석이 완전 멸실된 것으로 보아 후대에 임의로 채취, 반출되었음을 추정케 한다.

상층기단 역시 기반암층인 풍화암반토를 정지하고 조성하였다. 상층기단 내에서의 적심시설이나 초석은 확인되지 않았다. 이로보아 상층기단석 및 기단 내부는 후대에 많은 멸실이 이루어졌음을 알 수 있다. 아울러 멸실

339) 國立文化財研究所, 1996, 「扶蘇山城 -廢寺址 發掘調査報告-(1980年)」, 『扶蘇山城』, 24쪽 도면 3.

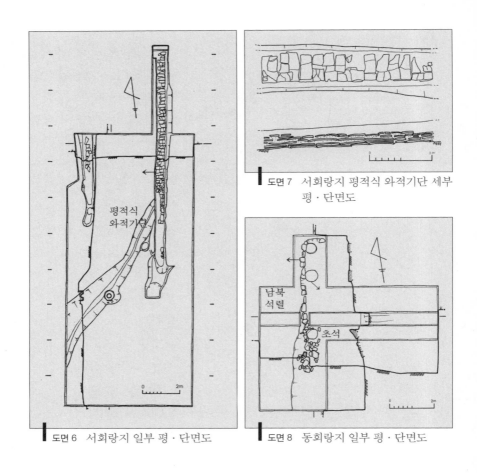

도면 6 서회랑지 일부 평·단면도

도면 7 서회랑지 평적식 와적기단 세부
평·단면도

도면 8 동회랑지 일부 평·단면도

정도를 추정하여 볼 때 하층기단 상면과 상층기단 상면 사이의 높이 차는
현재보다 훨씬 더 컸을 것으로 생각된다. 그러나 상층기단과 관련된 기단석
의 존재가 전무하여 확실한 내용은 알 수 없다.

한편, 기단내부에서 노출된 장대석의 경우 각 면에서 "ㄴ"과 같은 단이
확인되지 않았다. 이로 보아 금당지의 기단이 가구기단은 아니었을 것으로
생각된다. 아마도 중문지 기단과 같은 치석기단이었을 가능성이 높다.

4) 동 · 서 회랑지(도면 6~8)[340]

동회랑지는 금당지 기단 동면 상층에서 약 7.1m 떨어진 곳에 조성되었다. 남북장축의 석렬 1조가 축석되어 있고 이 보다 1단 아래에 원형 초석 3매가 놓여 있다. 초석 간 거리는 1.29m이며, 초석의 크기는 직경 53cm이다. 유구가 산등으로 계속 확장되고 있으나 구덩이 조사의 미비로 말미암아 잔존 현황은 살필 수 없다.

서회랑지는 금당지 기단 서면 상층에서 약 6.4m 정도 떨어진 곳에 조성되어 있다. 풍화암반층을 상부폭 0.8~1m, 깊이 25~30cm로 굴광한 후 그 내부에 완형의 암키와를 5~7단 정도 평적식으로 와적하여 기단을 축조하였다. 서회랑지 기단의 폭은 와열의 양단에서 볼 때 4.3m로 계측되고 있다. 서회랑지 역시 북쪽으로의 진행 방향에 유구의 잔존 유무를 파악해 볼 수 있는 구덩이 등이 시설되지 않아 이의 정확한 범위 및 평면 형태는 파악할 수 없다.

3. 부소산사지의 축조기법 특성

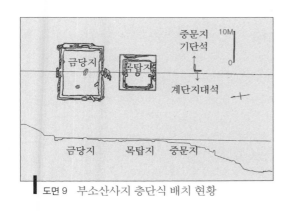

도면 9 부소산사지 층단식 배치 현황

부소산사지는 산 경사면을 삭토, 정지한 후 판축공법을 통해 대지를 마련하였기 때문에 다른 사지에서 살필 수 없는 몇 가지 특이한 축조기법이 찾아지고 있다. 여기에서는 건물지의 입지와 중문

340) 國立文化財硏究所, 1996, 「扶蘇山城 -廢寺址 發掘調査報告-(1980年)」, 『扶蘇山城』, 30쪽 도면 7 및 31쪽 삽도 2, 29쪽 도면 6.

사진 2   중문지 이남 남동부 축대시설

지와 회랑지의 발굴조사 내용을 중심으로 그 특성을 살펴보고자 한다.

첫째, 부소산사지는 평지가람에서 살필 수 없는 층단식의 건물 배치를 보여주고 있다. 즉, 부소산사지는 북에서 남으로 흘러내리는 경사면을 삭토·정지한 후 중문지 -

목탑지 - 금당지를 조성하였다(도면 9)[341]. 자연지형을 정지하고 건물을 배치하였기 때문에 중문지가 위치한 최남단은 원래 급경사로 이루어진 지역이었다. 이곳을 목탑지 및 금당지에서 삭토한 흙으로 판축하고 대지를 조성하였기 때문에 목탑지에 비해 중심 레벨이 50cm 이상 차이나고 있다[342]. 이러한 건물간의 레벨 차이는 목탑지와 금당지 사이에서도 찾아지는 데 후자가 전자에 비해 40~50cm 높은 곳에 배치되어 있다. 이는 그 동안의 백제사지에서 찾아볼 수 없는 층단식 가람으로서 지형 조건과 밀접한 관련이 있으리라 생각된다. 아울러 이러한 층단식의 건물 배치는 좁은 공간에서 건물 입지의 효용성을 높이기 위한 방편으로도 추정된다.

그 동안 알려진 백제의 평지가람과 비교해 건물 입지상 레벨 차이를 보인다는 점에서[343], 그리고 축대 사이에 난 계단을 따라 건물을 출입한다는

341) 國立文化財硏究所, 1996,「扶蘇山城 -廢寺址 發掘調査報告-(1980年)」,『扶蘇山城』, 22쪽 도면 2 편집.
342) 보고서상에 목탑지와 중문지의 레벨 차이가 기술되어 있지 않아 필자가 계측한 것이다. 이를 통해 보면 50cm 내외의 레벨 차를 두고 중문지와 목탑지, 목탑지와 금당지가 조성되어 있다. 이는 좁은 면적에 층단식으로 건물을 배치함으로서 좀 더 웅장하게 보이기 위한 조처로 이해된다.

측면에서 평지가람보다는 산지가람에 가까운 형식을 취하고 있음을 살필 수 있다[344].

두 번째로 부소산사지에서 살필 수 있는 건축기법의 특성은 중문지 남쪽에서 확인되고 있는 장대석의 "凸"자형 축대시설이다. 이는 567년 및 577년 경 위덕왕대에 조영된 능산리사지 및 왕흥사지의 "一"자형 축대시설과 차이를 보이는 것으로서 백제 조사공의 뛰어난 건축기술을 보여주고 있다.

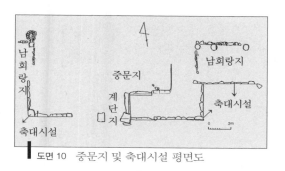

도면 10 중문지 및 축대시설 평면도

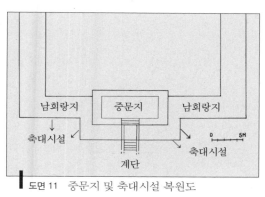

도면 11 중문지 및 축대시설 복원도

축대시설은 중문지 남쪽에 치석된 장대석을 이용하여 철자형으로 조성하였다(사진 2, 도면 10 · 11)[345]. 철자형으로 이루어진 중앙에는 계단이 마련되어 있으며 높이는 현존 180cm로 계측되었다. 이는 무너진 부분을 제외한 것이기 때문에 본래는 200cm 이상 되었을 것으

343) 기존의 백제사지에서 이와 같은 공법을 살필 수 없다는 점에서 백제 조사공의 의도적인 건축행위임을 추정해 볼 수 있다.
344) 부소산사지에 대한 산지가람 형식의 언급은 홍재선의 논고를 통해 살필 수 있다(홍재선, 2009, 「백제의 가람 -사비도성의 가람을 중심으로-」, 『백제가람에 담긴 불교문화』, 국립부여박물관 · 불교중앙박물관, 262쪽).
345) 국립부여박물관, 2009, 『백제가람에 담긴 불교문화』, 25쪽 사진 상 및 國立文化財研究所, 1996, 「扶蘇山城 -廢寺址 發掘調査報告-(1980年)」, 『扶蘇山城』, 22쪽 도면 2 편집 · 58쪽 삽도 6 편집.

사진 3 부석사 안양루 및 무량수전 출입계단 1

사진 4 부석사 안양루 및 무량수전 출입계단 2

로 생각된다.

그렇다면 백제의 조사공은 공사가 편리한 '一'자형을 취하지 않고 공법이 어려운 '凸'자형으로 축대를 시설한 이유는 무엇이었을까? 필자의 판단으로는 토목공사의 양과 공사기간을 줄이기 위한 백제 조사공의 필수불가결한 조처로 이해된다. 즉, 중문지 및 그 이남지역의 급경사 부분은 목탑지 및 금당지에서 삭토한 마사토와 사지 주변에서 반입한 적갈색 점질토를 이용하여 대지를 조성하였다. 만약 급경사면의 계단 아래 부분까지 "一"자형의 축대시설을 마련하였다면 막대한 토량과 공사기간이 필요하였을 것이다. 그러나 외부에서 흙을 공급받는 입장에서 이는 그리 쉬운 작업이 아니었다. 그렇기 때문에 백제의 조사공들은 중문이 들어설 부지 일부만 축석하고 계단이 들어설 출입시설은 철자형으로 돌출시켜 축대를 시설하였던 것이다. 불필요한 대지를 부분적으로 축소하면서 토량과 공사기간을 줄이고 축대시설을 치석된 장대석으로 조성함으로서 안전성 또한 높인 것이다.

따라서 사원에 출입하였던 사람들은 부석사의 안양루 방향에서 무량수전으로 출입하는 것처럼 양쪽 축대 사이에 난 계단을 통과하였던 것이다(사진 3 · 4)[346]. 이는 대지조성의 필요성과 출입시설 구축이라는 측면에서 생겨난 것으로서 지형적 요인이 가장 큰 원인으로 작용하였을 것이다.

이처럼 백제의 조사공은 평지가람에서 사용하지 않은 새로운 축조공법

사진 5 경내 동쪽 할석렬 및 동회랑지 원형 초석

대지 조성토

남회랑지 구지표면

초석

사진 6 중문지 동쪽 남회랑지

을 이용하여 부소산사원의 건물을 조성하였다. 이 같은 토목·건축공법은 부소산사지 이외의 다른 백제 건물지에서 아직까지 찾아볼 수 없는 신공법이라 할 수 있다[347].

셋째, 사지에서 관찰되는 기단 형식의 차이를 통해 작업의 분화를 추정할 수 있다. 즉, 축대시설을 비롯한 중문지, 목탑지, 금당지의 경우는 치석된 장대석을 이용하여 기단을 조성하였다. 물론 목탑지 및 금당지의 경우 기단석이 정위치에서 확인된 바는 아니지만 넓고 깊은 요구가 마련된 점, 그리고 금당지 기단 내부에서 치석된 장대석이 확인되는 것으로 보아 충분

346) 김보형외, 2003,『부석사』, 대원사, 81쪽 및 62쪽. 이러한 축대 사이의 계단 출입시설은 그 동안 평지가람으로 일컬어지는 고구려, 백제, 신라사지에서 확인된 바 없다. 아울러 통일신라사지와 관련된 자료도 보고된 바 없다. 그런데 고려후기에 조성된 영주 부석사를 보면 이러한 축대 사이의 계단 출입시설이 확인되고 있다. 부석사는 전형적인 산지가람의 형식이기에 아마도 산지가람이 등장하였던 통일신라기에도 이러한 형식의 출입시설은 분명 존재하였을 것으로 생각된다. 그런 점에서 부소산사지에서 관찰되는 축대 사이의 계단 출입시설은 평지가람보다는 산지가람의 형식과 가깝다고 볼 수 있다.

347) 고신라의 건축물에서도 확인된 바 없다. 아울러 학계에 보고된 고구려의 자료에서도 찾아보기 어렵다.

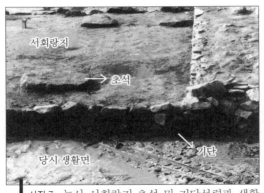

서회랑지

→ 초석

→ 기단

당시 생활면

사진 7 능사 서회랑지 초석 및 기단석렬과 생활
면의 조성

히 유추해 볼 수 있다. 반면, 동·남회랑지의 경우는 할석으로 경내의 대지조성토를 막고 초석을 배치하여 회랑을 조성하였다. 서회랑지는 깊게 凹溝를 굴광한 후 그 내부에 암키와를 이용하여 기단을 조성하였다.

이러한 조사내용은 결과적으로 사원의 주요 전각에 해당되는 중문, 목탑, 금당 등은 치석된 장대석으로 기단을 조성하고 서회랑은 기와로 기단을 축조하였음을 알 수 있다. 반면, 동회랑 및 남회랑지는 초석과 직접적으로 관련된 기단석을 찾아볼 수 없다[348]. 이러한 재료 및 축조기법상의 차이는 결과적으로 사원의 중심 건물을 조영하였던 조사공과 외곽시설인 회랑을 조성하였던 조사공의 작업 분화를 판단케 하는 내용이라 할 수 있다.

넷째, 동·남회랑지와 이어지는 경내 대지조성토의 지사시설로서 할석의 석렬[349]이 조성되었다(사진 5·6)[350]. 이 석축렬은 할석난층으로서

348) 이는 석렬의 방향을 통해 확인할 수 있다. 즉, 동회랑 및 남회랑지에서 확인되는 할석렬이 이들 회랑의 기단석이 되기 위해선 그 정면이 남회랑의 경우는 북쪽을, 그리고 동회랑의 경우는 서쪽을 향하여만 한다. 그러나 남회랑지의 경우 석렬의 정면이 남쪽, 동회랑지의 경우는 동쪽을 향하고 있다. 따라서 이들 석렬은 경내의 대지조성토와 관련된 지사시설로 이해할 수 있다.

349) 동회랑지를 볼 경우 이 석렬은 북쪽으로 계속 진행하고 있음을 추정할 수 있다. 이는 조사의 미비로 더 이상의 석렬을 확인할 수 없었기 때문에 향후 추가적인 발굴조사를 통해 그 전모를 파악해 보아야 할 것이다.

350) 國立文化財硏究所, 1996, 「扶蘇山城 -廢寺址 發掘調査報告-(1980年)」, 『扶蘇山城』, 73쪽 도판 16 및 73쪽 도판 14.

동·남회랑지의 기단석 보다는 경내의 대지조성토와 관련된 것으로 추정된다. 아울러 회랑지의 초석과 그 안쪽의 석축렬 레벨을 고려하면 회랑지 바닥면(구지표면)[351]이 경내 판축토 보다 훨씬 더 아래에 위치함을 살필 수 있다[352]. 그리고 회랑지의 초석과 경내 대지조성토 지토시설로서의 석축렬을 고려하면 회랑지와 관련된 기단석은 처음부터 조성되지 않았음을 추정할 수 있다. 그리고 이러한 회랑지 기단과 경내 구지표면의 레벨 차이는 그동안 여타의 백제사지에서 보아왔던 조성기법과 다른 양상을 보이고 있다. 따라서 이와 같은 축조공법의 차이는 당시 백제시기에 있어서의 회랑 축조 기법이 획일적이지 않고 다양하였음을 보여주는 형적으로 이해할 수 있다.

한편, 동·남회랑지의 원형초석이 회랑의 기둥을 받친다는 전제하에서 초석 안쪽은 일종의 복도로 사용되었음이 추정된다. 그러나 이는 복도로서의 구지표면이 경내의 생활면보다 낮게 위치하고 있음을 의미하는 것이기 때문에 많은 의문점을 갖게 한다. 사실 지금까지 백제의 고토에서 발굴조사된 여러 백제사지의 회랑지를 보면 경내의 생활면보다 상대적으로 높게 조성되어 있음을 볼 수 있다(사진 7)[353]. 이는 회랑이 불계와 속계를 나누는 종교적 의미 이외의 기능성(통로)을 내포하고 있기 때문이라 생각된다. 이럴 경우 가장 문제시 되는 것이 우천에 따른 회랑으로의 流水를 들 수 있다.

---

351) 구지표면은 사원이 운영되었을 당시의 생활면으로서 현재 남아 있는 원형 초석으로 볼 때 발굴 당시의 조사면과 일치하는 것으로 판단할 수 있다.

352) 사진으로 보면 석축렬보다 훨씬 상면에 대지조성토가 축토되었음을 살필 수 있다. 이는 후대에 석축렬의 멸실과 더불어 대지조성토가 그 만큼 훼실되었음을 의미하는 것이다. 아울러 회랑지의 구지표면과 그 내부의 구지표면 레벨 차이가 현재보다도 더 컸음을 생각할 수 있다.

353) 國立扶餘博物館·扶餘郡, 2000, 『陵寺』, 256쪽 도판 46-③. 부여 금강사지 및 익산 미륵사지의 경우 치석된 장대석으로 기단석을 이용하여 경내의 구지표면보다 회랑지 바닥면이 상면에 위치함을 알 수 있다. 정림사지 서회랑지의 경우도 와적기단을 사용하여 바닥면을 높이고 있다. 아울러 제석사지의 경우도 금당지 및 목탑지의 구지표면과 연계하여 볼 때 기단석은 대부분 멸실된 것으로 파악되어 회랑지의 상면이 경내의 구지표면보다 위에 있음을 판단할 수 있다. 이는 능산리사지의 경우도 마찬가지이다.

회랑의 바닥면(구지표면)이 경내의 그것보다 낮기 때문에 물은 자연스럽게 회랑쪽으로 유입되었을 것이고[354] 특히 비가 바람과 함께 뿌리다 보면 회랑으로서의 기능은 그다지 높지 않았을 것이다. 이러한 상황을 당시의 조사공도 모르지는 않았을 것이다. 그럼에도 불구하고 이러한 방법으로 회랑을 조성한 사실에 대해서는 현재 명확한 해답을 내놓을 수 없다. 다만, 여타 사지의 회랑지와 비교해 볼 때 회랑 내부의 바닥면(구지표면)이 경내의 그것보다 높았음은 부정하기 어렵다. 이럴 경우 취할 수 있는 건축기법은 회랑 내부의 바닥을 높게 하여 마루로 시설하는 것이다. 이 또한 다른 사지에서 살필 수 없는 해당 조사공의 신기술로 이해할 수 있다. 이는 사비기 많은 사원을 조성하면서 축적된 백제 조사공들의 발전된 건축기술로 이해할 수 있겠다.

4. 부소산사지의 가람배치

여기에서는 사지내에 강당이 존재하였는지, 아니면 처음부터 강당이 축조되지 않았는지를 고고학적으로 살펴보는데 목적이 있다. 이를 위해 금당지 및 목탑지 그리고 동·서회랑지의 잔존 상태와 금당지 후면의 토층 현황을 함께 살펴보고자 한다.

전술하였듯이 부소산사지의 금당지와 목탑지는 후대에 많은 멸실이 이루어졌음을 확인할 수 있다. 이 같은 유구의 멸실은 부소산사지의 가람배치 파악에도 결정적인 영향을 미치게 되었다. 그러나 보고서를 통한 유구의 입지 및 잔존상태, 단면도 등을 검토하여 보면 부소산사지가 강당지가 없는 백제의 가람이라는 설에 많은 의문점을 갖게 한다.

금당지는 이중기단이나 기단토 상부가 완전 멸실되어 기단석이나 적심,

354) 이러한 현상은 동회랑보다는 본래 지형이 낮은 남회랑에 더 큰 문제를 야기하였을 것이다. 즉, 중문지가 약 10여m 후방에 위치한 목탑지에 비해 1m 정도 낮은 대지에 입지하고 있었기 때문에 상부의 우수 유입은 자연스런 현상이었을 것이다.

초석 등을 전혀 살필 수가 없다. 사비기 금당지의 이중기단 형식은 정림사지를 비롯해 능산리사지, 미륵사지 등에서도 살필 수 있다. 그런데 이들 사지의 경우 부소산사지 금당지처럼 하층기단이 완전 멸실된 사례는 찾아보기 어렵다. 즉, 정림사지의 경우는 하층기단 상면에서 차양칸이나 퇴칸 조성을 위한 적심시설이 확인되었고 능산리사지의 경우는 장대석의 지대석이 검출되었다. 미륵사지에서는 하층기단 및 상층기단의 지대석과 면석 등이 원위치에서 확인되었다.

이러한 여러 사지의 유구 존재는 결과적으로 부소산사지의 금당지가 후대에 의도적으로 훼손되었음을 의미하는 것이라 할 수 있다. 또한 이같은 추정은 하층기단의 요구를 통해서도 판단해 볼 수 있다. 요구는 하층기단석을 정치시키기 위해 파놓은 구덩이로 신라 황룡사 금당지에서도 확인된 바 있다. 요구의 형태 및 깊이로 보아 할석 보다는 치석(장대석)을 놓기 위한 공간으로 추정된다[355].

한편, 유구의 멸실 행위는 목탑지에서도 찾아볼 수 있다. 즉 목탑지에서는 중앙의 심초석공 만 확인되었을 뿐, 적심시설과 초석, 기단석 등은 전혀 조사되지 않았다. 아울러 금당지에서와 같은 기단석의 요구만 검출되었을 뿐, 기단석은 1매도 확인되지 않았다.

이처럼 금당지 및 목탑지에서의 유구 부재는 결과적으로 부소산사지의 인위적인 멸실[356]과 밀접한 관련이 있을 것으로 생각되고 이는 한편으로 강당지의 입지와도 불가분의 관계가 있으리라 생각된다. 즉 부소산사지의 가람배치 단면을 보면 남에서 북으로 진행할수록 레벨이 차츰 올라감을 볼 수 있다. 이는 목탑지가 금당지보다 약 40~50cm 정도 높이가 낮고 아울러 중문지가 목탑지보다 50cm 내외 높이가 낮은 것으로도 판단 가능하다.

특히, 금당지 북면에서 관찰되는 계단지 역시 북쪽에 강당지가 존재하였

---

355) 國立文化財研究所, 1996, 「扶蘇山城 -廢寺址 發掘調査報告-(1980年)」, 『扶蘇山城』, 21쪽.
356) 삭토나 절토작업, 혹은 석재 인출 등의 행위로 이해된다.

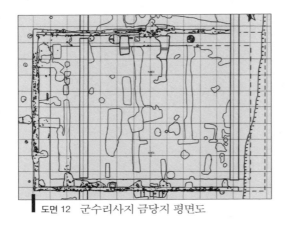

도면 12 군수리사지 금당지 평면도

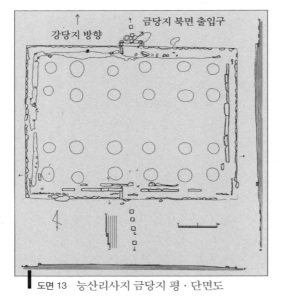

도면 13 능산리사지 금당지 평 · 단면도

음을 추정케 하는 중요한 자료가 된다. 문이라는 것은 기본적으로 출입을 원칙으로 하는 것이기에 금당지 북면에 석계가 시설되었다는 것은 금당지 북쪽으로 출입 가능한 건물지가 있었음을 의미한다. 이는 가람배치상에서 보면 강당지일 가능성이 높다. 이러한 사례는 군수리사지(도면 12)[357], 능산리사지(도면 13)[358], 금강사지[359], 제석사지[360] 등 에서도 확인할 수 있다.

그렇다면 강당지와 관련된 유구는 왜 검출되지 않았을까? 보고서 도면에서 살필 수 있는 바와 같이 강당지가 위치하였을 곳은 금당지나 목탑지보다 레벨이 어느 정도 높았음을 알 수 있다. 따라서

357) 국립부여문화재연구소, 2009, 『한 · 중 · 일 고대사지 비교연구(1) -목탑지편-』, 34쪽 도면 2 중.
358) 國立扶餘博物館 · 扶餘郡, 2000, 『陵寺』, 13쪽 도면 9.
359) 國立博物館, 1969, 『金剛寺』.

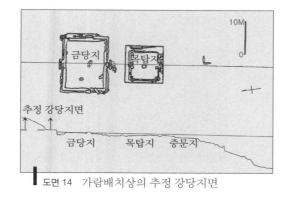

도면 14 가람배치상의 추정 강당지면

금당지와 목탑지의 기단석과 초석·적심시설 등이 완전 멸실되었음을 살핀다면 레벨이 높은 곳에 조성된 강당지의 경우 그 훼손 정도가 더 심하였음은 쉽게 판단 가능하다. 아울러 강당지의 조사가 금당지나 목탑지와 같이 전면적으로 실시되지 않고 부분적으로만 구덩이 조사가 이루어졌기 때문에 이의 존재를 부정하기도 현재로서는 어려운 실정이다.

보고서를 보면 강당지에 대한 확인으로 2군데의 구덩이 조사가 실시되었다. 구덩이 조사가 이루어진 것으로 보아 금당지 후면 지역은 생토면(기반암층)까지 전면 제토가 이루어지지 않았음을 알 수 있다. 그런데 금당지 및 목탑지에서 살핀 바와 같이 사지는 전면적으로 후대에 많은 멸실이 이루어졌음을 확인케 한다. 아울러 강당지가 다른 건물지에 비해 가장 북쪽에 위치해 있는 것으로 보아 금당지보다 레벨상 높은 곳에 위치하였음도 알 수 있다. 이는 그만큼 멸실 정도가 금당지나 목탑지보다 더 심대하였음을 짐작케 한다. 이런 상태에서 구덩이 조사를 실시할 경우 기단이나 초석, 적심 등의 유구가 확인될 가능성은 거의 없게 된다.

따라서 강당지에 대한 전면 조사를 실시하지 않은 상태에서 이의 존재를 부정하는 것은 타당치 않아 보인다. 아울러 이의 전면 조사를 실시할 경우 강당지의 존재를 확인할 가능성 또한 전혀 배제할 수 없다. 이러한 가능성은 한편으로 금당지 후면에서 확인되는 정지된 생토면을 통해서도 유추해 볼 수 있다. 단면도를 보면 금당지 북면 하층기단 외곽으로 약 2m 이상의

360) 국립부여문화재연구소, 2009, 「益山 帝釋寺址 -제2차 조사-」, 9쪽 도면 1.

| 사진 8 부소산사지 금당지 후면 평탄 구릉 | 사진 9 부소산사지 금당지 후면 평탄 구릉 세부 |

정지된 평탄면을 확인할 수 있다(도면 14)[361]. 그런데 이 조성면은 금당지의 중심 레벨보다 약 50cm정도 높은 곳에 위치하고 있어 금당지와 목탑지의 레벨차를 연상시킨다.

따라서 이러한 정지면의 형성은 금당지 후면이라는 입지적 측면과 관련시켜 볼 때 강당지면과 무관치 않아 보인다. 아울러 강당의 존재가 필요 없었거나 혹은 이를 조성코자 하였으나 완성하지 못하였을 경우 적어도 회랑 등의 유구는 확인되어야 마땅하다. 하지만 이러한 형적들 역시 금당지 후면에서 전혀 검출되지 않았다. 이는 그 만큼 강당지 범위가 후대에 많은 멸실과 교란이 이루어졌음을 실증케 하는 것이다.

한편, 강당지의 추정은 금당지 북면에서 확인되는 넓은 평탄면을 통해서도 유추해 볼 수 있다. 현지를 답사해 보면 금당지 후면에 나지막한 구릉이 뻗어 있는데 이는 현재 통행로와 접해 있다(사진 8 · 9)[362]. 아울러 이 평탄화된 소구릉은 통행로를 개설하는 과정에서 일부 성토되었음도 추정해 볼 수 있다[363]. 만약 이 구릉이 사원의 공간 범위와 무관하다면 부소산에서 흘

---

361) 國立文化財硏究所, 1996, 「扶蘇山城 -廢寺址 發掘調査報告-(1980年)」, 『扶蘇山城』, 22쪽 도면 2.
362) 필자사진.

러내리는 지맥과 관련시켜 볼 때 평탄면의 존재를 이해하기 어렵다. 특히, 중문지를 비롯한 그 이남 지역의 경우 급한 경사면으로 인해 판축공법이 사용되었음을 볼 때 굳이 이러한 평탄면을 방치하면서까지 오랜 기간 노동력을 투여하며 대지를 조성할 이유가 백제의 조사공에게 있었는지 궁금하다.

따라서 금당지 후면에 강당과 같은 건물이 없다한다면 굳이 급경사면에 중문지를 조성하기 위한 대역사를 감행할 아무런 이유가 없었던 것이다. 백제의 조사공은 사원을 창건하기 앞서 필히 지형에 맞는 가람배치를 계획하였을 것이다. 이러한 상황에서 평탄면을 배제한 판축공법의 대역사가 무의미하다는 것은 누구보다도 조사공이 익히 주지하고 있었을 것이다.

부소산사지에 강당이 존재하였음을 추정할 수 있는 또 하나의 근거는 바로 회랑지이다. 현재 부소산사지에는 동·서 회랑지 일부가 남아 있다. 동회랑지의 경우 금당지 남면 기단을 중심으로 그 남북에 뻗어 있고 서회랑지는 금당지 북면기단보다 길게 북쪽으로 뻗어 있다. 그런데 문제는 사원에서의 회랑 기능이다. 회랑은 일종의 복도로서 백제사지를 참고하여 볼 경우 중문지에서 시작하여 강당지에까지 이르는 것이 일반적이다. 물론 능산리사지나 정림사지, 왕흥사지 등에서처럼 동·서 회랑지 북단에 별도의 건물지가 조성되어 있는 경우도 살필 수 있다. 이럴 경우 회랑의 폭은 줄어들지만 건물의 전면으로 통행이 가능하다는 점에서 회랑의 부존재는 생각하기 어렵다. 현재 금당지 서면의 서회랑지 잔존 상태를 보면 금당지 북면기단보다 더 북쪽에 뻗어 있음을 확인할 수 있다[364]. 이는 평면상 서회랑이 금당지를 완전 포함한 것으로 볼 수 있다. 이러한 유구의 잔존 양상은 결과적으로 서회랑이 또 다른 북쪽의 건물(강당)에 연결시키기 위해 조성된 것으로 밖에는 이해할 수 없다[365].

부소산사지에서의 강당지 존재는 그 동안 백제의 고토에서 발굴조사된

---

363) 이는 구릉의 남단부에 형성된 단애면을 통해 확인할 수 있다.
364) 조사의 미비로 더 이상은 살필 수 없다.

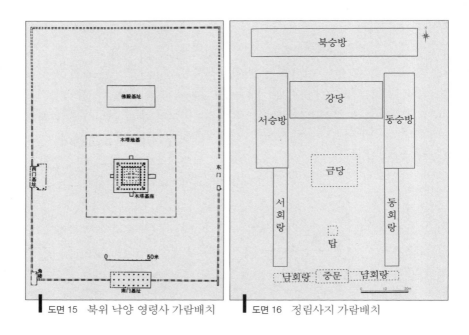

도면 15 북위 낙양 영령사 가람배치	도면 16 정림사지 가람배치

정림사지(도면 16)[366], 능산리사지, 왕흥사지, 금강사지(도면 17)[367], 오합
(회)사지, 제석사지(도면 18)[368], 미륵사지 등의 유적을 통해서도 확인할 수
있다. 시기적으로 보면 사비천도 후인 6세기 중엽부터 7세기 전반기까지이
다. 가람의 형성이 일정한 종교성을 바탕으로 조성하였다는 점에서 정형성
및 획일성을 보여주고 있다.

또 한편으로 부소산사지에 강당이 존재하였을 가능성은 6세기 말~7세기

365) 물론 북위 낙양 영령사(도면 15, 中國社會科學院 考古研究所, 1996, 『北魏洛陽永寧寺』,
中國大百科全書出版社, 7쪽 圖4)의 경우처럼 강당 없이 회랑이 금당을 감싼 경우도 살필
수 있다. 그러나 백제를 비롯한 우리나라 삼국의 가람배치에서 이러한 형식이 확인되지
않는다는 점에서 비교하기 어렵다.
366) 국립부여문화재연구소, 2011, 『扶餘 定林寺址』, 83쪽 도면 22.
367) 國立博物館, 1969, 『金剛寺』, 도면 2.
368) 국립부여문화재연구소, 2009, 「익산 제석사지 -제2차 조사-」, 9쪽 도면 1.

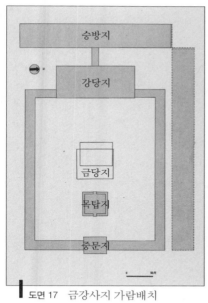

도면 17 금강사지 가람배치

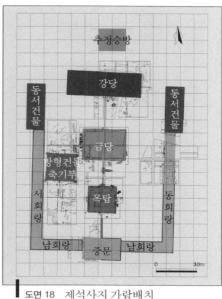

도면 18 제석사지 가람배치

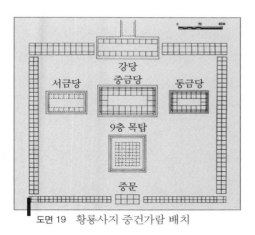

도면 19 황룡사지 중건가람 배치

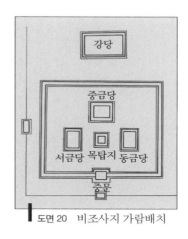

도면 20 비조사지 가람배치

전반 백제의 건축기술로 조성된 일본 비조시대의 사지를 통해서도 추정해볼 수 있다[369]. 이 시기의 사지는 주로 비조·나라지역에 분포하고 있으며 비조사, 풍포사, 사천왕사, 법륭사 약초가람, 회외사, 산전사, 굴사, 길비지

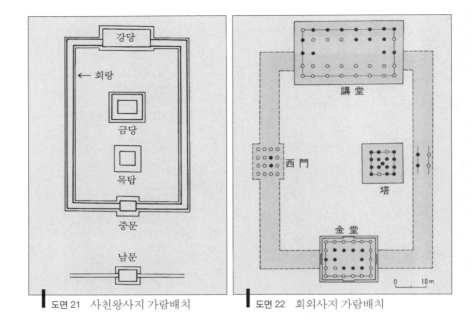

도면 21 사천왕사지 가람배치   도면 22 회외사지 가람배치

사원 등을 들 수 있다.

비조사는 일본 최초의 사원으로서 소아마자의 氏寺이면서 승사에 해당
된다[370]. 백제의 장인들이 파견되면서 창건된 사찰로 이의 축조과정과 축
조시기를 확인할 수 있다[371]. 강당지(도면 20)는 중금당 후면에 배치되어
있으나 당탑구역과 별도로 회랑에 싸여있지 않다는 특징이 있다.

풍포사는 소아마자의 니사[372]로서 7세기 초엽(630~640년대)에 창건되

369) 이는 목탑지 및 금당지 기단에서 백제의 건축기술이 엿보이는 신라의 황룡사 중건가람
에서도 확연히 살필 수 있다. 즉, 강당지의 경우 3금당 중 중금당 후면에 축조되어 있음
을 살필 수 있다(도면 19, 文化財管理局 文化財研究所, 1984, 『皇龍寺』, 373쪽 삽도 2).
국적과 관련 없이 가람의 기본 배치를 보여주는 사례라 할 수 있다.
370) 網干善教, 1980, 「飛鳥と佛教文化」, 『古代の飛鳥』.
371) 『日本書紀』卷第 21 崇峻天皇 元年 是歲條.
372) 奈良國立文化財研究所, 1996, 『飛鳥資料館案內』, 72쪽.

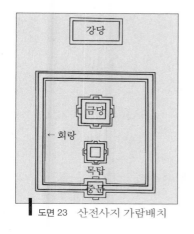

도면 23 산전사지 가람배치

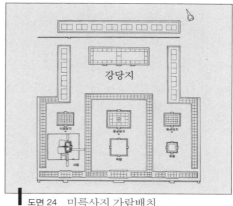

도면 24 미륵사지 가람배치

었고 비조사와 인접한 곳에 자리하고 있다. 발굴조사 결과 금당, 탑(중건), 강당, 추정 서회랑, 니방 등이 확인되었다[373].

사천왕사의 강당(도면 21)은 남북 일직선상으로 배치된 남문 - 중문 - 목탑 - 금당의 후면에 자리하고 있다. 남문을 제외한다면 백제사지인 정림사지, 군수리사지, 왕흥사지 등과 같은 남북일직선상의 배치를 보이고 있다. 법륭사 약초가람에서는 강당지가 비록 확인되진 않았지만 서원가람 조성시 초석의 재사용 및 당탑지의 소용와와 다른 와당이 출토된 점 등에서 강당지의 존재를 추정하고 있다[374].

이외 회외사(도면 22)[375] 및 산전사(도면 23)[376], 굴사[377]의 경우도 강당지가 탑지 및 금당지 후면에 위치하고 있음을 살필 수 있다. 이들 강당지

373) 이상 淸水昭博, 2009, 「飛鳥・奈良시대의 講堂에 관한 諸問題」, 『동아시아의 불교문화와 백제』, (재)한얼문화유산연구원, 117쪽.
374) 淸水昭博, 2009, 「飛鳥・奈良시대의 講堂에 관한 諸問題」, 『동아시아의 불교문화와 백제』, (재)한얼문화유산연구원, 117쪽.
375) 飛鳥資料館, 1983, 『渡來人の寺 -檜隈寺と坂田寺-』, 17쪽. 회외사와 백제 건축기술과의 관련성은 趙源昌, 2007, 「飛鳥時代 倭 檜隈寺址에 나타난 百濟의 建築考古文化」, 『韓國上古史學報』58 참조.

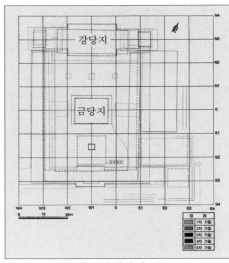

도면 25 오합사지 가람배치

의 경우 기본적으로 당탑보다 순서상 후에 축조되었다는 특징이 있으며 아울러 식당을 겸하였다고[378] 하는 연구 성과도 있어 향후 백제사지와의 면밀한 비교 검토가 요구된다.

마지막으로 부소산사지가 창건되었을 무렵인 무왕[379]대의 창사활동을 통해서도 부소산사지에서의 강당 존재를 유추해 볼 수 있다. 즉, 문헌상 이 시기의 사원은 익산의 미륵사지와 제석사지, 그리고 보령의 오합사지 등을 들 수 있다.

미륵사지(도면 24)[380]는 3금당 중 중금당 후면에 강당이 배치되어 있다. 당탑을 둘러쌓은 회랑 밖에 위치하고 있다는 점에서 일본 산전사지 가람배치와 친연성을 보이고 있다[381]. 3금당 및 탑과 비교해 볼 때 강당이 어느 시

376) 산전사와 백제 건축기술 및 장인과의 관련성은 趙源昌, 2006, 「日本 山田寺址에 나타난 百濟의 建築文化」, 『文化史學』 26 참조.

377) 성덕태자 탄생지에 세웠다고 하며 동향이다. 중문, 탑, 금당, 강당이 동에서 서로 일직선 상에 배치되어 있다(奈良國立文化財研究所, 1996, 『飛鳥資料館案內』, 73쪽). 부여 금강사지와 가람의 방향이 동일하여 당시 백제 및 일본의 사원들과 차이를 보인다.

378) 淸水昭博, 2009, 「飛鳥·奈良시대의 講堂에 관한 諸問題」, 『동아시아의 불교문화와 백제』, (재)한얼문화유산연구원, 129쪽.

379) 부소산사원이 무왕대에 창건되었을 것으로 추정하는 것은 목탑지에서 검출된 당식 금동대금구를 통해서이다. 이와 관련된 논고는 아래와 같다.
山本孝文, 2004, 「韓半島의 唐式銙帶와 그 歷史的 意義」, 『嶺南考古學』 34.
梁銀景, 2010, 「百濟 扶蘇山寺址 出土品의 再檢討와 寺刹의 性格」, 『百濟研究』 52.

380) 국립부여문화재연구소, 2001, 『彌勒寺址 西塔』, 18쪽 도면 1.

381) 趙源昌, 2006, 「日本 山田寺址에 나타난 百濟의 建築文化」, 『文化史學』 26.

점에 조성되었는지는 정확히 파악할 수 없다. 다만,『삼국사기』및 미륵사지 서탑에서 출토된 금제사리봉안기 등의 내용으로 보아 미륵사지 강당지가 무왕대에 창건되었음은 부인할 수 없다[382]. 이러한 강당지의 존재는 한편 으로 미륵사지와 인접한 곳에 위치하고 있는 제석사지에서도 살필 수 있다. 강당지(도면 18)는 금당지 후면에서 확인되었고 동서회랑 북단에 조성된 장 방형의 건물지는 강당지와 'ㄱ' 모양으로 배치되어 있다.

한편, 보령지역에 조성된 오합사지(1차가람)의 경우도 강당지가 금당지 후면에서 확인되었음을 볼 수 있다(도면 25)[383]. 특히 오합사지 강당지의 경우 장방형의 전과 돌을 혼축하여 재료의 이질성을 살피게 한다.

이처럼 무왕대에 창건된 미륵사지 및 제석사지, 오합사지 등을 보면 지 리적으로 많이 떨어져 있음에도 불구하고 가람배치는 기본적으로 동일한 패턴을 보여주고 있다. 이는 사원에서의 가람배치가 다양한 건물의 배열이 라기보다는 종교상의 교리를 표현하기 위한 전각 배치라는 점에서 동질성 을 보여주고 있다. 이는 비슷한 시기의 신라나 일본에서도 강당지의 존재가 동일하게 살펴지고 있어 가람배치가 국적과 관련없이 종교성을 반영하고 있음을 확인할 수 있다.

지금까지의 내용을 전제로 한다면 부소산사지의 가람배치는 금당지 후 면에 강당지가 배치되고 그 좌우로는 동·서회랑이 시설되었을 것으로 생 각된다. 그런데 군수리사지나 능산리사지에서처럼 강당지 좌우에 별도의 소형 전각이 위치하였는지, 아니면 정림사지나 왕흥사지와 같이 회랑 북단

---

382) 무왕대에 있어 신라와의 전쟁(즉위 3년, 6년, 12년, 17년, 19년, 24년, 25년, 27년, 28년, 29년, 33년, 34년, 37년 등)은 특히 눈에 띤다. 아울러 고구려와의 전쟁도 간간이 살필 수 있다(이상『三國史記』卷 第27 百濟本紀 第5 武王條). 이런 와중에 무왕은 익산의 제석사 지와 미륵사지 및 부여의 부소산사원을 창건하게 된다. 물론 전쟁을 준비하고 치루면서 사원을 창건한다는 것 자체가 쉽지 않았을 것이다. 그러나 나성을 쌓고 습지인 부여지역 을 대지화하며 사비천도라는 대역사를 단행하였던 성왕이 대통사와 홍륜사를 창건하였 던 사실에서 무왕의 창사활동 또한 가능하지 않았을까 생각해 본다.

383) 保寧市·忠南大學校博物館, 1998,『聖住寺』, 93쪽 도면 15.

에 별도의 건물지가 배치되었는지, 이러한 건물이 없이 금강사지와 같이 북회랑으로 연결되었는지는 상세히 판단할 수 없다. 이는 차후 발굴조사를 통해 확인해야할 부분이라 생각된다.

이상에서와 같이 동·서회랑지의 잔존 상태, 그리고 금당지 후면(북면)에서 관찰되는 정지된 평탄면, 그리고 그 동안 사비기 부여 및 익산지역에서 발굴조사된 여러 가람배치를 검토해 볼 때 금당지 후면의 강당지는 존재하였던 것으로 생각된다. 이럴 경우 부소산사지는 중문 - 목탑 - 금당 - 강당이 남에서 북으로 배치되는 1탑1금당의 가람임을 추정할 수 있다.

아울러 6세기 후반~7세기대에 백제의 건축기술로 조영된 신라의 황룡사지나 일본의 비조시대 사원지의 가람배치를 통해서도 강당지가 필수불가결하게 배치되어 있음을 살필 수 있다. 이러한 강당지의 패턴화가 부소산사지에서 만 배제된다는 것이 과연 타당한 것인지 묻지 않을 수 없다. 더구나 무왕대에는 왕흥사를 낙성하고 미륵사 및 제석사, 오합사 등의 사원이 창건되었고 이곳에서도 강당의 존재를 어렵지 않게 확인할 수 있다.

결과적으로 종교성을 배제한 이질적인 가람배치는 백제 사비기에 있어 쉽게 용인될 수 없었고 그럴만한 이유도 무왕대의 다른 창사에서 결코 살필 수 없다는 점에서 부소산사지의 강당지 존재를 판단케 한다.

5. 맺음말

이상에서와 같이 백제 사비기 부소산사지의 축조기법과 가람배치에 대해 검토해 보았다. 이 사지는 발굴조사 결과 강당지가 없는 특이한 기원사찰로 알려져 왔다. 아울러 산 중복을 삭토(정지)·판축하여 사원을 조성하였기 때문에 일반적인 평지가람과는 축조기법상 여러 차이를 보이기도 한다. 특히 축대 사이의 계단을 이용한 출입시설은 백제나 고구려, 신라 등의 평지가람에서는 살필 수 없는 특이한 건축유구로 이해할 수 있다.

그런데 이와 유사한 사례를 보이는 출입시설이 고려후기 영주 부석사에서 찾아지고 있어 흥미를 준다. 이 사원이 산지가람의 형식을 취하고 있다는 점에서 부소산사지에서 보이는 출입시설 역시 평지가람보다는 산지가람의 형식에 가깝다고 할 수 있다. 아울러 층단식의 건물 배치, 철자형의 축대 시설 또한 백제의 여느 평지가람에서는 살필 수 없는 특이한 축조기법으로 이해할 수 있다. 이러한 건축기술은 7세기 들어 백제사회에 새롭게 등장한 신공법으로 파악된다.

한편, 필자는 동·서회랑의 잔존 상태, 금당지 후면의 계단지 및 정지된 평탄면, 그리고 그 동안 부여·익산지역에서 발굴조사된 백제사지의 가람 배치 등을 고려하여 부소산사원에 강당이 존재하였을 것으로 추정하였다. 특히 조사공의 입장에서 창사를 위한 산중복의 정지(삭토·절토 등)·판축 하기 위한 기간과 노동력이 구비되었다면 가람배치상 미리 계획하에 있었던 강당의 존재를 굳이 배제할 이유가 있었는지 의심스럽다. 만약 시간적 여유가 없었다 하더라도 회랑의 존재보다는 오히려 강당의 존재가 우선시 되지 않았을까 생각해 본다.

부소산사지는 부소산에 위치한 왕실 관련 사찰로 벽화편을 비롯해 동단 식와, 치미, 와당, 소조불두 등 다양한 유물과 유구가 확인되었다. 그러나 서 회랑 및 동회랑의 유구 상태, 그리고 금당지 후면에 대한 전면적인 발굴조 사가 실시되지 않아 더 이상의 검토는 불가능하다. 따라서 향후 완전한 발 굴조사를 통해 사지에 대한 나머지 전모를 밝힐 필요성이 있다고 생각된다 [384]

---

[384] 이 글은 조원창, 2011, 「백제 사비기 부여 부소산사지의 축조기법과 가람배치 검토」, 『역 사와 담론』59집에 게재된 논문을 정리하여 옮겨놓은 것이다.

사원에서 강학이 이루어지는 강당의 경우 백제시기에는 금당 후면에 배치되었다. 금당이 주불전이라는 측면에서 사부대중의 강학은 거의 대부분 강당에서 이루어졌을 것으로 생각된다.

백제사지에서의 강당지는 목탑지나 금당지에 비해 그 규모가 훨씬 크다. 그리고 능산리사지 서실에서와 같이 특수한 경우 내부에 온돌이 시설되기도 한다. 그러나 대부분의 강당지에서는 이러한 난방시설이 확인된 바 없다.

강당지의 기단은 주로 단층의 와적(정림사지, 군수리사지 등)이나 전적(보령 오합사지), 할석(능산리사지 등) 등으로 축조되고 있다. 이에 비해 당탑지의 기단은 치석된 장대석이나 가구기단, 혹은 이중기단 등으로 조성되어 강당지의 그것과 格의 차이를 살필 수 있다.

백제 사비기 강당지 기단 중 가장 큰 특징을 보이는 유구는 왕흥사지 강당지이다. 이곳의 기단형식은 가구식으로서 장대석 및 할석으로 조성된 당탑지의 기단과 큰 차이를 보이고 있다. 다만, 가구기단이 전면에 만 시설되어 있어 어느 정도의 장엄성과 장식성도 엿볼 수 있다. 물론 미륵사지 강당지의 경우도 4면이 가구기단으로 조성되었으나 이 사지의 경우 회랑이나 다른 전각의 기단 역시도 치석된 면석과 갑석으로 결구되어 있어 강당지 만의 기단 특수성을 살피기가 어렵다.

최근까지 발굴조사된 백제시기의 강당지는 능산리사지를 비롯해 군수리사지, 왕흥사지, 금강사지, 정림사지, 오합사지, 제석사지, 미륵사지 등이다. 이들 중 군수리사지, 오합사지는 전면 조사가 실시되지 않았고 제석사지의 경우는 초석이나 기단석 등이 거의 멸실되어 그 형적을 살피기가 어렵다.

향후 미조사된 강당지의 전면 조사와 백제 폐사지에 대한 발굴조사를 통해 다양한 강당지의 기단형식을 기대해 보고자 한다.

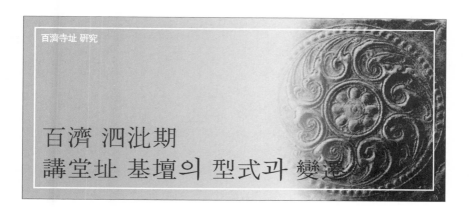

百濟 泗沘期
講堂址 基壇의 型式과 變遷

1. 머리말

불교 사찰에서 강당은 흔히 講經을 하는 곳으로 講院이라고도 한다[385].
그러나 백제 강당에 대한 전반적인 구조분석이나 고고학적 검토는 지금까
지 거의 이루어진 바 없다. 다만, 부여 능사 강당의 성격[386]과 2실(동실, 서
실) 구조[387]에 대한 연구가 일부 진행된 상태이다.

지금까지 발굴조사를 통해 확인된 백제 강당지는 부여 군수리사지를 비
롯해 능산리사지, 정림사지, 금강사지, 왕흥사지, 보령 오합(함)사지, 익산
제석사지와 미륵사지 등이다[388]. 아울러 백제 조사공에 의해 창건된 일본

---

385) 한국불교대사전편찬위원회, 1982, 『한국불교대사전』, 87쪽.
386) 이에 대해선 다음의 논고가 참조된다.
　　신광섭, 2006, 「백제 사비시대 능사 연구」, 중앙대학교 대학원 박사학위논문.
　　김길식, 2008, 「백제 시조 구태묘와 능산리사지」, 『한국고고학보』69집.
　　이병호, 2008, 「부여 능산리 출토 목간의 성격」, 『목간연구』창간호.
387) 배병선, 2009, 「왕궁리유적 백제 건물지의 구조분석 -부여지역 백제건물지와 비교검토-」,
　　『익산 왕궁리유적의 조사성과와 의의』.

비조사 강당지의 경우도 넓은 범주에서는 백제계의 건축기술로 축조된 유적군에 포함시킬 수 있으리라 생각된다.

이들 강당지는 가람배치상 금당지의 후면에 배치되어 있으며 규모면에서 볼 때 금당지보다도 훨씬 크게 조영되었다[389]. 아울러 강당지의 좌우로는 소형 전각[390]이나 북회랑[391], 혹은 동·서 회랑 북단의 세장한 건물지[392] 등이 인접해 있다. 아울러 7세기대 미륵사지[393] 강당지를 제외한 대부

---

388) 부소산사지의 경우 강당지가 조성되지 않은 사지로 알려져 있으나 필자의 경우 이를 취신하기 어렵다. 첫째 능산리사지의 사례에서처럼 강당지가 금당지보다 높은 레벨에 조영되었을 경우 이의 멸실을 간과할 수 없다. 예컨대 금당지를 보면 이중기단의 하층기단이 모두 유실되었음을 볼 수 있고 아울러 상층기단 상면의 초석이나 적심시설도 모두 살필 수 없다. 이는 그만큼 후대에 많은 훼손행위가 이루어졌음을 의미하는 것이라 할 수 있다. 두 번째는 동서회랑이 중간에서 단절된다는 점이다. 회랑은 본래 중문에서 시작되어 일정한 곽을 이루며 조성되는데 부소산사지에서는 이러한 형태를 찾아볼 수 없다. 즉, 동서회랑에 대한 완벽한 조사가 이루어지지 않아 이의 상단이 확인되지 않았다. 따라서 필자는 부소산사지의 경우도 본래 강당이 조영되었으나 후대에 기단과 초석, 적심시설 등이 멸실되었던 것으로 이해하고자 한다.

389) 이를 표로 살피면 아래와 같다.

〈표 1. 금당지 및 강당지 제원〉

구분	평면 규모(m)		비고
	금당지(정면×측면)	강당지(정면×측면)	
군수리사지	27.27×18.18	45.45×15.15	강당지 일제강점기 조사
능산리사지	21.62×16.16	37.4×18	
정림사지	20.55×15.6(추정)	39.1×16.3	
왕흥사지	22.7×16.6	46.8×19.2	
금강사지	70×59척	45.1×19.1	
오합(함)사지	16.3×12.9	35×12.4	
제석사지	31.8×23.6	52.7×18.4	
미륵사지	74×56척(중원 금당지)	186×56척	고려척

390) 부여 군수리사지 및 능산리사지, 보령 오합(함)사지 등을 들 수 있다.
391) 부여 금강사지 및 익산 미륵사지를 들 수 있다.
392) 정림사지 등에서 살필 수 있다.
393) 미륵사지도 전체 가람에서 보면 강당지가 회랑 내부에 존재하고 있다. 그러나 각각의 별원에 당탑이 조영되고 이의 외곽으로 회랑이 돌려짐을 볼 때 여느 사지의 배치와는 차이를 보이는 것이라 할 수 있다.

분의 백제 강당지는 회랑 내부에 위치하고 있다는 공통성이 있다.

지금까지 백제 강당지에 대한 발굴조사를 통해 검출된 고고학적 자료는 그리 많지 않은 실정이다. 이는 창건기의 강당이 후대의 건물 조영과 관련하여 교란되었거나 혹은 누대의 경작 등으로 인해 멸실된 것과 무관치 않다. 그나마 강당지의 평면 규모나 기단의 축조상태를 살필 수 있는 것이 다행이라 할 수 있다.

따라서 본고는 그 동안의 발굴조사를 통해 검출된 백제 강당지의 기단건축에 대해 살펴보고자 한다. 이를 위해 기단에 사용된 재료 및 구조, 형식 등에 대해 검토해보도록 하겠다. 그리고 나아가 사지내 금당지 기단과의 비교를 통하여 강당지 기단의 格에 대해서도 유추해 보고자 한다. 이를 통해 금당과 강당의 성격에 따라 기단건축의 사용에 있어서도 차이가 있었는지 그리고 이러한 건축 분위기가 당시 백제 사회에 일관성 있게 통용되었는지에 대해서도 확인해 보도록 하겠다.

2. 강당지 기단의 자료 검토

1) 군수리사지 강당지(도면 1, 사진 1)[394]

금당지 북쪽으로 18.18m 정도 떨어져 있다. 동서 길이 45.45m, 남북 너비 15.15m이며, 동면을 제외한 서·남·북면에서 기단의 형적을 살필 수 있다. 기단은 평적식 와적기단으로 조성되었다. 남면 일부에서는 잔존 상태가 불량한 합장식 와적기단이 평적식 아래에서 확인되고 있다. 이로 보아 강당지 기단은 형식이 서로 다른 두 와적기단이 상하 중복되어 있음을 확인

---

394) 朝鮮古蹟研究會, 1937, 「第四 扶餘軍守里廢寺址發掘調查(槪要)」, 『昭和十一年度古蹟調查報告』, 圖版 第59 및 第55 하단사진. 일제강점기에 부분적으로 조사되었기 때문에 강당지의 전모는 파악하기 힘들다.

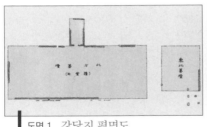
도면 1 강당지 평면도

사진 1 강당지 기단 중복 상태

할 수 있다. 층위상으로 보아 평적식은 합장식 와적기단이 폐기된 후 후축되었음을 알 수 있다. 남면을 제외한 서면 및 북면에서의 합장식 와적기단은 살필 수 없다. 평적식의 평면 와열은 1열이다. 강당지 내부에서 초석이나 적심시설 등이 확인되지 않는 것으로 보아 본래 기단은 조사 당시보다 훨씬 더 높았을 것으로 생각된다.

2) 능산리사지 강당지(도면 2, 사진 2)395)

강당지는 금당지의 북쪽 16.26m 지점에 위치하고 있으며 금당지 레벨보다 약간 높은 곳에 자리하고 있다. 동·서실 2실 구조로 이루어졌다.

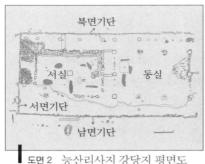
도면 2 능산리사지 강당지 평면도

사진 2 능산리사지 강당지 남면기단

---

395) 國立扶餘博物館·扶餘郡, 2000, 『陵寺』, 15쪽 도면 10 및 249쪽 도판 39-③.

강당지의 기단은 동면 일부와 서·남·북면에서 살필 수 있다. 금당지나 목탑지와 달리 할석과 평적식의 와적기단[396)]으로 조성되었으며 이들은 창건기의 것으로 판단되었다[397]. 남면기단은 높이 50~60cm로 8~10단 정도 남아있다. 할석은 난층쌓기로 이루어져 회랑지와 동일 기법임을 알 수 있다[398]. 강당지의 북면은 레벨상 남면보다 높아 기단 높이를 15~20cm, 할석은 1~2단 정도로만 축석하였다. 동면기단에 남아 있는 기단 형태는 평적식 와적기단으로 높이는 5~10cm 정도이다. 기단 규모는 동서 길이 37.4m, 남북 너비 18m이다.

3) 정림사지 강당지[399)]

강당지는 석탑의 중심부로부터 약 57.5m 정도 떨어진 지점에 위치하고 있으며 동서 길이 39.1m, 남북 너비 16.3m 이다. 강당지의 동·서·남면기

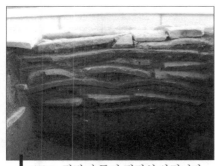
사진 3 강당지 동면 평적식 와적기단

사진 4 강당지 북면 합장식 와적기단

396) 강당지 이외의 공방지 Ⅰ·Ⅱ, 불명 건물지 Ⅰ·Ⅱ, 서회랑지 밖 소형건물지, 회랑지 등도 잡석과 기와편을 이용하여 기단을 조성하였다.
397) 이처럼 초축기에 할석과 평적식 와적기단이 혼축된 사례는 관북리 백제유적내 건물지 (a)에서도 살펴볼 수 있다(충남대학교박물관·충청남도, 1999, 『부여 관북리 백제유적 발굴보고(Ⅱ)』).
398) 이로 보아 강당지와 회랑지는 동시기에 같은 기법으로 축조되었음을 알 수 있다.

단은 평적식 와적기단(사진 3)[400], 북면은 합장식 와적기단(사진 4)[401]으로 조성되었다.

평적식의 경우 기단토를 'L'자 모양을 절토한 후 기와편을 이용하여 평면 와열 2~3열, 너비 약 30cm로 와적하였다. 기단 끝선으로부터 약 55cm 지점까지는 기와편이 혼입된 보강토가 쌓여있다[402]. 보강토 위에 성토된 구지표면과 와적이 위치하는 경계면에는 1~2겹의 암키와가 세워져 있다.

합장식은 군수리사지 금당지 남면기단과 달리 와적 아래에 완형의 암키와가 깔려 있지 않다. 기단토는 기단높이 만큼 성토다짐한 후 바깥면을 "L"

399) 이에 대한 내용은 다음의 자료를 참조하였다.
忠南大學校博物館 · 忠淸南道廳, 1981, 『定林寺』.
국립부여문화재연구소 · 부여군, 2008.10, 『정림사』.
國立扶餘文化財硏究所, 2008.11, 「부여 정림사지 발굴조사(제8차) 자문회의」.

400) 국립부여문화재연구소, 2011, 『扶餘 定林寺址』, 348쪽 사진 30. 이 와적기단에 대해 기존 보고서에서는 '강당지 서편의 와적기단'(忠南大學校博物館 · 忠淸南道廳, 1981, 『定林寺』, 16~17쪽)으로 기술하고 '…그것은 創建當初의 遺蹟과는 關係가 없었으며 伽藍配置方式을 벗어나서 任意로 追加된 後代의 建造物임이 分明하였다'(忠南大學校博物館 · 忠淸南道廳, 1981, 『定林寺』, 64쪽).

아울러 이 시기에 대해서는 '…統一新羅時代를 通하여 百濟舊都扶餘에 있어서의 文化의 蓄積은 空白狀態와 다름이 없으며 오늘날 扶餘 羅城內에서는 羅代의 遺蹟이나 遺物은 찾을 수 없는 것이 그 實情이라 할 수 있다. 설령 이 時代에 定林寺가 寺脈을 維持할 수 있었다고 할지라도 그 것은 有名無實한 存在였다고 推測되며…중략…講堂址 西쪽에 位置한 瓦積基壇도 定林寺의 이와 같이 不遇했던 時期를 代辯해 주는 遺構의 一部로 보는 것이 옳지 않을까 한다(忠南大學校博物館 · 忠淸南道廳, 1981, 『定林寺』, 70쪽)'라 하여 보고자의 경우 그 시기를 통일신라시기로 보고 있다. 필자도 이전 논고를 통해 이를 통일신라기의 와적기단으로 편년한 바 있는데 금번 기회를 통해 수정코자 한다.

401) 국립부여문화재연구소, 2011, 『扶餘 定林寺址』, 346쪽 사진 22. 정림사지 강당지에서와 같은 형식의 축조기법을 보이는 합장식 와적기단은 서회랑지에서도 검출된 바 있다(忠南大學校博物館 · 忠淸南道廳, 1981, 『定林寺』). 이렇게 볼 때 강당과 서회랑은 적어도 동 시기, 같은 조사공에 의해 조성되었음을 판단해 볼 수 있다.

402) 이러한 층위 형성은 먼저 대지를 조성하고 그 다음으로 기단토를 축토한 후 와적기단을 조성하였음을 알게 한다. 기단 외곽은 구지표면까지 기와편이 혼입된 폐기물로 성토하여 검출된 유물이 현 강당지와 관련이 없음을 알 수 있다. 따라서 정림사 강당의 창건은 이 층위에서 검출된 유물의 편년보다 그 상한으로 올라 갈 수 없음을 판단케 한다.

자 모양으로 절토하고 그 개구부에 기단을 조성하였다. 합장식 와적기단 외곽으로는 평기와를 1~2열 깔거나 부분적으로 돌을 세워 기단시설을 보강하였다. 군수리사지 금당지 남면기단의 합장식 와적기단과 비교해 볼 때 축조기법면에서 견고하지 못함을 살필 수 있다[403].

1979~1980년대 충남대학교박물관에 의해 발굴조사된 강당지의 내용을 보면 고려시기에 중건된 건물로 말미암아 어느 정도의 교란과 정지작업이 이루어졌음을 살필 수 있다.

5) 왕흥사지 강당지[404]

사진 5 강당지 기단 및 낙수받이시설

금당지 북면기단으로부터 북으로 약 15.5m 정도 떨어져 있다. 동서기단 너비 46.8m, 남북기단 길이 19.2m로 대형 건물지이다. 남면기단은 길이 70~110cm의 治石된 지대석으로 보아 가구기단임을 알 수 있다(사진 5)[405]. 지대석 끝단에서 안쪽으로 약 5cm 지점에는 면석을 올리기 위한 홈이 마련되어 있다. 전체적으로 면석과 갑석이 멸실되어 있으며 지대석 중 우석은 시설되지 않았다. 면석

---

403) 군수리사지 금당지에서와 같이 와적 아래에 완형에 가까운 평기와가 놓이면 와적이 받는 하중을 지탱케 해준다. 그럼으로써 와적기단이 침하하는 것을 막아주고 기단토의 지토시설이라는 고유기능도 담당할 수 있다.

404) 왕흥사지 강당지와 관련된 유구 내용은 아래의 자료를 참조하였다.
국립부여문화재연구소, 2009.9.29, 「6세기대 최대 규모의 백제 강당지 확인보도자료」.
국립부여문화재연구소, 2009.9.30, 「부여 왕흥사지 제10차 발굴조사 지도위원회의 자료」.

405) 국립부여문화재연구소, 2009.09.29, 「6세기대 최대 규모의 백제 강당지 확인 보도자료」, 첨부사진 2.

후면에는 할석이 축석되어 있어 기단이 밀려남을 방지하고 있다. 남면을 제외한 동·서·북면의 기단은 30cm 내외의 할석을 쌓아 만든 석축기단[406]이다. 남면기단 남쪽으로 30cm 떨어진 지점에는 할석과 기와를 빽빽하게 세워 만든 '낙수받이시설(산수시설)'이 폭 60cm의 규모로 조성되어 있다.

6) 금강사지 강당지[407]

東向의 백제사지로 강당지에 대한 발굴조사가 완벽하게 이루어지지 않았다. 기단 전체의 평면 규모는 기단토의 범위로 추정컨대 남북 길이 45m, 동서 너비 18.9m로 파악된다. 기단 동남우 북쪽으로 360cm 떨어진 지점에서 기단석 1매가 반쯤 쓰러진 상태로 확인되었다. 높이 78cm, 너비 66cm, 두께 16.5cm 내외의 판석으로 전면이 치석되었다. 이로 보아 금강사지 강당의 기단은 먼저 凹溝를 굴광하고 그 내부에 판석을 세워 수직횡렬식[408]으로 축조하였음을 알 수 있다(사진 6)[409].

 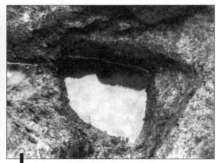

┃ 사진 6 강당지 기단 세부   ┃ 사진 7 강당지 우주 굴광흔

---

406) 축석기법으로 보아 할석난층기단임을 알 수 있다.
407) 國立博物館, 1969, 『金剛寺』.
408) 이러한 축조기법은 능산리사지 및 제석사지 금당지 하층기단 등에서 살필 수 있다. 와적기단인 수직횡렬식에 비해 후행한 것으로 추정된다. 수직횡렬식에 대한 논고는 아래의 논문을 참조.
서정일, 2008.2, 「백제 수직횡렬식 기단 검토」, 공주대학교 대학원 사학과 석사학위논문.

기단의 동남 모서리부에는 隅柱(사진 7)[410]를 세웠던 형적이 확인되며 그 너비는 36cm로 계측되었다. 우주의 굴광흔으로 보아 판석(면석) 위에는 갑석을 올렸던 것으로 추정되었다. 아울러 판석이 남아 있는 것으로 보아 지대석은 처음부터 시설되지 않았음을 알 수 있다[411].

7) 오합(함)사지 강당지[412]

백제 법왕(599년) 창건 이후 조선시기까지 사맥이 이어져 유구의 중복과 교란이 심한 편이다. 따라서 백제시기의 기단은 전면적인 발굴조사보다는 부분적인 확장조사를 통해 확인되었다.

사진 8 강당지 동면 전적기단

사진 9 강당지 서북모서리부 전적기단

409) 國立博物館, 1969, 『金剛寺』, 도판 19-a.
410) 國立博物館, 1969, 『金剛寺』, 도판 18-b. 백제 와건물의 기단건축에서 우주의 존재가 맨 처음 확인된 곳은 금강사지 금당지이다. 지대석의 우석에 우주가 올릴 부분을 모각하여 이의 밀려남을 방지하고 있다. 이러한 우주의 흔적은 미륵사지 강당지 및 통일신라 사지 인 충남 보령 성주사지 금당지 지대석(우석) 등에서도 확인할 수 있다. 성주사지 금당지 우석 홈의 경우 한 변 35~40cm로 계측되어 36cm인 금강사지 금당지 우주 홈과 큰 차이 가 없음을 알 수 있다. 아울러 치석기법에서도 친연성이 찾아지고 있다. 이는 결과적으 로 백제 조사공의 기술력이 통일신라기까지 전파되었음을 판단케 하는 것이다.
411) 이는 기본적으로 면석이 지대석 아래에 조성되기 때문이다. 석재 결구상 지대석이 존재 하였다면 발굴조사 과정에서 확인되는 것이 당연하다.
412) 保寧市·忠南大學校博物館, 1998, 『聖住寺』, 35~44쪽.

백제시기 오합사와 관련된 창건기의 강당 기단은 판석형의 할석으로 조성되었고 2차 강당은 전석혼축기단으로 축조되었다(사진 8·9)[413]. 기단은 기단석이 놓일 부분의 생토면을 30~40cm 정도 절토한 후 기단석을 놓고 그 내부에 흑갈색 사질점토를 85cm 정도의 높이로 축토하여 기단토를 완성하였다. 2차 강당 기단은 1차 창건 기단 위에 축조된 것으로서 할석과 장방형의 무문전을 평적식으로 혼축하여 조성하였다[414]. 전은 지점에 따라 횡방향 및 종방향 등으로 축조하여 정형성이 없다. 이와 같은 전석혼축기단은 동남회랑지 및 서남회랑지에서도 살펴볼 수 있다.

8) 제석사지 강당지[415]

강당지는 금당지 북쪽으로 25.2m 떨어져 있다. 시굴조사 및 발굴조사

사진 10　제석사지 강당지

사진 11　제석사지 강당지 남면기단 요구부 토층상태

413) 保寧市·忠南大學校博物館, 1998,『聖住寺』, 원색사진 7 및 13. 이는 토층상으로 확인된 내용이다.
414) 이처럼 전을 이용하여 기단을 축조한 사례는 부여 밤골사지 불명 건물지(국립부여문화재연구소, 2006,『부여 관음·밤골사지 시굴조사보고서』) 및 군수리사지 목탑지 등에서 확인되고 있다. 그러나 이들은 평적식이 아닌 수직횡렬식으로 축조하였다는 점에서 축조기법상의 차이가 있다.
415) 圓光大學校 馬韓·百濟文化研究所·益山郡, 1994,『益山帝釋寺址試掘調査報告書』. 국립부여문화재연구소, 2011,『帝釋寺址 발굴조사보고서 I』.

결과 기단석이 검출되지 않아 대부분 멸실된 것으로 판단되었다(사진 10)[416]. 반면, 금당지의 수직횡렬식 치석기단은 양호한 상태로 확인되었다. 이로보아 제석사지 강당지는 금당지에 비해 레벨이 높은 곳에 위치하였음을 알 수 있다. 이와 같은 금당지와 강당지의 레벨차는 부여지역의 능산리사지 및 부소산사지 등에서도 살필 수 있어 백제 가람배치상의 입지적 특성을 보여주고 있다.

기단석이 빠져 나간 자리에는 폭 35~40cm, 깊이 30~40cm의 구가 형성되어 있고 바닥에는 기단석을 보강하였던 소형의 기단적심이 남아있다(사진 11)[417]. 강당의 규모는 동서 길이 52.7m, 남북 너비 18.4m로 계측되었다.

기단은 지대석 위에 면석과 갑석을 올린 단층의 가구기단으로 추정되었으나[418] 필자는 이를 취신하기 어렵다. 왜냐하면 가구기단에서의 지대석은 구지표층(생활면) 아래에 매몰되기 때문에 지대석의 전체적인 멸실을 기대하기 어렵다. 특히 강당지 전체에서의 지대석 멸실은 더더욱 이해할 수 없다. 이는 강당지 남면 토층 요구부를 통해서도 확연히 살필 수 있다. 금당지 기단의 경우가 수직횡렬식의 치석기단으로 이루어져 있어 강당지 기단 역시도 이와 같은 형식이었을 것으로 추정된다.

9) 미륵사지 강당지[419]

서면기단을 제외한 나머지 면에서 기단의 형적을 살필 수 있다(사진 12)[420]. 단층의 가구기단이나 위치에 따라 지대석, 면석, 갑석 등이 부분적

---

416) 국립부여문화재연구소, 2011,『帝釋寺址 발굴조사보고서 I』, 171쪽 사진 87 중.
417) 圓光大學校 馬韓·百濟文化研究所·益山郡, 1994,『益山帝釋寺址試掘調査報告書』, 94쪽 도판 17-a.
418) 圓光大學校 馬韓·百濟文化研究所·益山郡, 1994,『益山帝釋寺址試掘調査報告書』, 15쪽 및 36쪽.
419) 文化財管理局 文化財研究所, 1989,『彌勒寺 I』.
420) 필자사진.

■ 사진 12 강당지 가구기단

으로 멸실되어 있다. 갑석은 길이 220~280cm, 두께 23cm, 폭 55cm 내외이나 끝에서 48cm까지 만 치석되어 있을 뿐 나머지는 가공되지 않았 다 . 면 석 은 길 이 100~160cm, 높이 68cm, 두께 35cm이며 외면에서 탱주나 장식은 살필 수 없다. 지대석은 상면 끝단에서 9~18cm 떨어진 지점에 갑석을 올리기 위한 'ㄴ'자 모양의 홈이 파여 있다[421]. 아울러 지대석의 네 모서리 상면에도 우주를 받치기 위한 한 변 61cm의 홈이 조성되어 있다. 이러한 우주의 흔적은 금강사지 금당지에서도 살필 수 있어 건축기술의 친연적 관계를 확인할 수 있다.

한편, 기단 동남 모퉁이에는 동서길이 135cm, 남북길이 105cm, 폭 50cm의 'ㄱ'자 모양 갑석이 올려 있다[422]. 그런데 이러한 형태의 갑석은 그 동안 백제의 가구기단에서도 확인되지 않은 초출 자료로서 고구려 및 신라에서도 검출된 바 없다. 아울러 금당지에서의 갑석과도 차이를 보이고 있어 기술적 차이 혹은 시기적 차이를 판단케 한다. 지대석, 면석, 갑석을 고려할 때 가구기단 전체의 높이는 100cm 이상으로 추정된다. 기단의 규모는 동서길이 55.8m, 남북너비 16.8m이다.

이렇게 볼 때 백제 강당지는 일본 비조시대 사지와 달리 가람배치상 금당지 북쪽에만 위치하고 있음을 살필 수 있다. 아울러 강당지 좌우로는 군수리사지 및 능산리사지, 왕흥사지 등에서와 같이 소형의 부속 건물지가 배치되거나 정림사지처럼 동·서회랑의 북단 건물지와 인접해 있는 경우, 그리고 금강사지와 같이 북회랑이 시설되는 경우로 구분해 볼 수 있다. 아울

---

421) 이처럼 지대석 상면에 'ㄴ'자 모양의 홈이 파여진 경우는 능산리사지 금당지 및 금강사지 금당지 등에서도 살필 수 있다.
422) 이러한 형태의 갑석은 한편으로 기단석 상면의 부석으로도 활용되었을 것이다.

러 능산리사지, 제석사지 등을 통해 강당지가 금당지보다 레벨이 높은 곳에 입지하고 있었음도 확인할 수 있다.

한편, 익산 미륵사지에서는 강당지가 회랑 외부에 별도로 축조된 경우를 볼 수 있는데[423] 이는 3탑 3금당이라는 가람구성에서 강당을 공동으로 사용코자 하는 효율성에 바탕을 둔 것이라 생각된다[424]. 아울러 강당지는 규모면서도 가장 큰 크기를 보이는데 이는 강론을 실행키 위한 기능적 측면에서 고려된 사항이라 판단된다.

3. 강당지 기단의 형식 분류

백제 강당지 기단은 그 동안의 발굴조사 내용으로 볼 때 다양한 재료로 축조되었음을 살필 수 있다. 즉, 기와나 할석, 치석, 혹은 전을 이용하여 이를 혼축하거나 단독적으로 사용하고 있다. 여기에서는 재료별로 기단 형식을 나누어 설명해 보고자 한다.

이를 위해 기와를 사용해 만든 기단은 와적기단, 막돌(할석)을 이용하여 조성한 기단은 할석기단, 다듬은 돌(판석형의 장대석)을 이용하여 만든 기단은 치석기단 등으로 분류해 보고자 한다. 아울러 서로 다른 재료를 가지고 기단을 축조한 것은 혼축기단, 치석된 지대석, 면석, 갑석을 결구하여 조성한 기단은 가구기단으로 부르도록 하겠다.

1) 와적기단

기와를 사용한 와적기단[425]은 군수리사지, 정림사지, 능산리사지 등에

---

423) 이러한 가람배치는 일본 산전사지에서도 찾아볼 수 있다.
424) 3탑은 아니지만 1탑 3금당이 배치된 황룡사 중건가람에서 강당이 회랑 내부에 시설된 것과는 차이를 보이는 것이다.

사진 13 군수리사지 금당지 남면기단

서 살필 수 있다. 이중 군수리사지의 경우는 4면이 평적식으로 축조되었고 평면 와열은 1열로 조성되었다. 이처럼 평면 와열이 1열로 조성된 사례는 관북리 건물지(a)를 비롯해 '北舍'명 옹기 출토 건물지, 군수리 2호 건물지 및 익산 왕궁리유적[426] 등에서 확인되고 있다. 관북리 건물지(a)로 보아 초출시기는 6세기 전반으로 추정되고 백제 멸망기까지 조성된 백제의 기단형식으로 파악된다. 한편, 군수리사지 강당지의 경우 평적식 아래 일부에서 합장식[427]이 확인되고 있다. 이는 합장식이 선축된 이후 평적식이 후축되었음을 보여주는 것이다[428].

정림사지는 동·서·남면의 경우 평적식으로 조성되었고 북면은 합장식으로 축조되었다. 평적식의 경우 평면 와열은 2~3열로 관찰되었고 이와 같은 사례는 왕흥사 서회랑지를 비롯해 관북리 건물지, 능산리사지 불명건물지 II, 부소산성 서문지 주변 건물지, 규암 외리유적 등에서 살필 수 있다. 북면에서 확인된 합장식 기단은 군수리사지 금당지 남면기단(사진 13)[429]과 비교해 큰 차이점을 발견할 수 있다. 즉, 와적수법이 정교하지 못하며 와적 사이에 많은 흙이 충전되어 있고 고른 바닥면을 유지하기 위한 완형의 암키와가 생략되어 있다.

425) 백제의 와적기단은 평적식, 합장식, 수직횡렬식, 복합식 등으로 구분할 수 있다(趙源昌, 2006, 「新羅 瓦積基壇의 型式과 編年」, 『新羅文化』28)
426) 國立扶餘文化財研究所, 2008, 『王宮里 Ⅵ』, 425쪽 삽도 10·11.
427) 합장된 와적 아래에서는 지대석용의 완형 암키와가 시설되지 않아 금당지 남면기단과 차이를 보이고 있다.
428) 이는 결과적으로 평적식 와적기단 이전에 합장식 와적기단이 존재하였음을 의미하는 것으로서 전자가 후축되었음을 알게 한다.
429) 국립부여문화재연구소, 2010, 『扶餘軍守里寺址 I - 木塔址·金堂址 發掘調査報告書』, 176쪽 사진 31.

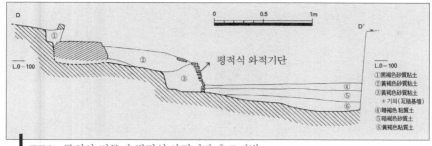

도면 3 금성산 건물지 평적식 와적기단 축조기법

위에서 살핀 바와 같이 백제 강당지에서 볼 수 있는 와적기단 형식은 대부분 평적식이고 합장식은 정림사지에서 만 확인되고 있다. 그런데 이 형식의 경우 일찍이 군수리사지 금당지에서 찾아진 바 있어 축조기술과 관련된 조사공의 친연성 및 계파 등을 판단케 한다. 아울러 합장식 기단은 군수리사지 금당지 남면기단(건물의 정면)을 통해 장식성이 강한 와적기단으로 알려져 왔으나[430] 정림사지 강당지 북면기단(건물의 후면) 및 서회랑지에서도 확인되고 있어 장식적 효과 외에 기능적[431] 측면도 내재되어 있었음을 파악할 수 있다. 따라서 합장식 와적기단은 평적식과 같은 대중적인 사용은 이루어지지 않았지만 止土施設로서의 기능성은 어느 정도 증명되었다고 볼 수 있다.

백제 강당지의 와적기단은 축조기법상 먼저 기단토(혹은 대지조성면)를 조성하고 그 다음에 기단이 시설될 부분을 'ㄴ'자 모양으로 절토한 후 그 개구부에 기단을 조성하고 있다. 와적과 굴광된 기단토(혹은 대지조성면) 사이는 점토나 사질토 등으로 충전하여 와적기단이 뒤로 밀려나는 것을 막아주고 있다. 이는 비단 사원의 강당지 뿐만 아니라 금성산 건물지(도면 3)[432] 및 부소산성 서문지 주변 건물지에서도 찾아볼 수 있어 백제 와적기

430) 趙源昌, 2004, 『百濟 建築技術의 對日傳播』, 서경문화사, 93쪽.
431) 止土施設(조원창, 2012, 『기와건물지의 조사와 해석』, 71쪽)로의 기능을 의미한다.

사진 14 금성산 건물지 평적식 와적기단
전면 암키와 시설

단 축조기법의 정형성을 보여주
고 있다.

한편, 정림사지 강당지 평적
식 와적기단의 경우 전면에 암키
와 1~2겹을 덧대어 기단을 보호
하고 있다[433]. 그런데 사지로 규
명하기는 어렵지만 금성산 건물
지(사진 14)[434] 및 규암면 외리유
적의 평적식 와적기단 전면에서
도 이와 같은 보호시설을 확인할 수 있다. 아울러 전술하였던 합장식 와적
기단인 군수리사지 금당지 남면기단에서도 똑같은 시설을 찾아볼 수 있다.
반면, 능산리사지 및 관북리 건물지, 부소산성 서문지 주변 건물지, 익산 왕
궁리유적 등에서는 이러한 보호시설이 확인되지 않았다.

이는 결과적으로 평적식 및 합장식 와적기단 건물지의 경우 기단을 보호
해 주는 전면 암키와가 모두 시설된 것이 아니라 부분적으로 만 시설되었음
을 보여주고 있다. 그리고 금성산 건물지의 어골문 기와에서 살필 수 있는
바와 같이 이러한 보호시설은 통일신라기에도 계속적으로 사용되었음을 살
필 수 있다.

2) 치석기단

다듬은 판석형의 장대석을 이용하여 기단을 조성한 것이다. 백제 강당지
중 치석기단으로 조성된 사례는 금강사지 및 제석사지 등에서 살필 수 있어

432) 國立扶餘博物館, 1992, 『扶餘錦城山百濟瓦積基壇建物址發掘調查報告書』, 69쪽 圖面 8.
433) 국립부여문화재연구소 · 부여군, 2008, 「부여 정림사지 발굴조사 현황과 성과」, 『정림사
    역사문화적 가치와 연구현황』, 71쪽.
434) 國立扶餘博物館, 1992, 『扶餘錦城山百濟瓦積基壇建物址發掘調查報告書』, 4쪽 도판 4.

대체로 6세기 4/4분기 이후에 축조되었음을 알 수 있다. 전자의 경우는 면석과 우주, 그리고 갑석을 이용하였다는 점에서 가구기단과 유사한 구조를 보여주고 있다. 그러나 기본적으로 지대석이 시설되지 않았다는 점에서 동일시하기 어렵다. 아울러 면석의 경우는 수직횡렬식으로 수적되어 횡평적된 치석기단[435]과 차이를 보인다. 또한 우주의 경우 금당지에서도 확인되고 있지만 백제 강당지 기단 중에서는 초출 자료에 해당되고 있어 주목된다.

한편, 금당지 및 강당지에서 확인되는 우주는 익산 미륵사지 강당지에서도 찾아지고 있어 두 사원의 조사공 간 밀접한 관련이 있었음을 추정케 한다.

제석사지의 경우는 기단석이 모두 멸실되어 그 구조를 살필 수 없으나 토층도를 통해 축조기법을 유추할 수 있다. 즉, 강당지 기단은 이것이 놓일 부분에 일자로 凹溝를 조성한 후 그 가운데에 수직횡렬식으로 기단을 조성하였던 것으로 생각된다[436]. 이러한 축조기법은 한편으로 제석사지 금당지에서도 찾아볼 수 있어 좋은 비교 자료가 되고 있다. 금당지에서 갑석이 발견되지 않은 것으로 보아 강당지에도 갑석을 사용하지 않았던 것으로 생각된다[437]. 아울러 모서리에서의 우주 흔적도 확인되지 않아 금강사지 강당지의 치석기단과는 구조적으로 차이를 보였던 것으로 사료된다. 따라서 두 사원의 강당을 조성하였던 조사공은 기술적으로 다른 계파였음을 판단할 수 있다.

3) 혼축기단

재료의 성질이 서로 다른 것을 이용하여 동시에 축조한 기단을 의미한

---

435) 치석(장대석)을 이용하여 횡평적한 사례는 부소산사지 중문지의 축대시설에서 엿볼 수 있다.

436) 이러한 축조기법은 군수리사지 및 부소산사지 목탑지에서도 살필 수 있어 백제의 전통적인 건축기술이었음을 추정할 수 있다.

437) 발굴조사를 통해, 혹은 주변에 모아놓은 석물군 등을 통해 갑석으로 보이는 석재가 확인된 바 없다.

다. 백제 강당지 기단 중 혼축기단은 능산리사지 및 오합사지 등에서 살필 수 있다.

능산리사지 강당지는 할석과 평적식의 와적으로 축조된 혼축기단의 형식을 보여주고 있다[438]. 여기서 할석과 와적은 동시에 축조된 것으로서[439] 양자의 시기차를 확인할 수 없다. 이런 점에서 보축의 와적기단이 시설된 능산리사지 서회랑 북단건물지(일명 공방지 Ⅰ)의 혼축기단과 차이를 보인다[440]. 강당지에 사용된 할석은 20~30cm의 크기로 일정한 층위로 맞춰 쌓지 않은 할석난층기단이며 와적 아래에서의 지대석은 확인되지 않았다. 이러한 혼축기단은 와적기단의 시초로 볼 수 있는 관북리 건물지(a)와 같은 축조방식이어서 고식의 기단 형식임을 알 수 있다.

오합사지 강당지는 전과 판석형의 할석을 이용하여 만든 혼축기단으로 이루어졌다. 전적은 평적식으로 조성되었으며 동일 사지의 서회랑지에서도 관찰되고 있으나[441] 백제사지 기단 중 그 사례가 매우 희귀한 편에 속한다. 기단은 판석형의 할석을 한 벌로 깔고 난 후 장방형의 전을 쌓아 올렸다. 평적식의 전적기단 아래에 1매의 지대석을 깔아 놓았다는 점에서 왕흥사지 서회랑지 혼축기단의 아류작으로 판단된다[442].

이러한 형식의 혼축기단은 그 동안 고구려나 고신라의 유적에서는 확인된 바 없는 것이기 때문에 백제 기단건축술의 독자성 및 창의성을 엿볼 수 있다.

438) 趙源昌, 2006, 「百濟 混築基壇의 硏究」, 『건축역사연구』46.
439) 國立扶餘博物館·扶餘郡, 2000, 『陵寺』.
440) 능산리사지 서회랑 북단 건물지(공방지 Ⅰ)의 경우 먼저 할석난층기단으로 축조하고 이것이 일부 붕괴된 뒤 해당 부분만을 평적식의 와적기단으로 보축하였다. 이는 마지막 결과만을 놓고 본다면 혼축기단으로 볼 수 있으나 축조시기가 서로 상이하다는 점에서 와적기단을 보축기단으로 분류하는 것이 바람직할 것이다.
441) 이는 또한 부여 밤골사지에서도 확인되고 있으며 부여 군수리사지 목탑지에서도 살필 수 있다. 다만, 전자의 경우 2조의 수직횡렬식으로 조성되어 축조상의 차이를 발견할 수 있다.

4) 가구기단

치석된 지대석, 면석, 갑석을 이용한 강당지의 가구기단은 지금까지 왕흥사지 및 미륵사지에서 만 확인되었다. 이러한 가구기단은 일찍이 능산리사지[443], 금강사지, 미륵사지 등의 금당지와 탑지 등 주로 권위적 건물에서 검출되고 있다[444]. 따라서 당탑지가 아닌 강당지에서의 가구기단 시설은 백제 건축사에 있어 중요한 변혁기라 생각된다. 그러나 왕흥사지 강당지의 경우 남면기단만이 가구기단이고 나머지 3면은 할석기단이라는 점에서[445] 4면이 모두 가구기단으로 조성된 미륵사지 강당지 기단과 차이를 보인다.

미륵사지 강당지의 경우 지대석(우석) 상면에서 우주를 받치기 위한 홈이 마련되어 있어 금강사지 금당지의 축조기법과 친연성을 보여주고 있다[446]. 이러한 우주의 형적은 금강사지 강당지의 기단부 凹溝[447]에서도 살필 수 있다. 그러나 왕흥사지 강당지 우석에서는 이러한 홈을 확인할 수 없어 기단의 세부적 차이를 엿볼 수 있다. 한편, 가구기단에서의 구조적 변화는

---

442) 그러나 세부적으로는 지대석에 있어 오합사지의 것이 판석형의 할석인 반면, 왕흥사지 서회랑지의 것은 일반 할석을 사용하였고 전자가 완형의 장방형 전인 반면 후자는 기와편을 사용하여 차이를 보인다. 그러나 구조적으로는 같은 부류에 포함시킬 수 있다.

443) 능산리사지 금당지에서의 경우 지대석 만 남아 있고 면석이나 갑석은 모두 멸실된 상태이다. 지대석 상면에는 면석을 올리기 위한 'ㄴ'자 모양의 턱이 모각되어 있다. 이러한 흔적은 미륵사지 가구기단의 지대석에서도 확인되고 있다.

444) 조원창, 2003, 「사찰건축으로 본 가구기단의 변천 연구」, 『백제문화』32, 공주대학교 백제문화연구소.

445) 이처럼 4면 중 전면만이 가구기단이고 나머지 3면이 할석기단으로 조성된 사례는 고려시기의 대전 보문사지 금당지에서도 살필 수 있다(韓國文化財保護財團·大田廣域市, 2000, 『大田 普門寺址Ⅰ』).
왕흥사지 강당지 가구기단에 대한 내용은 아래의 자료를 참조하였다.
국립부여문화재연구소, 2009.9.29, 「6세기대 최대 규모의 백제 강당지 확인보도자료」.
국립부여문화재연구소, 2009.9.30, 「부여 왕흥사지 제10차 발굴조사 지도위원회의 자료」.

446) 백제 가구기단에서도 우주의 존재는 그리 많지 않은 실정이다. 따라서 금강사지와 미륵사지의 축조에 참여하였던 조사공의 관련성이 주목된다.

447) 이는 지대석(우석) 상면에 홈이 있는 것이 아니라 기단토 및 대지조성토를 우주의 형태처럼 굴토한 것을 의미하는 것이기 때문에 세부적 차이가 발견된다.

미륵사지 강당지의 갑석 형태에서도 찾아볼 수 있다. 이에 대해선 다음 장에서 자세히 살펴보도록 하겠다.

4. 강당지 기단의 시기적 변천과 건축고고학적 특성

여기에서는 백제 사비기 강당지의 기단이 6세기 중엽에서 7세기를 거치는 동안 어떠한 형식으로 변천해 가는지 살펴보는데 목적이 있다. 그리고 그러한 기단 형식이 사지의 중요 건물로 인식되는 당탑지의 기단과 어떠한 차이가 있는지도 비교해 보고자 한다. 이를 위해 각 사지의 편년을 우선적으로 살펴보고 기단 변천에 따른 기술 전파 및 배경에 대해서도 검토해 보도록 하겠다.

정림사는 최근 발간된 보고서에 따르면 7세기 이후에 창건된 것으로 알려져 있으나[448] 기단토 및 대지조성토 출토 와당으로 보아 6세기 4/4분기 후반 무렵에 창건된 것으로 추정된다. 강당지 기단에서 확인되는 평적식 및 합장식의 와적기단은 6세기 중엽경에 조성된 군수리사지 금당지 및 강당지의 기단형식과 친연성을 보여주고 있다. 특히 웅진기에 이러한 기단 형식이 전혀 발견되지 않았다는 점에서도 강당지의 기단 형식이 사비기의 기단건축술로 축조되었음을 판단케 한다.

합장식 와적기단은 그 동안 백제유적 중 정림사지와 군수리사지에 만 시설되었다. 외형상 서로 다른 크기의 기와편을 여러 겹으로 와적하면서 魚骨모양으로 쌓아 평적식 와적기단이나 석축기단에 비해 노동력이 훨씬 더 소요되었음을 유추할 수 있다. 장식성이 강한 반면 내구적 측면에서는 상대적으로 약해 기단토의 지토시설[449]이라는 기본적 기능에는 미흡하였던 것으

---

448) 국립부여문화재연구소, 2011, 『부여 정림사지』, 321쪽.

로 생각된다.

능사 강당지는 목탑지에서 수습된 사리감(百濟昌王十三秊太歲在 丁亥 妹兄公主供養舍利)의 내용으로 보아 567년 이후에 조성되었음을 알 수 있다[450]. 사원 축조에 있어 금당이나 목탑이 다른 전각에 비해 우선적으로 조영되었음을 볼 때 강당은 567년보다 약간 늦은 시기에 조영되었을 것으로 생각된다. 이는 백제 조사공에 의해 창건된 일본 비조사를 통해서도 그 건축과정을 유추해 볼 수 있다.

즉, 590(숭준 3)년에 사찰조성에 필요한 용재를 제작하고, 592(숭준 5)년에는 불당(금당)과 보랑의 기공이 이루어졌다. 아울러 593(추고 1)년에는 탑의 심초에 사리를 납입하고 찰주를 세웠으며, 596(추고 4)년에는 탑의 노반과 사찰 조영이 완성하게 된다. 그리고 605(추고 13)년에는 동·수의 장육불상을 발원하고 606(추고 14)년에 금당에 안치하게 된다[451]. 여기서 구체적으로 강당의 조영시기가 밝혀지지는 않았지만 사찰건축의 공정을 통해 금당과 찰주가 세워진 593년부터 사찰 조영이 완성된 596년 사이에 이의 축조가 이루어 졌음을 추정할 수 있다. 백제 조사공에 의해 조영된 비조사의 사례로 볼 때 능사 강당은 목탑에 사리가 안치되는 567년부터 2~3년 이내에 완성되었음을 추정해 볼 수 있다.

---

449) 김동현, 1995, 『한국 목조건축의 기법』, 발언.

450) 이에 대해 김길식의 경우 건물지 기단의 축조기법, 건물지의 구조, 초석의 형태와 축조기법, 출토 고구려계 유물, 와당 등을 분석하여 강당지를 비롯한 불명건물지 Ⅰ·Ⅱ, 공방지 Ⅰ·Ⅱ로 구성된 1차건축군이 사비천도(538년) 직전까지는 건립되었던 것으로 보고 천도 후에는 본래의 기능을 담당하였던 것으로 보았다. 아울러 금당지, 목탑지, 동·서·남 회랑지 및 중문지 등의 2차사찰건축군은 557년경에 시축되어 567년경까지 10여 년에 걸쳐 완성된 것으로 보았다(김길식, 2008,「백제 시조 구태묘와 능산리사지」,『한국고고학보』69집, 86~87쪽). 그러나 필자가 건물지의 기단이나 초석, 와당 등을 분석해 본 결과 강당지가 사비천도 전후에 축조되었다는 근거를 확인하지 못하였다. 특히 기단이나 초석은 웅진기의 것이 남아 있는 것이 없어 이를 기준으로 웅진기, 사비기로 나누는 것은 위험한 발상이 아닐 수 없다.

451) 비조사 창건에 관한 기록은 『日本書紀』와 『元興寺伽藍緣起幷流記資財帳』을 통해 살필 수 있다.

사진 15 금강사지 출토 와당

한편, 강당지에서 확인된 할석의 석축기단과 평적식의 와적기단은 관북리 백제유적 건물지(a)[452]의 기단 형식과 동일하여 6세기 전반[453]부터 부여지역에서 부분적으로 사용되었음을 판단할 수 있다. 여기서 와적기단은 할석의 석축기단에 비해 그 축조범위가 넓지 않아 보조적 재료로 이용되었음을 추정할 수 있다. 아울러 와적 아래에서 지대석이 검출되지 않는 것으로 보아 지대석이 시설된 와적기단에 비해 시기적으로 선축된 형식임을 알 수 있다.

군수리사지는 목탑지 상면에서 출토된 2점의 불·보살상과 사지에서 수습된 판단 삼각돌기식 와당의 편년으로 보아 6세기 중엽에 조성되었음을 추정할 수 있다[454]. 따라서 강당의 경우도 6세기 중엽에 축조되었을 것으로 생각된다. 그러나 기단 일부에서 합장식과 평적식이 중복되어 있어 기단의 선후축을 판단케 한다.

왕흥사지는 목탑지에서 수습된 사리외호를 통해 577년경에 목탑의 찰주가 세워졌음을 알 수 있다. 아울러 강당은 비조사의 사례로 보아 이 보다 약간 늦은 580년 전후에 조영되었을 것으로 추정된다. 강당 기단은 정면인 남면만 가구기단으로 축조하였고 나머지 3면은 할석의 석축기단으로 조성하여 가구기단의 장엄성과 위엄성을 부각시키고 있다. 특히 왕흥사지 이전의 백제 강당지에서 이같은 가구기단이 전혀 시설되지 않았다는 점에서 백제

452) 충남대학교박물관·충청남도, 1999, 『부여 관북리 백제유적 발굴보고(Ⅱ)』.
453) 조원창, 2004, 『백제 건축기술의 대일전파』, 서경문화사, 102쪽 〈표 1〉 참조.
454) 이는 군수리사지에 와당을 공급한 정암리와요의 편년에 근거한 바 크다(국립부여박물관·부여군, 1992, 『부여 정암리 가마터(Ⅱ)』).
    군수리사지의 조성목적과 편년에 대한 연구는 필자의 논고를 참조하기 바람(조원창, 2008, 「백제 군수리사원의 축조기법과 조영주체의 검토」, 『韓國古代史硏究』51). 이에 따르면 군수리사원은 즉위초인 555년부터 567년 사이에 축조된 것으로 파악하였다.

강당지 기단의 초출자료로 이해할 수 있다.

그런데 가구기단은 일찍이 백제사지에서의 경우 금당지나 목탑지의 기단으로 만 사용되었다. 이는 당시 백제 사회에서 가구기단이 갖는 유무형의 건축학적 의미가 함축되어 있었음을 판단케 한다. 아마도 '왕흥'이라는 창건주체(위덕왕)의 의지가 반영된 것이 아닌가 생각해 본다[455].

금강사지는 사원에서 출토되는 판단삼각돌기식의 와당(사진 15)[456]으로 보아 6세기 4/4분기경에 조영되었음을 추정할 수 있다[457]. 따라서 강당의 경우도 이 무렵에 축조되었을 것으로 생각된다. 이러한 치석기단은 한편으로 능산리사지의 중문지 및 금당지, 목탑지 등에서도 살필 수 있다. 일반 할석재의 석축기단에 비해 노동력과 경제력이 더 소요된다는 점에서 기단의 장엄성을 엿볼 수 있다. 아울러 정림사지나 군수리사지, 능산리사지 강

455) 전륜성왕을 자처하였던 성왕이 신라의 관산성 싸움에서 패사한 이후 위덕왕은 백제의 기로들에 의해 태자의 위치가 무척 불안정하였다. 이는 신라와의 싸움을 반대하였던 기로들의 책임 추궁과 견제가 가장 큰 원인이었을 것이다. 이러한 미약한 왕권은 한편으로 성왕이 패사한 13년 후에나 능사가 창건되는 것으로도 충분히 파악해 볼 수 있다. 위덕왕은 즉위 초기 이러한 기로들과의 갈등 속에서 왕권을 꾸준히 신장시켰던 것으로 이해할 수 있다. 그러면서 한편으로는 자신의 반대파를 복종시키거나 회유시키기 위한 필요성도 절실히 느꼈을 것이다. 이러한 대내적 어려움을 극복하기 위해 위덕왕은 왕흥사를 창건하였던 것으로 생각되고 이를 통해 자신의 정치적 한계를 극복하였을 것으로 생각된다. 여기서 왕과 신하의 매개체는 당시 위덕왕을 신봉하였던 승려들이 담당하였을 것으로 생각되고 그들의 사상적 배경은 사비기에 널리 유행하였던 법화신앙이었을 것이다. 즉, 법화경을 중심으로 한 전륜성왕사상을 통해 왕을 중심으로 한 불교적 세계관을 형성시키고 나아가 왕권의 절대성 또한 확립코자 하였을 것이다. 아울러 법화사상의 일승사상을 바탕으로 귀족과 민을 포용할 수 있는 여지 또한 이룩코자 하였을 것이다(이상 조경철, 1999, 「백제의 지배세력과 법화사상」, 『한국사상사학』12집, 39쪽). 따라서 위덕왕은 이러한 법화신앙을 통해 자신의 반대편에 섰던 귀족들과 자신의 정적으로 하여금 정치적 복종이나 이해를 구하는 한편, 왕권도 신장시키는 일거양득의 효과를 노렸을 것이다. 이러한 왕권 신장의 대내적 문제 해결을 위해 왕흥사의 강당이 사용되었을 것으로 생각되고 이를 시각적으로 보여주기 위한 조처가 바로 강당 기단의 장엄적 효과이었을 것이다. 왕흥사 강당의 가구기단은 바로 이러한 과정 속에서 등장하였을 것으로 사료된다.

456) 國立博物館, 1969, 『金剛寺』, 도판 37- I .

당지 등의 경우 와적기단이나 할석의 석축기단으로 조성된 것에 반해 6세기 4/4분기 무렵의 금강사지 강당에 치석된 석축기단이 발견되었다는 사실은 백제 강당 기단의 획기적 변화를 판단케 한다.

오합사지는 백제 혜왕의 왕자인 법왕이 태자 시절인 599년에 전쟁에서 전사한 이의 영혼을 위로하기 위해 창건한 사찰로 알려져 있다[458]. 그러나 전석혼축기단의 경우 2차 강당기단으로 확인되어 7세기 전반경에 조성되었음을 추정케 한다. 사용된 전은 무문의 장방형이며 장축은 기단 방향과 대체로 나란하게 축조되었다. 그 동안 전과 석재가 정형적으로 혼축되어 조성된 바 없어 백제 기단의 초출자료로 분류할 수 있다.

그런데 백제 건물지에서 전을 기단에 사용한 사례는 일찍이 웅진기 유적인 공산성 내 임류각지에서 살필 수 있다. 기단에 사용된 전은 4면이 25cm인 평면 방형으로 무문이며 전과 전 사이에는 두께 9cm의 흙이 깔려 있다. 일반적으로 전과 전 사이의 흙이 접착제 역할을 하는 것과 비교해 기단의 한 부분으로 조성되었다는 점에서, 그리고 최하부 전의 아래에서 지대석이 시설되지 않는 점을 통해 오합사지 강당지 기단과의 차이를 살피게 한다. 이후 사비기인 군수리사지[459] 및 밤골사지[460] 등에서도 전적기단을 확인할 수 있으나 지대석의 존재 및 축조기법 등에서 뚜렷한 차이를 발견할 수 있다.

---

457) 6세기 3/4분기의 판단삼각돌기식 와당은 정암리와요에서 출토된 와례로 보아 연판이 후육하고 자방이 상대적으로 크게 제작되었으며 연자는 1+4과의 연자배치를 보이고 있다. 그러나 6세기 4/4분기에 이르면 연판이 자방에 비해 크게 제작되거나 자방이 거의 평판화 되는 속성을 살필 수 있다. 반면, 7세기대 백제와당의 경우는 연판이나 자방 등에 장식이 가해지거나 연자배치가 3열로 제작되는 등 장식화의 모습을 보이고 있다(이상 趙源昌, 2004, 『百濟 建築技術의 對日傳播』, 서경문화사). 그런데 금강사지 와당의 경우는 아직까지 이러한 장식화된 문양을 살필 수 없어 7세기대의 와당으로는 파악되지 않는다. 따라서 6세기 4/4분기 백제와당의 속성을 보이는 와례로 판단할 수 있다.

458) 『崇嚴山聖住寺事蹟』 및 『聖住寺碑』.

459) 평면 방형의 전을 평적식이 아닌 수직횡렬식으로 조성하여 오합사지 강당지 기단과 축조기법면에서 확연한 차이를 보이고 있다.

460) 2열의 수직횡렬식으로 조성되었으나 전면발굴이 실시되지 않아 정확한 전의 형상은 파악할 수 없다. 향후 발굴조사의 진행에 따라 그 전모를 확인할 수 있으리라 생각된다.

한편, 혼축기단에서의 지대석 존재는 사비기 유적인 왕흥사지[461] 및 능산리사지[462]에서 이미 검출된 바 있어 전석혼축기단의 계통을 밝히는 데 결정적인 자료가 되고 있다. 즉, 이 두 유적에서의 경우 평적식 와적 아래에 1매의 석재(할석)가 놓여 있어 재료에서 만 차이날 뿐 축조기법면에서는 유사한 기단 형식을 보여주고 있다. 따라서 오합사지 강당지에서 관찰되는 전석혼축기단은 6세기 4/4분기 백제사지에서 유행하였던 평적식 와적기단이 내재적으로 발전하여 7세기 전반기에 새롭게 등장한 백제 기단의 한 형식으로 이해할 수 있다.

미륵사지는 백제 무왕대 창건된 것으로 기록되어 있다. 이 사지는 3탑3금당식의 가람배치로 중원가람의 후면에서 만 강당지가 확인되었다. 무왕의 즉위와 행적을 고려해 볼 때 강당은 7세기 전반에 조영된 것으로 추정된다. 아울러 이 강당지에서 주목할 수 있는 건축고고학적 특성은 우석과 갑석을 들 수 있다. 우석은 지대석 상면 모서리부에 놓여있는 것으로 직각으로 만나는 양 면석 사이에 위치하고 있다. 이러한 우석은 금강사지 금당지에서 최초로 등장하고 있으며 검출된 와당으로 볼 때 그 시기는 6세기 4/4분기로 추정된다. 부여지역의 여러 사지 중 금강사지 이외의 다른 유적에서 이러한 부재가 전혀 발견되지 않는 사실로 보아 미륵사 강당 조성에 금강사와 관련된 조사공이 참여하였음을 추정할 수 있다. 아울러 "「" 모양의 갑석은 백제 기단 건축 부재에서 새롭게 등장한 것으로 면석의 상단부를 가려주는 역할을 하고 있다. 이는 면석과 갑석의 결구면이 우수에 의한 동결 등 외부 요인에 의해 마멸되는 것을 막아주기 위한 조처가 아닌가 생각된다. 그 동안 백제 및 신라의 가구기단에서도 확인되지 않는 초출자료로 이해할 수 있다.

제석사지는 일본에서 편찬된 『관세음응험기』에 따르면 무왕이 익산으

461) 서회랑지에서 확인되었다. 지대석은 할석으로 그 위에 평적식의 와적기단이 조성되었다.
462) 서회랑 북단 건물지(일명 공방지Ⅰ)에서 조사되었다. 할석으로 이루어진 지대석 위에 평적식의 와적기단이 조성되어 왕흥사지 서회랑지의 기단형식과 동일함을 살필 수 있다.

로 도읍을 옮기면서 창건한 것으로 알려져 있으며 639년 11월에 雷雨로 불당, 7층 목탑 등이 전소되었음을 확인할 수 있다. 이렇게 볼 때 제석사 강당역시 7세기 초반에 조성되어 639년에 폐기되었음을 판단할 수 있다.

이렇게 볼 때 백제 사비기 강당지는 와적기단, 와적＋할석난층기단(6세기 중엽) → 치석기단, 남면 가구기단(6세기 4/4분기) → 가구기단, 전＋할석기단(7세기 전반)의 순으로 변천하고 있음을 살필 수 있다[463]. 시기적으로는 왕흥사지 및 금강사지가 6세기 4/4분기경에 창건되었음을 볼 때 이를 기점으로 사비기 강당의 기단이 와적기단이나 할석난층기단에서 점차 치석기단 및 가구기단으로 변화해 감을 엿볼 수 있다. 이는 점차 기단의 장엄화 단계로 진행하는 것이며 이 같은 근거는 이들 기단이 사원의 금당이나 목탑 등에서 어렵지 않게 살필 수 있는 것으로도 이해할 수 있다. 아울러 세부적 측면에서는 서로 다른 성격의 건축물 부재를 혼용하고 있고 금강사지의 우주가 미륵사지 등에서 확인되는 것으로 보아 당시 조사공의 계파 추정 및 활발한 교류 상태를 판단해 볼 수 있다.

한편, 사비기 강당지 기단에서 살필 수 있는 건축고고학적 특성 중의 하나는 이중기단의 사례가 없이 모두 단층기단으로만 조성되었다는 사실이다. 이중기단[464]은 백제사지의 금당지 및 목탑지 등에서 흔히 확인되는 것으로서 권위적 건물의 상징으로 이해되고 있다[465]. 그런 점에서 백제 강당은 사원이라는 상징적 측면에서 볼 때 당탑에 비견되지 않는 건물로 파악된다. 아울러 사비기 전 시기에 걸쳐 강당지가 단층기단으로 만 조성된 것은

---

463) 이는 기본적으로 유적의 창건시기와 관련을 시킨 것이다. 그러나 강당지 기단의 존재를 알 수 없는 웅진기의 용정리사지나 사비기의 부소산사지, 가탑리사지, 관음사지, 밤골사지, 제석사지 등이 있어 기단 변천의 기본 모델로는 부족하다 할 수 있다.

464) 백제 건물지에서의 이중기단은 재료상의 이질성 외에 기단의 구조에서도 차이점을 살필 수 있다. 즉, 하층기단 상면에 퇴칸이나 차양칸을 위한 초석이 배치된 경우와 그렇지 않은 경우로 나누어 볼 수 있다. 전자는 정림사지 강당지를 비롯해 금성산 와적기단 건물지 등이 있고 후자는 능산리사지 금당지, 금강사지 금당지, 부소산사지 금당지, 제석사지 금당지, 미륵사지 금당지, 용정리 소룡골 건물지 등이 있다.

465) 趙源昌, 2002, 「百濟 二層基壇 築造術의 日本 飛鳥寺 傳播」, 『百濟研究』35.

표 2 백제사지 강당지 및 금당지 기단 비교

구분	강당지 기단				금당지 기단				비고
	단층 기단	이중 기단	가구 기단	기타	단층 기단	이중 기단	가구 기단	기타	
군수리사지	●			●(와적)		●		●(와적)	
능산리사지	●			● (할석 +와적)		●	●		상층: 가구기단 하층: 치석기단
정림사지	●			●(와적)		●	?	?	기단석 멸실
왕흥사지	●		● (남면)	●(동·서 ·북면 할석)	●				할석기단
금강사지	●			●(치석)	●				
오합(함)사지	●			●(할석+전)					
제석사지	●			●(치석?)		●	?	?	상층기단 멸실 하층: 치석기단
미륵사지	●		●			●	●		

한편으로 사원 내 개별 전각이 당시의 정해진 조영 규칙에 따라 건축행위가 이루어졌음도 판단해 볼 수 있다.

　백제사지에서 보이는 강당지의 기단 형식을 금당지와 비교하면 위의 〈표 2〉와 같다.

5. 맺음말

　백제 사비기의 가람은 중문 - 탑 - 금당 - 강당의 순으로 배치되며, 중문과 강당은 회랑으로 연결되어 있다. 이 시기의 강당지는 그 동안의 발굴조사를 통해 볼 때 금당지를 포함한 다른 전각에 비해 크게 조영되었음을 알 수 있다. 아울러 일부 사지에서는 레벨상 금당지보다 높은 곳에 위치한 것도 찾아볼 수 있다. 또한 능산리사지에서 볼 수 있는 바와 같이 2실의 건물과 온돌시설도 확인할 수 있다. 그러나 대부분의 백제 강당지 내부가 멸실된 상태에서 조사되고 있기 때문에 능사 강당지에서와 같은 건축구조로 조성되었는지, 그렇지 않은지에 대해서는 현재 논하기가 어렵다.

강당지 기단은 모두 단층기단으로 이중기단은 살필 수 없다. 기단에 사용된 재료는 석재, 기와, 전 등 다양하나 능산리사지 및 오합사지에서와 같이 할석＋기와, 판석형 할석＋전 등의 혼축기단도 존재하고 있다. 그리고 왕흥사지, 미륵사지에서와 같이 가구기단도 찾아볼 수 있다.

이렇게 볼 때 백제 사비기 강당지의 기단은 6세기 4/4분기를 기점으로 와적기단이나 할석기단에서 점차 치석기단 및 가구기단 등으로 변화하고 있음을 볼 수 있다. 특히 가구기단이 사지에서의 경우 주로 금당지나 목탑지에 시설되었다는 점에서 건축학적으로 함축된 의미가 적지 않았으리라 생각된다. 즉, 가구기단이 시설된 왕흥사나 미륵사의 강당은 단순한 불경의 강독 장소만이 아닌 왕의 통치의지나 메시지가 승려를 매개체로 하여 귀족이나 백성들에게 설파되는 교육장이었을 가능성도 배제할 수 없다. 그렇기 때문에 시각적으로 위엄성과 장엄성을 갖춘 가구기단을 강당에 축조하였던 것으로 생각된다.

한편, 강당지에 반해 금당지의 기단은 대부분 가구기단으로 조성되었고 단면 형태에 있어서도 단층기단보다는 이중기단으로 축조된 것이 대부분이다. 기단 형식 중 단층기단보다 이중기단, 할석기단보다 치석기단이나 가구기단 등이 격이 높은 기단임을 판단하여 볼 때 사비기 대부분의 강당지 기단은 금당지 기단에 비해 상대적으로 그 격이 떨어지고 있음을 살필 수 있다.

백제사지의 강당 조사는 금당에 비해 발굴조사의 성과가 그리 양호하지 못하다. 이는 상대적으로 교란이나 멸실의 상태가 심한 이유도 있겠지만 한편으론 원활한 조사가 진행되지 못한 것도 중요한 원인이 될 수 있다. 그런 점에서 향후 백제 강당지의 발굴조사 성과를 기대해 본다[466].

466) 이 글은 조원창, 2010, 「백제 강당지 기단의 형식과 변천」, 『문화사학』 34호에 게재된 논문을 정리하여 옮겨놓은 것이다.

IV부

공주지역 전 백제혈사 연구

동혈사지, 서혈사지, 남혈사지 등으로 불리고 있는 이들 혈사지는 사역과 멀지 않은 곳에 별도의 자연석굴을 공반하고 있다. 석굴은 한 사람이 수행할 정도의 작은 크기에서부터 10여명 이상이 앉을 정도의 비교적 큰 것도 살필 수 있다.

이들 혈사지는 일제강점기 이후 최근에 이르기까지 백제시기에 창건된 것으로 알려졌다. 이는 사지에서 수습된 백제와당 혹은 혈사가 고식에 해당될 것이라는 막연한 감성적 사고와 무관치 않아 보인다. 아울러 발굴조사보다는 지표조사를 통한 피상적인 조사방법에 의존한 결과로 이해할 수 있다.

발굴조사 결과 이들 사지는 백제시기와 전혀 관련이 없는 통일신라기 이후의 것으로 편년되었다. 이는 사지 출토 유물뿐만 아니라 백제사지의 가람배치나 입지와 비교해서도 큰 차이를 보였다. 사지에서 출토되는 유물은 통일신라기의 석불상을 포함하여 연화문·당초문와당, 귀목문 와당, 청자, 백자, 인화문 토기 등이 대부분을 차지하였다.

혈사지는 모두 층단식의 구성을 보이며 구릉사면이나 곡간부에 조성되었다. 따라서 평지가람에서 흔히 살필 수 있는 회랑은 전혀 확인되지 않았다. 아울러 중문 - 목탑(석탑) - 금당 - 강당으로 이어지는 전각 배치도 조사되지 않았다.

공주지역의 혈사는 통일신라기 이후에 조성되었지만 모두 웅천주 치소였던 공주 중심지 인근에 위치하고 있다는 점에서 당대의 불사건축 특성을 엿볼 수 있다. 그러므로 해당 사지에 대한 점진적인 발굴조사를 통하여 이들의 가람배치 및 건축기법 특성 등을 파악해 볼 필요가 있다.

百濟寺址 研究

公州地域
傳 百濟穴寺 研究

1. 머리말

전각과 석굴이 구비된 혈사는 일찍이 우리나라를 비롯한 인도와 중국에서 그 형적이 찾아지고 있다. 석굴은 인조석굴과 자연석굴로 구분되나 우리나라의 경우 암질의 경도가 강하여 순수한 의미의 인조석굴은 그리 많지 않다. 또한 석굴의 내부에는 불상이 봉안되어 있거나 불상을 안치하기 위한 대좌가 만들어져 있어 예배행위가 이루어졌음을 추정케 하기도 한다. 반면, 석굴을 조성할 수 없는 경우에는 대신 목조 가구를 형성하여 석굴화하기도 하였다[1].

공주지역은 백제시기 이후 고려시기에 이르기까지 불교문화의 중심지였다. 백제시기에는 대통사를 비롯한 홍륜사, 수원사, 주미사, 일명 翁山寺 등이 조성되었고, 통일신라시기에도 서혈사, 남혈사 등이 축조되었다. 그리고

---

1) 백제시기의 태안마애삼존불, 고려시기의 선운사 동불암 마애불 등 주로 마애불에서 살필 수 있다.

고려시기에는 동혈사, 오곡동사원, 구룡사원, 정치리사원 등이 조성되었다.

공주지역에서는 이들 사지 외에도 불상들이 공산성을 비롯한 능암사지, 송정리사지, 갑사, 수원사지 등에서 수습되었고 그 종류도 금동불, 석불, 마애불[2] 등 다양하다. 시기적으로는 능암사지 및 송정리사지, 갑사 출토 불상이 백제시기의 것으로 편년되었고 공산성 출토 금동보살상 등은 통일신라시기의 것으로 확인되었다.

공주지역에서 확인되는 혈사는 동혈사를 비롯하여 서혈사, 남혈사 등이 있다.[3] 이들 혈사에 대한 연구는 일찍이 일제강점기부터 진행되어 왔다. 輕部慈恩은 공주지역의 백제 혈사를 논함에 있어 銅穴寺, 서혈사, 남혈사 이외에 주미사, 北穴寺, 晩日寺 등을 포함시켰다[4]. 그러나 북혈사의 경우 그 사명이 문헌에 등장하지 않고 전언도 없어 이의 존재를 의심케 하며, 만일사는 행정구역이 천안시 성환읍에 속하고 있어 공주지역과 관련이 없다.

우리나라 학자에 의한 혈사 연구는 1960년대 중반부터 시작되었고, 주로 서혈사를 중심으로 이루어졌다. 그 중에서도 문명대는 우리나라 석굴사원에 대한 종합적 검토를 진행하면서 서혈사, 남혈사, 동혈사, 북혈사를 "公州系"라 명명하기도 하였다[5].

1970년대에 들어 서혈사지는 2차에 걸쳐 발굴조사가 실시되었다[6]. 부분적인 조사였지만 통일신라시기이후 고려시기로 추정되는 여러 동의 건물지와 탑재석, 초석, 기와(막새기와 포함)등이 확인되었다. 안승주, 박용진[7],

---

2) 고려시기에 해당되는 탄천면 송학리의 여래좌상과 신원사 주변 여래입상 및 조선시기의 일락산 지장보살입상을 들 수 있다(조원창, 1998, 「公州地域 磨崖佛 考察」, 『先史와 古代』 11, 한국고대학회).

3) 공주지역의 혈사에 舟尾寺를 포함하는 경우도 있지만 여기에서 확인되는 석굴은 엄밀한 의미에서의 석굴로 볼 수 없다. 또한 동혈사, 서혈사, 남혈사가 혈사로써 古記에 등장하고 있는 것에 반해 주미사의 경우는 혈사라는 사실이 언급되어 있지 않다. 따라서 본고에서는 공주지역의 혈사에 대해 주미사를 제외한 동혈사, 서혈사, 남혈사에 대해서만 살펴보기로 하겠다.

4) 輕部慈恩, 昭和 21年, 『百濟美術』, 寶雲舍, 84쪽.

5) 文明大, 1968, 「韓國 石窟寺院의 硏究」, 『歷史學報』38, 歷史學會.

北野耕平[8], 이왕기[9]는 輕部慈恩과 마찬가지로 이 사지의 조성시기를 백제 시기로 편년하였다.

남혈사지는 1990년대 초반에 발굴조사 되었다[10]. 조사결과 백제시기의 가람배치와 유물은 확인되지 않았다. 단지 통일신라시기이후 조선시기의 유구 형적만 조사되었다. 이러한 정황은 동혈사지에서도 큰 차이가 없다.

이상에서와 같이 공주지역의 혈사 즉 동혈사, 서혈사, 남혈사 등은 일제 강점기의 輕部慈恩 이후 최근에 이르기까지 백제시기 사찰로 간주되었다. 그러나 이는 어디까지나 유물에 대한 단편적인 편년관 및 유구에 대한 전반 적인 검토를 수반하지 않은 상황하에서 내려진 결론이기에 쉽게 취신하기 어렵다. 특히 부분적이지만 이들 사지에 대한 시굴 · 발굴조사가 완료되었 음에도 불구하고 이들을 계속적으로 백제사지로 판단하는 데에는 이들 사 지에 대한 무관심 또한 배제할 수 없다.

따라서 본고는 공주지역의 혈사에 대해 그 동안 시굴 · 발굴조사 결과 확 인된 가람배치와 출토유물을 중심으로 하여 이의 편년을 재검토해 보고자 한다. 특히 이들 혈사가 백제시기에 조성된 것인지에 대해서는 그 동안 부 여 · 익산지역에서 발굴조사된 백제사지의 가람배치와 비교 · 검토해 보도 록 하겠다. 아울러 사지와 관련된 석굴의 성격에 대해서도 예배처인지 아니 면 수행처인지를 살펴보도록 하겠다.

6) 이에 대한 논고로는 다음의 것을 들 수 있다.
   ① 金永培 · 朴容塡, 1970, 公州西穴寺址에 關한 研究(Ⅰ), 『百濟文化』第4輯, 公州師範大 學附設百濟文化研究所.
   ② 安承周, 1971, 「公州西穴寺址에 關한 研究(Ⅱ)」, 『百濟文化』第5輯, 公州師範大學附設 百濟文化研究所.
7) 朴容塡, 1966, 「公州의 西穴寺址와 南穴寺址에 對한 研究」, 『公州教育大學論文集』第3輯, 公州教育大學.
8) 北野耕平, 1978, 「百濟時代寺院址の分布と立地」, 『百濟文化と飛鳥文化』, 吉川弘文館.
9) 이왕기, 1998, 「백제의 건축양식과 기법」, 『百濟文化』27輯, 公州大學校 百濟文化研究所.
10) 國立公州博物館외, 1993, 『南穴寺址』.

2. 공주지역 혈사 현황

1) 동혈사지[11]

동혈사지에 대한 문헌은 조선전기의 『新增東國輿地勝覽』을 비롯하여
조선중기의 『東國輿地志』, 조선후기의 『公山誌』(1859년 편찬), 『湖西邑誌』
(1871년 편찬) 등에 간략하게 언급되어 있다[12]. 특히 『호서읍지』에는 동혈
사가 "銅穴寺"로 표기되었고, "今無"라는 기록이 없어 해당 사원이 조선시
기 말기까지 존재하였던 사찰임을 알게 한다.

최근까지 동혈사지에 대한 전면적인 발굴조사는 진행된 바 없다. 단지
지표조사나 시굴조사를 통하여 부분적인 가람배치만이 밝혀졌을 뿐이다.
동혈사지는 곡간에 조성된 계단식의 산지가람이다. 따라서 사찰의 주 출입
구도 현 비포장도로가 아닌 곡간으로 추정된다. 그리고 사찰의 조성은 곡간
의 하부 즉, 남쪽에서 북쪽으로 확장되었음을 추정할 수 있다.

(1) 조사내용

동혈사지에 대한 시굴조사는 곡간의 최상부에 한해 부분적으로 실시되
었다. 따라서 가람을 구성하는 완전한 배치는 파악할 수 없다. 그러나 협소
한 사역에 많은 건물지가 축대를 중심으로 중복·조성되었음을 살필 수 있

---

11) 忠淸埋藏文化財研究院, 2000, 『東穴寺址』. 시굴조사 결과 이곳에서 "…□穴寺…"명 암키
와편이 수습되었다. 이것으로 보아 이 곳이 동혈사지임을 확신케 되었다. 아울러 東穴寺
라는 사명은 조선중기에 편찬된 『東國輿地志』에서도 찾아볼 수 있다. 그러나 1871년에
편찬된 『湖西邑誌』에는 동혈사가 "銅穴寺"로 표기되어, 그 한자명이 바뀌었음을 알 수
있다.

12) ① 『新增東國輿地勝覽』 公州牧 佛宇條, "東穴寺在東穴山".
   ② 『東國輿地志』 公州牧 山川條, "東穴山在州北三十里山上有岩周岩有小窟穴其下有東穴寺".
     『東國輿地志』 公州牧 寺刹條, "東穴寺在 東穴山".
   ③ 『公山誌』, "銅穴寺在府北三十里".
   ④ 『湖西邑誌』 公州都護府 寺刹條, "銅穴寺在府北三十里".

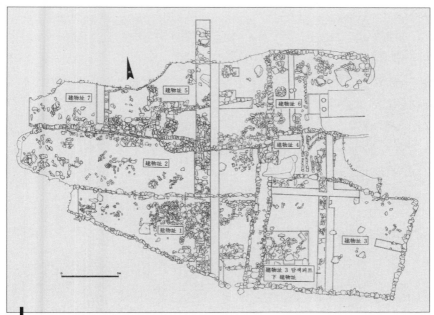

도면 1 동혈사지 유구배치도

다. 조사지역은 오랫동안 경작지로 사용되었고 근래까지 민가들이 존재하여 유구에 대한 교란과 멸실이 확인되었다.

축대는 크게 3단으로 조성되었으며(도면 1)[13], 이곳에서 모두 7동의 건물지가 확인되었다[14]. 축대상에 조영된 건물지를 살펴보면 하단축대상에서는 제 1 건물지, 중단축대상에서는 제 2·4 건물지, 그리고 상단축대상에서는 제 5·6·7 건물지 등이 입지하고 있음을 볼 수 있다. 특히 제 1 건물지의 경우는 이전의 건물지를 정지하고 조성하였음이 탐색 피트에서 확인

---

13) 忠淸埋藏文化財硏究院, 2000, 『東穴寺址』, 11쪽 圖面 4.
14) 7동의 건물지 중 제 3 건물지는 근래에 조성된 것이다. 따라서 본고에서는 제외시켰다. 시굴조사에서는 제 3 건물지 기단토 내부에서 와적층과 초석으로 보이는 석재가 확인되어 또 다른 건물지의 존재를 암시하였다.

되기도 하였다.

축대의 조성시기는 하단축대→중단축대→상단축대의 순으로 이루어졌다. 따라서 건물지의 조성도 제 1 건물지→제 2·4 건물지→제 5·6·7 건물지 순으로 이루어졌음을 살필 수 있다. 특히 중단축대상의 제 4 건물지에서는 남-북 방향의 온돌시설이 확인되어 요사채로 추정되기도 하였다. 아울러 상단축대에 조성된 제 5·6·7 건물지의 경우도 그 중복상태로 보아 제 5 건물지→제 6·7 건물지의 순으로 건립되었음을 살필 수 있다. 여기서 제 5·6 건물지는 초석배치로 보아 주불전으로 추정되었으며[15], 제 7 건물지는 온돌시설로 보아 요사로 판단되었다.

(2) 석굴의 위치와 성격

석굴은 현재 동혈사의 금당 북서쪽에 우뚝 서 있는 암괴 중에 위치하고 있다(도면 2)[16]. 구 사지의 북쪽에 위치하고 있는 것으로서 상당한 거리를 두고 조성되었다. 석굴은 암괴의 바닥으로부터 약 3m정도의 높이에 위치하고 있어 동물이나 속세인들의 접근이 쉽지 않다. 이러한 석굴은 현 동혈사의 주변에서도 어렵지 않게 볼 수 있어 인위적인 것이라기보다는 자연적인 풍화에 의해 생성된 것으로 볼 수 있다. 이러한 차원에서 공주 주미사지의 석굴과 친연성이 있다[17].

동혈사 석굴은 요즈음에도 참선이 이루어지는 곳으로 바닥면엔 온돌이 시설되어 있다. 아울러 아궁이에서는 최근에 사용된 것으로 보이는 소지와

---

15) 이러한 건물지의 초석 배치는 구룡사지를 비롯한 정수사 법당, 개암사 대웅보전, 내소사 대웅보전, 봉정사 대웅전, 관룡사 대웅전, 도갑사 나지구 제 1·2 건물지 등에서 살필 수 있다.

16) 忠淸埋藏文化財硏究院, 2000, 『東穴寺址』, 165쪽 圖面 69.

17) 주미사지 석굴은 자연 석굴로서 그 크기가 서혈사지나 남혈사지의 것과 비교해 훨씬 작아 예배장소로는 불가능하다. 아울러 그 위치가 사지의 전면에 위치하고 있어 수행처로 보기도 어렵다. 석굴 입구의 높이는 70cm이며, 너비는 102cm이다. 석굴 내부의 높이는 121cm, 동 - 서 및 남-북 지름은 각각 135cm, 320cm이다.

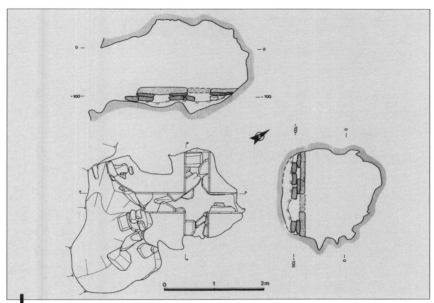

도면 2 석굴 바닥 평·단면도

목탄 등의 흔적이 확인되었다. 이로 보아 온돌은 동혈사의 창건과 함께 시설된 것이라기보다는 참선을 위한 필요성 때문에 근래에 조성된 것으로 이해되었다. 온돌 아래로는 불규칙한 암반이 노출되었으며, 이를 평탄화하기 위하여 점토를 깔아 놓았다.

　『新增東國輿地勝覽』의 "東穴寺"란 사명에서도 볼 수 있듯이 이 석굴에 대한 존재는 이미 조선초기에도 인지되었던 것으로 생각된다. 그러나 현재 사용되고 있는 석굴과 구 동혈사지와의 거리가 멀리 떨어져 있고, 또한 주변에서도 많은 자연석굴들이 확인되는 상황하에서 구체적으로 어느 것이 지리서에서 언급하고 있는 고려~조선시기의 석굴인지는 단언하기가 어렵다.

　현재 사용되고 있는 석굴의 형태는 부정형으로 바닥면의 넓이는 180×206cm이며, 높이는 최고 156cm이다. 1~2명 정도 수행하기에 가능한 면적이라 할 수 있다. 따라서 불상을 안치하고 승이나 재가신도들이 예배할 수 있는 공간으로는 살피기가 어렵다. 아울러 석굴이 지면으로부터 3m이상 떨어져 있어 목조전실의 설치도 불가능하다.

⑶ 출토유물

동혈사지에서는 기와(암・수막새기와 포함)를 비롯하여 청자, 분청사기, 백자, 토기 등이 수습되었다. 그런데 각 건물지에서 출토된 일부 유문와의 경우 타날판의 형태와 간격 등이 동일하여 기와의 재사용이 확인된다.

출토유물을 건물지별로 살피면 아래와 같다.

제 1 건물지에서는 기와, 상감청자, 분청사기, 백자, 토기 등이 수습되었다. 이중 귀목문 암막새 및 연화문 수막새는 상감청자와 더불어 비슷한 시기의 것으로 판단된다. 평기와는 어골문, 혹은 이의 변형문 및 복합문 등이 시문되었으나 청해파문은 확인되지 않았다. 분청사기에는 인화기법과 귀얄기법으로 문양이 시문되었고, 백자는 모두 죽절굽으로 제작되었다. 분청사기와 백자 모두 상번으로 모래비짐받침이 사용되었다.

제 2 건물지에서 수습된 유물은 상감청자를 비롯해 상감・인화・귀얄기법의 분청사기, 백자(청화백자 포함) 등이다. 특히 청화백자의 경우 내저곡면의 발로 추정된다. 백자는 죽절굽에 태토비짐받침이나 가는모래받침 등의 방법으로 상번하였다.

사진 1 동혈사 석탑

상단축대상의 제 5 건물지에서는 상감・인화기법의 분청사기, 백자 등이 출토되었다. 이중 백자의 경우 변형 오목굽으로 제작되었다. 아울러 제 5 건물지가 폐기되고 그 위에 조성된 제 6・7 건물지에서도 백자를 중심으로 한 조선시기의 유물이 수습되었다.

한편, 현 동혈사에서 찾아지는 고

식의 문화재로는 대웅전 서쪽에 자리하고 있는 석탑 1기(사진 1)[18]를 들 수 있다. 고려시기의 것으로 추정되나 서로 이질적인 석재로 결구되어 원래의 모습은 찾아보기 어렵다. 구 동혈사지에서 이전한 것으로 전해지고 있다. 아울러 동혈사지의 동쪽으로도 오류형부도가 한 기 위치하고 있었으나 과거에 도난당해 현재는 살필 수 없다.

2) 서혈사지[19]

서혈사지는 웅진동 쉬엇골의 서쪽에 위치하고 있는 망월산(260m) 동쪽 경사면에 위치하고 있다. 공주시의 중심가로부터 남동쪽으로 약 2km 떨어져 있으며, 사지는 석굴의 남쪽으로 약 100여m 아래에 자리하고 있다. 사지는 서쪽 경사면을 "L"자형으로 굴토하여 부지를 확보한 후 탑 - 금당 등을 건립하였다. 전체 3단의 층단식으로 구성되었으며, 발굴조사가 이루어진 상단에만 보호철책이 시설되어 있다.

석굴은 현재 일반인이 사용하고 있어 접근이 쉽지 않다. 석굴 주변에는 사찰에서 사용된 것으로 보이는 정치석된 장대석과 초석 등이 살펴지고 있다.

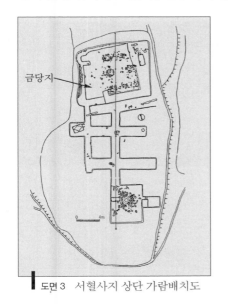

금당지

도면 3   서혈사지 상단 가람배치도

18) 필자사진.
19) 앞에서 열거한 서혈사지 관련 이외의 논저로는 다음의 것을 참조할 수 있다.
　① 朴容塤, 1966,「西穴寺址 및 南穴寺址 調査研究」,『公州教大學報』第17輯.
　② 申榮勳, 1987,「韓國의 石窟, 石窟寺院考」,『韓國佛教美術史論』, 民族社.
　③ 조원창, 1999,「西穴寺址出土 石佛像에 對한 一考察」,『역사와 역사교육』, 熊津史學會.

(1) 조사내용

　서혈사지는 남-북을 장축으로 한 산지가람으로 3단에 걸쳐 축조되었으며, 발굴조사는 상단만 진행되었다(도면 3). 2회에 걸친 조사결과 석탑지(사진 2)[20]와 금당지(사진 3)[21], 소형 불사[22] 한 동만이 확인되었을 뿐, 기타 회랑지나 중문지, 강당지 등은 조사되지 않았다.

　금당지는 2차 발굴조사시 확인된 것으로 석탑지 북쪽에 위치하고 있다. 금당지의 서쪽면은 생토면을 "L"자형으로 굴착하여 바로 기단을 조성한 반면, 동쪽부는 일부 생토부스러기층과 부식토층을 이용하여 기단토를 성토한 후 지대석과 면석, 갑석 등을 결구하여 가구기단을 조성하였다[23].

사진 2　석탑 지대석

사진 3　금당지 남면기단

20) 필자사진

21) 필자사진. 석탑지 북쪽에서 동-서 길이 10m, 남-북 길이 8m로 확인되었다. 기단시설인 갑석과 원형 초석 여러 매만이 확인되었다. 상대적으로 지형이 높은 금당지의 서쪽부는 생토면을 굴착하여 기단을 조성한 반면, 지형이 낮은 동쪽부의 경우는 서쪽부에서 굴착된 흙을 이용하여 기단토를 조성하였다. 이는 전체적인 기단토의 견고함에서 볼 때 서쪽에서 동쪽으로 갈수록 기단토가 점차 약해짐을 판단해 볼 수 있다.

22) 1차 발굴조사 때 상단에 위치한 금당지 후면에서 정남향의 건물지로 확인되었다. 동-서 길이 9.5m, 남-북 길이 5.8m로 조사되었다. 이 건물지에 대해 필자는 서혈사지 출토 3구의 불상 중 하나를 봉안하기 위한 장조로 추정해 보았다(조원창, 1999, 「西穴寺址出土 石佛像에 對한 一考察」, 『역사와 역사교육』, 熊津史學會).

23) 기단시설은 지대석의 높이가 15cm, 면석의 높이가 35cm, 갑석의 높이가 15cm 등 총 65cm로 이루어 졌다. 여기서 65cm는 기단토의 최소 높이를 의미한다.

서혈사지에서는 모두 3구의 불상이 반출되었는데 이들 모두가 금당지에 안치되었는지는 확실치 않다. 왜냐하면 이곳에서 삼존불을 봉안하기 위한 초석 배치라든가 혹은 기단토의 보강시설 등이 분명하게 확인되지 않기 때문이다.

한편, 1차 발굴조사시 금당지로 추정되는 건물지의 북쪽에서 남향을 취한 또 다른 건물지 1동이 조사되었다. 그 당시에는 이 건물지를 단지 소규모의 寺屋으로만 파악하였을 뿐 가람배치에서 차지하는 위치에 대해서는 전혀 언급하지 못하였다. 그런데 이 건물지가 현 금당지와 규모면에서 큰 차이가 없고, 또한 탑을 중심으로 현 금당지와 동일하게 정남향하였음을 추정해 볼 때 불상을 봉안하기 위한 또 다른 전각이 아닌가 추정해 본다[24]. 그러나 불상 안치와 관련된 초석 배치와 불단의 보강시설 등이 분명하게 보고되지 않아 더 이상의 추론은 불가능하다.

석탑지는 기단부의 지대석 일부만 잔존하였다. 탑신부가 결실되어 층수는 알 수 없다. 조성시기는 확실치 않으나 금당지와 동일 선상에 위치하고 있어 통일신라시기의 석탑지로 추정되고 있다.

(2) 석굴의 위치와 성격

석굴은 서혈사지의 상단으로부터 서쪽으로 약 100여m 떨어진 언덕 위에 위치하고 있다(사진 4)[25]. 자연석굴로서 동혈사지의 석굴에 비해 규모가 매우 크다. 바닥면은 최고 길이가 16.8m, 최대 너비가 7.5m이다. 그리고 동굴의 높이는 최소 2.15m, 최고 4.5m이다. 아울러 석굴내 벽면과 접해서는 8각형의 대좌가 얕게 만들어져 있음을 볼 수 있다. 이로 보아 이곳에 불상을 안치하고 예배를 행하였던 것으로 판단된다. 그러나 석굴내에 목조가구를

---

24) 1차 발굴시 상단 북측에서 正南向한 동-서 길이 9.5m, 남-북 길이 5.8m인 소규모 건물지 한 동을 조사한 바 있다. 이는 2차 발굴시에 확인된 금당지의 동 - 서 길이 10m, 남 - 북 길이 8m에 약간 작은 건물지의 규모라 할 수 있다.
25) 필자사진

사진 4 서혈사지 자연석굴

설치하였던 흔적은 살필 수 없다. 또한 석굴의 출입과 관련되어 설치되는 목조전실의 흔적도 암벽에서 찾아볼 수 없다.

석굴 규모의 거대화, 그리고 불상을 안치하기 위한 대좌의 마련 등으로 보아 석굴사원으로서의 성격이 있었음을 추정케 한다.

그러나 석굴은 독립적이라기보다는 사지에 포함된 부속시설로 생각해 볼 수 있다. 참고로 서혈사지에서는 모두 3구의 석조여래좌상이 출토되었다. 금당지의 규모와 기단토 축조기법을 고려하여 볼 때 이들 3구를 모두 동일지역에 안치하기는 매우 불가능하다. 따라서 이들 중 한 구가 석굴의 대좌와 깊은 관련이 있을 것으로 사료된다.

(3) 출토유물

1·2차 발굴조사 결과 서혈사지에서는 백제 사비기의 단판8엽 연화문와당[26])을 비롯해 통일신라시기의 암·수막새와 금동보살입상, 그리고 「西穴寺」·「三寶」명 암키와, 석탑의 기단부재 등이 수습되었다. 특히 일제강점기

---

26) 서혈사지에서 출토된 와당에 대해 朴容塡은 백제 고지에서는 볼 수 없는 서혈사지만의 것으로 판단하였다. 즉, 중국 남경의 것과 유사하여 남조계 와당에서 백제화되어가는 과도기적인 것으로 파악하였다(朴容塡, 1968,「百濟瓦當에 關한 硏究」,『公州教育大學論文集』第五輯, 公州教育大學, 10쪽). 아울러 이 와당의 출토로 말미암아 서혈사지에 백제시기의 유구가 존재하였을 것으로 추정하기도 하였다. 그러나 서혈사지에서는 분명한 백제시기의 유구가 확인되지 않았다. 단지 통일신라시기 이후~조선시기의 건물지만이 조사되었다.

에는 통일신라기로 편년되는 3구의 석불상(비로자나불좌상 1구 및 석조여래좌상 2구)이 반출되기도 하였다. 아울러 사지내에서는 조선시기의 기와편이나 분청사기·백자편 등도 함께 수습되고 있다. 이로 보아 서혈사는 조선시기에 이르기까지 그 사맥이 면면이 이어져 내려왔음을 확인할 수 있다. 이는『新增東國輿地勝覽』의 기록을 통해서도 쉽게 알 수 있다[27].

따라서 본고에서는 이들 출토유물 중 서혈사의 창건시기와 직접적으로 관련시켜 볼 수 있는 3구의 석불상에 대해서만 살펴보도록 하겠다.

① 석조비로자나불좌상(사진 5)[28]

두부가 결실된 화엄경의 주존불로 지권인을 결하고 있다. 대의는 통견의로 잘려진 목 바로 아래에까지 의문이 섬세하게 표현되어 있다. 목에 음각된 의문은 3조이며, 좌측 어깨 상단부(向右)에서 한번 뒤집혀져 있다. 복부의 의문은 중앙을 향하여 반원형으로 완만하게 함몰되어 있고, 양 팔에서 흘러내린 옷자락은 양 무릎위로 살포시 얹혀 있다. 양팔에서 무릎위로 흘러내린 옷자락은 조각의 유려함으로 인해 팔뚝의 윤곽선이 살펴진다. 결가부좌를 취한 양다리에는 상체에서와 같은 뚜렷한 의문이 조각되지 않았지만 안에서 밖을 향해 옷주름이 비교적 정연하게 흘러내림을 볼 수 있다. 의문은 불신의 후면에도 음각되어 있는데 대체로 단순하며, 전면에서와 같은 섬세함은 찾아볼 수 없다. 아울러 불신의 후면엔 광배를 꼽을 수 있는 광배공이 하나 위치해 있다. 경부에서 약 9cm 정도 떨어져 있으며 깊이는 4cm, 지름은 3cm이다. 광배공의 내부가 마연되어 있는 것으로 보아 나무광배가 꽂혀 있었던 것으로 판단된다.

별조로 이루어진 대좌는 본래 3단으로 추정된다. 그러나 현재는 연화 상대석과 중대석이 결실된 채 팔각형의 지대석과 연화 하대석만 남아있다. 지

---

27)『新增東國輿地勝覽』卷之十七 公州牧 佛宇條, "西穴寺在望月山".
28) 필자사진.

사진 5 비로자나불

대석은 평면 8각형으로 각 면엔 안상이 조각되어 있고 그 내부엔 사자와 향로가 양각되어 있다. 지대석의 지름은 104cm이며 높이는 23cm이다. 연화 하대석은 8엽의 복엽으로 판단이 약간 반전되어 있다. 하대석의 상단엔 중대석 받침이 각형, 호형으로 각각 조출되어 있다. 하대석 지름은 88cm이며 높이는 24.5cm이다.

불상의 현존 높이는 64cm이며 어깨너비는 24.5cm, 무릎너비는 75cm이다.

② **석조여래좌상** 1(사진 6)[29]

불신과 3단 대좌가 완전한 형태로 남아 있는 석조여래좌상이다. 머리는 나발이며 육계는 얕게 조출되어 있다. 이목구비는 비교적 뚜렷하며 상호엔 미소가 감돈다. 이마의 정 중앙에는 백호가 결실된 채 백호공 만 남아있다.

대의는 통견식으로 우견편단식을 취하고 있는 동일 사지 출토 석조여래좌상 2와 차이가 있다. 양쪽 어깨에서 흘러내린 옷자락은 복부중앙 하부에서 만나 U자형으로 결몰되며, 특히 왼쪽 어깨 바로 아래에서는 옷자락이 한 번 뒤집히고 있다. 가슴 아래로는 군의를 묶은 띠매듭이 표현되어 있으나 마멸이 심해 분명치 않다. 양다리에 조각된 의문은 안에서 밖을 향해 비교적 정연하게 층단식으로 선각되어 있다. 그리고 양쪽 다리의 사이, 즉 연화 상대석

---

29) 필자사진.

사진 6 석조여래좌상 1

위에는 부채 모양의 옷주름이 선명하게 양각되어 있다.

불신의 어깨는 동일 사지 출토 비로자나불좌상에 비해 왜소하며, 대의 밖으로 표현된 가슴과 팔 역시도 볼륨감이 약하다. 수인은 항마촉지인을 결하고 있다. 불신 후면 경부 아래에는 1개의 광배공이 위치하고 있다. 불신 높이는 93cm, 어깨 너비는 45cm, 무릎 너비는 72cm이다.

대좌는 지대석을 포함하여 연화 하대석, 중대석, 연화상대석 등으로 별조되었으며, 원형의 연화 상대석을 제외하고는 기본형이 8각형을 유지하고 있다. 지대석은 8면으로 구획되어 있고, 안상의 내부에는 비천상과 가릉빈가상이 양각되어 있다.

연화 하대석에는 8엽의 풍만하고 유려한 복판연화문이 조각되어 있으며, 연판의 판단은 크게 반전하여 귀꽃을 이루고 있다. 하대석의 지름은 82cm, 하대석의 높이는 25cm이다. 연화 하대석 상부에 올려진 중대석 받침은 5단으로 조출되었고, 각각의 면은 모두 매끈하게 몰딩처리 되었다. 아울러 연화 하대석 위에 올려진 중대석의 각 모서리에는 우주가 조출되어 있다. 중대석 지름은 53cm, 중대석 높이는 27cm이다. 중대석 위로는 원형의 연화 상대석이 별조되어 올려 있다. 상대석에는 16엽의 앙련이 중판으로 조각되었고, 각각의 연꽃 속에는 연꽃술로 보이는 것이 세밀하게 표현되어 있다. 연화 상대석의 지름은 81cm, 높이는 19.5cm이다.

③ 석조여래좌상 2(사진 7)[30]

사진 7 석조여래좌상 2

대좌 일부와 불두가 결실된 석조여래좌상이다. 우선 세부적인 조각양식에 있어 동일 사지에서 출토된 석조여래좌상 1과 그 조각수법 및 수인, 자세 등에서 흡사함을 살필 수 있다. 목에는 삼도로 추정되는 것이 희미하게 선각되어 있다. 수인은 항마촉지인을 결하고 있다. 착의법은 우견편단식으로 좌측 어깨에서 흘러내린 옷자락의 일부가 복부의 하부로 유입되고 있으며, 복부의 중앙에서도 역시 왼쪽 어깨에서 흘러내린 여러 조의 옷주름이 간결하게 오른쪽 겨드랑이 뒤로 스며들고 있다. 아울러 선정인을 결한 왼손 너머로도 왼쪽 어깨에서 흘러내린 옷주름이 모아져 오른쪽 발바닥 위로 흘러내리고 있음을 볼 수 있다. 결가부좌한 양 발에도 의문은 표현되어 있으나 불신의 상체에서와 같은 옷주름의 조밀함은 확인되지 않는다. 양다리에 표현된 의문은 안에서 밖으로 층단식으로 흘러내리고 있는데 무릎부위에서는 의문이 확인되지 않는다. 한편, 좌측 어깨에서 흘러내리고 있는 옷자락의 중간부위에서는 석조여래좌상 1과 같이 옷자락이 한 번 뒤집혀짐을 볼 수 있다. 아울러 복부 하부에서도 석조여래좌상 1과 같은 띠매듭이 표현되어 있음을 확인할 수 있다. 불신의 후면 경부 아래로는 광배공이 하나 위치하고 있으며 지름은 3.5cm, 깊이는 4cm이다. 아울러 이 광

30) 필자사진.

배공 아래로도 4조의 의문이 좌측 어깨 아래에서 우측 겨드랑이 아래로 펼쳐짐을 살필 수 있다. 한편, 대좌의 연화 상대석에 조출되어져 있는 부채살 모양의 옷주름은 석가여래좌상 1과 같이 결가부좌한 양 다리의 중앙부에 모아져 있다. 전체적으로 전면에서 살필 수 있는 의문, 복부의 띠매듭장식, 그리고 불신에서 느낄 수 있는 당당함과 균형감에서 석가여래좌상 1과 동일한 양식계의 불상임을 추정할 수 있다.

대좌는 현재 중대석만 결실된 채 지대석과 연화 하대석, 연화 상대석 등이 남아 있는데 평면은 원형의 연화 상대석을 제외하고는 평면 8각형을 띠고 있다. 8각의 지대석엔 안상이 각각 음각되어 있고, 그 내부엔 비천상과 가릉빈가상이 조각되어 있으나 화강암이 마멸되어 형체가 약간 불분명하다. 지대석은 너비 104cm, 높이 23cm이다. 지대석 위에 올려 있는 연화 하대석은 비로자나불 및 석조여래좌상 1과 마찬가지로 8엽의 복판연화문이 조각되어 있으며 판단부의 경우 반전도가 비로자나불에 비해 날렵함을 볼 수 있다. 아울러 중대석 받침에 있어서도 전술한 두 여래상과 동일하게 각형, 호형의 몰딩처리가 이루어져 있다. 연화 상대석은 상하 중판으로 연꽃 잎 속에는 꽃술이 비교적 상세하게 표현되어 있다.

현재 불신의 높이는 59cm, 어깨너비 51cm, 무릎너비 76cm이다.

3) 남혈사지[31)

남혈사지는 서혈사지로부터 동남쪽으로 약 2km 떨어진 곳에 자리하고 있다. 사지는 크게 3단으로 구성되었고, 여기에서 모두 7동의 건물지가 확인되었다. 본래 상단에는 탑지가 위치한 것으로 알려져 있었으나 지금은 그 존재를 살필 수 없다.

31) 國立公州博物館외, 1993, 『南穴寺址』.

(1) 조사내용

사진 8 남혈사지 전경

남혈사지는 공주시 중심가의 남동쪽에 위치한 금학동 남산 (268m)의 북서 능선상에 위치하고 있다(사진 8)[32]. 그 동안 백제시기의 것으로 알려져 왔으나 발굴조사 결과 남혈사지는 백제시기의 것이 아닌 고려~조선시기의 유적으로 확인되었다. 그러나 개, 대각, 줄무늬병, 연화문 수막새B형, 선조문 기와, 초석 등의 출토 현황으로 보아 통일신라시기의 불사도 존재하였던 것으로 생각된다.

현재 사지는 철책으로 보호되고 있다. 그러나 발굴조사 이전부터 이곳은 경작지 및 묘역으로 활용되면서 많은 교란과 훼손이 이루어졌다. 사역은 크게 3단으로 조성되었으며, 발굴조사는 제 1단인 하단, 제 2단인 상단만 진행되었다. 발굴조사 된 사지의 내용을 살피면 다음과 같다.

사지내 건물지는 모두 조선시기의 것으로 상, 하단에서 7동이 조사되었다. 상단에서 제 1·2·3·4·5·6 건물지가 조사되었으나 부분적으로 교란·멸실된 상태였고, 상호 중복된 것도 있어 완전한 형태의 건물지는 찾아볼 수 없다. 건물지의 축조시기는 제 4 건물지→제 2 건물지→제 3 건물지→제 1 건물지, 그리고 제 5 건물지→제 6 건물지 순으로 이루어졌음을 알 수 있다. 각각의 건물지에서 확인된 유구를 살피면 다음과 같다.

상단의 남동쪽에 위치하고 있는 제 1 건물지에서는 동면(5.8m)·남면(3.7m)기단만이 확인되었고, 제 1 건물지의 서쪽에 접해있는 제 2 건물지에서는 동·남면기단 외에 온돌시설이 조사되었다. 제 2 건물지의 서쪽과 접

---

32) 필자사진.

해 있는 제 3 건물지에서는 동·남면기단, 적심석, 아궁이시설 등이 확인되었다. 특히 제 3 건물지의 기단토 아래 100cm 지점에서는 통일신라시기의 것으로 추정되는 지대석 1단과 기단석 2단이 노출되었다. 그리고 제 3 건물지의 북쪽에 위치하고 있는 제 4 건물지에서는 남면기단과 피트상에서 통일신라시기의 것으로 추정되는 2단의 기단시설이 확인되었다. 제 5 건물지는 제 4 건물지의 동북쪽에 제 6 건물지와 중복되어 있다. 제 5 건물지에서는 7.9m 길이의 남면기단과 적심석, 초석, 석열 등이 조사되었다. 제 6 건물지에서는 남면기단으로 추정되는 석열과 1매의 초석이 확인되었다. 마지막으로 하단에 위치하고 있는 제 7 건물지는 다른 건물지와 달리 잔존 상태가 양호하다. 부분적이지만 동면(5.6m)·서면(8.8m)·남면(32.2m)·북면(13.4m)기단이 모두 확인되었고, 이 외에 초석, 적심석, 배수구, 성격미상의 석열 등이 조사되었다.

이렇게 볼 때 남혈사지는 유적의 최상층인 조선시기의 사지만 주로 조사하였지만 수습 유물이나 피트상에서 조사된 기단시설로 볼 때 통일신라시기 이후 조선시기에 이르기까지 사찰이 조영되었음을 파악할 수 있다. 하지만 백제시기와 관련된 유물이나 유구는 전혀 확인된 바가 없어 백제사지로서의 가능성은 매우 희박하다.

(2) 석굴의 위치와 성격

석굴은 남혈사지 하단 동쪽 구릉상에 위치하며 자연석굴이다(사진 9)[33]. 전체 길이가 26m로 길고 천정도 높아 수십 명이 활동하기에 충분하다. 이 석굴내에도 서혈사지에서 확인된 것과 같은 8각의 단시설이 조사되었다. 이는 불단 혹은 대좌로 판단되는 것이나 이와 관련된 대형의 조형물은 확인되지 않았다. 다만, 지표조사 당시 석불 동체 2편이 수습된 바 있다.

석굴은 출토유물과 단시설, 그리고 충분한 예배공간으로 보아 남혈사지

33) 필자사진.

사진 9 남혈사지 자연석굴

에 부속된 굴원으로 추정되었다. 그러나 석굴 내부를 치장한 목조 가구나 석굴의 출입을 위해 조성 되는 목조전실의 흔적은 암벽에 서 확인되지 않았다.

한편, 석굴의 정면으로는 현 재 남산사라 불리는 소암자가 위 치하고 있다.

(3) 출토유물

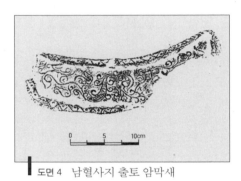

도면 4 남혈사지 출토 암막새

상ㆍ하단에서 조사된 7동의 건물지가 모두 조선시기의 것이 므로 출토유물도 백자, 분청사기 가 대부분이다. 부분적으로 해무 리굽청자, 순청자, 상감청자, 귀 목문 암막새, 연화문 수막새 등 고려시기의 유물과 개, 대각, 줄 무늬병, 연화문 수막새B형, 암막 새(도면 4)[34], 선조문 기와, 초석

등의 통일신라시기 유물도 출토되고 있어 조선시기 이전의 통일신라~고려 시기의 유구도 존재하였음을 확인할 수 있다. 기타 제 4 건물지에서는 화강 암제 복발 1점이 수습되었다. 이로 보아 이곳에 탑이 건립되어 있었음도 유 추해 볼 수 있다.

---

34) 國立公州博物館 외, 1993, 『南穴寺址』, 85쪽 圖面 18.

3. 혈사의 편년

전술하였듯이 공주지역의 혈사, 즉 동혈사, 서혈사, 남혈사는 일제강점기 이후 최근에 이르기까지 대부분의 연구자들로부터 백제사지로 인식되어 왔다. 그러나 이는 정식적인 시굴·발굴조사를 거치지 않은 지표조사나 막연한 추정 속에서 도출된 결론에 불과한 것이어서 사실과 많은 차이가 있다. 즉, 지금까지 부여, 익산지역을 중심으로 진행된 백제사지의 발굴조사 결과만 보더라도 그 동안의 판단이 얼마나 그릇되었나를 여실히 확인할 수 있다.

따라서 본고에서는 이들 사지에서 출토된 유물, 가람배치, 입지 등을 중심으로 하여 그 조성시기를 살펴보고자 한다. 아울러 이들 혈사의 편년을 검토하기 위해 최근까지 발굴조사 되었던 여러 백제사지들과도 상호비교해 보도록 하겠다.

1) 출토유물

(1) 동혈사지

동혈사지에서 출토된 유물 중 조성시기를 밝힐 수 있는 명문와나 동전은 한 점도 없다. 다만 연호나 간지로 추정되는 것이 출토되기는 하였으나 마멸이 심해 판독이 어렵다. 따라서 동혈사의 조성시기는 각 건물지에서 수습된 유물을 통해 검토해 보고자 한다.

동혈사지는 상·중·하단축대를 중심으로 7동의 건물지가 중복·조성되었다. 축대의 조성시기가 하단→중단→상단축대의 순서로 이루어졌기 때문에 건물지도 축대와 마찬가지로 제 1 건물지→제 2·4 건물지→제 5 건물지→제 6·7 건물지 순서로 조성되었다. 제 1 건물지에서는 어골문 및 집선문, 사격자문 계통의 평기와를 비롯하여 귀목문 암막새 한 점, 연화문 수막새 두 점, 그리고 상감청자, 분청사기, 백자 등이 출토되었다. 여기서 평기와의 등문양 중 어골문과 집선문은 곡선화가 확인된다.[35]

귀목문 암막새는 대체로 12세기경에 등장하여 14세기 무렵까지 다양하게 변화한다.[36] 그런데 제 1 건물지에서 출토된 암막새의 경우 귀목문 주변으로 인동당초문이 시문되어 있다. 주지하다시피 인동당초문은 소연주문과 마찬가지로 통일신라시기의 대표적인 문양이었다. 따라서 귀목문＋인동당초문 암막새기와는 12세기를 중심으로 하여 제작되었을 것으로 추정된다.

수막새는 모두 두 점이 출토되었다. 이중 한 점은 연화문이 협판으로 그 주변에 소연주문이 배치되어 있다. 이와 같은 문양 배치는 공주 주변의 주미사지[37]나 구룡사지[38]에서도 출토된 바 있다. 대체로 11세기 후반에 등장하였던 문양으로 판단된다.[39] 아울러 상감청자의 경우도 그 등장시기가 대체로 12세기 후반 명종 연간으로 추정되고 있다.[40] 이렇게 볼 때 동혈사지에서 가장 이른 시기에 조성된 제 1 건물지의 경우 출토유물로 보아 대체로 12세기를 전후한 시기에 조성되었던 것으로 추정된다. 아울러 이 사지는 조선말기에 이르기까지 존재하였던 것으로 판단된다. 이는 1859년 및 1871년에 편찬된 사찬읍지인 『公山誌』와 『湖西邑誌』에 "今廢" 혹은 "今無"라는 기록이 언급되지 않는 데에서도 추정해 볼 수 있다.

---

35) 어골문을 구성하는 가지뼈가 곡선처리됨은 어골문의 퇴화형으로 서오선은 "皇慶癸丑" 및 "至正十八年"銘瓦를 근거로 그 등장 시기를 14세기초 이후로 편년하였다(徐五善, 1985, 「韓國平瓦紋樣의 時代的 變遷에 對한 研究」, 충남대학교대학원 석사학위논문, 72쪽).

36) 朴銀卿, 1988, 「高麗 瓦當文樣의 編年 研究」, 『考古歷史學志』第4輯, 東亞大學校博物館, 169쪽.

37) 李南奭·李勳, 1999, 『舟尾寺址』.
귀목문 암막새와 함께 통일신라~고려시기로 추정되는 제 1 건물지에서 출토되었다.

38) 公州大學校 博物館·公州市, 1995, 『九龍寺址』.
구룡사지는 통일신라~조선시기의 유적이나 고려~조선시기의 유구가 중심을 이루고 있다.

39) 朴銀卿, 1988, 「高麗 瓦當文樣의 編年 研究」, 『考古歷史學志』第4輯, 東亞大學校博物館, 〈表 바〉 참조.

40) 尹龍二, 1992, 「高麗 象嵌青磁의 起源과 發展」, 『湖林博物館所藏品選集-青瓷Ⅱ-』, 湖林博物館, 148쪽.

(2) 서혈사지

사진 10 서혈사지 출토
와당

서혈사지는 모두 2차례의 발굴이 이루어졌지만 전면적인 발굴이 아닌 부분적인 것이어서 사지의 편년이나 범위 설정에 있어 여러 문제점을 내포하고 있다. 서혈사지에서 출토된 유물은 석불상 3구를 비롯하여 금동보살상 1구, 암·수막새, 평기와 및 토기·자기편 등이 있다. 이 중 일부 수막새(사진 10)[41]의 경우는 백제 사비기에 제작된 것이나 후대에 재사용할 수 있다는 점에서 본래 서혈사지의 것으로는 파악하기 어렵다. 이는 수막새에 비해 월등히 많은 수효를 차지하여야 하는 백제시기 평기와가 거의 수습되지 않는 사실에서도 서혈사지의 조성시기가 백제와 무관함을 보여준다. 공주의 공산성이나 정지산유적 등에서 출토된 백제시기 평기와를 보면 등문양이 무문이거나 선조문이 시문되어 있다. 이중 후자의 경우는 재연마된 것이 일반적이다. 아울러 타날판의 경우도 단판이나 중판이 대부분을 차지하고 있다. 기와 분할은 1회 혹은 2~4회에 걸쳐 와도로 분할하였고, 포목은 매우 정교함을 볼 수 있다. 그리고 기와를 제작함에 있어서는 원통형와통 외에 통쪽와통도 사용하였다. 통쪽의 길이와 너비가 각기 다른 것으로 보아 건물의 규모에 따라 기와의 크기도 각기 달랐음을 추정케 한다.

이와 같은 공주지역 출토 백제 평기와의 일반적 속성은 서혈사지 출토 평기와에서 거의 살펴볼 수 없다. 따라서 서혈사지 출토 평기와는 백제시기가 아닌 통일신라시기 이후의 것으로 판단된다. 이러한 상황에서 서혈사지 출토 석불상 3구는 이의 창건연대를 밝힐 수 있는 결정적인 자료가 아닐 수 없다. 왜냐하면 가람배치에 있어 가장 중심이 되는 전각이 금당이고, 이들

---

41) 國立公州博物館, 1988, 『百濟瓦當特別展』, 사진 17.

금당에는 불상이 안치되는 것이 일반적이기 때문이다.

서혈사지에서 출토된 불상은 항마촉지인을 결한 석조여래좌상 2구, 지권인을 결한 비로자나불좌상 1구가 있다. 석조여래좌상 1의 경우 불신 및 3단대좌가 완전한 형태로 남아 있는 것에 비해, 다른 한 구인 2는 불신의 두부와 대좌 일부가 결실된 채 잔존하고 있다. 두 구 모두 수인, 불신의 조형성, 광배공의 위치, 대좌의 표현에 있어 매우 흡사함을 살필 수 있다. 특히 연화상대석에 부채꼴 모양으로 조출된 대의의 衣紋은 통일신라시기의 불상에서 흔히 볼 수 있는 것으로서 동시대의 의습 표현을 잘 보여주고 있다.[42] 대의는 불신과 밀착되어 불신의 윤곽이 외부로 드러나는 등 사실적이면서도 육감적인 조형미를 보여주고 있다. 특히 석조여래좌상 1의 경우 좌측(향우)가슴 부위에서 옷주름이 한 번 뒤집혀짐을[43] 살필 수 있다. 그러나 착의 방식, 의문의 세부 표현 등에 있어서는 양자의 차이가 발견된다. 대좌는 석조여래좌상 두 구 모두 3단대좌를 구비했던 것으로 판단된다. 이 중 완형에 해당되는 석조여래좌상 1의 대좌를 아래에서부터 살피면 지대석, 연화하대석, 중대석, 연화상대석 등으로 별조되어 있음을 볼 수 있다. 8각형으로 이루어진 지대석의 각 면에는 안상이 있고, 그 내부에는 비천상과 팔부중의 하나인 가릉빈가(극락조)가 조각되어 있다. 연화하대석도 지대석과 마찬가지로 8각형을 띠며, 복판의 복련은 판단이 반전되어 화려한 귀꽃을 형성하고 있다.[44] 그러나 연화상대석은 지대석이나 연화상대석과는 달리 원형을

---

42) 이러한 부채꼴 모양의 의문은 석불, 금동불, 철불, 마애불 등에서 다양하게 확인되고 있다. 즉 석굴암 본존불(8세기 중엽)을 비롯하여 七佛庵 磨崖三尊佛 本尊像(8세기), 경주 南山 彌勒谷 石造如來坐像(8세기), 이화여대박물관 소장 금동여래좌상(8세기), 예천 靑龍寺 石造如來坐像(9세기), 영주 黑石寺 石造藥師如來坐像(9세기), 합천 淸凉寺 石造如來坐像(9세기) 등에서 살필 수 있다. 아울러 이러한 衣紋은 고려시기의 여러 불상에서도 확인되고 있다.

43) 동일한 의습형태는 아니지만 가슴부위에서 대의의 옷자락이 뒤집힌 예는 경주 칠불암 마애석불 본존불(8세기) 및 전남 장흥 보림사 철조비로자나불좌상(858년) 등에서 찾아지고 있다.

이루며, 중판의 앙련이 조각되어 있다. 아울러 연판내에서는 화려한 연꽃술을 살펴볼 수 있다.[45)]

지권인을 결하고 있는 비로자나불좌상은 두부와 대좌 일부가 결실되어 있다. 착의방식은 통견식으로 석조여래좌상 한 구와 동일하나 비로자나불좌상의 경우 경부까지 완전히 대의의 옷자락이 휘감고 있어, U자형으로 가슴부위의 맨 살이 드러나 있는 석조여래좌상과 차이를 보인다. 아울러 옷주름이 뒤집혀지는 위치에 있어서도 양자의 차이가 발견된다. 이러한 세부적 차이는 대좌의 지대석에 표현된 문양에서도 확인된다. 즉, 석조여래좌상 1·2에는 비천상과 가릉빈가상이 조각되어 있는 반면, 비로자나불좌상에는 사자와 향로가 조각되어 있다.[46)]

이렇게 볼 때 서혈사지 출토 3구의 불상은 통일신라시기인 8세기 중엽경의 석굴암 본존불을 비롯하여 9세기대의 영주 부석사 자인당 석조여래좌상, 철원 도피안사 철조비로자나불좌상, 장흥 보림사 철조여래좌상, 대구 동화사 비로암 석조비로자나불좌상 등 많은 상들과 의습, 대좌 등에서 유사성을 보여주고 있다.

따라서 서혈사지 출토 불상 3구는 8세기대의 중앙양식, 즉 경주에서 유행한 양식을 이어받아 9세기대[47)]에 공주에서 조성되었음을 추정해 볼 수

---

44) 이와 같이 연화하대석에 귀꽃이 표현된 예는 일찍이 백제시기 불상인 傳 공주 금학동출토 금동보살입상(7세기)에서 확인된 것으로, 이후 통일신라시기 3단대좌의 조형이 되었다(조원창, 1996,「百濟金銅菩薩像의 造形的 特性」, 공주대학교 대학원). 아울러 공주 公山城 池唐에서도 연화하대석에 귀꽃이 표현된 통일신라시기 금동보살입상 한 구가 출토된 바 있다(公州大學校博物館·忠淸南道, 1999,『公山城池塘』, 221~223쪽).

45) 연화상대석에 표현된 重瓣내에 꽃술이 조각된 예는 상주 曾村里 石造藥師如來坐像(8세기후반~9세기), 창령 觀龍寺 龍船臺 石造如來坐像(8세기 후반), 광주 藥師庵 石造如來坐像(9세기), 경주 南山 三陵溪 石造如來坐像 B(통일신라), 영주 浮石寺 慈忍堂 石造如來坐像(9세기), 法住寺出土 石造如來坐像A(9세기~10세기초, 동국대학교박물관 소장), 대구 桐華寺 毘盧庵 石造毘盧舍那佛坐像(9세기) 등에서 살필 수 있다.

46) 지대석의 안상내에 사자와 향로가 조각된 예는 영주 浮石寺 慈忍堂 石造如來坐像(9세기)에서 확인할 수 있다.

있다. 그리고 불신이나 대좌의 표현에 있어 이들 상들이 동일인 혹은 동일 유파에 의해 조성되었음을 추정케 한다.

아직까지 서혈사지 상단을 제외한 중단 및 하단이 발굴조사되지 않아 확실한 창건연대를 밝히기가 쉽진 않지만 대체로 불상의 조성시기를 감안하여 볼 때 서혈사의 창건연대는 9세기대로 추정된다. 아울러 이의 폐사에 대해서는 사지내에서 분청사기나 백자 등이 수습되고 있는 것으로 보아 조선 중기 이후로 판단된다.

(3) 남혈사지

상·하단으로 구획된 남혈사지에서는 모두 7동의 건물지가 조사되었다. 모든 건물지에서 백자나 분청사기 등이 출토하고 있어 조선시기의 사지임을 알게 한다. 그러나 이는 가장 상층 유구로서 이의 상한연대가 조선시기를 의미하는 것은 아니다. 즉, 남혈사지에서는 백자와 분청사기 외에 해무리굽 청자, 순청자, 상감청자, 귀목문·당초문·인동문·귀면문·귀면-인동문 암막새, 연화문·보상화문·귀면문 수막새 등이 출토되었다. 이들 대부분은 고려시기의 것으로 편년되나 일부 연화문 수막새 B[48]의 경우는 통일신라시기의 것으로 추정되고 있다. 이는 일부 면적에 해당되기는 하나 통일신라시기로 편년되는 지대석이나 기단석 등이 제3·4 건물지 기단토 아래에서 확인되는 것으로도 파악해 볼 수 있다. 즉 제3 건물지 기단토 아래에서는 통일신라시기로 추정되는 지대석 1단과 기단석 2단이 조사되었으며, 제4 건물지 기단토 아래에서도 2단의 기단시설이 노출되었다. 비록 탐색피트에서 확인되어 전체 규모나 정확한 성격 등은 알 수 없지만 연화문

---

47) 이는 대좌의 연화문에서도 살필 수 있다. 즉, 석조여래좌상 2의 경우 단판이면서 혼판의 형태를 취하고 있다. 그리고 판구 내에는 화문이 장식되어 9세기대의 연판 특징을 보여주고 있다.
48) 이러한 형식의 수막새는 공주 공산성내 추정왕궁지를 비롯해 12각 건물지, 28칸 건물지 및 서혈사지 등에서도 출토된 바 있다.

수막새 B형의 존재를 인식케 하는 유구라는 점에서 중요성이 있다. 기와 외에 통일신라시기의 유물로 추정되는 것으로는 개, 臺脚, 줄무늬병 등의 토기류가 있다.

출토유물로 보아 남혈사지는 통일신라시기에 창건되어 조선시기에까지 사맥이 이어졌음을 추정해 볼 수 있다.

2) 입지와 가람배치

여기에서는 공주지역의 혈사가 과연 백제시기에 조성된 것인지 그 동안 시·발굴조사된 부여·익산·보령지역의 백제사지들과 비교·검토해 보고자 한다. 백제시기의 가람은 종교성을 바탕으로 축조된 관계로 일정한 정형성이 살펴지고 있음이 그 동안의 조사를 통해 확인되었다. 특히 산지가람의 형식이 적용되는 통일신라시기 이후의 가람배치와는 큰 차이가 있음을 살필 수 있다.

따라서 여기에서는 공주지역 혈사가 백제시기에 조성되었다는 그 동안의 인식을 전환시키기 위해, 단편적이나마 기존의 고고학적 방법으로 조사되었던 백제시기 가람의 입지와 배치, 회랑·중문의 존재 유무 등을 비교자료로 활용해 보도록 하겠다.

공주지역의 혈사는 백제 웅진기의 대통사지와 달리 깊은 산중에 위치하고 있다는 점에서 하나의 공통성이 찾아진다. 이러한 산지가람은 사찰을 조성하는데 있어 지형이 제일 조건으로 대두하게 된다. 즉, 축대를 중심으로 전각들이 계단식으로 배치하게 된다. 그렇기 때문에 이들 사지에서 회랑[49]이란 존재는 찾아볼 수 없다.

이러한 산지가람의 특성은 동혈사지, 서혈사지, 남혈사지 등에서 똑같이

---

49) 회랑은 일반적으로 산지가람과 평지가람을 구분하는 기준으로도 사용되나 본래는 불계와 속계를 구분하는 상징적인 의미를 내포하고 있다(趙源昌, 1999, 「公州地域 寺址 研究」, 『百濟文化』28).

찾아볼 수 있다. 아울러 그 동안 공주지역에서 발굴조사 된 통일신라~조선시기의 주미사지나 구룡사지, 고려~조선시기의 수원사지 등에서도 회랑은 확인되지 않았다.

반면, 부여지역에 위치하고 있는 백제시기의 군수리사지나 능산리사지, 왕흥사지, 금강사지, 정림사지, 부소산사지 등에서는 동·서회랑 혹은 북회랑 등이 확인되어 공주지역의 통일신라시기 이후 여러 사지(혈사 포함)와 차이를 보이고 있다. 이는 회랑의 존재가 평지나 산지와 같은 가람의 입지뿐만 아니라 사찰의 조성시기와도 어느 정도 관련성이 있음을 판단케 하고 있다.

삼국의 가람은 간혹 금당 수에서 차이가 있긴 하지만 거의 대부분 중문 - 탑 - 금당 - 강당 등의 순서로 배치되어 있다. 그러나 공주지역의 혈사에서는 이러한 정형성있는 가람배치를 확인할 수 없다. 이는 지형조건에 따른 건물의 조영이라는 불가피성에 기인한 것으로 파악된다.

동혈사지, 서혈사지, 남혈사지 중 당탑이 확인된 예는 남혈사지와 서혈사지이다. 그러나 이들 사지에서도 탑 이남의 중문과 회랑 등은 확인되지 않았다. 중문은 사찰의 탑 - 금당 등 중심 사역으로 진입하는 마지막 문으로서 그 동안의 모든 백제사지에서 조사되었다.

그러나 공주지역의 혈사에서는 이들 중문이 확인된 바 없다. 이는 가람의 입지와도 큰 관련이 있을 것으로 판단된다. 물론 동혈사지와 서혈사지의 경우 완전한 발굴조사가 이루어지지 않아 중문의 존재가 확인될 가능성도 배제할 순 없지만, 그 동안 공주지역의 여타 수원사지나 주미사지 등 산지 가람에서의 경우 중문이 확인된 바 없다는 점에서 이의 존재가 검출될 가능성은 희박해 보인다.

아울러 공주지역 혈사에는 회랑이 구비되어 있지 않았기 때문에 회랑 북단에서의 건물지도 확인할 수 없다. 이러한 동·서회랑 북단에서의 건물지는 능산리사지를 비롯한 왕흥사지, 정림사지, 제석사지 등에서 확인된 바 있다.

이처럼 공주지역의 혈사들은 그 동안 백제사지에서 확인되었던 여러 요소, 즉 가람의 입지나 배치, 회랑·중문 등의 유구 존재 면에서 많은 차이를 보이고 있다. 이는 결과적으로 이들 혈사들이 백제시기의 가람조성 방법과는 다른 방법으로 조성되었음을 판단케 한다. 아울러 사찰은 신앙을 바탕으로 그 당시의 독특한 건축기법이 반영되는 것이므로 정형성이나 보수성이 일반 건물들보다 강함은 재론의 여지가 없다. 따라서 공주지역의 혈사는 백제시기의 사지가 아닌 통일신라시기 이후의 사지로 보는 것이 합당하다.

4. 맺음말

이상에서와 같이 공주지역의 혈사 즉 동혈사지, 서혈사지, 남혈사지를 가람배치, 출토유물 등을 중심으로 살펴보았다. 이들은 모두 평지가 아닌 산지에 축조되었으며, 주변에 모두 자연석굴을 구비하고 있다. 동혈사지의 석굴만 크기가 작아 수행처로 추정될 뿐, 서혈사지와 남혈사지의 석굴은 규모가 커 예배처로 생각된다. 특히 서혈사지와 남혈사지의 석굴내에서는 불단 혹은 대좌로 추정되는 단이 확인되어 이같은 추정을 더욱 강하게 하고 있다.

공주지역 혈사는 대부분의 선학들에 의해 백제시기의 사찰로 인식되어 왔으나 그 동안 시·발굴조사 된 결과를 보면 이와는 많은 차이가 있음을 살필 수 있다. 즉, 서혈사지의 경우 통일신라시기로 편년되는 탑지와 금당지가 확인되었고, 남혈사지에서는 일부 통일신라시기로 추정되는 기단석이 검출되었다. 그러나 동혈사지에서는 통일신라기 이전의 유구가 전혀 조사되지 않았다.

한편으로 서혈사지에서 수습된 단판8엽 연화문와당을 근거로 백제시기의 혈사로 주장하는 연구자도 있지만 와당의 재사용 가능성과 시기를 뒷받침할만한 또 다른 평기와 및 토기류 등이 검출되지 않았다는 점에서 서혈사지의 백제시기 편년은 취신하기 어렵다.

공주지역의 혈사는 모두 통일신라시기 이후 조선시기의 것으로서 이는 출토유물과 가람배치 등을 통해 엿볼 수 있다. 하지만 동혈사지, 서혈사지, 남혈사지 모두 부분적인 조사만 진행되었을 뿐 전체적인 발굴조사는 이루어지지 못해 확실한 건물의 배치나 범위 등은 확인할 수 없다.

따라서 공주지역의 혈사를 올바르게 평가하기 위해선 먼저 이들에 대한 완벽한 발굴조사가 선행되어야 할 것으로 판단된다. 아울러 혈사 주변에 위치하고 있는 유적이나 유물에 대해서도 혈사와의 상호 연관성을 검토해 볼 필요가 있다.

공주는 5대 63년간 백제의 수도로써 많은 백제유적을 간직하고 있다. 특히 부여와 더불어 백제문화권의 핵심지역인 관계로 많은 관심이 집중되기도 하였다. 그러나 공주는 통일신라시기에도 9주의 하나인 웅천주가 설치되어 정치, 행정, 문화의 중심지가 되었다. 이는 고려시기나 조선시기에도 마찬가지였다. 하지만 예나 지금이나 공주지역에서 백제의 유적과 유물이 그 어느 시기의 유적이나 유물보다도 선호의 대상이 되고 있음은 부인하기 어렵다. 이러한 시대적 상황에서 공주지역의 혈사 또한 백제시기의 것으로 오인된 것이 아닌가 생각해 본다[50].

─────────

50) 이 글은 조원창, 2001, 「공주지역 혈사 연구」, 『국립공주박물관기요』 창간호에 게재된 논문을 정리하여 옮겨놓은 것이다.

百濟寺址 研究

參考文獻

참고문헌

1. 사료

『崇巖山聖住寺事蹟』『聖住寺碑』『三國史記』『三國遺事』『新增東國輿地勝覽』

『東國輿地志』『大東地志』『公山誌』『湖西邑誌』

『北齊書』『舊唐書』『新唐書』『日本書紀』

2. 국내자료

경희대학교 중앙박물관, 2005,『고구려와당』.

國立慶州博物館, 2000,『新羅瓦塼』.

公州大學校 博物館・公州市, 1995,『九龍寺址』.

公州大學校博物館, 1999,『舟尾寺址』.

公州大學校博物館・忠淸南道, 1999,『公山城池塘』.

公州大學校博物館, 2000,『大通寺址』.

公州師範大學博物館, 1987,『公山城 百濟推定王宮址發掘調査報告書』.

國立公州博物館, 1988,『百濟瓦當特別展』.

國立公州博物館외, 1993,『南穴寺址』.

國立公州博物館, 1999,『艇止山』.

국립공주박물관, 2001,『백제 사마왕 무령왕릉 발굴 그후 30년의 발자취』.

국립공주박물관, 2004,『국립공주박물관』.

國立文化財硏究所, 1996,「扶蘇山城 -廢寺址 發掘調査報告-(1980年)」,『扶蘇山城』.

國立博物館, 1969,『金剛寺』.

國立扶餘文化財硏究所, 1996,『彌勒寺 II』.

國立扶餘文化財硏究所, 2001,『彌勒寺址 西塔 周邊發掘調査 報告書』.

국립부여문화재연구소, 2006,『부여 관음・밤골사지 시굴조사보고서』.

국립부여문화재연구소, 2007,『王興寺址 II -기와 가마터 發掘調査報告書-』.

국립부여문화재연구소, 2007.11,「부여 왕흥사지 발굴조사(제8차) 지도위원회의 자료」.

국립문화재연구소・부여군, 2008,『정림사 - 역사문화적 가치와 연구현황』.

국립부여문화재연구소, 2008,「益山 帝釋寺址 - 제1차 조사」.

國立扶餘文化財硏究所, 2008,『王宮里 VI』.

국립부여문화재연구소, 2008,『백제폐사지 학술조사보고서 -부여군편-』.

국립부여문화재연구소, 2008.11.21, 「부여 정림사지 발굴조사(제8차) 자문회의」.

國立扶餘文化財研究所, 2008, 『扶餘 王興寺址 出土 舍利器의 意味』.

國立扶餘文化財研究所, 2009.11.19, 「扶餘 定林寺址 -제9차 조사」.

국립부여문화재연구소, 2009, 『王興寺址 Ⅲ 木塔址 金堂址 發掘調査 報告書』.

국립부여문화재연구소, 2009, 『한·중·일 고대사지 비교연구(1) -목탑지편-』.

국립부여문화재연구소, 2009, 「益山 帝釋寺址 - 제2차 조사」.

국립부여문화재연구소, 2009, 『백제 사비기 기와연구』.

국립부여문화재연구소, 2009, 『扶餘 官北里百濟遺蹟 發掘報告 Ⅲ』.

국립부여문화재연구소, 2009.9.29, 「6세기대 최대 규모의 백제 강당지 확인보도자료」.

국립부여문화재연구소, 2009.9.30, 「부여 왕흥사지 제10차 발굴조사 지도위원회의 자료」.

국립부여문화재연구소, 2010, 『扶餘軍守里寺址 Ⅰ - 木塔址·金堂址 發掘調査 報告書』.

국립부여문화재연구소, 2010, 『2009 백제문화를 찾아서』.

국립부여문화재연구소, 2011, 『扶餘 定林寺址』.

國立扶餘博物館, 1988, 『特別展 百濟寺址出土遺物』.

國立扶餘博物館, 1992, 『扶餘 亭岩里 가마터(Ⅰ)』.

國立扶餘博物館, 1992, 『扶餘 亭岩里 가마터(Ⅱ)』.

國立扶餘博物館, 1992, 『扶餘錦城山瓦積基壇建物址發掘調査報告書』.

國立扶餘博物館, 1997, 『국립부여박물관』.

國立扶餘博物館·扶餘郡, 2000, 『陵寺』.

국립부여박물관, 2006, 『백제의 공방』.

國立扶餘博物館, 2007, 『陵寺 - 부여 능산리사지 6~8차 발굴조사 보고서』.

국립부여박물관, 2009, 『백제 가람에 담긴 불교문화』.

國立扶餘博物館, 2010, 『百濟瓦塼』.

국립중앙박물관, 1999, 『특별전 百濟』.

김길식, 2008, 「백제 시조 구태묘와 능산리사지」, 『한국고고학보』69집.

김낙중 외, 2008, 「부여 정림사지 발굴조사 현황과 성과 -2008년 제8차 발굴조사를 중심으로-」, 『定林寺 역사문화적 가치와 연구현황』.

김낙중, 2012, 「부여 정림사지 발굴조사 성과」, 『정림사 복원 국제학술심포지엄 정림사 복원을 위한 첫걸음』, 부여군.

김동현, 1995, 『한국 목조건축의 기법』, 발언.

金理那, 1989, 「三國時代의 捧持寶珠形菩薩立像研究」, 『韓國佛敎彫刻史研究』, 一潮閣.

金理那, 1992, 「百濟彫刻과 日本彫刻」, 『百濟의 彫刻과 美術』, 公州大學校博物館.

김보형외, 2003, 『부석사』, 대원사.

金三龍, 1974, 『益山彌勒寺址 東塔址 및 西塔調査報告書』, 圓光大學校 遺蹟調査報告 第
一冊.

金三龍, 1975, 「彌勒寺 創建에 對한 彌勒信仰的 背景」, 『馬韓·百濟文化』創刊號, 圓光大
學校 馬韓·百濟文化研究所.

金善淑, 2002, 「古代佛敎信仰行爲로서의 創寺에 대한 검토」, 『淸溪史學』16·17.

金誠龜, 1992, 「百濟의 瓦塼」, 『百濟의 彫刻과 美術』, 公州大學校博物館.

金誠龜·朴榮福, 1993, 「百濟瓦當의 變遷과 その特性」, 『佛敎藝術』209호, 佛敎藝術學會.

김성구, 2008, 『백제의 와전예술』.

金永培·朴容塡, 1970, 「公州西穴寺址에 關한 研究(Ⅰ)」, 『百濟文化』4輯.

金煐泰, 1985, 「威德王 當時의 佛敎」, 『百濟佛敎思想研究』, 東國大學校出版部.

金煐泰, 1988, 「불교신앙의 전래양상과 생활세계」, 『傳統과 思想』Ⅲ.

김영태, 1990, 「미륵신앙」, 『삼국시대 불교신앙 연구』, 불광출판부.

金正基, 1984, 「彌勒寺塔과 定林寺塔 -建立時期의 先後에 관하여-」, 『考古美術』164.

김주성, 2001, 「百濟 泗沘時代의 益山」, 『韓國古代史研究』21.

大田保健大學博物館, 2002, 『靑陽 冠峴里 瓦窯址』.

동국대학교박물관, 1974, 『佛敎美術』2 聖住寺址 發掘調査特輯.

文明大, 1968, 「韓國 石窟寺院의 研究」, 『歷史學報』38.

文化財管理局 文化財研究所, 1982, 『皇龍寺』.

文化財管理局 文化財研究所, 1989, 『彌勒寺 Ⅰ』.

문화재청 외, 2009.03.12, 「미륵사지석탑 사리장엄」.

문화재청, 2010.5.26, 「신라의 와축기단 건물지와 기록목간을 확인하다 -경주 (전)인용
사지 발굴조사 결과 공개-」.

박민경, 2000, 「武王·義慈王代 政局運營의 研究」, 『韓國古代史研究』20.

朴淳發·成正鏞, 2000, 『百濟泗沘羅城』, 忠南大學校百濟研究所·扶餘郡.

박순발, 2000, 「泗沘都城의 構造에 대하여」, 『百濟研究』31.

박순발, 2002, 「웅진 천도 배경과 사비천도 조성 과정」, 『백제도성의 변천과 연구상의 문제점』.

朴容塡, 1966, 「西穴寺址 및 南穴寺址 調査研究」, 『公州教大學報』第17輯.

朴容塡, 1966, 「公州의 西穴寺址와 南穴寺址에 對한 研究」, 『公州教育大學論文集』第3輯.

朴容塡, 1968, 「百濟瓦當에 關한 研究」, 『公州教育大學論文集』5집.

朴容塡, 1973, 「公州出土의 百濟瓦·塼에 關한 研究」, 『百濟文化』6집.

朴容塡, 1976, 「百濟瓦當의 體系的 分類」, 『百濟文化』제9집.

朴容塡, 1978, 「百濟瓦當の體系的分類」, 『百濟文化と飛鳥文化』, 吉川弘文館.

朴容塡, 1984, 「百濟瓦當의 類型研究」, 『百濟研究』15집.

朴銀卿, 1988, 「高麗 瓦當文樣의 編年 研究」, 『考古歷史學志』第4輯, 東亞大學校博物館.

배병선, 2009, 「왕궁리유적 백제 건물지의 구조분석-부여지역 백제건물지와의 비교검토」, 『익산 왕궁리유적의 조사성과와 의의』.

百濟文化開發研究院, 1983, 『百濟瓦塼圖錄』.

백제문화재연구원, 2007, 「서천 비인 5층석탑 주변유적 시굴조사 자료집」.

保寧市·忠南大學校博物館, 1998, 『聖住寺』.

부여군, 2006, 『부여 문화재대관』.

扶餘文化財研究所·全羅北道, 1992, 『益山彌勒寺址 東塔址 基壇 및 下部調査報告書』.

扶餘文化財研究所·扶餘郡, 1993, 『龍井里寺址』.

山本孝文, 2004, 「韓半島의 唐式銙帶와 그 歷史的 意義」, 『嶺南考古學』34.

서울대학교출판부, 2000, 『북한의 문화재와 문화유적 1(고구려편)』.

서정일, 2008.2, 「백제 수직횡렬식 기단 검토」, 공주대학교 대학원 사학과 석사학위논문.

서천군·백제문화재연구원, 2010, 『서천 비인 5층석탑 유적』.

손영종, 1990, 『고구려사』, 과학백과사전종합출판사.

沈正輔, 2000, 「百濟 泗沘都城의 築造時期에 대하여」, 『泗沘都城과 百濟의 城郭』, 국립부여문화재연구소.

신광섭, 2006, 「백제 사비시대 능사 연구」, 중앙대학교 대학원 박사학위논문.

申榮勳, 1987, 「韓國의 石窟, 石窟寺院考」, 『韓國佛教美術史論』, 民族社.

申瀅植, 1992, 『百濟史』.

安承周, 1971, 「公州西穴寺址에 關한 研究(II)」, 『百濟文化』5輯.

安承周・李南奭, 1987,『公山城 百濟推定王宮址 發掘調査報告書』, 公州師範大學 博物館.

양은경, 2010,「백제 부소산사지 출토품의 재검토와 사지의 성격」,『백제연구』제52집.

양정석, 2009,「彌勒寺址 塔址의 調査過程에 대한 檢討」,『한국사학보』제36호.

圓光大學校 馬韓・百濟文化硏究所・益山郡, 1994,『益山帝釋寺址試掘調査報告書』.

尹龍二, 1992,「高麗 象嵌靑磁의 起源과 發展」,『湖林博物館所藏品選集 -靑瓷 II-』.

李南奭, 1988,「百濟蓮花文瓦當의 一硏究」,『古文化』32.

李能和, 大正七年,『朝鮮佛教史』.

이왕기, 1998,「백제의 건축양식과 기법」,『百濟文化』27輯.

李炳鎬, 2002,「百濟 泗沘都城의 造營過程」,『韓國史論』47.

李炳鎬, 2005,「扶餘 定林寺址 出土 塑造像의 製作技法과 奉安場所」,『美術資料』72・73호.

李炳鎬, 2006,「扶餘 定林寺址 出土 塑造像의 製作時期와 系統」,『美術資料』74호.

이병호, 2007,「부여 정림사지의 창건 배경과 도성 내 위상」,『백제와 금강』.

이병호, 2008,「부여 능산리 출토 목간의 성격」,『목간연구』창간호.

장경호, 1988,「백제 사찰건축에 관한 연구」, 홍익대학교 대학원 박사학위논문.

전라북도익산지구문화유적지관리사업소, 1997,『미륵사지유물전시관』.

鄭明鎬, 1983,「彌勒寺址 石燈에 대한 硏究」,『馬韓・百濟文化』6.

趙景徹, 1999,「百濟의 支配勢力과 法華思想」,『韓國思想史學』12집.

조원창, 1998,「公州地域 磨崖佛 考察」,『先史와 古代』11.

조원창, 1999,「西穴寺址出土 石佛像에 對한 一考察」,『역사와 역사교육』, 熊津史學會.

趙源昌, 1999,「公州地域 寺址 硏究」,『百濟文化』28.

조원창, 2000,「百濟 瓦積基壇에 대한 一硏究」,『韓國上古史學報』33호.

趙源昌, 2000,「熊津遷都後 百濟瓦當의 變遷과 飛鳥寺 創建瓦에 대한 檢討」,『嶺南考古學』27호.

조원창, 2001,「公州地域 穴寺 硏究」,『國立公州博物館紀要』創刊號.

趙源昌, 2002,「百濟 二層基壇 築造術의 日本 飛鳥寺 傳播」,『百濟硏究』제35집.

趙源昌, 2003,「寺刹建築으로 본 架構基壇의 變遷 硏究」,『百濟文化』32집.

趙源昌, 2003,「百濟 熊津期 扶餘 龍井里 下層寺院의 性格」,『韓國上古史學報』42號.

趙源昌, 2004,『百濟 建築技術의 對日傳播』, 서경문화사.

趙源昌, 2005,「百濟 瓦博士의 對新羅・倭 派遣과 製瓦術의 傳播」,『韓國上古史學報』48호.

趙源昌, 2005, 「기와로 본 百濟 熊津期의 泗沘經營」, 『선사와 고대』23.

趙源昌, 2006, 「日本 山田寺址에 나타난 百濟의 建築文化」, 『文化史學』26.

趙源昌, 2006, 「新羅 瓦積基壇의 型式과 編年」, 『新羅文化』28.

趙源昌, 2006, 「百濟 混築基壇의 研究」, 『건축역사연구』46.

조원창, 2006, 「부여 능사 제3건물지(일명 공방지 I)의 건축고고학적 검토」, 『선사와 고대』24.

趙源昌, 2006, 「百濟 曲折素瓣形 瓦當의 始原과 變遷」, 『祥明史學』10 · 11 · 12집.

趙源昌, 2007, 「飛鳥時代 倭 檜隈寺址에 나타난 百濟의 建築考古文化」, 『韓國上古史學報』58.

조원창, 2008, 「백제 군수리사원의 축조기법과 조영주체의 검토」, 『한국고대사연구』51호.

조원창, 2008, 「웅진~사비기 와당으로 본 고구려 제와술의 백제 전파」, 『백산학보』81.

조원창, 2009, 「백제 웅진기 이후 대지조성 공법의 연구」, 『건축역사연구』66.

조원창, 2009, 「백제 판단첨형식 연화문의 형식과 편년」, 『문화재』제42권 · 3호.

조원창, 2010, 『한국 고대와당과 제와술의 교류』, 서경문화사.

조원창, 2010, 「백제 정림사지 석탑 하부 축기부 판축토의 성격」, 『한국고대사탐구』5.

조원창, 2011, 『백제의 토목 건축』, 서경문화사.

조원창, 2011, 「백제 사비기 부여 부소산사지의 축조기법과 가람배치 검토」, 『역사와 담론』59집.

조원창, 2011, 「부여 금강사지 출토 자방 이형문 백제와당의 편년과 계통」, 『충청학과 충청문화』제12권.

조원창, 2012, 『기와건물지의 조사와 해석』, 서경문화사.

조훈철, 1997, 「정림사지의 미술사적 고찰」, 『문화사학』6 · 7.

충청남도, 1990, 『문화유적총람(사찰편)』.

崔孟植, 2008.10.18, 「발굴사례로 본 백제 건물지의 몇가지 특징」, 『2008년 한국건물지 고고학회 제2회 학술대회』.

忠南大學校博物館 · 忠清南道廳, 1981, 『定林寺』.

忠南大學校博物館, 1993 · 1994, 「扶餘 東南理遺蹟 發掘調査 略報告書」.

충남대학교박물관 · 충청남도, 1999, 『부여 관북리 백제유적 발굴보고(II)』.

忠清南道 · 公州大學校百濟文化研究所, 1991, 『百濟武寧王陵』.

탁경백, 2009, 「한국 고대목탑 낙수받이 고찰」, 『文化財』제42권·제2호.

韓國文化財保護財團·大田廣域市, 2000, 『大田 普門寺址Ⅰ』.

한국불교대사전편찬위원회, 1982, 『한국불교대사전』.

洪思俊, 1969, 「百濟의 漆岳寺와 烏含寺 小考」, 『百濟文化』제3집.

洪潤植, 1989, 「Ⅳ.彌勒寺 創建의 思想的 背景」, 『彌勒寺』, 文化財管理局 文化財研究所.

洪潤植, 2000, 「百濟 武王과 益山 遷都에 관한 역사적 사실」, 『益山 雙陵과 百濟古墳의
        諸問題』.

洪再善, 1981, 「百濟泗沘城研究」, 東國大學校 大學院 碩士學位論文.

홍재선, 2009, 「백제의 가람 -사비도성의 가람을 중심으로-」, 『백제가람에 담긴 불교문화』.

黃壽永, 1973, 「百濟 帝釋寺址의 研究」, 『百濟研究』4.

3. 일본자료

網干善教, 1980, 「飛鳥と佛教文化」, 『古代の飛鳥』.

京都國立博物館, 1988, 『畿內と東國』.

輕部慈恩, 1946, 『百濟美術』.

龜田修一, 1981, 「百濟古瓦考」, 『百濟研究』12호.

龜田修一, 2006, 「熊津·泗沘時代の瓦」, 『日韓古代瓦 研究』, 吉川弘文館.

奈良國立博物館, 1980, 『國分寺』.

奈良國立文化財研究所, 1996, 『飛鳥資料館案內』.

北野耕平, 1978, 「百濟時代寺院址の分布と立地」, 『百濟文化と飛鳥文化』, 吉川弘文館.

飛鳥資料館, 1983, 『渡來人の寺 -檜隈寺と坂田寺-』.

林博通, 昭和62年, 「穴太廢寺(滋賀縣)」, 『佛教藝術』174號.

田辺征夫, 1995, 「瓦積基壇と渡來系氏族」, 『季刊考古學』第60號,

井內古文化研究室, 1976, 『朝鮮瓦塼圖報Ⅱ 高句麗』.

朝鮮古蹟研究會, 1937, 「扶餘軍守里廢寺址發掘調査(槪要)」, 『朝鮮古蹟調査報告』昭和十
        一年.

朝鮮古蹟研究會, 1937, 「扶餘窺岩面に於ける文樣塼出土の遺蹟と其の遺物」, 『朝鮮古蹟
        調査報告』昭和十一年.

朝鮮古蹟研究會, 1940, 「第四 扶餘に於ける百濟寺址の調査(槪報)」, 『朝鮮古蹟調査報

告』昭和十三年.

朝鮮古蹟研究會, 1940, 「第四 扶餘に於ける百濟寺址の調査(槪報) 甲 扶餘東南里廢寺址
　　　　發掘調査」, 『朝鮮古蹟調査報告』昭和十三年.

佐川正敏, 2008, 「고대 일본과 백제의 목탑기단 구축기술 및 사리용기·장엄구 안치형
　　　　식의 비교검토」, 『부여 왕흥사지 출토 사리기의 의미』.

淸水昭博, 2003, 「百濟 大通寺式 수막새의 성립과 전개 -中國 南朝系 造瓦技術의 전파-」,
　　　　『百濟研究』38집.

淸水昭博, 2009, 「飛鳥·奈良시대의 講堂에 관한 諸問題」, 『동아시아의 불교문화와 백
　　　　제』, (재)한얼문화유산연구원.

戶田有二, 2001, 「百濟 熊津時代の鐙瓦技法について」, 『百濟文化』제30집.

　4. 중국자료

內蒙古自治區文物考古研究所, 2003, 『內蒙古出土瓦當』, 文物出版社.

文物出版社, 2004, 『丸都山城』.

劉敦楨 저/鄭沃根 외 공역, 2004, 『中國古代建築史』.

中國社會科學院 考古研究所, 1996, 『北魏洛陽永寧寺』, 中國大百科全書出版社.

●인용 도면·도판 목록●

경희대학교 중앙박물관

경희대학교 중앙박물관, 2005, 『고구려와당』, 45쪽(전 평양 출토 와당)

경희대학교 중앙박물관, 2006, 『고구려와당』, 122쪽 도판 96(용정리사지 출토 와당)

국립경주박물관

國立慶州博物館, 2000, 『新羅瓦塼』, 231쪽 사진 760(남경대학 소장 와당)

國立慶州博物館, 2000, 『新羅瓦塼』, 234쪽 사진 765(천추총 출토 와당)

국립공주박물관

國立公州博物館, 1988, 『百濟瓦當特別展』, 사진 14(대통사지 출토 와당)

國立公州博物館, 1988, 『百濟瓦當特別展』, 사진 17(서혈사지 출토 와당)

國立公州博物館, 1988, 『百濟瓦當特別展』, 사진 38(정림사지 출토 와당)

國立公州博物館, 1988, 『百濟瓦當特別展』, 사진 51(관북리 백제유적 출토 와당)

國立公州博物館, 1988, 『百濟瓦當特別展』, 사진 66(동남리유적 출토 와당)

國立公州博物館, 1988, 『百濟瓦當特別展』, 사진 82(구아리 전 천왕사지 출토 와당)

國立公州博物館, 1988, 『百濟瓦當特別展』, 사진 104(왕흥사지 출토 와당)

國立公州博物館, 1988, 『百濟瓦當特別展』, 사진 136(쌍북리유적 출토 와당)

國立公州博物館외, 1993, 『南穴寺址』, 85쪽 圖面 18(사지 출토 암막새)

국립공주박물관, 2001, 『백제 사마왕 무령왕릉 발굴 그후 30년의 발자취』, 116쪽(동탁은
　　　잔 연화문)

국립공주박물관, 2004, 『국립공주박물관』, 142쪽 상단 사진('대통' 명 기와)

국립문화재연구소

國立文化財研究所, 1996, 「扶蘇山城 -廢寺址 發掘調査報告-(1980年)」, 『扶蘇山城』, 22쪽
　　　도면 2(가람배치)

國立文化財研究所, 1996, 「扶蘇山城 -廢寺址 發掘調査報告-(1980年)」, 『扶蘇山城』, 22쪽

도면 2 및 58쪽 삽도 6(가람배치도 및 복원도)

國立文化財硏究所, 1996, 「扶蘇山城 -廢寺址 發掘調査報告-(1980年)」, 『扶蘇山城』, 24쪽
　　도면 3(금당지 평·단면도)

國立文化財硏究所, 1996, 「扶蘇山城 -廢寺址 發掘調査報告-(1980年)」, 『扶蘇山城』, 25쪽
　　도면 4(목탑지 평·단면도)

國立文化財硏究所, 1996, 「扶蘇山城 -廢寺址 發掘調査報告-(1980年)」, 『扶蘇山城』, 27쪽
　　도면 5(중문지 평·단면도)

國立文化財硏究所, 1996, 「扶蘇山城 -廢寺址 發掘調査報告-(1980年)」, 『扶蘇山城』, 30쪽
　　도면 7 및 31쪽 삽도 2, 29쪽 도면 6(동·서회랑지 평·단면도)

國立文化財硏究所, 1996, 「扶蘇山城 -廢寺址 發掘調査報告-(1980年)」, 『扶蘇山城』, 73쪽
　　도판 16 및 73쪽 도판 14(동회랑지 및 남회랑지 초석 등)

국립부여박물관

국립부여박물관, 1988, 『特別展 百濟寺址出土遺物』, 24쪽 사진(금강사지 출토 와당)

國立扶餘博物館, 1992, 『扶餘錦城山瓦積基壇建物址發掘調査報告書』, 3쪽 도판 1(건물
　　지 전경)

國立扶餘博物館, 1992, 『扶餘錦城山百濟瓦積基壇建物址發掘調査報告書』, 4쪽 도판
　　4(평적식 와적기단 전면 암키와 시설)

國立扶餘博物館, 1992, 『扶餘錦城山百濟瓦積基壇建物址發掘調査報告書』, 69쪽 圖面
　　8(평적식 와적기단 축조기법)

國立扶餘博物館, 1992, 『扶餘錦城山百濟瓦積基壇建物址發掘調査報告書』, 81쪽 도판
　　24(건물지 이중기단)

國立扶餘博物館, 1997, 『국립부여박물관』, 81쪽 중단 좌측 사진(군수리사지 출토 연목와)

國立扶餘博物館·扶餘郡, 2000, 『陵寺』, 5쪽 도면 5(가람배치)

國立扶餘博物館·扶餘郡, 2000, 『陵寺』, 7쪽 도면 6(능산리사지 남북 토층도)

國立扶餘博物館·扶餘郡, 2000, 『陵寺』, 11쪽 도면 8(목탑지 평·단면도)

國立扶餘博物館·扶餘郡, 2000, 『陵寺』, 13쪽 도면 9(금당지)

國立扶餘博物館·扶餘郡, 2000, 『陵寺』, 15쪽 도면 10 및 249쪽 도판 39-③(강당지 평면
　　도 및 남면기단)

國立扶餘博物館·扶餘郡, 2000, 『陵寺』, 15쪽 도면 10(강당지)

國立扶餘博物館·扶餘郡, 2000, 『陵寺』, 52쪽 도면 37(능산리사지 암거시설 배치도)

國立扶餘博物館·扶餘郡, 2000, 『陵寺』, 53쪽(능산리사지 서쪽 및 북쪽 암거시설 평면도)

國立扶餘博物館·扶餘郡, 2000, 『陵寺』, 54쪽 도면 39-①(능산리사지 서쪽 암거시설Ⅲ
　　　평면도)

國立扶餘博物館·扶餘郡, 2000, 『陵寺』, 55쪽 도면 40(능산리사지 암거시설 Ⅵ 평·단면도)

國立扶餘博物館·扶餘郡, 2000, 『陵寺』, 220쪽 도판 10-①(목탑지)

國立扶餘博物館·扶餘郡, 2000, 『陵寺』, 256쪽 도판 46-③(서회랑지 및 공방지 Ⅰ 기단)

國立扶餘博物館·扶餘郡, 2000, 『陵寺』, 369쪽 도판 159-②(능산리사지 출토 와당)

國立扶餘博物館·扶餘郡, 2000, 『陵寺』, 405쪽 도판 195-⑤(능산리사지 출토 와당)

국립부여박물관, 2006, 『백제의 공방』, 116쪽 하단 사진(관현리요지 출토 와당)

國立扶餘博物館, 2007, 『陵寺-부여 능산리사지 6~8차 보고서』, 도면 4(제1석축 배수시설
　　　과 초기 중심 배수로)

국립부여박물관, 2009, 『백제가람에 담긴 불교문화』, 25쪽 사진 상(중문지 축대시설)

국립부여박물관, 2009, 『백제 가람에 담긴 불교문화』, 69쪽(가탑리사지 출토 불상 사진)

國立扶餘博物館, 2010, 『百濟瓦塼』, 64쪽 사진 92(공산성 출토 와당)

國立扶餘博物館, 2010, 『百濟瓦塼』, 64쪽 사진 93(공산성 출토 와당)

國立扶餘博物館, 2010, 『百濟瓦塼』, 68쪽 사진 108(공산성 출토 와당)

國立扶餘博物館, 2010, 『百濟瓦塼』, 75쪽 사진 126(정지산유적 출토 와당)

國立扶餘博物館, 2010, 『百濟瓦塼』, 79쪽 사진 133(대통사지 출토 와당)

國立扶餘博物館, 2010, 『百濟瓦塼』, 125쪽 사진 267(구아리 전 천왕사지 출토 와당)

國立扶餘博物館, 2010, 『百濟瓦塼』, 143쪽 사진 330(금강사지 출토 와당)

國立扶餘博物館, 2010, 『百濟瓦塼』, 143쪽 사진 331(금강사지 출토 와당)

國立扶餘博物館, 2010, 『百濟瓦塼』, 163쪽 사진 418(동남리유적 출토 와당)

國立扶餘博物館, 2010, 『百濟瓦塼』, 168쪽 사진 434(금성산 건물지 출토 와당)

國立扶餘博物館, 2010, 『百濟瓦塼』, 169쪽 사진 439(금성산 건물지 출토 와당)

國立扶餘博物館, 2010, 『百濟瓦塼』, 186쪽 사진 478(왕흥사지 출토 와당)

國立扶餘博物館, 2010, 『百濟瓦塼』, 189쪽 사진 490(용정리사지 출토 와당)

國立扶餘博物館, 2010, 『百濟瓦塼』, 190쪽 사진 496(용정리사지 출토 와당)

國立扶餘博物館, 2010, 『百濟瓦塼』, 206쪽 사진 523(정림사지 출토 와당)

國立扶餘博物館, 2010, 『百濟瓦塼』, 208쪽 사진 532(정림사지 출토 와당)

國立扶餘博物館, 2010, 『百濟瓦塼』, 211쪽 사진 540(정림사지 출토 와당)

國立扶餘博物館, 2010, 『百濟瓦塼』, 220쪽 사진 573(미륵사지 출토 와당)

國立扶餘博物館, 2010, 『百濟瓦塼』, 249쪽 사진 668(정암리와요 출토 와당)

國立扶餘博物館, 2010, 『百濟瓦塼』, 257쪽 사진 692(왕흥사지 출토 와당)

國立扶餘博物館, 2010, 『百濟瓦塼』, 319쪽 사진 841(일본 정림사지 출토 와당)

국립부여문화재연구소

扶餘文化財研究所·全羅北道, 1992, 『益山彌勒寺址 東塔址 基壇 및 下部調査報告書』,
98쪽 도면 9(동탑지 축기부)

扶餘文化財研究所·全羅北道, 1992, 『益山彌勒寺址 東塔址 基壇 및 下部調査報告書』,
98쪽 도면 9(축기부 굴광선 및 토석혼축 축기)

扶餘文化財研究所·扶餘郡, 1993, 『龍井里寺址』, 21쪽 삽도 4 중(목탑지 축기부)

扶餘文化財研究所·扶餘郡, 1993, 『龍井里寺址』, 21쪽 삽도 4 및 78쪽 도판 11(목탑지
축기부 및 판축 기단토)

扶餘文化財研究所·扶餘郡, 1993, 『龍井里寺址』, 65쪽 삽도 31(당탑배치도)

扶餘文化財研究所·扶餘郡, 1993, 『龍井里寺址』, 82쪽 도판 19(하층 금당지 기단)

扶餘文化財研究所·扶餘郡, 1993, 『龍井里寺址』, 94쪽 도판 44(용정리사지 출토 와당)

扶餘文化財研究所·扶餘郡, 1993, 『龍井里寺址』, 95쪽 도판 46(용정리사지 출토 와당)

扶餘文化財研究所·扶餘郡, 1993, 『龍井里寺址』, 97쪽 도판 49(용정리사지 출토 와당)

國立扶餘文化財研究所, 2001, 『彌勒寺址 西塔 周邊發掘調査 報告書』, 18쪽 도면 1(미륵
사지 가람배치도)

國立扶餘文化財研究所, 2001, 『彌勒寺址 西塔 周邊發掘調査 報告書』, 28-1쪽 圖面 5(서
탑 축기부 굴광선)

國立扶餘文化財研究所, 2007, 『王興寺址 II -기와 가마터 發掘調査報告書-』, 142쪽 상단
사진(왕흥사지 와요 출토 와당)

국립부여문화재연구소, 2009, 『王興寺址 III 木塔址 金堂址 發掘調査 報告書』, 33쪽 도면
5 일부(목탑지 이남 대지조성토)

국립부여문화재연구소, 2009, 『王興寺址 Ⅲ 木塔址 金堂址 發掘調査 報告書』, 33쪽 도면 5 및 50쪽 도판 36(목탑지 축기부 굴광선)

국립부여문화재연구소, 2009, 『한·중·일 고대사지 비교연구(1) -목탑지편-』, 34쪽 도면 2 중(군수리사지 금당지)

국립부여문화재연구소, 2009, 『한·중·일 고대사지 비교연구(1) -목탑지편-』, 42쪽 도면 2(왕흥사지 목탑지 평면도)

국립부여문화재연구소, 2009, 「益山 帝釋寺址 - 제2차 조사」, 10쪽 도면 2 우측(목탑지 및 축기부)

국립부여문화재연구소, 2009, 「益山 帝釋寺址 - 제2차 조사」, 9쪽 도면 1(가람배치도)

국립부여문화재연구소, 2009.09.29, 「6세기대 최대 규모의 백제 강당지 확인 보도자료」, 첨부사진 2(강당지 남면기단 및 낙수받이 시설)

국립부여문화재연구소, 2010, 『扶餘軍守里寺址 Ⅰ - 木塔址·金堂址 發掘調査 報告書』, 59쪽 도면 21(금당지)

국립부여문화재연구소, 2010, 『扶餘軍守里寺址 Ⅰ - 木塔址·金堂址 發掘調査 報告書』, 76쪽 도면 33(사도)

국립부여문화재연구소, 2010, 『扶餘軍守里寺址 Ⅰ - 木塔址·金堂址 發掘調査 報告書』, 176쪽 사진 31(금당지 남면 합장식 와적기단)

국립부여문화재연구소, 2010, 『扶餘軍守里寺址 Ⅰ - 木塔址·金堂址 發掘調査 報告書』, 189쪽 사진 71(목탑지 전적기단)

국립부여문화재연구소, 2010, 『2009 백제문화를 찾아서』, 31쪽(왕흥사지 가람배치도)

국립부여문화재연구소, 2011, 『扶餘 定林寺址』, 67쪽 도면 13 상(강당지~금당지 대지조성토)

국립부여문화재연구소, 2011, 『扶餘 定林寺址』, 83쪽 도면 22(가람배치도)

국립부여문화재연구소, 2011, 『扶餘 定林寺址』, 346쪽 사진 22(강당지 북면 합장식 와적기단)

국립부여문화재연구소, 2011, 『扶餘 定林寺址』, 348쪽 사진 30(강당지 동면 평적식 와적기단)

국립부여문화재연구소, 2011, 『扶餘 定林寺址』, 401쪽 사진 190(동서석축 및 남북트렌치)

국립부여문화재연구소, 2011, 『扶餘 定林寺址』, 430쪽 사진 287-2(동회랑 북단건물지 출토 와당)

국립부여문화재연구소, 2011, 『扶餘 定林寺址』, 431쪽 사진 288-5(S3W4 동서석축 남북 트렌치 내부 출토 와당)

국립부여문화재연구소, 2011, 『扶餘 定林寺址』, 431쪽 사진 288-7(S3W4 동서석축 남북 트렌치 내부 출토 와당)

국립부여문화재연구소, 2011, 『扶餘 定林寺址』, 434쪽 사진 291-18(동회랑지 대지조성 토 출토 와당)

국립부여문화재연구소, 2011, 『扶餘 定林寺址』, 434쪽 사진 291-16 및 434쪽 사진 291-17(강당지 기단토 출토 와당)

국립부여문화재연구소, 2011, 『扶餘 定林寺址』, 437쪽 사진 294-29(동회랑지 대지조성 토 출토 와당)

국립부여문화재연구소, 2011, 『帝釋寺址 발굴조사보고서 I』, 171쪽 사진 87 중(강당지 항공사진)

국립중앙박물관

國立博物館, 1969, 『金剛寺』, 10쪽 Fig 2(금당지 지대석)

國立博物館, 1969, 『金剛寺』, 11쪽 Fig 3(금당지 가구기단)

國立博物館, 1969, 『金剛寺』, 14쪽 Fig. 4(목탑지 심초부)

國立博物館, 1969, 『金剛寺』, 圖面 2(가람배치도)

國立博物館, 1969, 『金剛寺』, 圖面 3(금당지 평면도)

國立博物館, 1969, 『金剛寺』, 圖面 5 탑 실측도 2(목탑지)

國立博物館, 1969, 『金剛寺』, 圖面 13(목탑지 축기부 굴광선)

國立博物館, 1969, 『金剛寺』, 圖版 6-a(기단 지대석 및 포석)

國立博物館, 1969, 『金剛寺』, 圖版 7-a(금당지 남면 가구기단)

國立博物館, 1969, 『金剛寺』, 圖版 18-b(강당지 우주 굴광흔)

國立博物館, 1969, 『金剛寺』, 圖版 19-a(강당지 기단 세부)

國立博物館, 1969, 『金剛寺』, 圖版 37-I (금강사지 출토 와당)

國立博物館, 1969, 『金剛寺』, 圖版 37-III(금강사지 출토 와당)

국립중앙박물관, 1999, 『특별전 百濟』, 163쪽 사진 302('대통' 명 기와)

　공주대학교박물관(공주사범대학박물관)

公州師範大學博物館, 1987, 『公山城 百濟推定王宮址發掘調査報告書』, 37쪽 삽도 5-②
　　(공산성 건물지 출토 와당)

公州大學校博物館・忠淸南道 公州市, 2000, 『大通寺址』, 30쪽 사진 7-②(대통사지 출토
　　와당)

公州大學校博物館・忠淸南道 公州市, 2000, 『大通寺址』, 30쪽 사진 7-③(대통사지 출토
　　와당)

公州大學校博物館・忠淸南道 公州市, 2000, 『大通寺址』, 30쪽 사진 7-⑥(대통사지 출토
　　와당)

　공주대학교 백제문화연구소(공주사범대학 백제문화연구소)

忠淸南道・公州大學校百濟文化硏究所, 1991, 『百濟武寧王陵』, 305쪽 그림 6-14(무령왕
　　릉 왕비 두침 연화문)

　대전보건대학박물관

大田保健大學博物館・靑陽郡, 2002, 『靑陽 冠峴里瓦窯址』, 121쪽 도판 57-⑤(요지 출토
　　와당)

　문화재관리국 문화재연구소

文化財管理局 文化財硏究所, 1984, 『皇龍寺』, 도면 29 상 中(목탑지 축기부)

文化財管理局 文化財硏究所, 1984, 『皇龍寺』, 54쪽 삽도 6(황룡사 중건가람 중금당지 이
　　중기단)

文化財管理局 文化財硏究所, 1984, 『皇龍寺』, 373쪽 삽도 2(황룡사지 중건가람 배치도)

文化財管理局 文化財硏究所, 1987, 『彌勒寺Ⅰ』, 도면 7 및 80쪽 도판 51상(중원 목탑지
　　할석 축기부)

백제문화개발연구원

百濟文化開發硏究院, 1983, 『百濟瓦塼圖錄』, 17쪽 사진 7(금강사지 출토 와당)

百濟文化開發硏究院, 1983, 『百濟瓦塼圖錄』, 28쪽 사진 24(국립부여박물관 소장 와당)

百濟文化開發硏究院, 1983, 『百濟瓦塼圖錄』, 31쪽 사진 30(금강사지 출토 와당)

百濟文化開發硏究院, 1983, 『百濟瓦塼圖錄』, 37쪽 사진 38(충남대학교박물관 소장 와당)

百濟文化開發硏究院, 1983, 『百濟瓦塼圖錄』, 39쪽 사진 41(용정리사지 출토 와당)

百濟文化開發硏究院, 1983, 『百濟瓦塼圖錄』, 40쪽 사진 43(금강사지 출토 와당)

百濟文化開發硏究院, 1983, 『百濟瓦塼圖錄』, 53쪽 사진 63(금강사지 출토 와당)

百濟文化開發硏究院, 1983, 『百濟瓦塼圖錄』, 61쪽 사진 77(용정리사지 출토 와당)

百濟文化開發硏究院, 1983, 『百濟瓦塼圖錄』, 81쪽 사진 129(구아리 전 천왕사지 출토 와당)

百濟文化開發硏究院, 1983, 『百濟瓦塼圖錄』, 81쪽 사진 130(용정리사지 출토 와당)

百濟文化開發硏究院, 1983, 『百濟瓦塼圖錄』, 101쪽 사진 165(가탑리사지 출토 와당)

百濟文化開發硏究院, 1983, 『百濟瓦塼圖錄』, 106쪽 사진 173(금강사지 출토 와당)

百濟文化開發硏究院, 1983, 『百濟瓦塼圖錄』, 118쪽 사진 201(금강사지 출토 와당)

百濟文化開發硏究院, 1983, 『百濟瓦塼圖錄』, 134쪽 사진 247(금강사지 출토 와당)

百濟文化開發硏究院, 1983, 『百濟瓦塼圖錄』, 141쪽 사진 259(용정리사지 출토 와당)

百濟文化開發硏究院, 1983, 『百濟瓦塼圖錄』, 152쪽 사진 293(금강사지 출토 와당)

百濟文化開發硏究院, 1983, 『百濟瓦塼圖錄』, 159쪽 사진 314(금성산 건물지 출토 와당)

百濟文化開發硏究院, 1983, 『百濟瓦塼圖錄』, 164쪽 사진 325(부소산사지 출토 와당)

百濟文化開發硏究院, 1983, 『百濟瓦塼圖錄』, 169쪽 사진 334(금강사지 출토 와당)

百濟文化開發硏究院, 1983, 『百濟瓦塼圖錄』, 177쪽 사진 350 및 181쪽 사진 356(금강사
    지 출토 와당)

百濟文化開發硏究院, 1983, 『百濟瓦塼圖錄』, 180쪽 사진 355(금강사지 출토 와당)

百濟文化開發硏究院, 1983, 『百濟瓦塼圖錄』, 213쪽 사진 417(금강사지 출토 와당)

百濟文化開發硏究院, 1983, 『百濟瓦塼圖錄』, 249쪽 사진 481(축령사지 출토 연목와)

百濟文化開發硏究院, 1983, 『百濟瓦塼圖錄』, 266쪽 사진 518(부소산 출토 연목와)

百濟文化開發硏究院, 1983, 『百濟瓦塼圖錄』, 295쪽 사진(무령왕릉 출토 연화문전)

百濟文化開發硏究院, 1983, 『百濟瓦塼圖錄』, 317쪽 사진 600(외리유적 출토 연화와운문전)

백제문화재연구원

백제문화재연구원, 2007, 「서천 비인 5층석탑 주변유적 시굴조사 자료집」

서천군 · 백제문화재연구원, 2010, 『서천 비인 5층석탑 유적』, ii쪽 원색도판 2(석탑 하
　　부 축기부 판축토)

서울대학교출판부

서울대학교출판부, 2000, 『북한의 문화재와 문화유적 I (고구려편)』, 도 69(안악 3호분
　　연화문)

서울대학교출판부, 2000, 『북한의 문화재와 문화유적 II(고구려편)』, 도 94(쌍영총 연화
　　문)

서울대학교출판부, 2000, 『북한의 문화재와 문화유적 II(고구려편)』, 도 114(덕화리 1호
　　분 연화문)

서울대학교출판부, 2000, 『북한의 문화재와 문화유적 II(고구려편)』, 도 138(진파리 4호
　　분 연화문)

서울대학교출판부, 2000, 『북한의 문화재와 문화유적 I (고구려편)』, 도 238(수산리고분
　　연화문)

서울대학교출판부, 2000, 『북한의 문화재와 문화유적 I (고구려편)』, 도 267 · 268(안악
　　2호분 연화문)

원광대학교 마한 · 백제문화연구소

圓光大學校 馬韓 · 百濟文化硏究所 · 益山郡, 1994, 『益山帝釋寺址試掘調査報告書』, 94
　　쪽 도판 17-a(강당지 남면기단 요구부 토층상태)

전라북도 익산지구 문화유적지관리사업소

전라북도익산지구문화유적지관리사업소, 1997, 『미륵사지유물전시관』, 123쪽(가람배
　　치도)

충남대학교박물관

忠南大學校博物館 · 忠淸南道廳, 1981, 『定林寺』, 圖面 3(가람배치도)

忠南大學校博物館·忠淸南道廳, 1981, 『定林寺』, 圖面 5(금당지 평면도)

忠南大學校博物館·忠淸南道廳, 1981, 『定林寺』, 圖面 19 상 中(석탑 외곽석렬 및 기석)

忠南大學校博物館·忠淸南道廳, 1981, 『定林寺』, 圖面 19 및 20 재편집(5층석탑 하부 축기부)

忠南大學校博物館·忠淸南道廳, 1981, 『定林寺』, 圖面 20 하단 우측(5층석탑 하부 축기부 굴광선)

忠南大學校博物館·忠淸南道廳, 1981, 『定林寺』, 圖版 37 a와 b(5층석탑 하부 축기부 굴광선)

忠南大學校博物館·保寧市, 1998, 『聖住寺』, 원색사진 7 및 13(강당지 동면 및 서북 모서리부 전적기단)

忠南大學校博物館·保寧市, 1998, 『聖住寺』, 원색사진 38(서회랑지 전적기단)

忠南大學校博物館·保寧市, 1998, 『聖住寺』, 93쪽 도면 15(성주사지 가람배치도)

忠南大學校博物館·保寧市, 1998, 『聖住寺』, 742쪽 사진 142-3 및 746쪽 사진 146-5(성주사지 출토 와당)

충청문화재연구원

忠淸埋藏文化財硏究院, 2000, 『東穴寺址』, 11쪽 圖面 4(유구배치도)

忠淸埋藏文化財硏究院, 2000, 『東穴寺址』, 165쪽 圖面 69(석굴 바닥 평·단면도)

기타

김보형외, 2003, 『부석사』, 대원사, 81쪽 및 62쪽(부석사 안양루 등)

金誠龜, 1992, 「百濟의 瓦塼」, 『百濟의 彫刻과 美術』, 314쪽 도 16(대통사지 출토 와당)

張慶浩, 1996, 『韓國의 傳統建築』(동대자유적 평면도)

京都國立博物館, 1988, 『畿內と東國』, 37쪽 사진 3(비조사 출토 와당)

輕部慈恩, 1946, 『百濟美術』, 寶雲舍, 95쪽 10圖(가람배치)

飛鳥資料館, 1983, 『渡來人の寺 -檜隈寺と坂田寺-』, 17쪽(회외사지 가람배치도)

林博通, 昭和62年, 「穴太廢寺(滋賀縣)」, 『佛敎藝術』174號, 每日新聞社, 口繪 7(혈태폐사 금당지 평적식 와적기단)

田辺征夫, 1995, 「瓦積基壇と渡來系氏族」, 『季刊考古學』第60號, 74쪽 C(횡견폐사 수직

횡렬식 와적기단)

田辺征夫, 1995, 「瓦積基壇と渡來系氏族」, 『季刊考古學』第60號, 74쪽 D(숭복사 미륵당)

田辺征夫, 1995, 「瓦積基壇と渡來系氏族」, 『季刊考古學』第60號, 74쪽 下(대봉사 금당지 평적식 와적기단)

井內古文化研究室, 1976, 『朝鮮瓦塼圖報 II 高句麗』, PL.5-12(토성리 출토 와당)

朝鮮古蹟研究會, 1937, 「第四 扶餘軍守里廢寺址發掘調査(槪要)」, 『朝鮮古蹟調査報告』 昭和十一年(가람배치도)

朝鮮古蹟研究會, 1937, 「第四 扶餘軍守里廢寺址發掘調査(槪要)」, 『古蹟調査報告』昭和 十一年, 圖版 제59 및 제55 하단사진(강당지 평면도 및 기단 중복 상태)

朝鮮古蹟研究會, 1937, 「扶餘窺岩面に於ける文樣塼出土の遺蹟と其の遺物」, 『朝鮮古蹟 調査報告』昭和十一年, 圖版 第72(가람배치도)

朝鮮古蹟研究會, 1937, 「扶餘窺岩面に於ける文樣塼出土の遺蹟と其の遺物」, 『朝鮮古蹟 調査報告』昭和十一年, 圖版 第81(와당 등 출토유물)

朝鮮古蹟研究會, 1940, 「第四 扶餘に於ける百濟寺址の調査(槪報)」, 『朝鮮古蹟調査報 告』昭和十三年, 圖版 第49(가탑리사지 유구배치도)

朝鮮古蹟研究會, 1940, 「第四 扶餘に於ける百濟寺址の調査(槪報) 甲 扶餘東南里廢寺址 發掘調査」, 『朝鮮古蹟調査報告』昭和十三年, 圖版 第37(가람배치도)

朝鮮古蹟研究會, 1940, 「第四 扶餘に於ける百濟寺址の調査(槪報) 甲 扶餘東南里廢寺址 發掘調査」, 『古蹟調査報告』昭和13年, 도판 47-12(동남리유적 출토 와당)

佐川正敏, 2008, 「고대 일본과 백제의 목탑기단 구축기술 및 사리용기·장엄구 안치형 식의 비교검토」, 『부여 왕흥사지 출토 사리기의 의미』, 도 17-1 수정·편집(조팽 성사지 목탑지 단면도)

內蒙古自治區文物考古研究所, 2003, 『內蒙古出土瓦當』, 文物出版社, 88쪽 도판 38(토성 자고성 출토 와당)

內蒙古自治區文物考古研究所, 2003, 『內蒙古出土瓦當』, 文物出版社, 89쪽 도판 37(토성 자고성 출토 와당)

內蒙古自治區文物考古研究所, 2003, 『內蒙古出土瓦當』, 文物出版社, 91쪽 도판 41(운중 고성 출토 와당)

內蒙古自治區文物考古研究所, 2003, 『內蒙古出土瓦當』, 文物出版社, 93쪽 도판 44(토성

　　　자고성 출토 와당)

內蒙古自治區文物考古研究所, 2003, 『內蒙古出土瓦當』, 文物出版社, 118쪽(전국시대 와
　　　당)

內蒙古自治區文物考古研究所, 2003, 『內蒙古出土瓦當』, 文物出版社, 222쪽 상단 탁본
　　　(한대 양수운문 와당)

文物出版社, 2004, 『丸都山城』, 도판 87-1(환도산성 출토 와당)

文物出版社, 2004, 『2003 中國重要考古發現』, 130쪽 도판(조장성 출토 북위대 와당)

劉敦楨 저/鄭沃根 외 공역, 2004, 『中國古代建築史』, 139쪽(한대 화상전 가구기단)

劉敦楨 저/鄭沃根 외 공역, 2004, 『中國古代建築史』, 183쪽(북위대 가구기단)

中國社會科學院考古研究所, 1996, 『北魏洛陽永寧寺』, 中國大百科全書出版社, 9쪽 圖
　　　6(산수시설)

中國社會科學院 考古研究所, 1996, 『北魏洛陽永寧寺』, 中國大百科全書出版社, 14쪽 圖
　　　9(목탑지 단면도)

찾아
보기

찾아
보기

찾아
보기

찾아
보기

찾아
보기

ㅊ

찾아보기

찾아
보기